凤凰文库
PHOENIX LIBRARY

凤凰出版传媒集团
PHOENIX PUBLISHING & MEDIA GROUP

凤凰文库·海外中国研究系列

主　编　刘　东
项目总监　府建明
项目执行　王保顶

凤凰文库
海外中国研究系列

刘东 主编

清代上海沙船航运业史の研究

清代上海沙船航运业史研究

[日] 松浦章 著
杨蕾
王亦铮 译
董科

江苏人民出版社

图书在版编目(CIP)数据

清代上海沙船业航运史研究/(日)松浦章著；杨蕾,王亦铮,董科译. --南京:江苏人民出版社,2012.4
(凤凰文库·海外中国研究系列)
ISBN 978-7-214-08104-9

Ⅰ.①清… Ⅱ.①松… ②杨… ③王… ④董… Ⅲ.①沙船－运输经济－经济史－研究－上海市－清代 Ⅳ.①F552.9

中国版本图书馆 CIP 数据核字(2012)第 077562 号

清代上海沙船航運業史の研究
本书由关西大学松浦章教授授权江苏人民出版社以中文本出版发行。
江苏省版权局著作权合同登记:图字 10-2010-415

书　　　名	清代上海沙船航运业史研究
著　　　者	[日]松浦章
译　　　者	杨　蕾　王亦铮　董　科
责 任 编 辑	王保顶
装 帧 设 计	黄　炜
出 版 发 行	凤凰出版传媒集团
	凤凰出版传媒股份有限公司
	江苏人民出版社
集 团 地 址	南京市湖南路 1 号 A 楼,邮编:210009
集 团 网 址	http://www.ppm.cn
出版社地址	南京市湖南路 1 号 A 楼,邮编:210009
出版社网址	http://www.book-wind.com
	http://jsrmcbs.tmall.com
经　　　销	凤凰出版传媒股份有限公司
照　　　排	江苏凤凰制版有限公司
印　　　刷	江苏凤凰扬州鑫华印刷有限公司
开　　　本	960 毫米×1 304 毫米　1/32
印　　　张	18　插页 4
字　　　数	462 千字
版　　　次	2012 年 5 月第 1 版　2012 年 5 月第 1 次印刷
标 准 书 号	ISBN 978-7-214-08104-9
定　　　价	49.00 元

(江苏人民出版社图书凡印装错误可向承印厂调换)

出版说明

要支撑起一个强大的现代化国家,除了经济、制度、科技、教育等力量之外,还需要先进的、强有力的文化力量。凤凰文库的出版宗旨是:忠实记载当代国内外尤其是中国改革开放以来的学术、思想和理论成果,促进中西方文化的交流,为推动我国先进文化建设和中国特色社会主义建设,提供丰富的实践总结、珍贵的价值理念、有益的学术参考和创新的思想理论资源。

凤凰文库将致力于人类文化的高端和前沿,放眼世界,具有全球胸怀和国际视野。经济全球化的背后是不同文化的冲撞与交融,是不同思想的激荡与扬弃,是不同文明的竞争和共存。从历史进化的角度来看,交融、扬弃、共存是大趋势,一个民族、一个国家总是在坚持自我特质的同时,向其他民族、其他国家吸取异质文化的养分,从而与时俱进,发展壮大。文库将积极采撷当今世界优秀文化成果,成为中西文化交流的桥梁。

凤凰文库将致力于中国特色社会主义和现代化的建设,面向全国,具有时代精神和中国气派。中国工业化、城市化、市场化、国际化的背后是国民素质的现代化,是现代文明的培育,是先进文化的发展。在建设中国特色社会主义的伟大进程中，中华民族必将展示新的实践，产生新的经验，形成新的学术、思想和理论成果。文库将展现中国现代化的新实践和新总结，成为中国学术界、思想界和理论界创新平台。

凤凰文库的基本特征是：围绕建设中国特色社会主义，实现社会主义现代化这个中心，立足传播新知识，介绍新思潮，树立新观念，建设新学科，着力出版当代国内外社会科学、人文学科、科学文化的最新成果，以及文学艺术的精品力作，同时也注重推出以新的形式、新的观念呈现我国传统思想文化的优秀作品，从而把引进吸收和自主创新结合起来，并促进传统优秀文化的现代转型。

凤凰文库努力实现知识学术传播和思想理论创新的融合，以若干主题系列的形式呈现，并且是一个开放式的结构。它将围绕马克思主义研究及其中国化、政治学、哲学、宗教、人文与社会、海外中国研究、外国现当代文学等领域设计规划主题系列，并不断在内容上加以充实；同时，文库还将围绕社会科学、人文学科、科学文化领域的新问题、新动向，分批设计规划出新的主题系列，增强文库思想的活力和学术的丰富性。

从中国由农业文明向工业文明转型、由传统社会走向现代社会这样一个大视角出发，从中国现代化在世界现代化浪潮中的独特性出发，中国已经并将更加鲜明地表现自己特有的实践、经验和路径，形成独特的学术和创新的思想、理论，这是我们出版凤凰文库的信心之所在。因此，我们相信，在全国学术界、思想界、理论界的支持和参与下，在广大读者的帮助和关心下，凤凰文库一定会成为深为社会各界欢迎的大型丛书，在中国经济建设、政治建设、文化建设、社会建设中，实现凤凰出版人的历史责任和使命。

凤凰文库出版委员会

"海外中国研究系列"总序

中国曾经遗忘过世界,但世界却并未因此而遗忘中国。令人嗟讶的是,20世纪60年代以后,就在中国越来越闭锁的同时,世界各国的中国研究却得到了越来越富于成果的发展。而到了中国门户重开的今天,这种发展就把国内学界逼到了如此的窘境:我们不仅必须放眼海外去认识世界,还必须放眼海外来重新认识中国;不仅必须向国内读者逐译海外的西学,还必须向他们系统地介绍海外的中学。

这个系列不可避免地会加深我们150年以来一直怀有的危机感和失落感,因为单是它的学术水准也足以提醒我们,中国文明在现时代所面对的绝不再是某个粗蛮不文的、很快就将被自己同化的、马背上的战胜者,而是一个高度发展了的、必将对自己的根本价值取向大大触动的文明。可正因为这样,借别人的眼光去获得自知之明,又正是摆在我们面前的紧迫历史使命,因为只要不跳出自家的文化圈子去透过强烈的反差反观自身,中华文明就找不到进入其现代形态的入口。

当然,既是本着这样的目的,我们就不能只从各家学说中筛选那些我们可以或者乐于接受的东西,否则我们的"筛子"本身就可能使读者失去选择、挑剔和批判的广阔天地。我们的译介毕竟还只是初步的尝试,而我们所努力去做的,毕竟也只是和读者一起去反复思索这些奉献给大家的东西。

刘　东

目 录

卷首图

译者的话　1

序说　清代沙船航运业研究的课题　1

第1编　清代沙船航运业的萌芽　1

第1章　清代以前平底海船的航运　3
第2章　清代沙船的航运和乘员　24
第3章　清代的江南船商与沿海航运　38

第2编　清代江南沙船的航海轨迹　65

第1章　清代江南沙船与长崎贸易　67
第2章　清代江南沙船郁长发的航海记录——江南商船漂流日本　87
第3章　清代江南沙船的航运记录——江南商船漂流琉球　111
第4章　清代江南沙船的航运记录——江南商船漂流朝鲜　122

第3编　清代上海沙船航运业的展开　167

第1章　清代沙船航运业的展开　169

第 2 章　上海沙船航运业各号的系谱　191

第 3 章　上海沙船航运业与钱庄业　245

第 4 章　上海沙船航运业与南货:上海棉布的流通　271

第 5 章　上海沙船的北货:豆货　288

第 6 章　清代沙船航运业与报关行　314

第 7 章　清代海运和沙船　325

第 8 章　咸丰八年入港天津沙船的货物　349

第 9 章　清代东北与上海沙船航运业　402

第 10 章　清末上海与山东的大豆帆船贸易　417

第 11 章　清末英商佣船金万利沙船的航运活动　438

第 12 章　上海南市的商船会馆　452

终章　清代上海南市沙船航运业的变质　473

资料篇　《海运南漕议》等　502

后记　518

附录

　　范金民　触手皆珍构宏篇——松浦章《清代上海沙船航运业史的研究》述评　520

图1　18世纪初的沙船

大庭脩:《平戸松浦史料博物館蔵「唐船之圖」について——江戸時代に来航した中国商船資料》
《関西大学東西学術研究所紀要》,第5辑,1972年3月,图版1南京船

图2　航行中的沙船

唐振常主编《近代上海繁华录》,商务印书馆国际有限公司1994年版,第20—21页

图3 20世纪20年代停泊于黄浦江中的沙船

《上海百年掠影(1840S—1940S)》
上海人民出版社,1996年,第137页

图4 沙船航行图

JUNCOS CHINESE, Menu Maritimo de Macau
1994, p.383

图5 停泊中的沙船

《上海沧桑一百年》,海峰出版社
1993年5月,第2页

图6 航行于外滩附近黄浦江上的沙船

《旧上海明信片》,学林出版社
1999年9月,第50页
照片左下角的铁桥是苏州河口的外白渡桥

图7 19世纪末的黄浦江岸

摘自光绪十年(1884)《申江胜景图》上卷,《英界黄浦滩》
图片上部沿江帆柱林立处为南市埠头附近

图8 20世纪初的吴淞港

《近代上海繁华录》第23页,《高樯林立的港口》

图 9　沙船停泊的情景

《老上海》,上海教育出版社,1998 年 12 月,第 43 页,《船民无法进入城市生活》

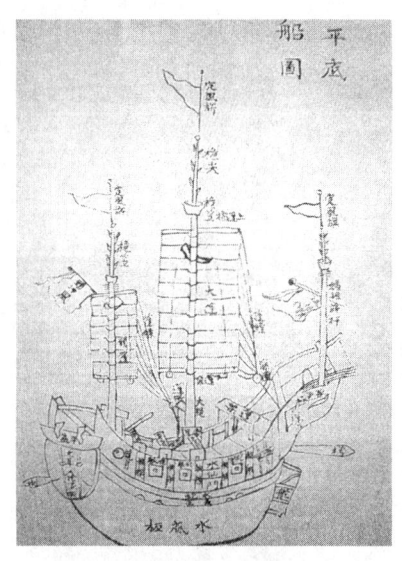

图 10　平底船图

Joseph Needham, Science & Civilisation in China. Vol. Ⅳ:3,1971, p.407

图 11　正在卸载木材的沙船

引自《上海旧影》,人民美术出版社,1998 年 12 月,《黄浦江与吴淞口》

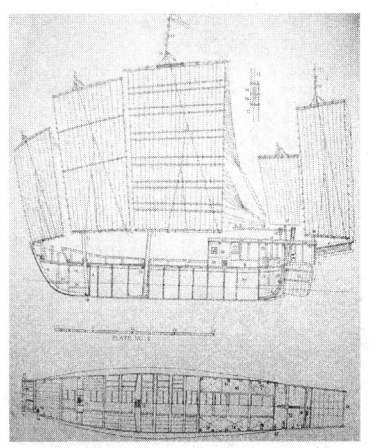

图12 平底船图

闽省水师各标镇协营战哨只图说
18世纪下半叶 MS. Marburg Library

图13

G. R. G. Worcester: The Junks & Sanpons of the Yangtze. p. 167

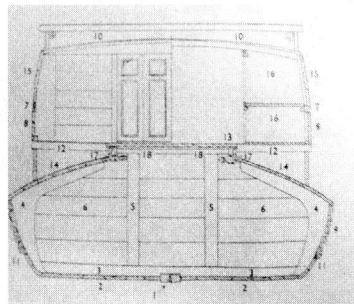

图14 沙船的构造图

G. R. G. Worcester: The Junks & Sanpons of The Yangtze, p. 163

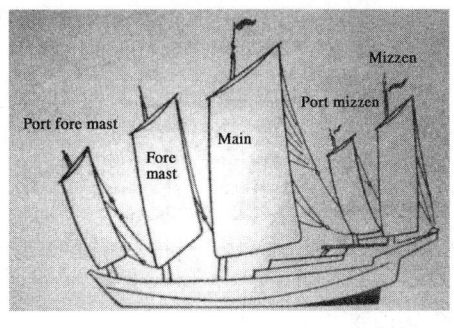

图15

G. R. G. Worcester: Sail & Sweep in China. 1996. p. 37

图16 沈能毅:《中国帆船法式》1943年4月序

图17 图说《沙船停泊图》、《沙船行驶图》

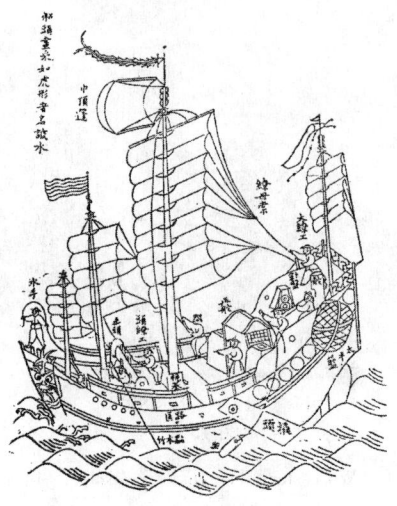
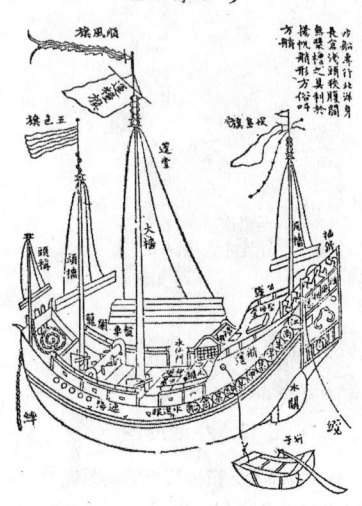

图 18 沙船行驶图

《江苏海运全案》第 19 页下

图 19 沙船停泊图

《江苏海运全案》第 19 页上

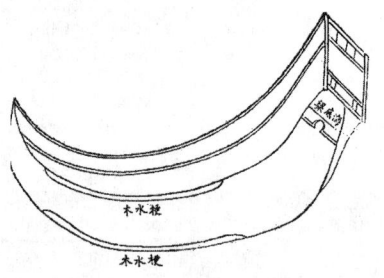
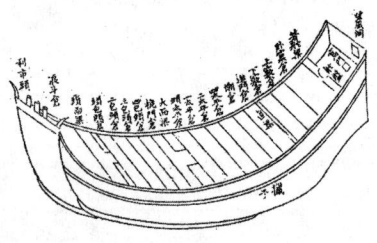

图 20 沙船底图

《江苏海运全案》第 23 页下

图 21 沙船梁仓图

《江苏海运全案》第 23 页上

图 22　江苏商船

Ivon A Donnelly, Chinese Junks; And other Native craft, 1924, 1998, The pechili trader（江苏商船）

图 23　长崎唐馆图中所见沙船①

大庭脩编著《長崎唐館図集成——近世日中交渉史料集六》
関西大学出版部,2003 年 11 月,图版第 38 页下

图 24　长崎唐馆图中所见沙船②

《長崎唐館図集成》,第 60 页

图 25　长崎唐馆图中所见沙船③

《長崎唐館図集成》,第 76 页上

图 26　长崎唐馆图中所见沙船④

《長崎唐館図集成》,第 90 页上

图 27　长崎唐馆图中所见沙船⑤

《長崎唐館図集成》,第 66 页上

图 28　长崎唐馆图中所见沙船⑥

《長崎唐館図集成》，第 60 页

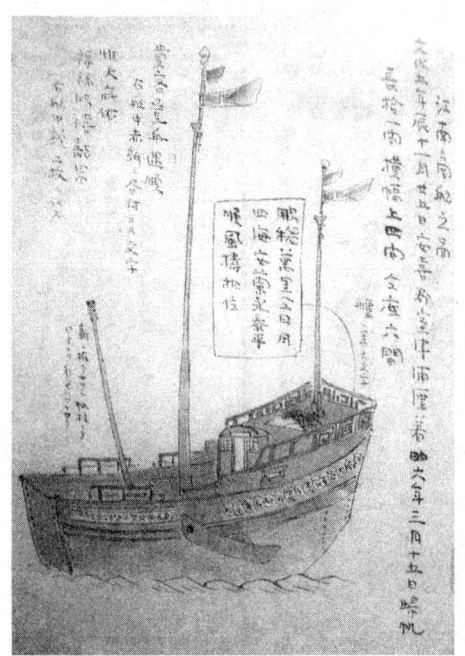

图 29　漂流至土佐的郁长发沙船

松浦章编著《文化五年土佐漂着江南商船郁長發資料——江戶時代漂着唐船資料集四》
関西大学出版部，1989 年 3 月，图版，江南商船之图

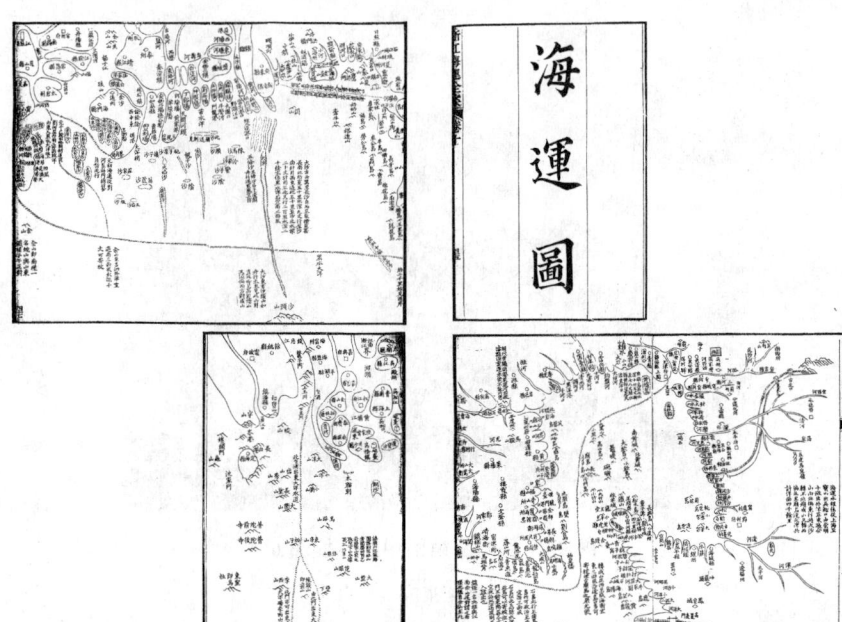

图30 《海运图》原被收录在《江苏海运全案》卷一二,第45页上至第47页下,但是收录了同一张图像的《浙江海运全案》更加清晰,故在本书中使用后者

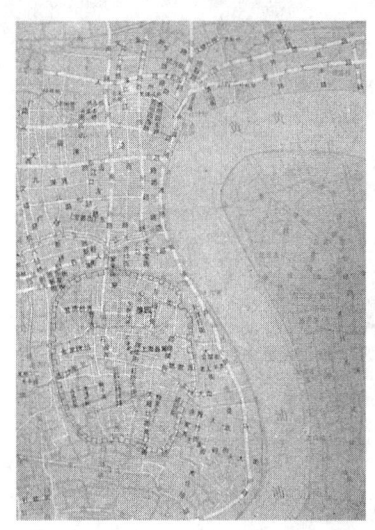

图31 光绪二十七年(1901)上海地图

截取自周振鹤主编《上海历史地图集》
上海人民出版社,1999年12月,第79页

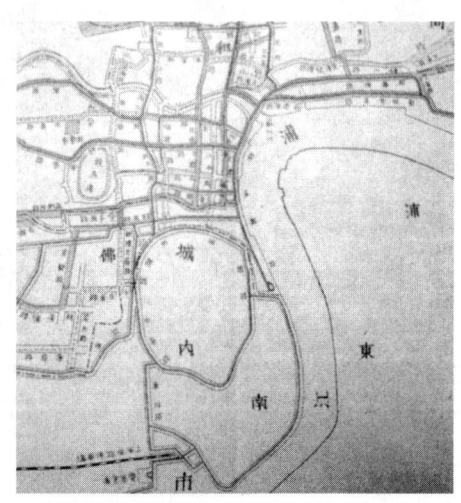

图32 1929年(民国十八年)的上海南市

截取自1929年版《上海交通线路图》

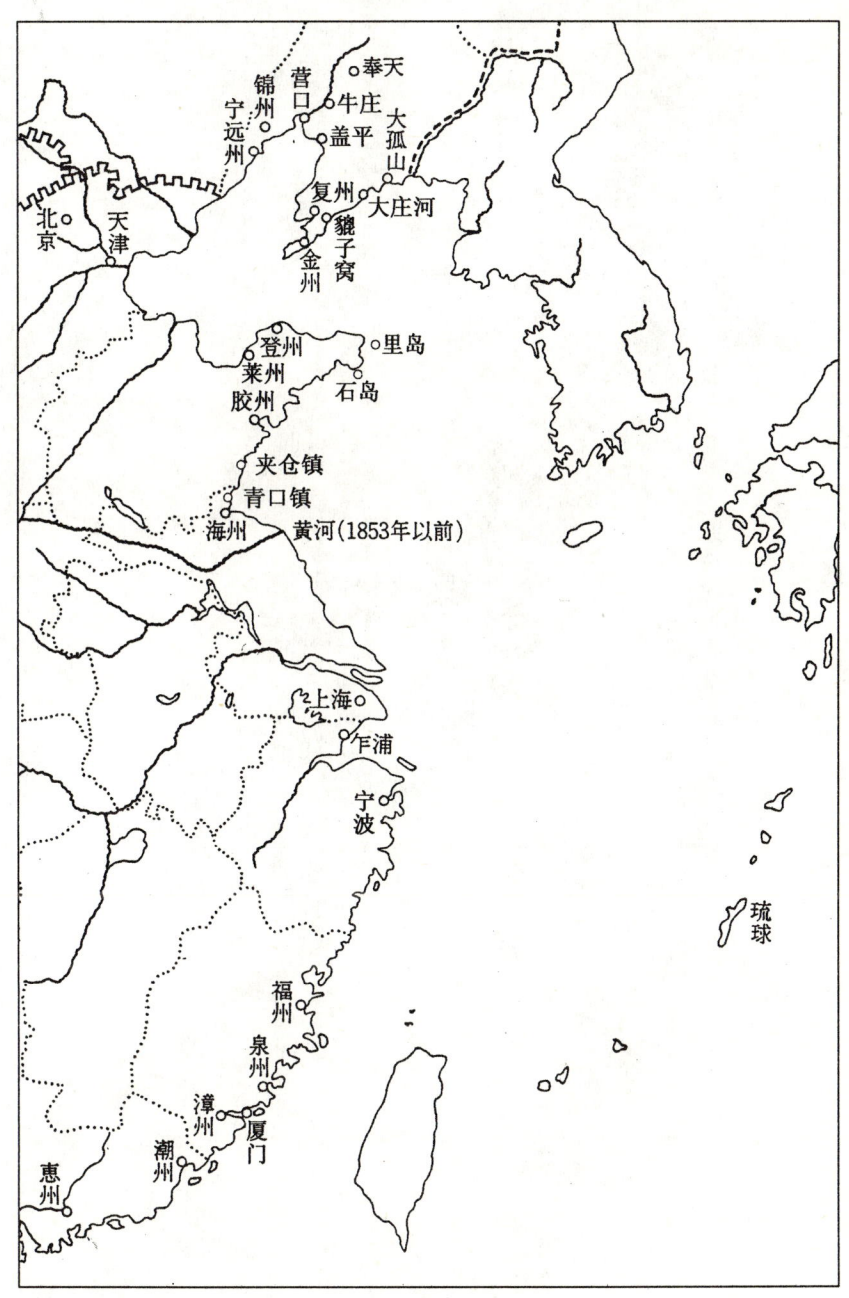

图 33 清代中国东部沿岸图

图中地名为主要城市及帆船贸易的海口

译者的话

　　运输是使用交通工具将人、物从一地运往另一地的活动。通过交通运输,各地互通有无,实现商品和劳务的交换,社会经济因此得以发展。运输可根据路径分为空运、陆运、河运和海运等方式,在这些运输方式中海运的运费最低,运力最充足。

　　我国地域广大,南北物产差异巨大,并且具有很大的互补性。在清代,以纺织品为主的南方物产在北方拥有大量需求,而以大豆为主的北方物产则是南方居民经济生活中不可或缺的产品。这些产品通过以沙船为主的中国帆船,以海运的形式往来于中国南北之间。这样的贸易活动在丰富居民物质生活,促进沿海地区经济发展的同时,也孕育出为数不少的以航运业为依托的商业城市,上海便是这些城市中最重要的一个。在清代前期和中期的上海,经营沙船运输业的船商们,依托由沙船自中国北方运输来的大宗商品——豆货迅速发家致富,积累了巨额财富。他们修建码头货栈,经营钱庄,成立行业协会,将上海经营成一个南方繁荣的经济中心,为上海的发展奠定了基础。不仅如此,沙船航运业的巨擘们还在大运河堵塞、漕运不畅的情况下,以海运的先天优势承担了漕粮北运的重要工作,为国家的政治稳定作出了贡献。然而,伴随列强的入侵以及近代化的到来,运力更大、航速更快、航行更安全的轮船开始进出中国海洋河川,沙船航运业在遭受巨大打击后逐步走向消亡。

本书是一部在清代社会经济生活中发挥了重要作用的沙船航运业的盛衰史。本书的作者——长年研究亚洲各国航运史的松浦章先生,在这部著作中以清代上海沙船航运业为着眼点,以宏观角度论述清代上海沙船航运业的发展及其影响的同时,广泛使用中日韩三国史料中的相关资料,深入地剖析了上海沙船航运业运行的细节情况。关于本书日文原版的具体内容,著名历史学家范金民先生已在《触手皆珍构宏篇——松浦章〈清代上海沙船航运业史的研究〉述评》(载《史林》,2005年第3期)中作过介绍,兹不赘述;与日文版不同的是,在此次出版的中文版中,松浦先生加入了近年完成的最新研究成果——《清代东北和上海沙船航运业》(第3编第9章)和《清末上海与山东的大豆帆船贸易》(第3编第10章),与此同时,为节约篇幅,松浦先生将原书中占据大量篇幅的资料编换为新发现的篇幅较为简短资料——清人齐学裘编《见闻续笔》中与沙船相关的内容。新的资料篇虽然篇幅不长,但涉及漕运这个重要的政治活动,故有很高的参考价值。

本书的翻译工作由日本关西大学博士研究生杨蕾、王亦铮与我合作完成,第一译者杨蕾翻译了序说、第1编全文及第3编第1—2章、第4—7章、第10章;第二译者王亦铮翻译了第2编全文以及第3编第8—9章,其余部分由我翻译,资料编由艾磊输入和整理。另外,为了方便各位查阅,在本书中,日文参考文献作者名、题名以及出版社名保留原文。

由于译者的水平有限,译文中难免存在不尽人意之处,敬希各位读者指正。

浙江工商大学日本文化研究所　董　科
2012年1月20日

序说　清代沙船航运业研究的课题

1. 绪言

　　纵观中国海洋发展史,在很长一段时间里,作为水上航行手段的交通、运输工具被广泛使用的,是以风力作为能源的木造帆船。帆船活动在经济层面的优势体现在:较商品流通领域中的各类陆上运输方式而言,更能实现大宗货物的输送。此外,帆船这种交通工具还具有运输成本低廉、对空气无污染、有益于环境等特点。帆船的活动自古代起直至现代未曾间断,以唐代以后至20世纪初这一时期最为显著。①

　　回顾中国海洋发展历程时,大致以内燃机作动力的蒸汽轮船出现为界,分为两个阶段。从运输、交通角度审视,这两个阶段在运输量和速度方面的巨大差异显而易见。众所周知,在内燃机做动力的蒸汽轮船出现之前,木造帆船在交通、运输、运送方面做出了巨大的贡献。田汝康最早注意到中国木造帆船对于海上贸易的作用。田汝康从中国帆船构造的层面出

---

① Joseph Needham, *Science and Civilisation in China*, vol. 4, part 3, Cambridge, 1971.
　松浦章:《中国海事史研究の现况》,《東洋史研究》第45卷第2号,1986年9月,第166—175页。

发,对中国帆船在海外发展中所发挥的作用、活动海域、经营帆船的人们进行了考察,并指出中国帆船虽是并不逊色于欧洲帆船的优质帆船,却因缺乏有效的方法对应 16 世纪以后外国势力入侵,从而走向衰落。①

然而,中国帆船种类繁多,且不同种类的帆船航行的海域也不尽相同。对此,对中国沿海海上交通状况做出整体阐述的加藤繁在《支那(中国——译者,下同)经济史概说》第八章"交通"中提出如下观点:

> 在支那,与河川运河相比,海上交通的发展不大容易。……其非常发达的时期似乎是唐宋时带,特别是宋朝的时候。支那的近海依地理因素被分为两部分:分扬子江口以北及以南。江口以南虽岛屿众多,但水深适宜航行。江口以北多沙洲,水浅,船只动辄搁浅。此外,再加上其他各种因素,江口以南的海上航运相较发展较早,以北发展相对滞后。且不说宋朝以前,就算到了宋朝,南方船虽去往江口以北,位于密州板桥镇(今山东省旧胶州)进行南北货物的交易,但极少前往登州方向。到了元代,运用海运的粮船绕过成山角进入渤海,到了明代,因为罢海运,所以这条航路也被废弃,商船大都止于胶州。南方的商船巧妙克服航行途中江苏山东沿海的沙砾障碍,经登州海面直达天津、奉天,南北贸易变得频繁,是到了清代之后的事情。②

如上所述,中国大陆沿海的航运活动自唐宋以后走向繁盛,以长江河口以南的海域为主要活动中心,极少出现在长江河口以北的海域。长江河口以北的航路自元朝的海运开始被频繁利用,并一直延续到清代。

---

① 田汝康:《十七世纪至十九世纪中叶中国帆船在东南亚航运和商业上的地位》(《历史研究》1956 年第 8 期),该篇论文亦见于《十七—十九世纪中叶中国帆船在东南亚州》(人民出版社,1957 年 2 月),还有田汝康《再论十七世纪至十九世纪中叶中国帆船业的发展》(《历史研究》,1957 年第 12 期)。田汝康《十五世纪至十八世纪中国海外贸易发展缓慢的原因》(《新建设》,1964 年 8、9 月合刊,该论证收录在田汝康《中国帆船贸易与对外关系论集》(浙江人民出版社,1987 年 11 月)。
② 加藤繁:《支那經濟史概說》,弘文書房,1944 年 3 月,第 108—109 页。

此外,加藤繁还指出:

> 在清代,将航行于扬子江以北的崇明、海门、上海等地的船称为沙船,将航行于以南的闽浙粤东等地的船称为鸟船。沙船吃水四五尺,适于在沙洲多的海面行驶,可承载米一千五百六十石至三千石,在与关东的商业往来中较为活跃,据说在道光中年,沙船的总数达到三千五六百艘。而鸟船亦可有效避让沙洲,乘风破浪前往北方,所以与北方的航海通商并未被沙船独占。①

亦即是说,在清代,有沙船和鸟船两种船型,分别以长江河口以北和以南的海域为活动的中心。

帆船的显著活跃期当属清代,特别是1683年之后,台湾归顺于清朝支配体系之下,清朝皇帝解除海禁,允许沿海地区民众下海。于是沿海地区的众多百姓积极投入海洋活动,这些活动载体便是木制帆船。清代帆船种类众多,而被中国百姓运用于商业及贸易活动的具有代表性船型是沙船②和鸟船。其中,鸟船开发于明代后期,是尖底型帆船,航速快,利用广泛。鸟船船底有龙骨,船体断面呈V字形,V字的底部顶点部分有龙骨。鸟船船体特征决定其长于在水深处航行,故在中国大陆华南以南的沿海及海外,特别是在东南亚方面,鸟船表现活跃。同时,鸟船也能驶入渤海沿海或者天津。③

而沙船是平底型帆船,吃水较浅,明代后期被用于沿海防备。其航行海域不仅限于以长江口附近为中心航向华北、东北地区沿海,在清朝康熙朝后半期也驶向日本长崎进行贸易。④ 尤其值得一提的是,沙船有

---

① 加藤繁:《支那经济史概说》,第110页。
② 周世德:《中国沙船考略》,《科学史集刊》第5期,1963年4月。上野康贵:《清代江蘇の沙船について》,《鈴木俊教授還暦記念東洋史論叢》,1964年10月。
③ 松浦章:《日清貿易における長崎来航唐船について—清代鳥船を中心に—(上)》,《史泉》第47号,1973年9月。松浦章:《清代海外貿易史の研究》,朋友書店,2002年1月,第264—276页。
④ 前引周世德论文。大庭修:《江戸時代における中国文化受容の研究》,同朋舎出版,1984年6月。

它们的活动据点,沙船航运业的发达区域是长江河口的镇洋、宝山、上海等地。① 明治四十年(1907年)的调查显示,驶往山东省的胶州等港口的船舶当中包括沙船。"沙船是自江苏各港而来的大中小三种戎克,时常有大型沙船自上海来入港,其载重量二千六百担,乘员二十人内外"②,可知沙船至20世纪之初仍航行于中国沿海。

关于长江河口附近的船舶航运的情况,可见于两江总督耆英就海防问题向道光帝上书的报告,即道光二十二年(1842年)十一月十九日的奏折:

> 其崇明县,则孤悬海外,适当长江之冲,东望大洋,西对常熟、昭文、太仓、镇洋、宝山,西南径对吴淞口,南对川沙、南汇,北对通州、海门,本系四面皆可行舟之地。近年以来,北面海中,条沙缕结,船只至彼,动辄搁浅,仅能容本地沙船出入,夷船不敢冒险往来。而吴淞口外,遂为由海入江必经之路,实苏松一带之内户;而长江之外户,是以吴淞口一失,遂长驱直入,不复可制此江苏洋面之大略也。吴淞口系黄浦、吴淞二江合流入海之处,上海县城,东南滨临黄浦江,东北滨临吴淞江,二江上承苏、松、常、镇、杭、嘉、湖诸山之水至上海,而交汇来源。……吴淞口为上海之门户,上海县又为江南之门户,是以吴淞口一失,即全省震动,守无可守,防不胜防,遂致束手无策,此吴淞口内河道之大略情形也。③

耆英在论述鸦片战争之后江南地域防御外国军舰的应对措施之时,认识到自长江河口附近的崇明岛起直至吴淞江流域、黄浦江流域的地理

---

① 参照本书第1编第3章"清代江南商船和沿海航运"。关于江南商船的相关论考如下:杜黎《鸦片战争前上海航运业的发展》,《学术月刊》第88期,1964年4月;萧国亮《沙船贸易的发展与上海商业的繁荣》,《社会科学》,1981年第4期(8月)、《清代上海沙船业资本主义萌芽的历史考察》,南京大学历史系明清史研究室编《中国资本主义萌芽问题论文集》,江苏人民出版社,1983年4月,第419—453页;朱梦华《上海的沙船业》《上海地方资料》三,上海社会科学院出版社,1984年7月,第63—69页;许涤新、吴承明主编:《中国资本主义发展史 第一卷 中国资本主义的萌芽》,人民出版社,1985年9月,所收的第五章第七节《上海沙船运输业中的资本主义萌芽》,第646—672页。
② 东亚同文会编纂:《支那省别全誌 第四卷 山东省》,1917年9月,第513页。
③ 台北故宫博物馆文献馆藏:《宫中档道光朝奏折》,第20册,第612页。

状况及其在防御上的重要性,指出上述区域是最紧要的防御地带,并特别强调了吴淞江口防御的重要性。从该奏折可以了解到,上述水域有水深和水浅的地方,船体深的大型外国船只很难驶入。由此可知,船体浅的沙船是最适合在该区域航行的船型。

本书主要以在长江河口附近较浅水域中能正常航行的沙船的历史活动为研究对象,考察时间主要集中在沙船业繁盛的清代。具体而言,首先阐述作为沙船前身的在长江河口附近可见的平底海船的活动和沙船的出现,然后以各方面都留有沙船活动印记的清代航运业为切入点,基于沙船漂流日本、琉球、朝鲜等地时的相关史料,厘清沙船航运轨迹,进而考察分析沙船航运的经营形态、沙船经营业主、沙船航运中承载的货物等。

2. 沙船研究的历史

最早关注沙船的研究应该是1943年刊行的沈能毅的《中国帆船法式》。沈能毅著《中国帆船法式①》一书由以下内容构成:

第一章　历代海运概论
第二章　海舶形制概论
第三章　海舶制造法式
第四章　航海经验概论
　　　　（甲）上海黄浦四时潮信表（以阴历为准）
　　　　（乙）沙船蛋船者民风暴历验单
　　　　（丙）阴历风暴时日表
第五章　新型四不象船
　　　　（癸）新型四不象图并部分名称说明

---

① 沈能毅:《中国帆船法式》,景行斋从行之一,民国三十二年,广东省中山图书馆,图书编号0027849。

第六章　四不象之构造
　　　　　　图解

该书在第一章中对海上航行的帆船进行了概述,第二章介绍这些帆船的基本构造,接下去的第三章"海舶制造法式"中有:

> 中国木制海舶之种类,大别有四,一为江南之沙船,二为福建之鸟船,三为浙江之蛋船,四为闽海之三不象。……

这里列举了中国木造海船中的四种,分别是江南的沙船、福建的鸟船、浙江的蛋船及福建海域的三不象船。而后对于沙船,在"江南沙船法式"节中描述如下:

> 大号沙船容关斛漕米一千五百石,载重九十吨左右。今举以为例,中号小号由此渐杀,照七成五成三成计算,更有三三成、四四成,皆可类推。特大者亦照此比例计算。船长约十一丈,系以清代部尺为准。沙船专走北洋,特大者即备走南洋用,然不多见。……

可知大型沙船用于自江南向北京运送税粮,可载重 1500 石,若以吨位为单位计量,可承载约 90 吨。以清代的度量法,标准船全长约合 11 丈,即 35 米。主要航行海域为长江河口以北的渤海、黄海,及东海北部等地。而长江河口以南亦有大型沙船活动,只是数量不多而已。在随后的第三章"航行经验概论"中有:

> 我国之沙船、蛋船、三不象等,欧美人名为戎克。戎克所聚,又名之为蚊蚋舰队。虽然蚊蚋舰队自有其特长之处,故能生存于二十世纪商战激烈之今日。所谓特长之处,不仅以其造价之低、水脚之廉,即其经行之路线,往往浅滩山屿之间,亦非汽船所及也。(二十一页上)

由此可知,沙船、蛋船及三不象船等中国帆船被欧美人统称为戎克。沙船航运具有轮船所不具备的特点,比如说造船费及运费低廉并且能在水浅的海面航行等。

《解放日报》1956年8月4日（夏历丙申六月二八日）登载的贵芳的《宝山、沙船和商船会馆——记明清两代上海海运业的盛况》，是中国学界对于沙船活动的最早研究成果。因该文篇幅较短，故全文抄写如下：

随着元代上海棉纺织业的兴起，以载运棉布和粮食为主的船舶运输业也随着发展起来。在今天高桥中学的校园内，我们还可以看到一块明代永乐朝奠立的精致石碑。碑记告诉我们，早在五百四十多年前的高桥地方，曾用人口筑成过一座方圆百丈高三十多丈的土山。山上有一座烽堠，日夜燃烧着烟火，使北方和边运各省到上海来贩货的巨大船舶，能够把烟火当作航行的指标，安全地驶进黄浦河道。可以看出，上海港商船进出，在明初已经十分频繁。由于这座土山所起的巨大经济作用，当地人民把它称为宝山。现在宝山早已倾圮了，而宝山的名称却作为上海北境的县名沿用下来。

1685年（清康熙朝）上海设立了江海关。1715年作为船商行会组织的商船会馆马家厂地方建立起来。参加这一行会组织的，主要是上海、崇明、通州、海门、南汇、宝山的沙船船商；此外也有从宁波来的"蛋船"船商；从山东、直隶来的"卫船"船商；从福建来的"三不象船"船商。据《皇朝经世文编》等记载说，当时"沙船聚于上海，约三千五百余号"。资本大的，"一主有船四五十号"。而"每造一船，须银七八千两"。像上海的巨商张元隆，甚至"立意要造船百只，以百家为号"。船主每船雇用"头舵""水手"等多人。

十八世纪至十九世纪初（清代乾隆、嘉庆朝），便于商船起卸货物的上海城东浦沿浦一带，成为上海港的繁华中心。成立最早、规模最大的商船会馆和以后成立的泉漳会馆、潮州会馆、浙宁公所都因为是航海业的缘故而崇奉天后。而在南宋时就建立的天后宫，就坐落在小东门外，酬神演剧，灯市赛会，几乎无日不有。"一城烟火半东南，粉壁红楼树色参。美酒羹殽常夜五，莘灯歌舞最春三。"这就是当时人施润为描写上海繁华情景而写的诗句。

以沙船为主的海运业,一直到十九世纪六七十年代外国轮船业操纵了中国沿海及内河运输并受到封建官办企业招商局的排挤以后,才衰落下来。今天我们如果到蓬莱区各会馆集中的所在去观光一下的话,看到那些供奉天后的大殿、集会大厅、戏台、看楼和精美宏伟的装饰建筑,还不难想象到明清两代上海海运业的盛况。

该文陈述了位于长江流入黄浦江附近的宝山的由来,指出了沙船对于上海地区棉纺织业、食品生产业和海上运输业的重要性,并引用《皇朝经世文编》卷四八《户政·漕运下》收录的齐彦槐《海运南漕议》等,简略地论述了沙船运输业大致历史。在半个世纪以前就有此论述,意义非凡。

沙船研究的初期成果有吕舜祥的《上海的沙船业》(1960年手稿①),但该书笔者并未寻见。因是手稿本,故可推断,该研究成果仅为少部分研究者利用。

沙船航运方面的最早的总结性研究成果是周世德的《中国沙船考略》。② 作者在第1节中说沙船始创于唐代的崇明岛。在元、明两代得到进一步发展,在元代被用于海运。至明代,沙船除仍被用于海运之外,还作为战舰使用。到了清代中叶,沙船有了长足的发展,之后逐步衰退。在第2节中,作者分析了沙船在构造上的特点,特别点明了沙船在逆风的情况下仍能航行的性能。在第3节中,作者从郑和南海远征时所使用的宝船构造上的问题入手,从舵、帆、龙骨等构造的特点分析了宝船与沙船之间的相互关系。在第4节中,作者对沙船的历史作用进行了论述,作者特别提出,沙船与同时期世界上的各类帆船相比,并不处于劣势。

上野康贵的《清代江苏的沙船》③,以文献所见的沙船为中心,论述了

---

① 萧国亮指出此书有"嘉定图书馆所藏"本,参照后引肖国良《清代上海沙船业资本主义萌芽的历史考察》。笔者曾于1998年夏拜托复旦大学历史系周振鹤先生查找,然因出处不明,至今未见。
② 周世德:《中国沙船考略》《科学史集刊》第5期,1963年4月。
③ 上野康貴:《清代江蘇の沙船について》《鈴木俊教授還暦記念東洋史論叢》,1964年10月。

江苏的沙船的特点,但是并未超越周世德的成果。

　　沙船的图虽可见于明代《武备志》等史料中,但更为写实的并不多见,迄今为止最为接近沙船真实面貌的最古老的图画应是由大庭修首次介绍的藏于平户松浦史料博物馆的《唐船之图》中收录的南京船的图。① 《唐船之图》中绘有船舶12艘,其中之一为"阿兰陀船",很显然它是欧洲造的船舶,其余11艘都是中国式帆船,且10艘是尖底型的船舶,只有第一幅图描绘的"南京船"为平底型船。大庭修据《唐船之图》将船体各处的长度、船体的全长和船体中央部分的宽度的比例制表如下,数据一目了然,可知平底"南京船"比例为8以上,而尖底船的比例自4.33到5.21不等,却均未超过6。亦即是说,平底型船体型一眼望去更为细长。

表1　平户松浦史料馆藏《唐船之图》中的船体比例表②

	船体全长	船体中的净宽	全长/中净宽 小数点第三位四舍五入
南京船	18间4尺5寸	2间3尺0寸	8.02
宁波船	16间1尺3寸	3间2尺2寸	5.01
宁波船(停泊中)	17间1尺5寸	3间3尺7寸	5.09
福州造驶向南京的船	16间0尺7寸	3间1尺3寸	5.13
台湾船	16间2尺1寸	3间6尺0寸	4.50
广东船	16间2尺0寸	3间2尺0寸	5.06
福州造驶向广东的船	16间1尺9寸	3间1尺3寸	5.17
广南船	16间3尺0寸	3间4尺2寸	4.77
厦门船	17间3尺8寸	4间0尺1寸	4.33
暹罗船	23间1尺8寸	4间4尺5寸	5.21
咬留吧船	16间1尺2寸	3间1尺5寸	5.12

---

① 大庭脩:《平户松浦史料博物館藏唐船之圖について——江戶時代に来航した中国商船の史料-》,《関西大学東西学術研究所紀要》,第5辑,1972年3月图版1"南京船"。
② 同上书,第22页。

台湾成功大学造船及船舶机械工程学系的陈政宏和许智超在研究郑和宝船①的过程中也注意到沙船,他们认为,就性能而言,沙船速度虽次于福船但优于宝船。

最新的研究成果还有辛元欧的《上海沙船》。② 该书开头附有 8 页中国帆船的彩色照片,随后分第 1 章"古老的造船之乡及其江海变迁"、第 2 章"沙船船型演变的历史轨迹"、第 3 章"明清沙船业的繁荣及衰落"、第 4 章"沙船的主要特征及操驾技术"等四部进行论述。书名虽是《上海沙船》,却并未围绕沙船展开,此书虽以分析中国帆船构造相关问题见长,但较周世德的《中国沙船考略》③中已有的阐明的观点而言,未有显著进展。而且此书亦未能把握于本节中提及的中国学界对沙船的先行研究成果,虽题为沙船,此书作者却连沈能毅、周世德等提出的沙船、鸟船、福船及广船等"清代四大海船"的分类都没能梳理清晰,在 8 页彩图中收录的 31 幅船图中,平底沙船图不过 2 幅,其他 29 幅均是鸟船等尖底船,这些船的构造与沙船差异巨大。这样的列图方法恐有很大问题。另外需要特别指出是,此书彩页插图使用的照片并未标明出处。此外,此书作者未经许可,擅自使用拙稿阐明的问题以及引用的资料,在史料操作和研究方法上也存在很大问题。④ 在江户时代的《长崎版画》中,尖底船型

---

① 陈政宏、许智超:《郑和宝船复原模型与等排水量福船及沙船性能比较》,陈信雄、陈玉女主编《郑和下西洋国际学术研讨会论文集》,台北:稻香出版社,2003 年 3 月,第 1—19 页。
② 辛元欧:《上海沙船》,上海书店,2004 年 1 月,第 167 页。在访问上海参加复旦大学主办的"空海与中日文化交流国际研讨会"之际,于 2004 年 4 月 28 日在上海图书馆内的上图书店购得。
③ 周世德:《中国沙船考略》,《科学史集刊》第 5 期,1963 年 4 月。
④ 照片未标注页码,笔者顺序用数字标注页码。那么在第 7 个页面的《唐船"金德泰"号在长崎港装货》、《1826 年在静冈附近海岸之弃船"得泰"号》、《唐船"金太平"号(长 25 间)》、《唐船"金全胜"号》、《唐船"丰利"号》,以及第 70 页所载黑白图片——图 3-1《唐船"大顺鹍"号(长 23 间)》、图 3-2《唐船"永兴"号》、图 3-3《唐船"金全腾(胜的误写,卷头的彩色照片中记为"唐船'金全胜'号"》号(长 24 间)》、《图 3-4 唐船"宝泰"号(长 25 间)》等 4 幅图,均是松浦章在《清代鸟船と「長崎版画」》(《関西大学考古学等資料室紀要》第 2 号,1985 年 3 月)中已经考证过的船只,特别是《1826 年在静冈附近海岸之弃船'得泰'号》一图,摘自拙稿《文政九年遠州漂着得泰船資料》((与田中谦二共同编著),関西大学出版部,1986 年 3 月)一书彩图,这幅图的原图是属于私人的收藏品,在引用时必须正确标明出处。以这种方法进行研究,不禁令人怀疑此书作者是否具有作为研究者的资质。

唐船图是鸟船型,船名来历及来航长崎时期的情状等笔者已作文论述。①
不明记出处,那么判断唐船是在何时、为何事前来长崎,便是研究者接下来要做的工作。此书作者这样的研究方法势必使导致后学研究的混乱。此外,关于第三章图3-5《明代册封舟》(第71页),封舟是中国使节前往琉球册封中山王为琉球国王时乘坐的帆船,此书作者毫无根据地将清代封舟作为明代封舟列于书上,这是一个很大的问题。明代的封舟是福船型,清代的封舟是鸟船型。② 可以说此书作者对于沙船以外的船型并不十分了解。此书书名虽为《上海沙船》,却未将焦点集中于沙船,反而大量使用了非沙船的船只图片。如此行为,实在对不起迄今为止推进了船舶史研究进展的学者们的研究成果。

3. 沙船航运业和经济史的研究

在此之后,关于沙船的研究主要围绕沙船这种运输工具对江南经济,特别是上海经济的作用展开。现将主要的研究成果列举如下。最初研究当推吕舜祥的《上海沙船业》③(1960年手稿),令人遗憾的是,笔者未能拜读到该书。

杜黎在《鸦片战争前上海航运业的发展》④文中指出,鸦片战争前沙船对上海经济发展作出了极为重大的贡献。该文的亮点在于杜黎从齐彦槐死后成书的《见闻续笔》中发现了齐彦槐在道光六年(1826年)的海运时留下的记录,并以此为基础,详细探讨了嘉庆道光时期沙船航运业的发展。

---

① 松浦章:《清代鸟船と「长崎版画」》,《关西大学考古学等资料纪要》第2号,1985年3月。松浦章:《清代海外贸易の史的研究》。
② 松浦章:《明清时代の使琉球封舟について》,《关西大学文学论集》第45卷第2号,1995年12月,第45—84页。松浦章:《清代中国琉球贸易史の研究》,冲绳榕树书林,2003年10月,第159—190页。
③ 萧国亮:《清代上海沙船业资本主义萌芽的历史考察》,南京大学历史系明清史研究室编《中国资本主义萌芽问题论文集》(江苏人民出版社,1983年4月)中的注60,第450页中有:"吕舜祥《上海的沙船业》,1960年稿本,上海嘉定县博物馆藏"。
④ 杜黎:《鸦片战争前上海航运业的发展》,《学术月刊》1964年第4期(4月),第48—54页。

萧国亮在《沙船贸易的发展与上海商业的繁荣》中①指出，沙船贸易的发展带来了资本主义萌芽，沙船贸易是连接上海和东北的重要运输工具，有力地促进了上海城市经济的繁荣。此外，萧国亮的《清代上海沙船资本主义萌芽的历史考察》②一文，分作"沙船及其航运的沿革"、"清代沙船业的发展"、"上海沙船业的资本主义萌芽"、"封建势力对沙船业资本主义萌芽发展的阻碍"、"鸦片战争后上海沙船业资本主义萌芽的夭折"等部分，在之前研究的基础上进一步论述了沙船业对资本主义萌芽所起的巨大作用。此后，萧国亮还在《外国资本入侵与上海沙船业的衰落》③中指出，鸦片战争后缔结的《南京条约》，使外国的帆船、轮船得以进入中国沿海区域。由于外国船只的进出，沙船航运业遭受了沉重打击。

朱梦华著有《上海的沙船业》④，此文虽未标注引用文献的出处，但文中考察了沙船航路商人组织帮派及沙船乘组人员等。

松浦章在收集中国帆船向海外漂着的史料过程中，完成《清代における沿岸貿易について——帆船と商品流通》一文，文中指出清代沿海贸易中沙船航运活动的重要性，此后又在《清代江南船商と沿海航運》、《文化五年土佐漂着江南商船郁長發資料—江戸時代漂着唐船資料四》、《清末期の沙船について》、《晚清期上海・南市の沙船航運業》⑤等文章

---

① 萧国亮：《沙船贸易的发展与上海商业的繁荣》，《社会科学》1981 年第 4 期(8 月)，第 118—122 页。
② 萧国亮：《清代上海沙船业资本主义萌芽的历史考察》，南京大学历史系明清史研究室编《中国资本主义萌芽问题论文集》，江苏人民出版社，1983 年 4 月，第 419—453 页。
③ 萧国亮：《外国资本入侵与上海沙船业的衰落》，《社会科学》1989 年第 1 期(1 月)，第 48—51 页。
④ 朱梦华：《上海的沙船业》，《上海地方史资料》三，上海社会科学出版社，1984 年 7 月，第 63—69 页。
⑤ 松浦章：《清代における沿岸貿易について——帆船と商品流通》，小野和子编《明清時代の政治と社会》，京都大学人文科学研究所，1983 年 3 月，第 595—650 页。松浦章：《清代江南船商と沿海航運》，《関西大学文学論集》第 34 卷 3、4 号，1985 年 3 月，第 23—50 页。本书序论第 4 章中改写收录。松浦章：《文化五年土佐漂着江南商船郁長發資料—江戸時代漂着唐船資料四》，关西大学出版社，1989 年 3 月。本书第 2 编第 2 章改写收录。松浦章：《清末期の沙船について》，《関西大学文学論集》第 39 卷第 3 号，1990 年 3 月，本书第 3 编第 1 章改写收录。松浦章：《晚清期上海・南市の沙船航運業》，《関西大学文学論集》第 46 卷第 1 号，1996 年 9 月，第 1—18 页。本书终章改写收录。

中考察了沙船航运业的问题。

许涤新、吴承明主编的《中国资本主义发展史 第一卷 中国资本主义的萌芽》的第五章第七节"上海沙船运输业中的资本主义萌芽"①，在参照萧国亮氏的先行研究的同时，将沙船航运业作为中国历史上体现资本主义萌芽的产业之一进行了考察，并指出沙船航运业最繁盛的时期是上海沙船活动的清朝中期至后期，作者通过对沙船航运业中资本和雇佣关系、经营上的特征的考察得出结论——沙船航运业对于中国资本主义萌芽作出了巨大的贡献。

除上述研究之外，也有论述沙船与在上海发展的金融机构——钱庄之间的关系的研究成果。张国辉的《晚清钱庄和票号的研究》②等众多关于钱庄业的研究，均对沙船航运业和钱庄之间密切关联进行了论述；而最具全面性的研究还属段本洛、卢伯炜共著的《论开埠前后上海沙船业与钱庄业的演变》③一文。该文认为，上海钱庄是为沙船航运业提供运作资本的最重要的角色。

再看史料。聂宝璋编撰的《中国近代航运史资料 第一辑 1840—1895》上、下册④，从外国轮船进入中国沿海地域之后使得沙船业备受打击这一角度出发，收集了《申报》等报纸中沙船业衰退期的相关史料。⑤

"中国水运史丛书"《长江航运史（古代部分）》在其第七章《航运的持续发展与新型航运业的萌芽》的第四节"新型航运业的萌芽"中，收录了"沙船业中资本主页的萌芽与船帮的兴起"，并分（一）上海沙船业的形成与发展、（二）沙船业中的雇佣关系与运输经营的特点、（三）民间船帮组

---

① 许涤新、吴承明主编：《中国资本主义发展史 第一卷 中国资本主义的萌芽》，人民出版社，1985年9月，所收第五章第七节"上海沙船运输业中的资本主义萌芽"，第646—672页。
② 张国辉：《晚清钱庄和票号研究》，中华书局，1989年9月，第12—13页。
③ 段本洛、卢伯炜：《论开埠前后上海沙船业与钱庄业的演变》，《江海学刊》1992年第5期（9月），第116—121页。
④ 聂宝璋编：《中国近代航运史资料 第一辑 1840—1895》上、下册，上海人民出版社，1983年11月。
⑤ 聂宝璋编：《中国近代航运史资料 第一辑 1840—1895》下册，第1313—1318页。

织的兴起①等方面,探讨了沙船航运业雇佣关系中包含的资本主义萌芽形态。

中国社会科学院历史研究所的郭松义和张泽咸合著的《中国航运史》②中,涉及平底海船活动的宋代的沿海航运活动、元明时期近海航行、清代国内航运等问答,但并非从船舶视角出发的研究。

近年出版的《上海通史》中也列出了沙船航运业。《上海通史》第2卷古代的第五章"生计:盐、谷、棉、船"之"四　崇明船帮"③中,叙述了宋末元初活跃于海上运输的自朱清、张瑄开始清代的沙船运输业的盛况。

《上海沿海运输志》编撰委员会的《上海沿海运输志》④,原交通部长钱永昌作序,序文中叙述了上海自古以来是以水兴市,特别赢得了清代上海是沙船故里的美誉(序第1页)。第一章第一节"木帆船"之"一　沙船"对于沙船的历史进行了概述(第40—42页)。第十章第一节"商船"之"二沙船商(户)、沙船行(号)"简述了沙船富商张元隆、沙船富商朱氏、王利川沙船行、沙船商郁松年和郁纯熙等郁氏家族、沙船富商郭氏、久大沙船号、严同春沙船号、沙船富商朱其昂、沙船商朱朴齐、沙船商陈增钧和陈增源等的活动(第339—340页),据说朱、王、沈、郁四家的资产,富可敌国,但是此书存在着未标明文献出处的缺点。

4. 沙船航运业的课题

综上所述,虽然关于沙船的船舶研究及沙船航运业的研究成果不是很多,但这些现有研究成果表明,沙船作为运输工具,尤其是对于清代的以上海为中心的江南经济与东北经济而言,是联通两地的重要运输

---

① 罗传栋主编:《长江航运史(古代部分)》,"中国水运史丛书",人民交通出版社,1991年6月,第349—355页。
② 郭松义、张泽咸:《中国航运史》,中文文化史丛书61,台北文津出版社,1997年8月。
③ 熊月之主编:《上海通史》第2卷马学强著《古代》,上海人民出版社,1999年9月,第136—145、151—152页。
④ 上海沿海运输志编撰委员会:《上海沿海运输志》,上海社会科学出版社,1992年12月。

渠道。

然而,关于沙船的船舶研究或者沙船航运业的先行研究,大都是以书籍为中心的文献中收录的资料而进行的,从沙船航运活动本身为出发点的研究视角欠缺,相关研究几乎无人涉足。因此,作为解明清代沙船的航运活动的尝试,特写下此书。现将本书内容简单介绍如下:

序说"清代沙船航运业研究的课题",是对沙船的船舶及沙船航运业先行研究的回顾。值得一提的是,在沙船构造研究上发挥着先驱作用的周世德著《中国沙船考略》(《科学史集刊》第五期,1963年4月)一文,时至今日都仍未丧失其价值。但正如先前所指出的那样,美中不足的是,此文虽然涉及沙船航运经营史各方面的研究,但是由于关于航运经营的资料不多,此文的说明不够充分。

在第1编"清代沙船航运业的萌芽"中,概述了在中国海运史上平底海船的活动历史,特别提到宋代以后至元朝,沙船在从江南到北京漕运的海上运输中发挥的巨大作用,至明代,因重视海防从而将沙船作为战船使用,到清代以后,沙船又从战船转为海上运输的运输船而重新登场并表现活跃。

第2编"清代江南沙船的航海轨迹",第1章"清代江南沙船和长崎贸易"的研究内容是在海外贸易中活跃的沙船。从当时的绘图等可以得知沙船在江户时代曾来到日本这一史实。但是,与沙船相同的平底型船驶抵日本的具体情况却未能得到确证。本章证实了江户时代前往日本长崎进行海外贸易的沙船具体情况,解决了前述问题。此外,在第2章"清代江南沙船郁长发的航海记录——江南商船漂流日本"、第3章"清代江南沙船的航海记录——江南商船漂流琉球"、第4章"清代江南沙船的航海记录——江南商船漂流朝鲜"中,笔者挖掘了17世纪到20世纪的朝鲜王国、德川时代的日本、琉球国时代的琉球的记录中关于中国商船漂流史料,并围绕解析沙船的航运活动进行了论述。在第3编的各章以及终章中,附有19世纪末到20世纪初在上海、天津、东北地区发行的报纸上的报道。以这些报道为主要史料,更加具体地还原了沙船航运活动的实际形态。

第3编"清代上海沙船航运业的开展"分为12章:第1章"清代上海沙船航运业的开展"、第2章"清代上海沙船航运业者的系谱"、第3章"清代上海沙船航运业与钱庄业"、第4章"清代沙船的南货:上海棉布的流通"、第5章"清代沙船的北货:豆货"、第6章"清代沙船航运业和报关行"、第7章"清代海运和沙船"、第8章"咸丰八年天津入港沙船的载货"、第9章"清代东北和上海沙船航运业"、第10章"清末上海与山东的大豆帆船贸易"、第11章"清末英商佣船金万利沙船的航运活动"、第12章"上海南市的商船会馆"。在第3编中,探究了承担沙船航运业的沙船航运业主郁森盛沙船商号、葛氏、王永盛沙船商号、经正记沙船商号、王公和沙船商号、沈生义沙船商号、陈丰记沙船商号、镇康号沙船商号及严同春沙船商号、李久大沙船商号等的事迹,并围绕与沙船航运业有很深关系事业之一——钱庄业及与此相关的沙船航运业者等进行了梳理。分析了沙船装载自上海向东北沿海及华北沿海地域的航口城市运送的主要货物棉布及其与沙船运输的关系,以及从上述区域返航时带回上海的大豆制品的农副产品的进出口状况。论述了与沙船航运的关税手续相关的于上海处理船舶出入手续的报关行的存在及其与沙船航运的关系。另外,到了清代后期,由于湖水泛滥等原因,经由大运河的漕粮运输变得困难,在这种情况下,沙船海运的运力备受瞩目,沙船海运被用于代替大运河漕运承运漕粮。在本编中的章节解明了从事海运的沙船航运状况。除此之外,本编还论及自长江口到天津的海上运输的漕粮时沙船被允许携带一定数量的被认为是属于乘员货物的私货的情况。至清末,短时期内可大量运输的外国轮船登上历史舞台,在海上运输业上被压迫的沙船航运业主在寻找出路时的一种方法是雇佣于英国人。笔者在实地考察沙船航运业者的中心——上海南市的商船会馆的历史足迹后又作了相关说明。

在终章"清代上海南市沙船航运业的变质"中,考察了19世纪末至20世纪初沙船航运业的活动情况。文中重点,是以《中外日报·本埠新闻·南市》中刊载的沙船入港报道为中心,解明沙船航运业的情况。

通过上述考察,可以得知以上海等长江河口附近为基地的沙船航运业运行的具体情况。同时也能了解到,沙船不仅参与中国沿海的沿海交易活动,在一段时期还被用于与日本长崎之间进行的贸易之中。

(杨蕾　译　董科　校)

第 1 编
清代沙船航运业的萌芽

第1章 清代以前平底海船的航运

1. 绪言

海洋帆船自古以来航行于中国沿海地区以及东海、南海的广阔海域,其积极的航海活动为人们所熟知①,但这些船舶的样式和构造被明确记载于文献,却是明代之后的事了。到了清代,从事海洋航行的主要有四大帆船,即广船、福船、鸟船和沙船,这些船名广为人知。但是,这四种海船细节详情,至今也并非全为人所知。②

在本章中,主要围绕"平底海船"展开论述。"平底海船"一般在较浅的内陆河川以及多岩礁的沿海区域航行,被看作沙船的前身,其活动最为频繁的时期是元代。元朝定都大都,即今日的北京,因此自江南向大都地区大量运输漕粮成为必要。这些税粮的主要运输形式是利用"平底海船"进行海上输送,并不是利用大运河的内河漕运。以下就这些平底

---

① 松浦章:《中国海事史研究の現況》,《東洋史研究》第45卷第2号,1986年9月。
② 关于沙船,周世德在《中国沙船考略》(《科学史集刊》第五期,1963年4月)中有过详细研究。关于鸟船可以参见松浦章《清代海外貿易史の研究》,朋友書店,2002年1月,第一部第四编"清代鳥船の運営形態——長崎来航商船",第264—362页。

海船的情况进行论述。

2. 宋元时代的平底海船

《宋会要辑稿》第145册,《食货》五十之二十中,有关于平底海船的记载:

> 孝宗隆兴二年五月二日,淮东宣谕使司言:"去年三月,都督府下明、温州,各造平底海船十艘。因明州言,平底船不可入海,已获旨准年例,籍民间海海船,更在防拓。近都督府再令造船,每十只之费,公家支经总钱三万贯,兼材打采木,公私受弊。"

南宋孝宗隆兴二年(1164),淮东宣谕使司报告说,隆兴元年三月都督府命令明州、温州等地各造平底海船十艘。但是由于明州地方利用平底海船进行海上航行比较困难,于是征用民间海船。这些海船不是平底船型,估计应为有龙骨的尖底海船。

1279年,元灭南宋,《元史》卷九三《食货一》中有:

> 至元十九年,伯颜忆海道载宋图籍之事,以为海运可行。

丞相伯颜命令张瑄及朱清等沿用宋代的图籍所载海道实行海运,将物资运往大都。

《元海运志》所引罗洪先的《广舆图》中有:

> 朱清、张瑄者,海上亡命也,久为盗魁,出没险阻,若风与鬼,劫略商贩,人甚苦之。至元二十一年,伯颜建议海运,乃招二人授以金符千户,押运粮三万五千石,仍立海道万户府三,以清、瑄与罗璧为万户,辖千户百户,所领虎符、金牌、素银牌。船大者不过千石,小者三百石。

可见,朱清和张瑄本来海上盗贼为业,但是,元灭宋之后,二人被朝廷招安,授以"金符千户",承担起海上运输的职务。

4

《永乐大典》卷一五九四九所引《经世大典》中有：

> 惟我世祖皇帝至元十二年，既平宋，始运江南粮，以河运弗便。至元十九年，丞相伯颜言初通海道，漕运抵直沽，以达京城。立运量万户府三，以商人朱清、张瑄、罗璧为之。初岁运四万余石，后累增及二百万石，今增至三百余万石。

忽必烈征服南宋以后，因使用大运河从江南往北京输送税粮的漕运运输不便，于至元十九年（1282）采纳了丞相伯颜的建议，使用海运将税粮输送到直沽，再由直沽运至大都。因此，设置了运粮万户府三个，以商人朱清、张瑄和罗璧来承担输送任务。最初只运送了四万余石，逐渐增多到二百万石，之后达到三百万石。

关于朱清和张瑄①二人，在《元史》中并没有他们参与海运之前的相关记载。对此，可以参见后世的一些记录。

明嘉靖《太仓州志》卷八《杂传》中有以下记载：

> 元朱清，字澄叔，崇明姚沙人。张瑄，嘉定之新华村人。朱清少俱无赖相结为兄弟。宋季年，群盗相聚，乘舟钞掠海上，朱张最为雄长，阴部曲曹伍之，当时海滨沙民，富家以为苦，崇明特甚。朱尝佣杨氏，夜杀杨氏，盗妻子货财去。苦捕急辄引舟，东行三日夜，得沙门岛。又东北过高句丽水口，见文登夷诸山。又北见燕山与碣石，往来若风，与鬼影迹不可得，稍息则复来，亡虑十五六返，私念南北海道，此固甚径，且不逢浅角识之。胡元廷议，以兵方兴请事，招怀朱张，即日降，以吏部侍郎左选七资最下一等授之。令部其徒属为防海民义，隶提刑节制水军。宋亡，从宰相入见世祖，授金符千户海运方兴实与奇谋，初年运粮不过四万石，后通增运至三百余万石。朱累官至昭勇大将军河南行省参知政事大司农。张累官至明威将

---

① 有关从事海运的朱清、张瑄等人的系谱，植松正曾在《元代の海運万戸府と海運世家》（《京都女子大学大学院文学研究科研究紀要》史学编，第 3 号，2004 年 3 月，第 111－170 页）中做过详细的论述。

军江西行省参知政事。①

从以上记录可见，朱清本是崇明岛姚沙人，张瑄是嘉定新华村人，为宋末的"无赖"之徒。被任命前，曾以长江口的崇明岛为据点，利用海船行海盗之事。朱清曾杀害了其杨姓雇主，并抢夺了雇主的妻子和财产，之后横行于黄海和东海海域。到了元代，二人被朝廷招安，成为海上运输的中心人物。他们熟悉长江口到东海、黄海、渤海海域的情况，这是他们被朝廷委以重任的重要原因。

嘉靖《浙江通志》卷三三《官师志》第五之十三中有如下描述：

> 朱清，宋末人。尝为富家佣，杀其主，亡入海岛为盗。与其徒张瑄，抄掠海上。备知海道曲折，寻就招怀，为防海义民。伯颜平宋时，遣清等载宋库藏诸物，从海道入京师，授金符千户。二人遂言："海运可通。"乃命总管罗壁暨瑄等，造船六十艘，运粮四万六千余石，由海道入京师。然创行海洋，亦逾年始至朝廷。未知其利，仍通旧运，寻复因忙兀觯言海运为便，遂立万户府四于两浙。又并四府，为都漕运万户府，令清、瑄二人为运使。二人致位显要，宗戚皆累大官，田园馆舍遍天下，仆从佩金虎符为万户千户者数十人。上闻其不法，诛之，没入其产，赈两浙饥民。

根据嘉靖《浙江通志》的记载，朱清本来受雇于宋末的富庶之家，后杀害了其雇主逃亡海岛成为盗贼，也就是海盗，而张瑄也是航行于海上以抢夺为业的海盗之一。他们都对海上航行非常熟悉。到了元代，被伯颜招安，开始负责海上运输的重任。

关于这两个人的情况，嘉靖《浙江通志》卷三三《官师志》第五之十三中还有这样的记载：

> 脱脱，大德间为江浙平章。初宋季海盗朱清、张瑄，备知海道曲折。至元间，创通海运，置都漕运万户府，令二人掌之。二人父子，

---

① 《天一阁藏明代方志选刊续编》20，上海书店，第607—608页。

致位显要,宗戚皆累大官,田园馆舍遍天下。巨艘大船,交诸番中,廪藏仓庾,相望车马,填塞门巷,仆从佩金虎符,为万户千户者,累数十人,遍以金帛结贵,近无不受其赂者。江南僧石祖进,摭其不法事,上闻诛之,妻子被逮,以金珠巨万赂脱脱,祈蔽其罪。脱脱以闻,成宗喜曰:"我家老臣子孙,固宜与众人殊也。"赐内帑黄金,优诏以旌之。

这里明确记载了朱清和张瑄为宋时的海盗,熟悉海路。元朝在得知这一情况后,任用二人成为海运事业的主要负责人。

除了朱清、张瑄之外,罗璧也同样担当了海运职务。元人程巨夫著《雪楼集》卷二〇《元都水监罗府君神道碑铭》中有:

维至元十有二年,世祖皇帝下江南,招纳降附,总揽英杰,披腹心,揭恩信,靡不扬,声奋烈,移忠本朝,以成圣人……侯讳璧,字仲玉,年十三而孤事母俞,以孝闻……十五年,从张元帅广南,赐金符,转明威将军,管军总管镇金山。居四年,海盗屏迹,徙上海督造海艘,再月而毕。明年朝廷议转江南之粟,以实京师,下其事行省,侯独以海道便,部漕舟,率先道海,自杨村入,不数十日至京师。……①

以上指出罗璧曾在至元十九年(1282)镇压浙江金山的海盗时建功,并在上海花两个月时间建造海船,第二年在承担海上运输过程中也取得了功绩。

弘治《上海志》卷七《惠政》中也有关于罗璧的记载:

罗璧,字伯玉,镇江人。至元初,为总管,镇上海,建议海运,部漕舟,先道自杨村,入不十日至京师,民省部运之劳。

可见,罗璧是镇江人,被元朝委任为海运官员。

---

① 《雪楼集》卷二〇,《景印文渊阁四库全书》第1202册,第284—285页。

元代之所以利用海运从江南往京师大都输送税粮,其主要原因就是大运河的运输不便。

《元史》卷九三《食货一》中有:

> 至元十九年,伯颜忆海道载宋图籍之事,以为海运可行,于是请于朝廷,命上海总管罗璧、朱清、张瑄等,造平底海船六十艘,运粮四万六千余石,从海道至京师。

伯颜根据海路运输图书典籍一事,向朝廷上奏了海上输送的便利,委任上海总管罗璧、朱清、张瑄,建造平底海船60艘,利用海上运输输送漕粮4.6万余石到达京师。相当于平均每只平底海船运送粮食767石。罗洪先的《广舆图》中记载,大型船可运1000石,小型船可运300石,二者平均为650石。如此看来,《元史》关于一艘海船的运载能力为767石的记录是可信的。

《元史》卷九三《食货一·岁运之数》中记载了至元二十年(1283)到天历二年(1329),约50年间的海运运载数量,整理如下表:

表1 元代海运输送表

公元	年号	岁运小	岁运大	只数大	只数
1283	至元20年	42172	46050	60	60
1284	至元21年	275610	290500	378.7483	379
1285	至元22年	9771	110000	143.4159	144
1286	至元23年	433905	578520	754.2633	755
1287	至元24年	297546	300000	391.1342	392
1288	至元25年	397655	400000	521.5123	522
1289	至元26年	919943	935000	1219.035	1220
1290	至元27年	1513856	1595000	2079.530	2080
1291	至元28年	1281615	1527250	1991.199	1992
1292	至元29年	1361513	1407400	1834.941	1835
1293	至元30年	887591	908000	1183.833	1184

续　表

公元	年号	岁运小	岁运大	只数大	只数
1294	至元 31 年	503534	514533	670.8383	671
1295	元贞 1 年		340500	443.9374	444
1296	元贞 2 年	337026	340500	443.9374	444
1297	大德 1 年	648136	658300	858.2790	859
1298	大德 2 年	705954	742751	968.3846	963
1299	大德 3 年		794500	1035.853	1236
1300	大德 4 年	788918	795500	1037.157	1028
1301	大德 5 年	769650	796528	1038.498	1039
1302	大德 6 年	1329248	1383883	1804.280	1805
1303	大德 7 年	1628508	1659491	2163.612	2164
1304	大德 8 年	1663313	1672909	2181.106	2182
1305	大德 9 年	1795347	1843003	2402.872	2403
1306	大德 10 年	1797079	1808199	2357.495	2358
1307	大德 11 年	1644679	1665422	2171.345	2172
1308	至大 1 年	1202503	1240148	1616.881	1617
1309	至大 2 年	2386300	2464204	3212.782	3213
1310	至大 3 年	2716913	2926533	3815.558	3816
1311	至大 4 年	2773266	2873212	3746.039	3747
1312	皇庆 1 年	2067672	2083505	2716.434	2727
1313	皇庆 2 年	2158685	2317228	3021.157	3022
1314	延祐 1 年	2356606	2403264	3133.329	3134
1315	延祐 2 年	2422505	2435685	3175.599	3175
1316	延祐 3 年	2437741	2458514	3205.363	3206
1317	延祐 4 年	2368119	2375345	3096.929	3097
1318	延祐 5 年	2543611	2553714	3329.483	3330
1319	延祐 6 年	2986017	3021585	3939.485	3340

续 表

公元	年号	岁运小	岁运大	只数大	只数
1320	延祐7年	3247928	3264006	4255.548	4256
1321	至治1年	3268765	3269451	4262.647	4263
1322	至治2年	3246483	3251140	4238.774	4239
1323	至治3年	2798613	2811786	3665.953	3666
1324	泰定1年	2077278	2087231	2721.292	2722
1325	泰定2年	2637051	2671184	3482.638	3483
1326	泰定3年	3351362	3375784	4401.282	4402
1327	泰定4年	3137532	3152820	4110.586	4111
1328	天历1年	3215424	3255220	4244.093	4245
1329	天历2年	3340306	3522163	4592.129	4592
	合计	79773249	82927461	108119.2	108120

《元史》中所记载的"平底海船"60只,输送了4.6万石的税粮,每只可输送767石,由此可以计算出每年所使用的船只数量,如次页表2。大德年间(1297—1307)最多2000只,至大年间(1308—1311)以后超过3000只,延祐年间(1314—1320)超过4000只。到天历二年,超过了4000只,达到4500只的规模,这应该是事实。

元代程端礼著《畏斋集》卷五《重修灵慈庙记》中有:

> 至正元年冬十月庚申,修灵慈庙成,庙史述鄞人之意,以事状来,曰国朝岁漕米三百万石,给京畿,千艘龙骧鲸波万里,飓风或作,视天如亩,号神救援……①

至正元年(1341)灵慈庙被重新修缮,当时依靠海运输送的漕米有300万石,征用的船舶约有1000艘。由此可以看出,一艘船的运载量大约3000石。

---

① 《畏斋集》卷五,《景印四库全书》,第1199册,第687页。

有关元代到底如何使用船舶进行海上运输,高荣盛的《元代海运试析》①中有所论述。他将各史料中的船舶数量整理归纳,计算出船舶的平均运输量。

表2 元代海运船只数表

年号 (公元)	输送石数	只数	平均载重 (石)	出　　典
至元19年 (1282)	5000	146	340	《永乐大典》卷15950所收 《经世大典》
至大前	510000	400	1275	任士林《松乡先生文集》卷二 《江浙行省春运海粮记》
至大四年 (1311)	1748649	800	2100	黄晋《金华黄先生文集》卷三五 《武略将军海道漕运副万户曹公墓志铭》
至顺元年 (1330)		1800		《永乐大典》卷15950所收 《经世大典》
至正三年 (1343)		3000		吴凤翔《无锡县志》卷二三《祠宇》
至正四年 (1344)	2640000	1400	1800	朱德润《存复斋文集》卷一 《江浙行省右丞岳石木公提调海漕政绩碑铭》
至正15年 (1355)	数百万斛	1000		刘仁本《羽庭集》卷二 《钱将作院使曲有诚公序》

(高荣盛《元代海运试析》,《元史及北方民族史研究集刊》第七期,第51页)

关于输送的经费,程端礼的《畏斋集》卷五《庆元绍兴等处海运千户朱奉直去思碑》中有:

> 皇庆二年冬十月,省部奏准温台庆元每石脚价钱一十一两五

---

① 高荣盛:《元代海运试析》,《元史及北方民族史研究集刊》第7期,1983年5月,第40—65页。

钱,浙西绍兴每石一十一两,盖视道远近为差也。①

皇庆二年(1313)十月,温州、台州、上海的运费为每石11两5钱,浙西、绍兴每石11两。

元代大规模实施海运的情况在《元史》中有比较明确的记录。当时主要利用的是平底海船。有关这些平底海船的详细情况可以参考明代王在晋《通漕类编》卷九《历代海运考》的记述:

> 元之海漕,其利甚溥,其法亦甚备,有仙鹤哨船,每船三十只为一纲。大都船九百余只漕米三百余万石,船户八千余户,又分其纲为三十。每纲设押纲官二人,以常选正八品为之。其行船者又顾募水手,移置扬州,先加教习。领其事者则设专官秩三品,而任之。

这一段史料指出了元代海运的优势。万历《新修崇明县志》卷八《海漕》中有这样的记录:

> 元至正十九年,西沙人朱清、张瑄建言,海漕抵直沽,以达京师。初岁以官船运米,八月于娄家港,来会由通州海问县黄连沙,开洋沿山堤堧至盐城县,历西海州、密、胶等州界,涉灵山洋,东北行月余至成山。次年三月,方抵直沽。至元二十一年,定议官支脚价,令近海人户,自行造船,顾募梢水,运粮依验,十勋百里,每石脚费八两五钱。至元三十年,千户殷明踏开生路,自娄家港至本县三沙放洋,望东使入黑水大洋,放成山,转西至刘家岛成骔,取紫迈登舟沙门岛,放莱州洋入界河,不旬日,而抵直沽。此路甚便,后减脚作六两五钱。

那么,元代海运中所使用的平底海船又是何种船舶呢?在元代的史料中虽然没有详细记载,但明代万历六年(1578)梁梦龙的《海运新考》卷上《成造船式》却有如下记录:

---

① 《畏斋集》卷五,《景印四库全书》第1199册,第692页。

元用罗壁造舟,名曰海鹏,一名海鸡。其制龟身蛇,首版木坚厚,每船两旁用大竹帮,夹隋带楸杉梧桐轻木,一不畏礁,二不畏沙,一任风浪,轻浮若隼翅,然以鹏名者。言迅捷有扶摇万里之义。沙船亦利,今载米踏试海道,所雇淮船,名曰海雕。①

罗壁的船舶被称作海鹏或者海鸡,其船体平且细长,侧面是竹制的梶。可以抵抗海中的岩礁和沙洲,航行起来如隼一样轻快,因此被称作"海鹏"。沙船也是航行便利的船舶,被雇用于海上行驶的淮船被称为海雕。

王在晋在《通漕类编》卷九《海运·历代海运考》中写道:

　　元之海漕,其利甚溥,其法亦甚备,船有仙鹤、哨船,每船三十只,为一网,大都船九百余只,漕米三百余万石,船户八千余户,又分其纲为三十,每纲设押纲官二人,以常选正八品为。②

可以看出,元代的海运取得了较大的成果,其运营也比较通畅。被用于海运的船舶被称作仙鹤船和哨船,航运的方法主要是30只组成一个船队,900余只船可以输送300万石的税粮。此外,8000余船户被分成30纲,各纲设置二名押纲官。

3. 明代的平底海船——沙船

明代具有代表性的平底海船是沙船。沙船名称的由来可以参见乾隆《崇明县志》卷一九《艺文志》中明人所写《再陈海运疏·前人》(第46页下):

　　沙船以崇明沙而得名。太仓、松江、通州、海门皆有。淮安名海雕者,俱现在天津装运第使船之人,必须惯家舵工、水手,惟海民为能募其船,即听船户自选。《崇明县志》云隆庆六年复海运,初募者

---

① 《玄览堂丛书》初辑所收。台湾中央图书辑,正中书局,1981年,第8册,第285页。
② 《通漕类编》二,第741页,屈万里主编《明代史籍汇刊》22,台湾学生书局,1970年12月。

民,沙船从淮抵津,甚捷。朝廷赏给冠带,明年改官船官军即多。

沙船名称的源于长江河口处的崇明岛的崇明沙之"沙",可能是崇明沙的民众为了近海海域和长江水域的航行之便而发明的船舶。因此,多见于长江河口附近和长江河口近海的太仓、松江、通州、海门。由于这些地区的人们善于海上航行,明朝隆庆六年(1572)推行海运的时候,沙船也为官府所用,并征为水军之用。

嘉靖二十年(1541)五月,南京工部营缮清吏司主事沈岱的《南船纪》卷一中有"二百料巡沙船"的图,上面有一则按语:

> [沈]启按,所谓沙船,象崇明三沙船式也。三沙浮海,人长吞天浴日之区,靛盐为业,履险如夷,走船如马,家海门江,朝吴暮楚,苟惊风立浪之相遭,则鼓气扬眉之有候矣。是以率多无良咎之者,皆以性成于习,而不知器利于用者,有以助之,巡船式之器亦利矣。用器者能以沙船之习,习之斯,不失为军国之沙船也。中有洞屋,是以更番,外有女墙,足以间卫义起者云。……共长六丈七尺,阔一丈三尺六寸。

沙船是组成崇明岛的崇明三沙的人们经常使用的船只。当时船只被当做马匹一样频繁使用。这个二百料巡沙船,全长六丈七尺,船宽一丈三尺六寸,长宽比例为4.93。

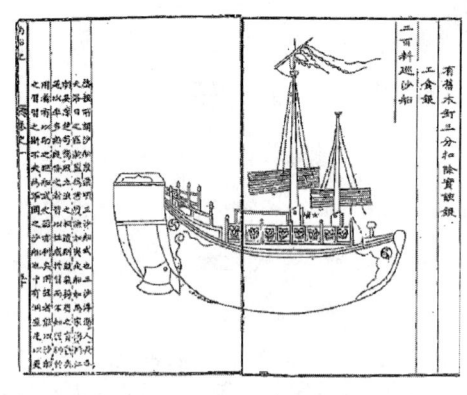

图1 《南船记》卷一
《二百料巡沙船》

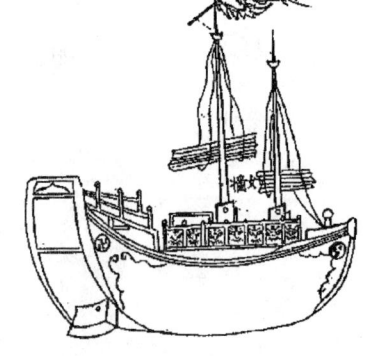

图2 《龙江船厂记》卷二图

嘉靖三十二年(1553)李昭祥的《龙江船厂志》卷二《舟楫志·图志》中《二百料巡沙船的图》中有：

> 船面自头至稍陆丈壹尺。
> 船底自头至无板处肆丈。
> 无板虚稍壹丈壹尺陆寸。
> 头阔柒尺伍寸,深肆尺壹寸。
> 中阔壹丈贰尺叁寸,深肆尺贰寸。
> 稍阔玖伍尺。①

这里也明确记载了船体的规模。其中,全长六丈一尺、宽为一丈二尺三寸的沙船,与以上记载的沙船一样,长宽比例都为4.96。在李昭祥的按语里有这样的记载：

> 按,三沙在崇明界,浮居海中。其人以鱼盐为稼穑,以舟楫为舆马。虽惊涛怒波,震荡掀揭,彼方出没其间,扬眉鼓气,挟其所长而用之。故时入江洋为盗,巡船而曰沙者,岂非仿其制度。②

以上资料也记载了沙船之名由来于崇明沙,还记载了崇明岛上的人们乘船如乘马的生活。沙船的长处就是既能在长江航行又能在海上航行。

沙船的故乡崇明岛,位于长江入海口,面对东海海域,具有优越的地理位置,船舶是其交通往来必不可缺少的手段。沿海的各沙洲的民家都拥有船只,在长江和近海自由航行,贩卖鱼盐。正德元年(1506)发生在崇明岛的海盗施天常之乱的当事人施天常就是从事非法盐运的人物之一。因此,施天常可能是居住于崇明岛半洋沙一带。施家施天佩、天泰、天常、天杰四兄弟以崇明岛为根据地贩卖私盐,由于与东家董家不断发生经济摩擦,在与董家相通的官宦的斗争中不断发展,施家逐渐成为叛乱

---

① 《龙江船厂志》,江苏古籍出版社,1999年3月,第61页。
② 同上书,第62页。

中心,被官府称为"海盗施氏"和"海盗施氏叛乱"。这次叛乱平息后,崇明岛的居民不仅被禁止远洋航行,而且近海捕鱼、运送燃料以及近距离交易崇明岛本地特产的活动也被禁止。此外,对航行区域也有了明确限制,长江上的航行只允许到镇江,东海海域的航行只允许到嘉兴,禁止往嘉兴以南的海域航行。由此,崇明岛居民的海上活动受到了极大的限制。①

图3 《两浙海防类续篇》卷一〇　　　图4 万历三十七年(1609)序刊本
　　　《海船图说·沙船式》　　　　　　《三才图会》,《器用》四卷《沙船》

关于沙船的特性,万历三十年(1602)序刻本《两浙海图防类考续编》卷一〇《海船图说之沙船式》中有以下描述:

> 沙船能调戗使斗风,然惟便于北洋,而不便于南洋。北洋浅,南洋深也。沙船底平,不能破深水之大浪也。北洋有滚涂浪,福船、苍山船底尖,最畏此浪,沙船却不畏此,北洋可抛铁锚,南洋水深,惟可下木椗。

---

① 松浦章:《明·正德元年崇明岛の海盗施天常の乱》,藤善真澄:《中国华东·华南地区と日本の文化交流》,关西大学出版部,2001年3月,第97—114页。

可见,沙船适合航行于长江河口以北的海域,即"北洋",不适合长江口以南的"南洋"海域。最大的原因是沙船船底较平,不能在水深浪大的海域航行。相反,尖底船福船、苍山船吃水较深,如果在水浅的北洋行驶,则存在船底接触海底的危险。

图 5　天启元年(1621)序刊本
《武备志》卷一〇七《沙船》

图 6　《武备志胜》卷一四
《沙船》

图 7　天启四年刊本《筹海图编》卷一三
《沙船式》

图 8　影印文渊阁四库全书所收
《筹海图编》卷一三《沙船式》

上面是各书中出现的明代沙船图。图 4 出自万历三十七年(1609)序刊本王圻《三才图会·器用》四卷,图 5 出自天启元年(1621)序刊本茅元仪《武备志》,图 6 出自茅元仪《武备制胜》,图 7 出自天启四年(1624)序刊本《筹海图编》,图 8 出自影印文渊阁四库全书本《筹海图编》的沙船式图。

万历《新修崇明县志》中,有关万历三十二年(1604)有以下记载:

> 三吴雄县星罗,独崇明一县,介在海徼,盖大江以南之第一严邑也。

崇明岛是位于长江河口的一个县。该书卷八《兵防志·军民对兑议》中有:

> 崇邑孤悬海中,岛夷出没,其间猝遇有警,可越而登也,故养兵最急。

由于崇明岛位于海中,很容易遭受外界侵扰和袭击,因此防御是当务之急。为了海防,则需要大量船只:

苍船七只　由福建改造

沙船三十只　旧额三十只,万历三十年今县令张公因地方险要……

桨船五只

唬船十六只　概用　桨八人□□□……

划船五只　划似唬船而小……

可见,从船只的数量上看,海防的主力是沙船。该书卷八《寇警》中有:

> 万历二十五年,日本关白潜兵袭朝鲜,势逼辽东。奉旨调南船东征,崇明把总哨点选沙船二十艘,船兵五百名,属都司,武懋功统领赴敌。九月初八日,起发太仓,自娄河通大沽口出海,以达鸭绿。①

---

① 据台湾"中央研究院"傅斯年图书馆藏胶片 No. 673。

万历二十五年（1597）日本的丰臣秀吉第二次侵略朝鲜，"庆长之役"时，曾征用了崇明岛的二十只沙船和五百名船兵。由此可知，当时沙船已经作为军船使用。

万历《新修崇明县志》卷八《海漕》中有：

> 隆庆六年，因卫河流走，运船淹没，水路梗塞，督运参政潘允哲奏复海运苏松兵备蔡国熙，奉旨委本县县丞孙世良招募沙船一百艘，每百石官发水脚银二十三两，随即押领耆民董祜、钮子榜、陆禚、黄朴、黄卷、施大忠六人，并各船户，自镇江达淮河验同淮船二百艘，改委吴淞所千户臧仲统，领出清江浦，由登莱等州成山等墺入大沽、天津一带，直抵北通州交卸。耆民六人，上捷其功，而悯其劳重，加赏赉给冠带荣身，次年改造官船，复运二年，缘船多覆没官耆溺死，氂氋高邮一路运河，仍行内运讫。

隆庆六年（1567），由于从南方往天津卫河运输的船只沉没，造成漕运不畅，政府急从崇明县征用100只沙船缓解运输困难。当时崇明县的六人（董祜、钮子榜、陆禚、黄朴、黄卷、施大忠）被委任，负责输送税粮的任务。

以下是万历四十八年（1620）六月，有关山东到天津间海运的一则上奏：

> 山东虽有六十万之加，而无船装运，虽加多亦属画饼也。合无通将淮安浙直之船，及天津自造之船，通融合算，淮船以每只一千五百石为率，浙直船每只以一千石为率，天津自造船，每只以八百石为率，每只又以往返三次为率，共算天津运粮三十万石止，该用船九十一只。①

---

① 山东等处提刑按察司整饬登州海防总理海运兼管登莱兵巡屯田道副使陶，万历四十八年正月二十五日上奏。《海运纪事》，《北京图书馆古籍珍本丛刊》56，《史部·政书类》，书目文献出版社，第223页。

山东有 60 万石的税粮没有船只运输,因此使用淮安、浙江的船只及天津的自造船只进行运输。淮安的船舶可以搭载 1500 石,浙直的船舶可以搭载 1000 石,天津的船只可以搭载 800 石。这样,三次航海就可以运送粮食 30 万石。当时用来运输的船舶有:

  计开今拨
  莱州府报到船十八只,共装粮一万八百一十四石
   船户陈杉船一只,装粮五百一十九石
   船户张仓船一只,装粮六百石
   船户陆汝成船一只,装粮八百三十石
    (中略)
   船户陆光胤船一只,装粮八十一十五石
  委官周谟报到安东卫船八只,共粮三千一百四十六石
   船户陈文船一只,装粮一百一十石
    (中略)
   船户王济船一只,装粮七百石
  赞理辽饷户部主事田　手本开送沙船十九只,共装粮一万一千四百石
   船户程时船一只,装粮六百石
   船户程计船一只,装粮六百石
   船户苏尚计船一只,装粮六百石
   船户姚忠烈船一只,装粮六百石
   船户陈五船一只,装粮六百石
   船户司珠船一只,装粮六百石
   船户徐少楼船一只,装粮六百石
   船户曹奎船一只,装粮六百石
   船户陆礼船一只,装粮六百石
   船户李际明船一只,装粮六百石

船户孙应时船一只，装粮六百石

船户蒋木船一只，装粮六百石

船户徐桂船一只，装粮六百石

船户陈俊船一只，装粮六百石

船户王义船一只，装粮六百石

船户潘祖船一只，装粮六百石

船户赵东彝船一只，装粮六百石

船户王棋船一只，装粮六百石

船户李通船一只，装粮六百石

以上共船四十五只，共粮二万五千三百六十石。①

这45只船舶中，莱州府的大船可以搭载830石，小船可以搭载260石。安东卫的大船可以搭载700石，小船可以搭载106石。此外，有19只沙船可以搭载600石。

沙船在清朝初年还作为重要的战船使用：

顺治十八年成例，崇明沙船一百只内，拨出七十只，泊于上海之黄浦江，仍留三十只，以资崇明侦御。今值海江多事，应将前项沙船，照数拨出。……崇明沙船特以设防海疆，今黄浦与崇明相对外通大海，内达苏松，将沙船湾泊黄浦江，可以策应……②

根据顺治十八年(1661)的成例，每100只崇明沙船中，70只停泊于黄浦江进行巡逻，另外30只负责崇明岛的警备。由于海防的需要，加强海洋和长江的警备，申请将以上配置进行调整和变更。从这则史料，也能看出沙船适合海上和长江航行，并可以担任警备任务。由此可见，沙

---

① 山东等处提刑按察司整饬登州海防总理海运兼管登莱兵巡屯田道副使陶，万历四十八年正月二十五日上奏。《海运纪事》，《北京图书馆古籍珍本丛刊》56，《史部·政书类》，书目文献出版社，第296—297页。
② "中央研究院"历史语言研究所藏明清史料，登录号119344。康熙十三年七月十五日镇海将军密咨。

船不仅可以用作海运的漕粮运输,也作为战船使用。

在崇明沙近海航行的平底海船也称为沙船,民国初期,有关沙船的由来和形状,可以参考1907年刊行的《沙船乡土志》第一五〇课《沙船》:

> 本邑地处海疆,操航业者夥,通商以前,俱用沙船,以其形似沙鱼,故有此名。沙船的名称来源于其形似沙鱼,故得以此名。

沙鱼应该是指通常所说的"鲨鱼",这一点可以参考1930年刊行的《上海小志》卷三《航业》中有:

> 沙船　本邑当商埠未辟之前,因地理上之关系,居民操航业者甚多,邑中富户多半由此起家者。其船名曰沙船,以其形似鲨鱼也。

可见,沙船的名称由来于其形状酷似"鲨鱼"。《上海乡土志》和《上海小志》都采信了这个说法,我认为这里的"鲨鱼"应该指的是在河口和较浅的内海区域生存的鲨科鰕虎鱼。该种鱼体型小且细长,和沙船的船体非常接近。

4. 小结

综上所述,酷似沙船船体形状的"平底海船"可以称为具有先驱意义的船舶,从宋代文献开始,元代的海运多使用这种平底海船。

明代以后,作为平底海船的一种,沙船的使用范围逐渐扩大,势力明显增加,从其功能性上看,在长江口附近还被作为战船使用。

> 崇明沙船特以设防海疆,今黄浦与崇明相对外通大海,内达苏松,将沙船湾泊黄浦江。①

可见,崇明沙船的活动区域不仅局限在崇明岛附近的海域,还在长

---

① "中央研究院"历史语言研究所藏明清史料,登录号119344。康熙十三年七月十五日镇海将军密咨。

江及黄浦江等内河水域的航行。沙船是既能适应海洋，又能适应内河两种不同航行环境的船舶。

（杨蕾　译）

第 2 章　清代沙船的航运和乘员

1. 绪言

民国三十二年（1943），沈能毅在《中国帆船法式》①的《历代海运概论》一文中指出，清代航行于外洋的帆船中较为发达的是沙船、鸟船、蚤船和三不象船。

> 中国木制海舶之种类，大别有四，一为江南之沙船，二为福建之鸟船，三为浙江之蚤船，四为闽海之三不象。……

中国的木制帆船大致分为以上四个种类，其中之一便是江南的沙船。该著作中的《江南沙船法式》中还对江南沙船的形状进行了如下描述：

> 大号沙船容关斛漕米一千五百石，载重九十吨左右。今举以为例，中号小号由此渐杀，照七成五成三成计算，更有三三成、四四成，皆可类推。特大者亦照比率计算，船长约十一丈，系以清代部尺为

---

① 沈能毅：《历代海运概论》，《中国帆船法式》（景行斋丛行之一），广东省中山图书馆 00279849，1943 年。

准。沙船专走北洋,特大者即备走南洋用,然不多见。……

此外,在第三章"航行经验概论"中还有:

> 我国之沙船、蛋船、三不象等,欧美人名为戎克。戎克所聚,又名之为蚊闽舰队。虽然蚊闽舰队自有其特长之处,故能生存于二十世纪商战激烈之今日。所谓特长之处,不仅以其造价之低、水脚之廉,即其经行之路线,往往浅滩山屿之间,亦非汽船所及也。

可见,欧洲人将中国的沙船、蛋船、三不象船,称为"戎克"。

有关沙船和鸟船,中国科学院自然科学史研究所的周世德和松浦章①各有考证。本章主要针对沙船的式样和航行情况进行论述。

2. 清代沙船的航运

(1) 清代沙船的规模

道光年间有关海运的记录《见闻续笔》卷二收录的嘉庆十四年(1809)的进士齐学裘的《海运南漕议》一文中有如下记述:

> 沙船聚于上海,约三千五六百号。其大者载官斛三千石,小者千五六百石,船首皆崇明、通州、海门、南淮、宝山、上海土著之富民。每造一船,须银七十八千两,其多者,至一主有船四五十号,故名曰船商。

道光年间停泊在上海的沙船约有 3500—3600 只,大型沙船载重官斛 3000 石,约为 180 吨,小型沙船载重 1500 石,约为 90 吨。拥有这样的沙船 40—50 只的人称之为船商。

曾对这些沙船的形状进行过详细记载的是浙江青浦人高培源,《皇朝经世文编·姓名总目一·专集》中对他有这样的介绍:

---

① 松浦章:《清代海外貿易史の研究》,朋友书店,2002年1月,第264—306页。

>　　高培源，字蒙泉，江苏青浦人，有海运备采。

《皇朝经世文编》卷四八《户政二十三》中收录了他的《海运论·嘉庆十六年》。从这里也能看出高培源曾在嘉庆年间的《海运备采》，该书现藏于东京的静嘉堂文库，其卷五《考定沙船式料》中有如下记载：

>　　海有南北洋之分，而船制造迥别，北洋水浅，运舟宜仿沙船之制，长身浅舱，利于行驶，俾经由海口，无窒碍之虞。则大者无过三千石，小者千石而已。今就关山东商船，准其丈尺，列为三等，工料器用，缭舵匠工，亦从序录焉。

可见，沙船适合航行于水深较浅的北洋海域，船体细长，船底较浅，大型沙船可载 3000 石，小型沙船可载 1000 石，主要用于往东北和山东区域的航海。沙船可分为三个等级。该书《三千石船式》中对船身进行了描述：

>　　船身长一十丈。

将其与琉球国册封使的封舟等外洋航船[①]相比较：

>　　今沙船，长与洋船相等，而狭仅洋船三之二，盖沙船专行关东、山东，故其制度有不同也。

航行于外洋的帆船和沙船虽然船体长度基本相同，但是沙船的宽度只有外洋帆船的三分之二，由此可见，沙船属于细长型船体。根据该书对三千担、二千担、千担船式的记载，作成下表。长度用丈或者淮尺表示，淮尺一尺相当于官尺的一尺一寸。

从以下表 1，船的全长也就是船身与船的宽度也就是大面梁宽的比例，如序说中那样计算，三千担式为 6.94，二千担式为 7.0，一千担式为 7.14。从这个数字也能看出船体为细长型。

---

① 松浦章：《清代中国琉球贸易史の研究》，榕树書林，2003 年 10 月，第 159—190 页。

表1 沙船船式的形状(据高培源《海运备采》卷五制作)

沙船船式	船身	直梁	大面梁		大桅		船舱	载重(担)
			阔	厚	长	围		
三千担船式	10丈		1.44	0.08	7	0.55	廊斗舱4舱 椗门舱4舱 潮舱1舱 进门舱1舱 稍舱3舱 计13舱	2000—3000担
二千担船式	7丈	1.26	1.0		5	0.4		1000—1600担
一千担船式	5丈	0.88	0.7		3.58	0.28		400—800担

沙船的构造和中国式帆船一样,船舱用隔板隔成几个分船舱。高培源对此有这样的记载:

> 按沙船自廊斗舱至卧窠舱,舱之多寡,虽视船之大小,以为差等,而舱之名则同,故不重载至船之小者,自四五百担,至七八百担,中者自一千担,至一千四五六百担,大者自二千至三千担,各不等。今但举其成数,而言余可以概例也。

自廊斗舱到卧窠舱,沙船分为几个船舱,船的大小不同舱数也有不同。小型沙船的载重量为400—500担到700—800担,中型沙船的载重量为1000担到1600担,大型沙船为2000担到3000担,如果按照现在的重量单位计算的话,400担约相当于24吨,3000担约为180吨。

与此相对,齐学裘《见闻续笔》卷二《乙酉二月奉委赴上海查办海运事宜通禀各宪稿》中则对主要航行于外洋的鸟船进行了记载:

> 有闽省鸟船,大于沙船一倍,大者能装三千石,小者能装一千六百石。

可见,福建的大型鸟船可装载3000石,小型的鸟船也能装载1600石,按照现在的重量单位推算,载重量约为95吨到180吨,相当于沙船的两倍。

(2) 沙船的耐用年数

　　1851年(咸丰元年)2月22日的《北华捷报》(North-China Herald)第30号曾有一篇以上海的沙船航运为中心,论述清代后期沙船经营情况的报道,题为《戎克贸易》[①]:

　　　　……上记的戎克船,只需要很少的维护和修理,就能维持十年。航海所需乘员为25名,包括船主和伙长……

　　可见,如果实施整修,沙船的耐用年数可达到10年。

　　有关沙船的航运状况,还可以参考上海沙船商号"益顺号"所使用的沙船"金裕盛"来分析。有关这艘沙船的记载,最初出现在上海1898年7月16日的《时务日报》(第68号)中,其后,金裕盛沙船的记载频繁出现于《中外日报》的《本埠新闻·南市》中。该船主要用于上海南市和山东半岛的泊儿、夹仓及江苏东北部的海港青口。从《中外日报》2月7日(第891号)、4月4日(第947号)、5月23日(第996号)、6月4日(第1008号)、7月6日(第1040号)、7月26日(第1060号)的记录看,1901年一年间沙船"金裕盛"共进行了6次航行。此外,从1902年1月27日的《中外日报》(第1244号)《本埠新闻·南市》的记载中可以看出自1898年来,5年间该船共进行了16次航海活动。

　　《中外日报》第190号(1899年3月1日)到1244号(1902年1月27日)的《本埠新闻·南市》曾记载了商号"沪南陆吉号"的沙船"金万利",该船船名共出现过16次。宣统二年九月二十三日、宣统三年十一月二十七日到民国元年年四月六日的《时报》(上海)中也不断出现沙船"金万利"的名字,如果是同一艘船的话,那么该船至少使用了14年。

---

① The North China Herald, No. 30, Feb. 22, 1851. 这则报道在第3编第1章中有所论述。

"永记商号"的金永顺沙船也曾出现在《中外日报》1899年2月16日的《本埠新闻·南市》中,民国元年三月六日的《时报》也出现过同名沙船,由此,可以说该船也使用了14年之久。同样,从1899年6月28日的《中外日报》和宣统三年五月十八日的《时报》的记录可以看出,"广记商号"的"金源泰"沙船使用了13年。

这样的事例在《时务日报》、《中外日报》的《本埠新闻·南市》以及《时报》的报道中并不少见。由此也可以看出《北华捷报》的报道《戎克贸易》中对沙船至少可以使用10年的记载并非毫无根据。

(3) 沙船的压钞

沙船北行时,如果遇到不能满载的情况,从长江的吴淞口发船的时候,一般用草泥装满船舱。乾隆十六年(1795)七月的《上海县为商船需用泥土压钞永禁泥甲夫头把持扰累告示碑》这样写道:

> 查康熙二十四年开海以来,各省商船来关贸易,卸货之后,须用泥土压钞,向以自行挖掘,历久相安。①

可见,商船来到上海进行贸易,卸货后,用泥土压舱的情况比较普遍。

齐学裘《见闻续笔》卷二《乙酉二月奉委赴上海查办海运事宜通禀各宪稿》中也有类似描述:

> 沙船顺带南货,不能满载,皆在吴淞口挖草泥压船。②

道光乙酉五年(1825)二月的报告中,沙船从上海附近北上,如果货物不能满舱,则在吴淞口附近挖土压舱,以求船体的平稳。

这种加重船体的载重,以稳定船身的方法也被称为"压钞",可以参见清代的海运事例。陈文述的《颐道堂文钞》卷九《海运续议》中有:

---

① 《上海碑刻资料选辑》,上海人民出版社,1980年6月,第69页。
② 齐学裘:《见闻续笔》卷二《海运南漕议》(东京大学东洋文化研究所藏本)。

道光五年二月日,两江总督漕运总督江苏浙江两巡抚奉廷寄,以上年江南高堰漫口,清水宣泄过多,于本年重运漕船有妨。经钦差会同总督及河漕诸臣商办,以重运瞬即前进,未便停待,请引黄入运,藉其浮送。此固不得已权宜之计,虽添筑闸坝钞束,盛涨自可无虞泛溢,第黄水挟沙而行,过后必致淤垫,恐目前俾资济运,日久贻患滋深,终非善策。漕运为天庚正供,设将来运道淤滞,帮船迟误,自应未雨绸缪,另筹妥办。江浙各府,濒临大海,商船装运货物,驶至北洋,一岁之中,往来数次。似海运尚非必不可行,若雇大号沙船,分起装运,饬舵水旗丁人等,小心管驾,伊等熟习水性,定能履(中略)海运水脚,谢占壬之苏斛每石八百十文。是以极贵之价,每石三两,每两折实钱六百七十六文,关担合苏斛二石五斗零也。齐彦槐之苏斛每石四钱有零,是关担九三兑银一两二钱,合苏斛二石四斗二升也。与现在牙户所开之关担合苏斛二石,每担水脚一两四钱,苏石每石合漕纹七钱者不同,与鄙人所议每石八钱折实六八串钱亦不同。大约船户所得水脚,每两皆六八串钱,而价之低昂,则视船只货物之多寡与为消长。今拟每苏斛水脚,给以漕纹五钱,再加免税二百担,其妥协出力之船商船户,仍加以优奖。民间雇载,论货之多寡,不论船之大小,是以有装土压钞之事,今则尽船装载,即论平价,较之民雇,已有盈余,足资牙户人等沾润,其应如何酌提行用,听其自议,官不与闻。若辈食毛践土,具有天良,当无不踊跃从事,即胥吏牙行人等,择其驯谨诚实者,开诚布公,与共斯事,当不致居奇货而肆侵渔,致掣肘而偾事,若驳船麻袋,本属无所用之,详于复齐彦槐书,兹不具载。及今为之,船则七八百艘尚可得,风则五六两月亦正可行,若过此以往,则仅可存此说以待将来矣。四月朔日又记(下略)

从陈文述的记载"民间雇载,论货之多寡,不论船之大小,是以有装土压钞之事,今则尽船装载,即论平价,较之民雇已有盈余"可以看出,民间所雇用的船舶,不论船只大小,都使用搭载图砂的办法使船体平稳,称为"压钞"。

包世臣《安吴四种》卷一、《中衢一勺》卷一、《海运南漕议》中也对海运沙船的压舱进行了描述:

> 沙船顺带南货,不能满载,皆在吴淞口买人挖草泥压船。

从上海附近到天津等渤海湾海域北上的沙船,如果单靠江南地方的货物无法实现满载,从航行安全考虑,纷纷在吴淞口雇人挖草泥来增加荷重。由此可知,当时在货物不足以填满船舱时,为了增加船重而装载的物品,是依各地地理情况不同而不尽相同的。采用增加脚荷或底荷地方法使船体稳定的"压舱"并非特殊情况,而是相当普遍的现象。

陈文述在《颐道堂文钞》卷六的《仪征浚河记》中,记述了江南的水利情况,其中也有关于压钞的描述:

> 江广盐船回空无货者,载土石南下,名曰压钞。于沙漫洲口门卸之,以致积为沙亘,逼溜南行,外河淤塞,江船不能进口,则就老虎泾外口停泊,驳船装载子包。由老虎泾出江上船,内河淤塞,屯船不能达天池,驳船不能达捆盐洲。则由瓜洲绕黄连港达捆盐洲以受掣,名曰洲捆。商旅阻绝,百货不通,居民薪米,由陆转运,汲饮告绝,民用大困。

在内陆河川上航行的船舶,为了稳定船体,也在货物不满舱的时候搭载部分土石来在增加船身重量。

这样靠增加船体重量来满足航行安全需要的做法,在琉球国册封使所乘坐的"封舟"中也被使用,也被称作"压钞"。①

---

① 松浦章:《清代中国琉球贸易史の研究》,第195—196页。

3. 清代沙船的乘员

关于沙船的乘员数量,可以参考浙江省鄞县人谢占壬的《海运提要序》中的《防弊清源》一文,他曾担任候补布政司理问。

> 浙江海船水手,均安本分,非同游手,每船约二十人。①

可见,一船的乘员约为 20 名。

《申报》第 1908 号,1878 年 7 月 15 日(光绪四年六月十六日)有一则报道为《撞沉货艘》,记载了黄浦江的怡和码头附近,轮船与沙船相撞:

> ……由关东进口之豆油、豆饼之沙船相遇该火船……舟中共二十人,仅救得十四人,尚有六人,未知能庆更生否也。

从东北装载豆货归航上海的沙船与轮船相撞,乘员坠江。由此报道也能看出沙船乘员数为 20 名。

高培源《海运备采》卷五《船上水手执事》对沙船的乘员也进行了较为详细的记载:

> 舵工　正副二人,正舵主针盘罗经,及调度一切,副舵虽主舵,惟承正舵意旨。按,舵工海舶方言,为老大,一船祸福皆赖之。必择熟识海道,善料天时人事,而得其情,预知暗礁泥色深浅,及山岛套岙,而不失尺寸,而后可以当比重任。欲海行者必先求得人,则乘长风,破万里浪,亦易易事也。

可见,舵工在行船人的行话里被称为老大,掌握着船只的命运。只有对天候、各乘员职务、海上暗礁及海水颜色、岛屿分布等情况非常熟悉的人才能担当起这个重要的任务。

---

① 《皇朝经世文编》卷四八《户政》二三,谢占壬《海运提要序》。有关谢占壬的经历,可以参见《皇朝经世文编·总目三》。

表2 沙船乘员的分工(据高培源《海运备采》卷五《船上水手执事》制作)

职掌名	人数		职掌内容
舵工、老大	正副 各1	2名	正舵:统领行进及船员 副舵:正舵的副手
大缭		2名	主帆柱之帆的使用及管理
头缭		2名	船头帆柱的使用及管理
香公		1名	船内供奉天后的祭祀
锤头		2名	锚运用及管理
水手		12名	
总铺		1名	船内的厨房管理

有关船上"老大",发行于上海的报纸《字林沪报》第1535号,1886年11月29日(光绪十二年十一月初四)曾有一则报道,题为《论华商不知慎选舟师之失》:

> 舟师操一舟之政,吴俗称呼为老大,即西人所称船主是也。老大二字,不知何所取义,大约吴越间土音,大与舵同,因之讹舵为大。呼舟师为老大者,犹谓言舵工中老成人耳。

老大是江苏的俗称,也就是外国人所指的船主。称呼的来源不详,大概由于浙江的方言"大"与"舵"的发音类似讹传而来,一般指舵工中的老者。

以上史料中帆船乘员组织的情况,那么现实情况下,由哪些人来具体担当呢?

清嘉庆十三年(文化五年,1808)十一月二十七日,有一艘中国帆船"郁长发"漂着到土佐国(现日本高知县)安艺郡奈良志津(现日本室户市浮津)的奈良师这个地方。据其舵手范廷周所持的江南海关印牌,可以看出当时该船上乘员的分工情况:

  计开

    船户郁长发　　　　崇明县人

舵工范廷周　年五十八岁面有须　崇明县人
　　水手郁瑞方　年二十八岁面未须　崇明县人
　　　　杨三观　年二十九岁面未须　上海县人
　　　　钱永林　年四十二岁面未须　崇明县人
　　　　吴寿林　年三十岁　面未须　吴淞县人
　　　　沈惠元　年二十六岁面未须　崇明县人
　　　　黄正方　年三十七岁面未须　崇明县人
　　　　陈桂方　年三十八岁面未须　崇明县人
　　　　施方友　年五十七岁面有须　崇明县人
　　　　秦锦方　年二十四岁面未须　崇明县人
　　　　曹正方　年二十一岁面未须　崇明县人
　　　　杨阿三　年二十四岁面未须　上海县人
　　　　倪万周　年三十六岁面未须　崇明县人
　　以上在船舵水通共十三人
　　嘉庆十三年十月二十一日给①

可见,据嘉庆十三年十月二十一日所发行的江南海关印牌,该船共有乘员13名,舵工1人,水手12名。

道光二十二年(1824)二月,上海船商郁森盛沙船商号的沙船漂着到朝鲜忠清道长古岛。根据当地朝鲜官吏对其进行调查的《问情缘由》,不仅可以看出该船的乘员情况,还能看出该船的航行情况：

　　舵工　张耀升,年四十九,住上海县。
　　二舵　工刘凤群,年四十六,住吕泗。
　　耆民　彭久章,年二十七,住吕泗。
　　水手　江凤群,年二十九,住吕泗。
　　　　　何亮清,年三十二,住吕泗。

---

① 《文化五年土佐漂着江南商船郁长发资料》。

张祥南,年二十五,住上海。

马待安,年三十,住上海。

曹玉拾,年三十二,住上海。

袁振松,年三十二,住吕泗。

袁彭群,年二十二,住吕泗。

沈得生,年三十二,住上海。

丘载杨,年二十六,住上海。

喻陶保,年三十三,住吕泗。

顾三宝,年四十六,住上海。

这艘沙船也设舵工1人,"二舵"可能是高培源所说的副舵,另有"耆民"1人和水手11名,共14人。所谓"耆民"是"年高有德之民"①,很可能是富有行船经验的老水手。

有关清末沙船的经营状况,1851年2月22日的《北华捷报》中的《戎克贸易》②一文这样写道:

> 上海和山东(北部)之间,有戎克船从事贸易,每月从山东往上海输送豆、豌豆、油粕。这些戎克船几乎全部属于上海近郊的住民所有。(中略)上记的戎克船,只需要很少的维护和修理,就能维持十年。航海所需乘员为25名,包括船主和伙长。他们被船舶所有者所雇用,归航以后收取下记的佣金。
>
> 船主12000—15000钱,8.5—10.75美元,或2英镑2先令5便士到2英镑13先令9便士。伙长6000—7500钱。水手约1200钱。
>
> 此外,伙食费也由船舶的所有者准备,由船主负责,每月每人约4先令6便士。
>
> 伙食和佣金一并付给他们。还允许拥有一定容量的船舱,

---

① 《汉语大词典》老部"耆民"缩印本,汉语大词典出版社,中卷,第4996页。
② The North-China Herald, No. 30, Feb. 22, 1851. 笔者将 Commander, First officer, seaman 翻译成汉语的船主、伙长和水手。

35

如下：

　　船主拥有50担或者船舱的二十分之一。伙长拥有25担或者船舱的四十分之一。水手拥有的船舱为以下三者之一：各2担或者或者船舱的500分之一。

　　但是，一般情况下，会得到两倍数量的容积，作为航行的补贴。如果他们有本钱，也可以为自己或者朋友自行搭载一些货物。这些措施全都是船舶经营者为了使乘员们更具有航海热情而规定的。

从这些具体的描述，可以看出当时沙船的经营情况。

将以上内容整理为以下表格。尤其需要注意的问题，是乘员们除了得到一定的佣金之外，他们根据所担当的任务不同，在船舱内拥有一些属于自己的空间(用来搭载货物)。

表3　沙船航运经营的内容

沙船乘员	佣　金	私货的搭载量及所占船舱体积		比例
船主	12000—15000 钱	50 担	1/20	5.0%
伙长	6000—7000 钱	25 担	1/40	2.5%
水手	1200 钱	2 担	1/500	0.2%

民国十七年(1928年)的《胶澳志·交通志·航运》中写道：

　　沙船　江苏境内之船，多属于此，概属平底。是其构造之特征，分大中小三级，大级者往来上海，容积约二千五六百担，船员二十人内外……中级者一千五百担，船员十五六人……小级者六百担左右，船员六名上下……

从江苏驶往胶州的帆船多为沙船，分大中小三个级别，大型沙船载重2500—2600担，乘员在20名左右。中型沙船可搭载1500担，乘员15—16名。小型沙船只可搭载600担，乘员在6名以下。从这则史料也可看出沙船乘员的规模。

4. 小结

综上所述,清代的沙船就船体形状看,与外洋航行船相比船体较为细长,适合深度较浅的北洋水域,船员在 20 名前后。

1928 年 8 月,上海黄浦江戎克船医学调查《黄浦江上戎克民船生活者的医学调查》(《黄浦江上戎克民船生活者ノ医学的調査》)虽不是专门以沙船为对象的调查,但是包括了很多在内陆河川上航行的民船的情况。其结论指出,在写到戎克船的一般特长时指出"造船便宜,搭载丰富,动力(风)无尽,人力资源充实,维持费廉价,船员淳朴团结强固,船浅濑乘入自由,荷役便利,而货物的堆积方法巧妙",缺点是"速力迟,持续航力小,抗波力弱,外洋不向,不能预定时间"。[1]

可见,作为帆船的特长来看,其造价费用低廉,搭载数量较多,航行动力为自然界的风力,取之不尽。但是无风的时候则难以开行,并且无法预知到达时间。由于航行过程中装卸货物、升降帆布等工作,需要船员们团结一致,采取共同劳动的方式,因此具有一种企业化的组织性。[2] 这些特点同样适用于沙船。

(杨蕾 译)

---

[1] 上海厚生医学专科学校,中支戎克协会调查班:《黄浦江上 戎克民船生活者ノ医学的調査》,海厚生医学専科学校,1943 年 3 月,第 111 页。
[2] 松浦章:《清代海外貿易史の研究》,第 47—54 页。

第3章　清代的江南船商与沿海航运

1. 绪言

清朝康熙二年(1684)展海令的发布,使中国大陆沿海的航运业呈现出非常活跃的局面。福建沿海的船商以及长江河口的江南船商在这一局面的形成中起到了较大的推动作用。①

其中,被称作"江南一省,南北通衢,商贾辐辏"②的江南地区,成为中国大陆沿海的中心商业区。而且该地"通江达海"③,具有兼顾长江航运以及沿海运输,沟通内陆和沿海的优势。正是优越的地理条件,促成了这一地区航运业的飞速发展。

乾隆四十九年(1784)《上海县志》卷一《风俗》中,对于上海县黄浦江岸边的帆船航运活动的盛况有以下记载:

> 自海关设立,凡远物贸迁,皆由吴淞口进,泊黄浦城东门外,舳

---

① 松浦章:《清代における沿岸貿易について—帆船と商品流通—》,小野和子编《明清時代の政治と社会》,京都大学人文科学研究所,1983年3月。
②③《提督江南总兵官左都督林君陞奏折》(乾隆十八年(1753)七月四日奏折),《宫中档乾隆朝奏折》第五辑,1982年9月,第689页。

舻相衔,帆樯比栉。①

自康熙二十四年(1685)设置海关以来,从吴淞口溯流而上的帆船一般停泊在上海县东门外的黄浦江码头上。当时帆柱林立的情况有如以下绘图:

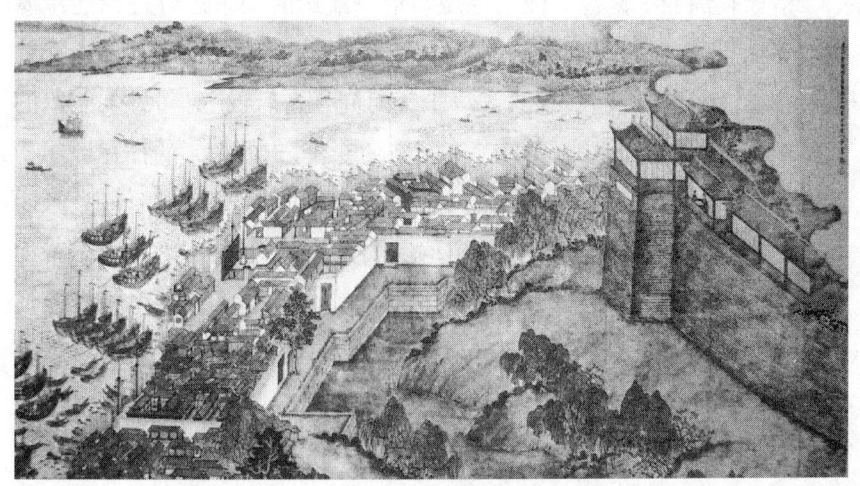

图一　19世纪上半期上海县城和黄浦江"帆樯林立"之情形

凤楼远眺:沪城八景之一　十六铺、东小门外②

航运活跃的情况还可参见道光二十八年(1848)李星沅的上奏:

> 江苏省泛海商船,由上海往来山东、天津、盛京省,每年不下六七千号。③

可见,江南的商船,从位于长江口的上海出发北上,驶往山东、天津、东北沿海等地,在当时的情况下,一年的船只数量可达到六七千只之多。

在本章中,主要分析清代中国沿海航运的核心江南地区的船商的

---

① 上海图书馆所藏乾隆四十九年《上海县志》卷一《风俗》。
② 唐振常主编:《近代上海繁华录》,商务印书馆,1994年5月,第72—73页。《老上海》,上海教育出版社,1998年12月,第38页。
③ 《皇朝道咸同光奏议》卷五一《胪陈江苏洋面情形疏》。

情况。①

2. 江南船商和沿海航运

清末长洲的王韬曾对江南地域与沿海航运的关系进行过论述："海运兴于元代,自浙西至京师,不过旬日。"②元代开始利用海运从江南往首都大都运送租粮,航程最多只需要十天时间。之后,江南和海上航运的关系更加显著,但到明朝,情况又有了新的变化,正如王韬的描述:"明初因元之旧络,以风涛险恶,海陆兼运,永乐十三年,会通河成"③那样,明朝初年定都江南地区的南京,海路运输漕粮失去了其必要性。永乐帝即位之后,漕粮运输的需求显现,但漕运很少经由海路。这是由于会通河于永乐十三年(1415)开通,此后江南和北方地区由大运河航运连接了起来。不过在此之后,海运的重要性仍被提及。④

至于万历年间,丰臣秀吉开始侵略朝鲜,江南的船商被用于输送以军需物资为主的援朝物资。这一点在光绪《崇明县志》卷六《附海运》中有所记载：

> 至万历年间,募江南海船,从天津救朝鲜,率师出淮口,至登、津、辽东皮岛,而人皆轻熟之矣。

可见,江南海船之所以被征用,是因为船员们熟悉海路以及操舵。此外,该书中还有：

> 其船必以太仓、崇明、江阴、靖江、通州、海门沙船为最可用。

操作这些海船从事航运的人员是居住在太仓、崇明、江阴、靖江、通州、海门等在长江河口附近的沙船经营者。

---

① 有关江南船商的研究如下：
  杜黎：《鸦片战争前上海航运业的发展》,《学术月刊》第 88 期,1964 年 4 月。
  萧国亮：《沙船贸易的发展与上海商业的繁荣》,《社会科学科学》1981 年第 4 期,1981 年 8 月。
②③ 王韬：《瀛壖杂志》卷二。
④ 星斌夫：《大運河-中國の漕運》,近藤出版社,1981 年 1 月。星斌夫：《大運河發展史—長江から黃河へ—》,平凡社,東洋文庫 410,1982 年 6 月。

到了清代后期,如下文所说:

> 沙船聚于上海约三千五六百号,其船大者载官斛三千石,小者五六百,船主皆崇明、通州、海门、南汇、宝山、上海土著之富民。①

沙船的经营者多为长江河口附近的崇明、通州、海门、南汇、宝山、上海等地的居民。

关于这些沙船航运业者的详细情况,在史料中见之甚少,但是可以从沿海船的漂流实例来推测当时的情形。②

从康熙年间到同治年间的180余年之间,江南的商船曾漂流到朝鲜半岛、日本列岛、琉球群岛,这一时期江南商船漂流的事例达130例③之多。现将这些实例按照年代顺序整理成下表1,并将漂流船船籍地别漂流次数整理为表2。

表1 江南商船漂流朝鲜、日本、西南诸岛年表

公历	年号	船籍	船主、船户名	乘员数	停靠地	出典
1693	康熙32	江南		32	胶州	
1727	雍正5	丹徒	高 三	10	山东	
1732	雍正10	宝山	顾洪顺	15	山东	历2·19
	雍正10	松江	王敬思	16	西锦州	
	雍正10	海丰	夏一周	16	莱阳、南金州、天津、山东	
	雍正10	镇洋	王季顺	14		长11
1733	雍正11	宝山	瞿元顺	23		长11
	雍正11	镇洋	陈长顺	20		长11

---

① 齐彦槐:《海运南漕议》,《见闻续笔》卷二所收。
② 松浦章:《十八～十九世紀における南西諸島漂着中國帆船より見た清代航運業の一側面》,《関西大学東西学術研究所紀要》第16辑,1983年1月。
③ 松浦章:《李朝時代における漂着中國船の一資料—顯宗八年(一六六七)の明船漂着と「漂人問答」を中心に一》,《関西大学東西学術研究所紀要》第15辑,1982年3月。参见同论文中《李朝時代における漂着中國船年表》及《長崎志》、《長崎志續編》以及前注星斌夫著作。

续表

公历	年号	船籍	船主、船户名	乘员数	停靠地	出典
1733	雍正11	镇洋	徐永盛	27		长11
	雍正11	上海	金永一	28		长11
1746	乾隆11	松江	徐 二	9	关东	
1749	乾隆14	常熟	陶 寿	17	天津大庄河口	历2·31
	乾隆14	镇洋	邓福临	17	西锦州	历2·31
	乾隆14	镇洋	许世泰	14	胶州	历2·31
	乾隆14	通州	彭世常	14	胶州	历2·31
	乾隆14	苏州	瞿张顺	13	胶州	历2·31
	乾隆14	镇洋	张常盛	28	胶州	历2·31
	乾隆14	宝山	瞿元茂			历2·31
	乾隆14	常熟	沈 惠	12	南锦州	历2·31
	乾隆14	镇洋	江全美			历2·31
	乾隆14	崇明	顾君如	8	山东	历2·31
1753	乾隆18	通州	崔长顺	23	胶州	历2·31
1759	乾隆24	宝山	雷得顺	25	南金州	
1760	乾隆25	太仓	倪在中	9	关东	
1762	乾隆27	上海	黄君祥	11	关东	
1769	乾隆34	镇洋	王德顺	16	关东	
	乾隆34	通州	姚恒顺	15	胶州	历2·54
1771	乾隆36	通州	秦隆发	15	金州	
1774	乾隆39	镇江	王相顺	9	山东	
	乾隆39	崇明	黄教会	11	关东	
	乾隆39	崇明	杨乐	10	关东	
	乾隆39	太仓	朱 东	59	关东	
1777	乾隆42	崇明	秦源顺	15	天津	
1780	乾隆45	元和	杨元利	17	关东、牛庄	

续 表

公历	年号	船籍	船主、船户名	乘员数	停靠地	出典
1784	乾隆49	南通州	吴大信	16	山东	
1786	乾隆51	元和	蒋隆顺	20	天津、牛庄、山东	历2·73
1788	乾隆53	太仓	徐上元	14	山东	
	乾隆53	镇洋	江进山	19	青口	
1794	乾隆59	苏州	薛御珍	9	关东	
1796	嘉庆1	通州	陆绍方	17	山东	
	嘉庆1	南通州	潘遂廷	16	关东	
	嘉庆1	通州	何德馨	13	锦州	
	嘉庆1	元和	季德丰	14	关东、山东	
	嘉庆1	崇明	董云章	12	关东	
1797	嘉庆2	通州	高凤昌	20	胶州	
1800	嘉庆5	南通州	周国俊	14	胶州	
	嘉庆5	宝山	周 华	13	崇明	
	嘉庆5	元和	高明登	16	胶州	
	嘉庆5	南通州	唐明山	6	山东	
1801	嘉庆6	通州	黄法林	10	山东	历2·92
	嘉庆6	昆山	周绍山	19	胶州	
	嘉庆6	上海	沈衡章	15		
	嘉庆6	南通州	陶茂隆	15	青口	
	嘉庆6	崇明	陈 上	14	上海	
	嘉庆6	崇明	张胜林	7	山东	
	嘉庆6	南通州	张廷山	9	山东	
	嘉庆6	崇明	杨劝廷	13	青口	
	嘉庆6	镇洋	毛叙天	12	山东	
	嘉庆6	镇洋	李灿林	12	青口	
	嘉庆6	宝山	沈光远	21	西锦州	

43

续表

公历	年号	船籍	船主、船户名	乘员数	停靠地	出典
1802	嘉庆7	镇洋	匡臣光	17	胶州	
1803	嘉庆8	崇明	叶御兰	17	关东	
	嘉庆8	镇洋	王凤鸣	16	锦州	
1805	嘉庆10	丹阳	陈恒发	10	山东文登	
	嘉庆10	宝山	傅鉴周	22	山东海丰	
1808	嘉庆13	元和	龚凤来	16	胶州	
	嘉庆13	镇洋	朱其江	13	金州	
	嘉庆13	通州	庄蔚廷	20	山东青口	历2·107
	嘉庆13	苏州	周玉廷	13	山东	长续8
	嘉庆13	南通州	陶松品	15	关东	长续8
	嘉庆13	苏州	钱芝芳	14	关东	长续8
	嘉庆13	苏州	邱裕成	14	关东	长续8
1809	嘉庆14	通州	姚龙飞	19	山东	长续8
	嘉庆14	南通州	张轮书	17	山东	长续8
	嘉庆14	南通州	彭明如	16	关东	长续8
	嘉庆14	南通州	陶晋贤	15	山东	长续8
	嘉庆14	南通州	陆明发	11	山东	长续8
	嘉庆14	苏州	张顺芳	16	山东	长续8
	嘉庆14	太仓	崔惠先	19	山东	长续8
	嘉庆14	太仓	范廷周	13	山东	长续8
	嘉庆14	镇洋	俞富南	17	关东	长续8
1812	嘉庆17	海门	杨福泰	14	广东	长续8
1813	嘉庆18	崇明	龚召方	15	牛庄	
1815	嘉庆20	上海	季鹤庆	17	山东	长续8
1818	嘉庆23	上海	程顺泰	17	山东	长续8
	嘉庆23	通州	秦其山	12	关东	

续 表

公历	年号	船籍	船主、船户名	乘员数	停靠地	出典
1819	嘉庆24	通州	彭锦祥	12	上海、关东	
1820	嘉庆25	通州	周帆风	16	关东	
	嘉庆25	崇明	沈长发	12	洋河	长续8
1821	道光1	通州	高维真	16	山东	长续8
	道光1	崇明	施绍修	17		长续8
1822	道光2	南通州	居裕堂	20	胶州	长续8
1823	道光3	崇明	朱聚南	12	山东	长续8
1824	道光4	丹阳	潘明显	14	上海、关东	
1826	道光6	上海	王群芳	14	莱阳	历2·144
	道光6	昆山	陈志贵	20	胶州	历2·144
1827	道光7	元和	王玉堂	16	山东	长续8
1830	道光10	崇明	范端儒	17	关东	长续8
	道光10	崇明	施展云	19	关东	长续8
	道光10	太湖	葵锦和	11	山东	长续8
1831	道光11	元和	龚耀山	16	青口	长续8
1834	道光14	通州	夏景姚	16	胶州	
1841	道光21	上海	高晏清	12		
	道光21	元和	孙锡畴	11		
	道光21	吴	陶松高	21		
1842	道光22	通州	张耀升	14	上海、牛庄	
	道光22	元和	陈云彩	19	牛庄	
	道光22	崇明	黄锦阳	15		
	道光22	上海	高万程			
	道光22	崇明	陈友贞			
1846	道光26	海州	范复兴	8	浙江	历2·182
1847	道光27	苏州	顾茂松	15		

续　表

公历	年号	船籍	船主、船户名	乘员数	停靠地	出典
1848	道光28	宝山	朱臣冈	15		
1850	道光30	武进	吴殷元	9		
	道光30	宝山	沈文涛	17		
1852	咸丰2	上海	陶献扬	10	福山、上海	
	咸丰2	通州	宗寿桃	11	通州、山东	
1854	咸丰4	崇明	陆载岩	11	莱阳	历2·197
1855	咸丰5	上海	马得华	23	天津	
	咸丰5	南通州	王殿高	14	南京	
1856	咸丰6	南通州	彭长春	14	上海、大孤山	
	咸丰6	太仓	刘景清	11	洋河口	
	咸丰6	太仓	周圣兰	10	洋河口	
	咸丰6	南通州	高载清	11	大姑山、上海	
1858	咸丰8	上海	赵汝林	21	奉天	
1859	咸丰9	南通州	秦瑞彩	19	上海、海州	
1864	同治3	通州	管乃明	8	上海	
1867	同治6	上海	吴胜明	25		
1867	同治6	南通	卢云书	18		
1867	同治11	崇明	李带堂	13	大孤山、上海	

（注：出典中未加注明的引自《同文汇考》，"长"为《长崎志》、"长续"为《长崎志续编》、"历"为《历代宝案》的略称。数字为卷数。）

表2　江南商船漂流比率

府州县名	漂流数	百分比	雍正	乾隆	嘉庆	道光	咸丰	同治
崇明	19	14.73%		4	7	6	1	1
通州	18	13.95%		4	9	3	3	1
南通州	17	13.18%		1	10	1	4	1
镇洋	15	11.62%	3	6	6			

续　表

府州县名	漂流数	百分比	雍正	乾隆	嘉庆	道光	咸丰	同治
上海	12	9.30%	1	1	3	3	3	1
宝山	9	6.97%	2	2	3	2		
元和	9	6.97%		2	3	4		
苏州	7	5.42%		2	4	1		
太仓	7	5.42%		3	2		2	
常熟	2	1.55%		2				
丹阳	2	1.55%				1	1	
松江	2	1.55%	1	1				
昆山	2	1.55%			1	1		
丹徒	1	0.78%	1					
海丰	1	0.78%	1					
镇江	1	0.78%		1				
吴	1	0.78%				1		
海门	1	0.78%			1			
海州	1	0.78%				1		
武进	1	0.78%				1		
太湖	1	0.78%				1		
合计	129	100%	9	29	50	26	11	4
一年平均	0.69	0.97	2.00	0.86	1.00	0.31		

(注：表2根据表1制作)

表2中我们可以看到,江南地区航运业比较兴盛的崇明、通州、南通州、镇洋、上海、宝山、元和、太仓等都集中于长江河口地区州县地名。可以认为,漂流船数量的多寡体现各地航运活动的频繁程度,在清代从事海运的帆船的主要来源地与明代几乎是相同的。

根据表2的统计,也能清楚地看到,崇明、通州、镇洋、宝山、太仓、上海等州县是沿海航运业者辈出之地。而且,从漂流实例的数量还可以看

47

出,沿海的航运活动在清朝嘉庆时期达到顶点。

3. 江南船商的航运经营

本节主要从船商们如何进行经营活动入手进行分析。但就目前资料的情况看,能清楚表明船商们具体经营状况的经营日志或航海日志等非常缺乏,只能从零散的有关江南船漂流的记录中,分析其经营内容。

江南船商的活动开始于康熙末期,上海县张兴可、张元隆拥有十几艘到数十艘船只,曾进行沿海的航海活动。

关于张元隆,张伯行的题请中有:

> 康熙四十九年闰七月十九日,据本县船户张元隆呈称,有自造贸易沙船一只,领本县上字七十三号牌照,于本年六月初六日,装载各客布疋、磁器,货值数万金,从海关输税,前往辽东贸易。①

可见,康熙四十九年(1710)六月六日,在江海关纳税后的张元隆利用自造沙船,搭载各商户价值数万金的布匹、瓷器等,往辽东半岛进行贸易。同年,张伯行也往辽东进行贸易:

> 华亭县船户张永升呈称:"身领华字九十号县照,及江南海关部牌,揽装茶叶、布、碗等货,在本关输税,于本年八月二十日前往关东贸易。"②

华亭县的船户张永升在江海关纳税后,利用华字九十号船搭载茶叶、布匹、碗等货物,前往关东进行贸易。

而且,张元隆、张伯行:

> 今见查出[张]元隆自置船只,皆以百家姓为号,头号赵元发、二号钱雨仪、三号孙三益、四号李四美、五号周五华之类,则其立意要

---

①② 张伯行:《正谊堂文集》卷一《海洋被劫三案题请》。

洋船百只之说，不虚矣。①

这些自造船只都以百家姓命名，一号船名赵元发，二号船名钱雨仪，三号船名孙三益，四号船名李四美，五号船名周五华，以此类推，要实现建造海船 100 只。由此可见，这是江南地区拥有巨大资本的船商之一。

像这样，拥有多艘船只的船商还有不少，如嘉庆三年（文化五，1808）十一月二十七日，崇明县船籍的沙船漂流到日本土佐安艺郡奈良志津：

> 载木棉，乘员十三人，去（嘉庆三年）十一月六日，上海出船，往山东。②

该船在海上漂流到日本的土佐。据舵工范廷周所说，该船的所有者为居住在崇明县的郁圣兰：

> 我船板主郁圣兰在崇明县，船有十一只，郁长发、郁长利、郁长顺、郁长太、郁长茂、郁长奥、郁长生、郁长增、郁长裕、郁详顺、郁合发（注记　外人二人合货）多自圣兰之船户，一船一名郁家者，船多自山东生利。③

该船商拥有 11 艘船只，其中一艘为共同出资建造。这些船和范廷周本人所驾的船一样，都是以经营山东方面的贸易为中心。

道光七年（文政十年，1827）正月，元和县的船漂流到日本土佐吾川郡浦户。该船：

> 江南省苏州府元和县船头王玉堂乘组十六人，积载棉、纸类，去（道光六）十一月十六日，为商贾，欲至山东，出船时逢难风，当（道光七）正月漂流土州。④

---

① 张伯行：《正谊堂文集》卷二《沥陈被诬始末疏》，康熙五十一年（1712）。
② 《長崎誌続編》卷八《唐船進港並難事之部》，《長崎文献叢書第一集》第四卷，《続長崎実録大成》長崎文献社，1974 年 11 月，第 211—212 页。
③ 《江南商話》（本稿据国立国会图书馆藏本《土佐國群書類従》卷八三，《漂流部》七所收）。
④ 《続長崎実録大成》，第 228 页。

该船的航运情况在森本东三的《送䱽录》中有较为详细的记载。

漂流到土佐的商船是蒋元利商船、江南苏州府元和县壹伯陆拾捌号蒋元利商船。① 该船的所有者为蒋炳,有关这个人的情况有如下记录:

> 船主蒋炳船有十九只,曰蒋元亨、曰蒋元利、曰蒋元贞、曰蒋恒生、曰蒋泰生、曰蒋肇生、曰蒋聿生、曰蒋太生、曰蒋德生、曰蒋天生、曰蒋同生、曰蒋宁泰、曰蒋荣泰、曰蒋复泰、曰蒋震泰、曰蒋全泰、曰蒋福安、曰蒋幅康、曰蒋大昌。外有两只,装木贸易,蒋福源、蒋福来。②

如上所述,漂流到土佐的蒋元利船的所有者除该船外还拥有 18 艘船,再加上另外两只运送木材的,共拥有 21 只船。

咸丰八年(1858)十一月,江南松江府上海县的船只,在从东北归航途中漂流到朝鲜半岛忠清道蚁项里,共乘有 21 人。当时,朝鲜李朝的官吏曾对船只的所有者情况及船主为何不亲自乘船出海进行询问,船员回答:"船号孙寿福,船主郁泰峰","船主再有五十余船,不能出海"。③ 可见,这是一个拥有 50 余艘船只的船商。

有关明末沙船航运业者的生活状况,在杜黎所介绍的姚廷遴的《历年记》中有所记载,该书崇祯十二年(1639 年)十月二十六日条中有:

> 殷系崇明籍,侨居海上已三代矣,业有沙船几只,开贩柴行生理,家甚厚。④

由此可以窥见当时船商生活情况。

包世臣在《海运十宜》中的记述也可以为我们了解船商的实力提供一些参考:

---

①② 据国立国会图书馆藏本《送䱽録》。
③ 参见松浦章《李朝漂着中國帆船の「間情別箪」について(下)》,《関西大学東西学術研究所紀要》第 18 辑,1985 年 3 月,第 76、85 页。
④ 《清代日记汇抄》,上海人民出版社,1982 年 4 月所收,第 47 页。

> 沙船十一帮,俱以该商本贯为名,以崇明、通州、海门三帮为大。尤多大户立别宅于上海,亲议买卖,然骄逸成性,视保载行内经手人不殊奴隶。①

沙船航运业者有"十一帮",都以船商的籍贯来命名,其中崇明、通州、上海三帮势力最大,船商中的大户大多在上海设有别宅,以方便在沪进行贸易。但他们对待保载人、牙行、经手人等如对待奴隶一样骄横。由此,也能看出当时船商的经济实力的扩张。他们的经济实力还体现在船只的所有上:

> 大户有船三五十号者,自为通帮所敬厚,亦有船数较少而人颇解事,常为同帮居间排解,未必无因,而求利之心,而为人信服已久。②

拥有三十到五十艘船舶的船商受到尊敬,而且:

> 大户之船油舱必精善耆老柁水,必皆著名好手。③

这些大的船商在用人上也有优势,所用之人都是行内的高手。

因此,这些大船商"富则益富"④,如此相对比,"船少者商本既微,生涯淡泊,船或老朽,贫则益贫"⑤,拥有船舶数量少的弱小船商,资本逐渐减少,随着船舶的老化,经营越发困难。

那么,到底拥有多少艘船舶才能保证经营呢?对此,包世臣提到:

> 一商止有船五号以内者,非新造新舱之船。⑥

作为船商至少需要六艘以上的船舶。因此,可以说,前文所介绍的上海的张元隆、郁泰峰,崇明的郁圣兰,江苏的蒋炳等,属于比较富裕的阶层。

清末王韬在《瀛壖杂志》卷一中写道:

> 沪之巨商不以积粟为富,最豪者一家有海舶大小数十艘,驶至

---

①②③④⑤⑥ 包世臣《中衢一勺》卷三《海运十宜》。

关东,运贩油、酒、豆饼等货,每岁往返三四次。"

上海的大商人不以农业致富,靠经营沿海贸易积累家业。最大的船商拥有大小海船数十艘。每年往返关东三四次进行贸易。由此也能看出,沿海贸易是部分上海的富裕阶层的经济基础。

4. 江南船商的经营内容

本节主要分析沿海航运的经营,以及货物和停靠港口的情况。

(1) 航运业的种类

有关江南船商以何目的进行航运活动,已经通过漂流到琉球群岛的江南船的实例进行了分析。① 可分为利用船舶运输他人货物,收取运费的"有偿载货型"和运输自己的货物,进行交易的"交易型"。以下分别对两种类型的航运活动进行详细叙述。

① 有偿载货型

从漂流到西南诸岛的实例看,典型的"有偿载货型"为苏州府元和县蒋隆顺的帆船。②

雍正十年(1732)十月十八日,南通州的船只漂流到朝鲜半岛西南端的珍岛。根据朝鲜方面的《问情别单》:

> 俺等本以梢工,雍正十年正月二十日,徽州商人吴仁则雇俺等的船,装载棉花二百五十三包,自南通州开船。正月二十九日,到山东莱阳县卸下。二月二十八日,自莱阳县,三月二十八日,转到关东南金州地方。又为苏州府所管太仓州商人周豹文所雇,装炭三百八十担,五月十八日开船。六月十七日,到山东宝定府所管天津卫地

---

① 松浦章:《十八～十九世紀における南西諸島漂着中國帆船より見た清代航運業の一側面》,《関西大学東西学術研究所紀要》第16辑,1983年1月。
② 参见松浦章《十八～十九世紀における南西諸島漂着中國帆船より見た清代航運業の一側面》,《関西大学東西学術研究所紀要》第16辑,第70—71页。

方卸下。又为商人徐梦详所雇,到山东大山口海丰县,贸载大枣二百八十七石一斗。十月十二日,发船回家之际,猝遇恶风于大洋中,漂到贵国地方。①

徽州商人吴仁则、太仓商人周豹文、商人徐梦详分别雇用该船,搭载货物到达各自的目的地,属于非常典型的"有偿载货型"。有关此人的情况:

> 俺等十六人,居在江南省扬州府所管南通州,皆是亲戚,同居一邑之内。②

可见,船上十六人都是同乡,按照前文包世臣所提到的"帮",那他们应该属于"通州帮"。

有关他们的业种,通过如下描述:

> 常以船为各处商人之所雇,往来山东地方,受雇赁为生。③

能很清晰的看出这类船只所有者的经营之道,那就是受雇于商人,从事运输,收取运费。

当货物安全到达目的地港口并卸下,运输船的一次任务也就相应完成。然后在这一港口继续寻找雇主,进行新一轮航行。

如乾隆十四年(1749)十一月二十九日,有船只漂流到奄美大岛,在船客商白世芸被询问④,他本是山东登州府莱阳县人,在回答为何乘坐江南苏州府常熟县的船时,曾这样回答:

> 弟(白世芸)雇他的船,载几担豆子,要到江南去卖,故此在他

---

① 《备边司謄录》英祖九年正月七日条,松浦章:《李朝漂着中國帆船の「問情別單」について(上)》,《関西大学東西学術研究所紀要》第十七辑,1984年3月,第49—50页。
② 松浦章:《李朝漂着中國帆船の「問情別單」について(下)》,第47页。
③ 同上书,第48页。
④ 松浦章:《江南商船の琉球漂着—『白姓官話』を中心に—》,《关西大学东西学术研究所所报》第36号,1983年2月。松浦章著,李格译《漂流到琉球的江南商船—以『白姓官话』为中心—》,《中国史研究动态》,1983年第11期。

船上。①

白世芸雇用了来到山东的常熟船,搭载豆子到江南做生意,船户为瞿张顺。

可见,货物运卸完毕后的船只在当地重新寻找雇主,如果没有在卸货港找到新雇主,那么可以像前文提到的南通州的船只那样,在莱阳港卸货后,再航行到辽东半岛南端的南金州,在当地继续寻找雇主。或者空船等待雇主,或者前往其他的港口寻找雇主,这都是船户们常用的方法。

② 交易型

所谓的"交易型"船,是将搭载货物的作为交易商品进行贸易,并不是受雇主之托运输货物到达某个目的港口。

这样的例子有很多。雍正十年(1732)十月二十五日,宝山县的船只漂流到日本的德岛:

> 顺(船户顾洪顺)等一十五名,坐驾沙船一只,于雍正十年六月二十日,在刘河装载杂货,往山东发卖。②

由该沙船装载杂货到山东进行贸易可以看出该船属于交易型。

乾隆十四年(1749)十一月二十二日,常熟县船户陶寿的船漂流到永良部岛:

> 在江南装载生姜,到天津卫发卖,转往关东大庄河口,买黄豆。③

该船在江南装载生姜到天津,卖完后,再航行到辽东半岛南部的大庄河口买黄豆,进行贩卖。

同年,镇洋县船户邓福临的船也进行了类似贸易:

---

① 天理大学图书馆藏《白姓官话》。
② 参见松浦章《李朝漂着中國帆船の「問情別單」について(下)》,第19页。
③ 松浦章:《李朝漂着中國帆船の「問情別單」について(下)》,第21页。

坐驾沙船一只,前到关东西锦州,买黄豆、瓜子。①

虽然不清楚该船去往辽东搭载的是何货物,但是,从东北归航时,采购了黄豆和瓜子等。

镇洋县船户许世泰②、张常盛③也利用沙船去胶州采购豆、紫草、豆油等货物。

乾隆四十二年(1777)十月二十八日崇明县船户秦源顺的船漂流到朝鲜半岛灵光:

俺们本以船商,今年七月初六日,自崇明县开船,往天津府,买枣子与鲤鱼,收载船上。十月十八日,还向本乡。④

该船前往天津购买枣子和鲤鱼,购入的数量为:

当初装载枣子一千石,鲤鱼千余担。⑤

两种货物加起来有二千石。

到了清代,咸丰四年(1854),崇明县的陆载岩也同样进行沿海贸易:

于咸丰四年十月初三日,装载棉花、棉布等件,在新开港放洋。二十六日,到山东莱阳县贸易,置买菜油、花生、麦面等件。⑥

可见,该船从江南搭载棉花、棉布前往山东莱阳县进行交易,归航时买进菜油、花生、面粉。

可以说,以上所举的实例都属于"交易型"的江南船舶,是利用交通手段赚取地区间货物的价格差来赢取利润,是一种传统且古老的经营方式。

―――――――――――――――

① 松浦章:《李朝漂着中國帆船の「問情別單」について(下)》,第 25 页。
② 松浦章:《李朝漂着中國帆船の「問情別單」について(下)》,第 27 页。
③ 同上。
④ 松浦章:《李朝漂着中國帆船の「問情別單」について(上)》,第 65 页。
⑤ 同上。
⑥ 松浦章:《李朝漂着中國帆船の「問情別單」について(下)》,第 51 页。

(2) 江南商船所搭载的货物

江南的商船主要搭载哪些货物呢？齐彦槐的《海运南漕议》(《见闻续笔》卷二)中有：

> 自康熙二十四年开海禁，关东豆麦每年至上海者千余万石，而布、茶各南货，至山东、直隶、关东者，亦由沙船载而北行。

康熙二十四年(1685)以后，允许船只在沿海自由航行。东北产的豆和麦等农作物每年运到上海的达千余万石，而布和茶等南方货物则利用沙船运到山东、直隶和东北等地。这些都是沙船所搭载的主要货物。

齐彦槐还在《乙酉二月奉委赴上海查办海运事宜通禀各宪稿》(《见闻续笔》卷二)写道：

> 千数内外之沙船，皆从关东装载豆货回南，总在上海交卸。

道光乙酉五年(1825)二月的禀告中记载了包括江南沙船在内，有千余沙船从东北运输豆货南下，基本都从上海入港并卸下。

反之，从上海发船往北航行，天津则是最大的港口。对此，齐彦槐在同一宪稿中写道：

> 沙船赴津，向带茶、布、姜、果等物。

由此可见，由南往北的主要货物是茶、布、姜和水果等。在山东，江苏、浙江船入港最多的港口是胶州：

> 虽胶州间有商船入口，南船不过糖果、粗碗、苏木、籐鞭之类。①

可见，从山东入港的商船主要携带糖果、粗碗等。在此，对漂流船资料进行归纳，以便了解商品流通的状况。从江南航行到辽宁沿海的船只

---

① 雍正六年(1728)十二月十六日河东总督田文镜奏折，《宫中档雍正朝奏折》第十二辑，第106页。

主要携带青鱼、茶叶、布匹、木棉、木材等货物。① 与此相对比,从东北地区出发的船只主要携带、豆、豆饼、瓜子、松子、棒子、大豆油、茧绸、黍等货物。②

此外,江南运往山东的主要是砂糖、纸、木材、大豆、扇子、米、木棉、茶、生姜等,山东运往江南的主要是油渣、菜油、落花生、面粉等。③ 山东的豆货被运往江南,加工成豆腐和豆油,所剩的豆粕则用作农田的肥料。有关豆货的情况,明末清初的上海人叶梦珠曾在《阅世编》卷七《食货二》中写道:

> 豆之为用也,油腐而外,喂马、溉田耗用之数,几与米等。而土产之种类亦不一,沿海所出,荡豆为最细,与山东产相似,价亦较贱。

豆的用途极广,所消费的数量和米差不多。且种类因地区不同而不同,上海近郊产的荡豆质量几乎可与山东产的豆相匹敌。但由于当地的产量不能满足生产的需要,清朝中期以后,开始从东北和山东大量输入豆货。叶梦珠还对上海运往东北、山东的棉布进行了论述:

> 吾邑地产木棉,行于浙西诸郡,纺绩成布,衣被天下。

上海产的棉布可"衣被天下",可见其流通之广。同治年间的《上海县志》卷一《形胜一》中也对棉布的情况进行了概述:

> 水田绝少,仅宜木棉,推富商大贾,北贩辽左,南通闽粤。

可见,上海产的木棉往北输送到辽东方面,往南可以输送到福建、广东方面。该书卷一《风俗》中有:

> 本港沙船舣浦滨,舳舻尾衔,帆樯如栉,由南载往花布之类,曰南货,由北载来饼豆之类,曰北货。

这一段概括了上海近郊沙船的商贸情况,由南往北输出花布,即"南货",由北运来豆类,即"北货"。

---

①②③ 松浦章:《清代における沿岸貿易について—帆船と商品流通—》,第 610—612 页。

(3) 江南商船的航行目的地

有关江南船舶的主要航行目的地，可以通过前文的漂流年表来分析。

根据表1可知，可以明确停靠港的共有109件，关东地区为42件；明确记载港口名称的有：锦州6件、牛庄5件、金州3件、洋河3件、大孤山2件、大庄河1件、奉天1件。山东方面有34件，其中：胶州17件、文登3件、莱阳3件、海丰3件、福山1件。天津方面有5件，江苏青口6件、海州1件、浙江1件、广东1件。

从这些有关漂流船航行目的地的记录来看，辽宁沿海与山东沿海的胶州是江南船舶最主要的航行目的地。从东北地区的一些记录也能和这些数量统计相印证。如根据这些记录可知，江浙沙船有很多驶往锦州；乾隆十七年（1752）重修了盖平的"三江会馆"①；每年来到辽东半岛南部的庄河县的大孤山的江南沙船有数百只之多。②

山东的胶州是江南船商的主要交易港，康熙五十六年（1717）王纮在《重修小桥限岸记文》中写道：

胶滨于海，故三江、两浙、八闽之商，咸以其货，烽浮舶泛而来。③

可见，不仅限于江南船商，胶州还是沿海各地商人来航的主要交易港。该书中还写道：

丁亥之岁，苏商邵兰生，尔芳慨然，捐资炽以甍砖。④

康熙四十六年（1707），苏州商人邵兰生对胶州修葺小桥进行了投资。由此可知，邵兰生是在胶州进行沿海贸易的苏州商人之一。

乾隆和道光年间的江苏金匮人钱泳的《履园丛话》卷四《协济》中

---

① 松浦章：《清代における沿岸贸易について—帆船と商品流通—》，第619页。
② 同上书，第620页。
③④ 道光《胶州志》卷三九《考三·金石》。

提到：

> 今查上海、乍浦各口，有善走关东、山东沿海船五千余只，每船可载二、三千石不等，其船户俱土著之人，见家殷实，有数十万之富者，每年载豆往来，若履平地。

这一段描写了上海近郊的土著富裕阶层，他们靠与关东和山东方面的生意发迹，每年发船五千余只，运载豆货。该书还对这些船的航运活动进行了描述：

> 装豆回南，亦无货不带，一年之中，有往四回、五次者。

这些船只一年之中有四五次往来于关东、山东与上海地区，可见，上海与北方保持着非常频繁的船舶往来。

4. 江南的船商和沙船

在《筹海图编》卷一三《沙船式》中曾对江南船商利用的主要船舶——沙船进行了记述：

> 水战非乡兵所惯，乃沙民所宜，盖沙民生长海滨，习知水性，出入风涛，如履平地。在直隶、太仓、崇明、嘉定有之。

作为明代主要海船的沙船一直为长江河口沙洲地区的人们所使用，他们能熟练地操纵船只，往来海上，如履平地。

雍正朝蓝鼎元针对利用海运输送税粮的必要性上奏：

> 若用江南沙船，则由崇明浜淮胶，皆在内洋。行走内洋，多沙洲、浅角，惟平底沙船可行，沙船所载甚多，但用一布帆，止可顺风驾驶，若迎风送涛，则寸步不能以进。①

可见，从崇明前往淮河、胶州等地，沿海多沙洲、岩石等，只有平底的

---

① 《鹿洲奏疏》第四《漕粮兼资海运》。

沙船可以行驶。且沙船可搭载较多的货物，只使用布帆。顺风而行，逆风则止。

由于沙船属于平底船，所以适用于沿海，不适用于外海。如前文所述，常常利用于与东北和山东地区的沿海贸易。清代长崎贸易的前期也较多使用沙船。①

《江苏海运全案》卷一二《沙船停泊图》中指出：

> 沙船专行北洋，身长仓浅，头狡腹阔，无桨橹之具，利于扬帆，艄形方，俗呼方船。

可见，沙船适用于北洋的航行，其船身较细长，船舱较浅，船头部分较尖，而船腹则相对宽阔。不适用船浆和橹等工具，只靠升降帆布来控制航行。由船的形状，也被称为"方船"。从这样的船型看，沙船主要适合于内海的航行。

江苏吴县人石韫玉代江浙督抚就海运书写了上奏的奏折，参见他的《独学卢三稿》卷三，为嘉庆十六年（1811）闰三月二十六日的上奏，题为《代浙江督抚议覆海运箚子》：

> 查苏省商贾出海，皆系平地沙船，现在松江、太仓一带，所有沙船百只，每船仅可装米四五百石，即尽数募雇装米甚属有限无益。②

嘉庆十六年时，长江口附近可以从事海运的沙船仅有 100 只左右，装载量仅 400 石到 500 石。嘉庆末期到道光年间，仅仅不足 10 年，沙船就从这种状态增加到 3000 多只，并且装载量达到 1000 石以上。

江南沙船的集散港主要是上海，齐彦槐的《海运南漕议》中有：

> 沙船聚于上海，约三千五、六百号，其船大者，载官斛三千石，小

---

① 参见大庭脩《江戸時代における中國文化受容の研究》（同朋舍，1984 年 6 月）附篇第二章《江戸時代前期に來航した中國商船》。参见本书《清代沙船与长崎贸易》。
② 上海图书馆藏《独学卢三稿》卷一三，第 18 页上。

者千五、六百石。①

可见,当时上海的沙船约有三千五六百只,大型船可以搭载三千石,约一百八十吨左右,小型船可以搭载五六百石,约九十到九十五吨左右。

有关这些沙船在上海的入港数量,齐彦槐的《乙酉二月奉委赴上海查办海运事宜通禀各宪稿》中有以下记载:

> 查二、三、四年号簿,三月、四月分,每月进口大小沙船,少则五、六百只,多至七、八百只不等,合计两月所到之船,约共有一千二、六百只。②

以上是道光五年(1825)的统计,记载了道光二年(1822)到道光四年(1824)的沙船入港数量,统计数据很可能来源于江海关的账簿。农历三月和四月两个月,入港沙船多的年份达七八百只,少的年份也有五六百只。

《对张师诚中丞札询年江广漕米海运各条》中有:

> 前在上海,即查递年沙船进口号簿,道光二年五月分进口沙船,共五百三十六只。三年五月分,共七百十五只。四年五月分,共八百五十四只。六月以后,尚有进口之船,约不下三、四百只。③

根据账簿可知五月以后的入港沙船数量。道光二年五月有536只,道光三年五月有715只,道光四年有854只。三年里,五月份入港沙船的平均数量为702只,与三、四月的数量相比,增加了200只左右。六月以后,仍有三四百只沙船入港,数量仍然不少。

根据这些入港数的统计,可以推定每年聚集于上海的沙船三月以后可达2300—2700只,这样看来,前文提到的"沙船聚于上海,约三千五、六百号"也并不是毫无根据的说法。

入港的数量还不能完全体现沙船的经营和运行情况。齐彦槐还对

---

①②③《见闻续笔》卷二。

沙船整年的运行情况进行了论述,在《乙酉二月奉委赴上海查办海运事宜通禀各宪稿》中有以下记载:

> 千数内外之沙船,皆从关东,装载豆货回南,总在上海交卸,其来可必至。往返数,初无一定,自正月开行可以四次、三次。三月初旬开行,犹可两次。至四、五月,只能一次矣。①

从上海发船,如果在旧历的正月出发,那么一年内可以往返四、五次,如果三月初出船,则可以往返两次,如果四、五月出船,只能往返一次。由此可知,六月以后的出港数比较少。

根据齐彦槐的调查,沙船在上海入港集中于农历的三月到五月这三个月,数量最大。有关沙船航行的危险,齐彦槐在《禀复魏元煜制军稿》中还提到了沙船遭难的概率:

> 不过千百中之一、二。②

可见,危险率在1%到2%之间。此外,有关沙船的建造费用:

> 试思大号沙船,造债盈万,中号亦需数千。而载豆一次,豆价总值银五、六千两,商人以财为命,利害之见最明。③

根据他的推算,可以搭载三千石的大型船造价需要一万两以上,中型船也需要数千两。从东北运输一次豆货,可以价值五、六千两。因此,商人才冒着航海风险进行贸易以谋利。

另一方面,由上海北行的情况,《海运南漕议》中指出:

> 先载南粮至七分,其余准带南货,至天津卸于拨船,每南粮一石,给水脚银五钱。④

沙船在上海载粮食70%和其他南方货物30%,运往天津卸下。每一石粮食可得到运输费5钱。那么,如果一艘搭载三千石的大型船,按此比例装载二千一百担粮食,到达天津后,可以得到运输费1050两,如

---

①②③④《见闻续笔》卷二。

果搭载一千五百石的船只按比例装载一千零五十石粮食,则可得到运费525两。加上其他南方货物的交易收入,一艘沙船靠搭运货物就可得到一千几百两或者七、八百两的收入。由前文可知,沙船还从北方搭载货物到上海进行贸易,那么归航还能得到数千两的收入。因此可以推断,如果能安全的往返航行,那么沙船的经营收入是相当可观的。但实际上,并非每次航行都如以上推断那么理想:

> 沙船顺带南货,不能满载,皆在吴淞口,控草泥压船。①

可见,北行的时候,沙船往往不能满载,因此在长江的吴淞口出船的时候,载草和泥来压船,以保证船体平稳和航行安全。对此,乾隆六十年(1795)的《上海县为商船需用泥土压钞永禁泥甲夫头把持扰累告示碑》中:

> 查康熙二十四年开海以来,各省商船来关贸易。卸货之后,须用泥土压钞,向以自行挖掘,历久相安。②

由此可见,来到上海的商船,用泥土压船的情况相当普遍。

5. 小结

本章论述了江南船商和沿海航运的关系,他们属于居住于长江河口地区的富裕阶层,主要靠沙船盈利。一般拥有沙船数艘以上,靠运输业和商品贸易积累财富。他们的业务的中心集中在上海。当时的上海一年中有三千余艘沙船停靠,不仅成长为沿海贸易的巨大港口,还因长江航运载来的货物云集,成为最适宜的商品流通的地方。上海和周边地区消费豆类较多,因此,江南的船商们以豆货为中心,建立起江南和东北地区的航运关系,从东北各港往江南输送豆类和其他北方产品。从这个意

---

① 《见闻续笔》卷二《海运南漕议》。
② 《上海碑刻资料选辑》,上海人民出版社,1980年6月,第69页。

义上说，江南船商进出中国大陆北部沿海的过程，正是他们为中国沿海地域间的贸易和商品流通作出巨大贡献的过程。

审视清代华北和华东经济关系的时候，利用大运河从江南地区往国都北京输送税粮之外，作为沿海地区的经济发展的动力之一，其他物资流通的必要性也日益突显出来。对此，清朝官府虽然有一些最大限度利用中国大陆沿海的方针，但出于安全需要，仍然使用大运河完成南粮的运输。与此相对，沿海的民众们则更多地利用了海运的便利。有关沿海航行的安全性，齐彦槐曾明确指出，沿海航行的危险性并不高。

因此，从支持沿海经济发展的角度看，以江南船商为代表的沿海船商，其活跃的经营活动具有非常重要的意义。

当时的上海位于中国沿海地域的中心位置，江南船商占有地域优势，将上海作为其沿海航运业的重心，依靠强有力的航线，建立了清代江南地区和山东、直隶、盛京等沿海地区的经济流通关系，逐渐成为这一经济链条上的主要经营者。

可以说，清代江南经济的发展靠江南船商来支持，反过来，也促进了船商这一群体的兴盛。

（杨蕾　译）

第 2 编
清代江南沙船的航海轨迹

第1章　清代江南沙船与长崎贸易

1. 绪言

　　上海在元代之前仅仅是华亭县的一个小渔村,元代时升格为县,属松江府。嘉靖三十二年(1553),倭寇频繁入侵之际,上海建造了城墙以加强防御,这个城墙确保了上海作为县城的地位。此后,清朝康熙二十四年(1685),四大海关之一的江海关在上海设立,主要用于负责沿海贸易船只的出入。

　　康熙二十三年(1684)解除展界令之后,从中国沿海地区往日本的船只剧增,但与浙江省的宁波和福建省的各个港口相比,从上海出航的贸易船出港的船舶数并不算多。① 关于杭州织造乌林达莫尔森于康熙四十年(1701)作为密探被派往日本之事②,苏州织造李煦于康熙四十年六月上奏的奏折中写道:

---

① 贞享五年,元禄元年(1688)有194只中国船来到长崎从事贸易,其中判明出港地为中国的有船191只,其中来自福州的33只,来自厦门的25只,来自宁波的22只,来自普陀山的22只,来自上海的22只。参见《华夷变态》上册、中册,東洋文庫,1958年3月,第838—1060页。
② 松浦章:《杭州織造烏林達莫爾森の長崎来航とその職名について—康熙時代の日清交渉の一側面—》,《東方学》第55辑,1978年1月。

67

> 臣（李）煦等恐从宁波出海，商船颇多，似有招摇，议从上海出去，隐僻为便。①

据奏折内容所述，宁波的船只众多，从宁波出发则过于显眼，反之从上海出航较为隐蔽。由此可见，当时从上海往日本的商船数量并不多。

之后，从上海出入港的船只增多。《嘉庆上海县志》卷首，陈文述在嘉庆十九年（1814）七月所写的《嘉庆上海县志序》一文中写道：

> ……上海为华亭所分县，大海滨其东吴淞绕其北，黄埔环其西南。闽广辽沈之货，鳞萃羽集。远及西洋暹罗之舟，岁亦间至。地大物博，号称烦剧，诚江海之通津，东南之都会也。

由此可见，当时在上海有众多的船只聚集，赶赴海外各国的船只也增多了。关于进出上海船只的频繁，在《嘉庆上海县志》卷一《风俗》中有：

> 自海关通贸易，闽粤浙济辽海间，及海国舶虑刘河淤滞，辄由吴淞口入，舣城东隅，舳舻尾衔，帆柱樯如栉，似都会焉。率以番银当交会，利遇倍屣莸，可转眴懋迁致富。

由此，我们可以清楚地了解到，上海出入港船只增多与江海关的设立有着莫大的关联。在本章中，将着重叙述上海的海外贸易，尤其是上海和与之海上交通方便的日本的贸易关系。

2. 清代沙船与海外贸易

当时从上海出航的帆船，需航行多少日才能抵达日本长崎呢？从展界令颁布后的康熙二十四年、日本的贞享二年（1685）九月来到长崎的六十号南京船的船主的口述中可以得出答案。《华夷变态》卷一○《六拾番

---

① 《康熙朝汉文朱批奏折汇编》第一册，故宫博物院明清档案部编《李煦奏折》，中华书局，1976年5月，第17页。

南京船之唐人共申口》中有：

> 从南京往贵地的渡船，顺风时需要三、四天，至迟也仅需十天前后既能到达。①

引文中所提到的南京并非现在的南京，而是长江河口地区，南京在当时广泛指代江南地区。这艘船再次来航长崎的时间为贞享四年（康熙二十六年，1687）。当时的情况如下：

> 我等三艘船于二月十九日自南京的吴淞之地出航。②

据口述报告，我们可以清楚地了解到"南京"一词是作为整个地区的泛称出现的。而吴淞是众所周知的位于黄浦江河口的港口，上海县城则位于其上游。

根据上述内容，可知当时帆船从上海往长崎，顺风的情况下三、四日可抵达。如无遭逢大风大浪的情况下，最迟也能在十日左右到达。这让我们清楚地了解到，后面叙述的各条船只从上海出航至长崎所需要的时间。

从上海至长崎的贸易船之规模，在史料中亦有所记载。让我们看看《华夷变态》卷三三中收录的宝永五年（康熙四十七年，1708）关于漂流到日本对马的南京船的记录：

> 具报状，船主包子佩，因水不顺，漂在对马州。本船与五月初二日，由上海开驾，通船共三拾九人。船长九丈八尺，阔一丈六尺，装载枷楠香、沙鱼皮、丝纱䌷缎等货前往长崎，并无违禁货物兵仗等项，……
>
> 　　五月　　日　　　　　　　　南京船主　包子佩　书判③

据记录，这艘船于五月二日从上海出港，往长崎途中漂流到对马，船

---

① 《華夷變態》上册，第 516 页。
② 同上书，第 675 页。
③ 《華夷變態》下册，第 2577 页。

上共乘员三十九名。此外，这艘船长九丈八尺，船宽一丈六尺。这些信息都是根据船主包子佩的报告所记录的。按照以上情报可以换算出此船长约 31 米，船宽为 5 米。据青浦县贡生高培源的《海运备采》卷五《沙船式料》的记载：

  三千担船式   船身 长一十丈 直梁 阔一丈八尺
  二千担沙船式 船身 长 七丈 直梁 阔一丈二尺六寸
  一千担沙船式 船身 长 五丈 直梁 阔八丈八寸

三千担载重、二千担载重、千担载重的沙船的船长与宽如上所示，其船长与船宽的比例为：

  三千担船式   船身/直梁 5.56
  二千担沙船式 船身/直梁 5.56
  一千担沙船式 船身/直梁 5.56

以上数据表明，沙船的长宽比约为 5.6。前面提到的包子佩的南京船的船长为九丈八尺，船宽为一丈六尺，长宽比为 6.125。这与高培源所记录的沙船的比例极为相近。相对于此，那些来到长崎的以福建为中心的外洋港航行船的长宽比为 5 以下，大致在 3—4 之间。①

另外，明代的《武备志》中亦可见沙船的船图，但绘图真实的并不多。最早的具有真实感的沙船图恐怕是由大庭修最先介绍的藏于平户松浦资料博物馆的《唐船之图》中收录的《南京船》图。②《唐船之图》中描绘的 12 只船中，除一只名为"阿兰陀船"（荷兰船——译者）的船舶之外，其余 11 只均为亚洲船，其中又有 10 只是尖底帆船，而平底船仅有第一图描绘的"南京船"。大庭修将各船的全长、中宽以及长宽比列为下表：

---

① 松浦章:《清代海外贸易史の研究》，朋友書店，2002 年 1 月，第 300 页。
② 大庭脩:《平戸松浦史料博物館蔵「唐船之図」について—江戸時代に来航した中国商船の資料—》,《関西大学東西学術研究所》第 5 辑，1972 年 3 月，图 1《南京船》。(该文由朱家骏翻译，以《明清的中国商船画卷——日本平户松浦史料博物馆藏〈唐船之图〉考证》为题，发表于《海交史研究》2011 年第 1 期。——译者)

表 1　平户松浦史料馆藏《唐船之图》中所见船体比例表①

	船体全长	船体中部宽度	全长/中部宽度 (保留至小数点后2位)
南京船	18间4尺5寸	2间3尺0寸	8.02
宁波船	16间1尺3寸	3间2尺2寸	5.00
宁波船(停泊中)	17间1尺5寸	3间3尺7寸	5.09
福建造，南京发船	16间0尺7寸	3间1尺3寸	5.13
台湾船	16间2尺1寸	3间6尺0寸	4.50
广东船	16间2尺0寸	3间2尺0寸	5.06
福建造，广东发船	16间1尺9寸	3间1尺3寸	5.17
广南船	16间3尺0寸	3间4尺2寸	4.77
厦门船	17间3尺8寸	4间0尺1寸	4.33
暹罗船	23间1尺9寸	4间4尺2寸	5.21
咬留巴发船	16间1尺2寸	3间1尺5寸	5.12

从表中可知，平底船"南京船"的长宽比在 8 以上，其余的尖底船的长宽比在 4—6 之间，从这个比例可以看到，平底船船体较尖底船而言更加细长。

综上所述，包子佩船主的南京船极有可能是沙船。这与将要在下面叙述的西川如见写的记录提到的船底平而船身长的平底海船的样式是吻合的。(参见本章插图)

关于这些自上海出航，来到日本的船是何处所造，《华夷变态》卷二四，元禄十年(1697)《四十五番南京船之唐人共申口》中有如下记录：

……王子辅于南京之内苏州之地造新船，以载客和货物之由，于上海港口处申请渡航票，先行渡海。我等自是地出发之时，此船

---

① 大庭脩：《平户松浦史料博物馆藏「唐船之図」について—江户时代に来航した中国商船の資料—》，《関西大学東西学術研究所》，第 5 辑，第 22 页。

为之前的四十一号船……①

由上可知,王子辅在苏州造新船,于上海海关处申请到渡航书之后出航长崎,此船为元禄十年的四十一号船。

元禄十年五月十日的《四十一番南京船之唐人共申口》中有所记载:

> 我们的船从南京(江南)的上海这个地方出发,载四十六人,于四月二十九日单独出发(一般均为组成船团出发)渡海。……今天进入港长崎,船主王子浦是去年来长崎的二十七号船船头。我们乘坐的船这次是头次来到长崎。②

据以上资料显示,有46人乘船于4月29日从上海出航,5月10日从长崎入港。这艘四十一号南京船的船主王子浦与之前所提到的王子辅为同一人。这艘船是初次出航到长崎,而且此船为苏州所造的沙船是可以判明的。

那么这艘苏州新造的船有何等经历,以下将从资料中所见一一列举:

① 元禄十年四十一号南京船

② 元禄十一年(1698)五号南京船③

　上海　43人　12月29日　1月4日　何四观　元禄十年四十一号　载货返回的船

③ 元禄十一年四十六号南京船④

　上海42人　7月18日　途中大风　8月14日　王子辅　元禄十年四十一号　载货返回的船

④ 元禄十二年(1699)十二号南京船⑤

---

① 《華夷変態》下册,第1892页。
② 同上书,第1888页。
③ 同上书,第1960页。
④ 同上书,第2000页。
⑤ 同上书,第2039—2040页。

上海　43人　1月24日　途中逆风　2月16日　王子辅　元禄十一年四十六号船

⑤元禄十二年二十六号南京船①

上海　47人　6月28日　7月5日　何四观　元禄十二年十二号船

⑥元禄十三年(1700)五号南京船②

上海　43人　3月4日　3月16日　王子辅　元禄十二年二十六号船

⑦元禄十三年二十八号南京船③

上海　40人　8月15日　尽山28日出帆　9月8日　周允相　元禄十三年五号船

⑧元禄十四年(1701)二号南京船④

上海　40人　3月4日　3月14日　周允相　元禄十三年二十八号船

⑨元禄十四年四十号南京船⑤

上海　45人　7月8日船主在洋中发病　于五岛停泊　8月3日　潘荩臣　元禄十四年二号船

⑩元禄十五年(1702)三十一号南京船⑥

上海　47人　2月20日　3月12日　潘荩臣　元禄十四年四十号船

⑪宝永元年(1704)五十四号台湾船⑦

---

①《華夷變態》下册,第2054页。
②同上书,第2111页。
③同上书,第2138页。
④同上书,第2175页。
⑤同上书,第2217页。
⑥同上书,第2270页。
⑦同上书,第2403—2404页。

　　　　台湾　　41人　　台湾出帆　　修理船底　　5月22日于上海靠港 6月25日从上海出港　　在洋中　　楫损坏　　返航上海　7月1日再次从上海出航　　潘荩臣

　　　　　　　　　　　　　　　　元禄十五年三十一号船

　　如上所示,这艘康熙三十六年(元禄十,1697)前后于苏州所造的沙船或者是沙船船型的平底海船,在元禄十年至宝永元年(1704)的这8年间,曾十一度往返于上海与长崎之间。特别是,从最后的记录⑪中可得知,此船也往返于上海与台湾之间。记录中提到船底和楫受损之事,此船可能因此遭遇废弃。

3. 清代沙船和长崎贸易

　　日本方面的资料中,可见关于沙船和沙船型的平底海船出航至日本长崎的记录。

　　宽文三年(1663)六月五日,是年的一号船返航中国之际:

　　　　同六月五日,一号船出港之际,因本预定于翌日出港而将之带走。……以现在的风出港航向南京是困难的。至今为止均为东风,可是现在海上刮起西风,出港困难。另外,据总右卫门说,现在风大,海上波浪特别高,加之现在开始陆续出港的船都是小型船,它们是如同河船一样的船(平底船),加之小型船上乘坐的人多,所以渡海应该很困难。……总卫门说,由于都是南京船(江南方面的平底船),在浪大的海洋上,以如此形若河船的平底船渡海,是很困难的,……①

　　资料中显示,宽文三年的一号船是从江南地区出航的船,而且这艘船是河船样式的平底船。显然这是江南地区的沙船或者沙船型的平底

---

①《唐通事会所日录》第1册,第3—4页。

第1章　清代江南沙船与长崎贸易

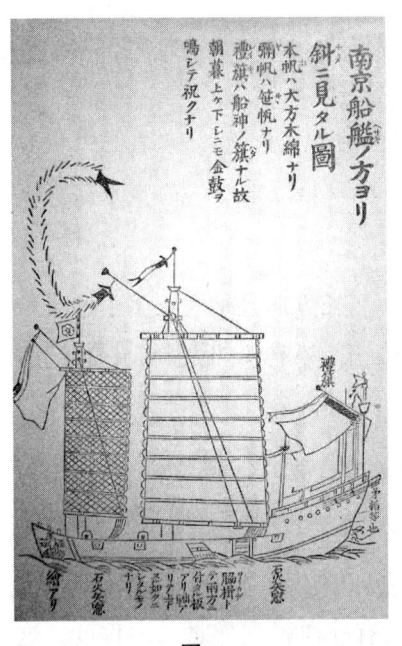

图一

图二

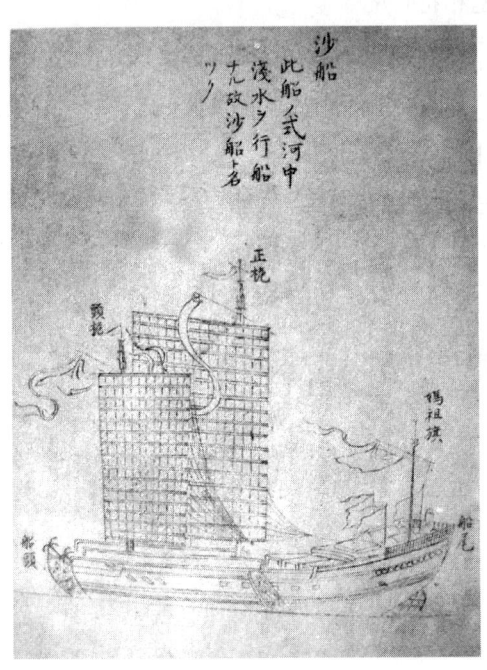

图三

海船。

西川如见在《增补华夷通商考》卷一《南京》中说：

> 如今来长崎的南京船是按照河船的样式所造，所以在船的制作方面，底平而长，不管什么风都能安稳乘坐。来日本的南京船一年到头都可以见到。①

根据西川如见的理解，南京船的船底呈长方形且平底。关于这个特征，青浦县贡生高培源的《海运备采》卷五《考定沙船式料》中的记载如下：

> 今沙船长与洋船相等，而狭仅洋船三之二。盖沙船专行关东、山东，故其制度有不同也。

由此看来，两方面的记录是有共通之处的。当时的沙船船体的长与外洋船相同，但船的宽度比外洋船窄，只有外洋船三分之二的程度。这与西川如见所说的"底平而长"是相符合的。

接下来本文将主要谈论《华夷变态》中明确记录的，从上海出航到长崎的中国商船中，同一艘船从上海出港，数次往日本的事例。贞享二年九月八日，从长崎入港的六十号南京船的事例如下：

① 贞享二年（1685）六十号南京船②
  南京　7月24日　洋中遇到恶风　9月8日
② 贞享四年（1687）二十一号南京船③
  上海吴淞　52人　2月19日　3月1日　东耀初　贞享二年六十号船　自己船
③ 贞享五年（1688）五号南京船④

---

① 西川如见著、飯島忠夫、西川忠幸校订《日本水土考・水土解弁・増補華夷通商考》，岩波文庫，第73—74页。
② 《華夷変態》上册，第515—517页。
③ 同上书，第657页。
④ 同上书，第840—841页。

上海　51人　3月6日　3月20日　金紫绶　贞享四年二十一号船

如上所示,四年间三次到日本的有两例。从上海出航,乘员有51、52名,从上海至日本的航海时间为十多天。

贞享三年的六十四号南京船的例子如下:

① 贞享三年(1686)六十四号南京船①

上海县49人　4月26日　5月20日漂流至筑前大岛　6月4日　汪以介

　　　　　　　　　　贞享二年载运来货物返回的船

贞享三年(1686)六十四番南京船

② 贞享四年(1687)七十三番南京船②

福州　46人　4月12日　5月9日从定海出船　5月22日　赵子喻

　　贞享三年六十四号船　　从日本归航后漂流至福州

③ 贞享五年(1688)九十一号南京船③

上海　27人　6月6日　6月17日　赵云山　贞享四年七十三号船

海上浪大,船小而不堪凌驾④

贞享五年(1688)九十一号南京船

④ 元禄二年(1689)三十一号南京船⑤

上海　55人　4月2日　4月14日　赵云山　初渡海

这艘船如船主所言,为小型船舶。很显然这是艘平底海船,从乘员

---

① 《華夷變態》上册,第597页。
② 同上书,第741页。
③ 《華夷變態》中册,第935页。
④ 同上书,第935页。
⑤ 同上书,第1103页。

数即可推测出来。航海时间为一般状况下的12天,乘员数在27人至55人之间,其装载的货物量随着乘员数的变化而变化。此外从这艘船曾漂流到福建之事所见,沙船在海洋中航行的范围是很广的。

贞享四年的八十三号南京船的事例如下:

① 贞享四年(1687)八十三号南京船①

上海 60人 5月18日 6月6日 伍子贤 在长崎新造的船 吴子昭建造 伍子贤购买

② 贞享五年(1688)百二十三号南京船②

上海 60人 6月6日 6月24日 吴子英 贞享四年八十三号船

③ 元禄二年(1689)十一号南京船③

上海 52人 闰1月11日 闰1月18日 胡文先 贞享五年百二十三号船

④ 元禄三年(1690)十八号南京船④

上海 44人 1月24日 2月9日 姜君政 元禄二年十一号船

⑤ 禄四年(1691)三十五号南京船⑤

上海 44人 2月22日 遇大风 3月14日 程楚臣 元禄三年十号船

⑥ 元禄五年(1692)七号南京船⑥

上海 47人 2月10日 2月24日 程楚臣 元禄四年三十五号船

---

① 《華夷変態》上册,第750—751页。
② 《華夷変態》中册,第959—960页。
③ 同上书,第1079页。
④ 同上书,第1189页。
⑤ 同上书,第1336—1337页。
⑥ 同上书,第1413页。

⑦ 元禄六年(1693)二十七号南京船

　　上海　50人　1月27日　2月21日　程楚臣　元禄五年七号船

⑧ 元禄七年(1694)二十六号南京船①

　　上海　49人　1月20日　2月9日漂流至萨摩　2月27日　吴圣岸

⑨ 元禄八年(1695)三十七号南京船②

　　上海　33人　7月17日　8月5日　吴子英　元禄七年二十六号船

这艘船往来上海与长崎之间的航海天数最短为8天,最长为20天。乘员数从最少33人,最多60人,变化较大。这艘船是在长崎造的新船。无论从9年之中航行9次的航海记录,还者是以上海为起点的看来,都可以推测这艘船很可能是平底海船。

元禄六年的四十一号南京船的事例如下：

① 元禄六年(1693)四十一号南京船③

　　上海　35人　6月13日　6月24日　吴子英　初渡海

② 元禄七年(1694)二十五号南京船④

　　上海　37人　2月4日　2月14日　吴子英　元禄六年四十一号船

③ 元禄八年(1695)十七号南京船⑤

　　上海　33人　1月25日　2月11日　程楚臣　元禄七年二十五号船

---

① 《華夷變態》中册,第1634—1635页。
② 同上书,第1745页。
③ 同上书,第1545—1546页。
④ 同上书,第1633页。
⑤ 同上书,第1719—1720页。

这艘船三年间出航日本三次，航海天数平均为10多天，乘员都为30余名。从乘员数30多名来看，这是一艘较小的船舶。

元禄十年的五十一号山东船的事例如下：

> ① 元禄十年(1697)五十一号山东船①
> 山东　47人　4月14日　5月15日　吴仕望　初渡海
> ② 元禄十一年(1698)十六号南京船②
> 上海　45人　12月26日　1月11日　吴仕望　元禄十年五十一号船

这艘船初次来到日本，是从山东往长崎的船。吴仕望的报告中有：

> 我们的船原本是南京船，在南京装载生丝与绸缎布匹等货物前往山东交易，在山东装载生药直接航向长崎，我们是从山东出发的船。③

这艘船可能是从上海开往山东或者是胶州运载在日本畅销的药材后前往日本的。所以其航海天数为30多天。第二次出航日本则是从上海出发，航海天数为15天。到达日本之后有如下记录：

> 今年春天前往贵地进行交易的十六号船，平安无事在普陀山靠岸。④

如记录所载，这艘船平安返航到舟山列岛的普陀山，之后并无访日记录。

关于第二次出航日本的船主吴仕望，在元禄十三年作为三十四号南京船的船主前往日本的记录如下：

---

① 《華夷變態》下册，第1897—1898页。
② 同上书，第1970页。
③ 同上书，第1898页。
④ 同上书，第1999页。

① 元禄十年(1697)十四号南京船①

上海　47人　1月2日　1月7日　吴公望　初渡海

② 元禄十一年(1698)四十五号南京船②

上海　46人　7月10日　8月2日　吴公望　元禄十年十四号船

③ 元禄十二年(1699)四号南京船③

上海　45人　1月24日　2月6日　吴公望　元禄十一年四十五号船

④ 元禄十二年四十一号南京船④

上海　46人　7月10日　7月19日　吴公望　元禄十二年四号船

⑤ 元禄十三年(1700)七号南京船⑤

上海　45人　3月13日　3月24日　吴公望　元禄十二年四十一号船

⑥ 元禄十三年三十四号南京船⑥

上海　48人　9月20日　9月29日　吴仕望　元禄十三年七号船

⑦ 元禄十四年(1702)七号南京船⑦

上海　49人　4月1日　4月9日　吴仕望　元禄十三年三十四号船

⑧ 元禄十四年五十四号南京船⑧

---

① 《華夷変態》下册，第1861页。
② 同上书，第1999—2000页。
③ 同上书，第2032页。
④ 同上书，第2069页。
⑤ 同上书，第2231页。
⑥ 同上书，第2145页。
⑦ 同上书，第2180—2181页。
⑧ 同上书，第2231页。

上海　47人　9月19日　10月9日　吴仕望　元禄十四年七号船

元禄十年五十一号山东船的船主吴仕望，在元禄十三年以后作为新船的船主前往日本。航海天数最短为6天，最长为23天，乘员数在45至49名之间，较为稳定。从吴仕望之前的船头吴公望的姓名来看，他们两人很可能兄弟或者同族的亲戚。

吴仕望作为元禄十年(1697)十四号南京船的船主，前后8次前往日本时，船上成员数稳定在45至49名之间。而且从上海往长崎的航行天数大多在10日前后，即便在出现意外的情况下也能在20天前后到达，可见其航行的稳定性。

元禄十二年的四十号南京船的事例如下：

① 元禄十二年(1699)四十号南京船①

　　上海　50人　7月10日　7月19日　吴至望　　初渡海

② 元禄十三年(1700)六号南京船②

　　上海　49人　3月8日　3月17日　萧圣兆　元禄十二年四十号船

③ 元禄十三年三十七号南京船③

　　上海　32人　9月20日　9月29日　萧圣兆　元禄十三年六号船

④ 元禄十四年(1701)十号南京船④

　　上海　33人　4月1日　4月11日　潘森如　元禄十三年三十七号船

⑤ 元禄十四年(1701)五十一号南京船⑤

---

① 《華夷変態》下册，第2068页。
② 同上书，第2112页。
③ 同上书，第2147—2178页。
④ 同上书，第2184页。
⑤ 同上书，第2232页。

上海　34人　9月19日　10月9日　潘森如　元禄十四年十号船

　　⑥ 元禄十五年(1702)三十三号南京船①

　　上海　33人　2月26日　3月18日　潘森如　元禄十四年五十一号船

这艘船航海的天数大致为10天,乘员数最少33名,最多50名。它有可能是小型的平底海船。它在4年之间6次往来日本,而且4年中有2年是在1年中2次前往日本。

元禄十五年的二号南京船的事例如下：

　　① 元禄十五年(1702)二号南京船②

　　上海　35人　1月4日　1月16日　周大成　元禄十四年六十号　载货返回的船

　　② 元禄十五年(1702)四十七番号京船③

　　上海　41人　6月2日　6月14日　周羽仁　元禄十五年二号船

　　③ 元禄十六年(1703)十九号南京船④

　　上海　46人　12月晦日　1月18日　凌素吉　元禄十五年二号船

　　④ 元禄十七年(1704)十四号南京船⑤

　　上海　44人　2月18日　2月27日　凌素吉　元禄十六年十九号船

这艘船在3年中4次赴日。从上海到长崎之间的航海天数为10多

---

① 《華夷変態》下册,第2271—2272页。
② 同上书,第2250页。
③ 同上书,第2290—2291页。
④ 同上书,第2306页。
⑤ 同上书,第2362—2363页。

天,乘员在35至46名之间,它同样是小型的平底海船。

元禄十六年的五十八号南京船的事例如下:

① 元禄十六年(1703)五十八号南京船

上海　47人　5月20日　5月30日　潘如森　元禄十五年六十四号船

② 宝永元年(1704)四十七号南京船①

上海　34人　7月2日　7月16日　费采若　元禄十六年五十八号船

虽然这艘船到日本的记录只有两次,但从上海到长崎的航海天数为10多天,乘员数在34至47名之间来看,这艘船为小型船的可能性比较高。

此外,中国方面的档案资料中也可以找到上海沙船到长崎贸易的记录。乾隆七年(1742)九月初八日福建巡抚刘于义的题本中有:

……乾隆七年五月初一日,据闻安协副将孟伍进报,据右营游击文际高报,据署把总陈君开禀,据商船户徐惟怀、骆西庵报称:"江南坐商毛正茂给照东洋贸易,租上海县上字十号李永顺船只,于五年六月初四日由上海出口。六年十一月生理告竣,复取铜斤、海参等货回国。因风不顺,船身发漏,漂至琉球国海外大岛。押送中山修理,于七年正月初八日移送。不料十二日夜又遭飓风,船破球地叶壁山下,片板无存。蒙救得生理牌照随身无失,捞获条铜、海参等货。……"②

如题本中所述,乾隆七月正月,有上海县的商船漂流至琉球国。这艘船是江南的货主毛正茂雇佣的上海县上字十号李永顺的船,用于与日本间的贸易。在日本长崎交易完成的时间是乾隆六年十一月,也就是日

---

① 《華夷變態》下册,第2394页。
② 《清代中琉关系档案续编》,中华书局,1994年5月,第91页。

本的宽保元年十一月。

根据《长崎实录大成》第十一卷《唐船入津并杂事之部》,宽保元年辛酉年有 14 艘船来航长崎。① 荷兰方面的记录显示,宽保元年前往长崎的中国商船中有许多是南京船。② 于这年返航的 9 艘中国商船中南京船有 5 艘③,这其中应该包括有之前提到的徐惟怀、骆西庵的船。

从这个事例看来,上海县籍上字一〇号李永顺船并无返航上海记录,但是其在日本贸易的事情是千真万确的。这也是上海沙船与长崎贸易的一个事例。

4. 小结

如上所述,上海沙船的海外贸易中,与日本长崎间的贸易的事例是存在的。在中国方面的史料中关于沙船的长崎贸易的记录基本上没有,但从日本方面的史料看来,江户时代前期沙船前往长崎进行贸易是相当频繁的。从资料中还可以得知,从上海出航长崎进行中日贸易的沙船或者沙船型平底海船,其航海天数需要 6 天至 10 多天,乘员数为 30 名至 50 名前后。

但是进入江户时代后期,前往长崎贸易的沙船几乎不见踪影。松浦东溪于文化八年(嘉庆十六,1811)所写的《长崎古今集览》卷一三《唐国通商之事・唐船之事》中提到沙船前往长崎贸易之事:

安永年中为止有船二艘往来,近来船来之事非常稀少。

如资料所示,安永年间(乾隆三十七—乾隆四十五年,1772—1780 年)仅两艘来到长崎。而到了 19 世纪前期的文化年间,已完全不见此类

---

① 《長崎文献叢書 第一集第二卷 長崎實録大成正編》,長崎文献社,1973 年 12 月,第 271 页。
② 永積洋子編:《唐船輸出入品数量一覧 一六三七~一八三三年》,創文社,1987 年 2 月,第 109—110 页。
③ 同上书,第 258 页。

事情。这是否意味着沙船不适用于海外贸易呢？事实上，在江户时代前期，有众多的沙船前往日本长崎，而江户时代后期中国与长崎间的贸易逐渐缩小，这与江户时代后期长崎限制中国商船的入港数量有直接的关联。因此，用于外洋航行的大型船——载货量多的鸟船更受中国商人所青睐。①

（王亦铮　译　董科　校）

---

① 松浦章:《清代海外貿易史の研究》第一部第四編第一章《清代鳥船と長崎貿易》。

第 2 章 清代江南沙船郁长发的航海记录——江南商船漂流日本

1. 绪言

江户时代,中国的沿海贸易船漂流到日本的例子很多。① 这里拟介绍江南沙船漂流到日本的事例。

元禄八年(康熙三十四,1695)关于漂流至萨摩后被送往长崎的商船记录如下:

> 我们的船,是从南京(这里的南京并非指现在的南京,而是指代整个江南地区)松江府上海县这个地方前往山东胶州,交易丝、盐、猪等货物的船。全船乘员十四人,于去年八月十八日自上海出港。出港之际风的情况不好,好不容易于九月十五日到达山东胶州。我们在胶州购买盐、猪等物品,准备返航南京松江府上海县进行交易。我们于十一月二十日从胶州出发,但是遭遇未曾预料的大风,随风漂流。……十二月十三日,漂流至萨摩藩领地七岛。……元禄八年

---

① 松浦章:《清代における沿岸貿易について—帆船と商品流通—》,《明清時代の政治と社会》京都大学人文科学研究所,1983 年 3 月,第 605 页。

>亥正月二十一日　船头律宇宙官。①

据资料显示,这艘从上海往山东的胶州贸易的商船,在从胶州返航之际漂流至萨摩。从这艘船是上海与山东间的沿海贸易船且乘员数14名的情况来看,这艘船是沙船的可能性极大。

元禄十五年(康熙四十一,1702)五月,护送到长崎的"漂流萨摩南京船"的记录如下:

>兴[船主沈再兴]等草舟自南京松江府华亭县。于去岁九月初三日,船上人众通共一十九人直往山东。置有腌猪、青饼、黄豆、紫草、药材等项,于十一月二十六日自山东开椗回乡下。不意洋中突过飓风甚剧,……元禄十五年五月　日　船主沈再兴……②

这里的"草舟"是谦虚的说法,它应该是上海县黄浦江上游松江府管辖之下的华亭县所属的沙船。可以想象,它是从上海近郊出发做沿海贸易的贸易船。

文化五年(嘉庆十三,1808)十一月二十七日,有异国船只漂流到土佐国(现在的高知县)安艺郡奈良志津(现在的室户市浮津奈良师)。当时的情况在户部春行的《江南商话》中有如下记录:

>文化五年戊辰冬十一月念七日,江南商船遭遇风难,漂到于吾土佐国安艺郡奈良志津。浦吏速发小船问其苦难,给柴、米、水。飞报具告府城,随即郡浦二司星夜往,而主使以收进室津港,且使府史等问其所以漂泊矣。臣春行受国相令,适以接漂民。③

漂流到奈良志津的异国船只被当地的官府人员用小船搭救。地方官府人员就漂流的情况进行了询问,之后立即赠送了柴、米、水。地方官府人员向藩城高知联络,并将异国船只送到室津港进行调查。进行调查

---

① 《華夷変態》,第1711页。
② 同上书,第2281页。
③ 松浦章编著:《文化五年土佐漂着江南商船郁長發資料》,《江戸時代漂着唐船資料集》四,关西大学出版部,1989年3月,資料编,第5页。

的人员正是户部春行。他同异国船上的乘员进行笔谈,乘员的回答如下:

> 叩禀
> 今郁长发船七百七十二号在于江南省苏州府太仓州崇明县船,今于李裕昌行保票往山东生利。于十三年十一月初六日放洋,不料西北大风,九天九息才到贵地。运凭贵国将军大人洪恩大发,才德有命,我国之运也。空手面见,无言可对。①

从以上问答可以明确地知道这艘船是中国江苏省太仓州崇明县的商船郁长发。郁长发在崇明县的登录号码是七百七十二号。此船从崇明县往山东交易的途中漂流到土佐。同船的有舵工范廷周等13名。②

之后江南商船郁长发停滞在室津港,于次年文化六年三月十五日在土佐藩护送下,从室津港出航到长崎。三月十五日到甲浦,三月二十八日到阿波牟岐大岛,三月二十就日到阿波长岛法螺贝(ホラノ貝),四月一日到达纪州大崎港,四月二日到达和泉州谷川港(现在的大阪府南泉郡岬町),四月三日到达兵库,四月五日到达室港,四月十二日到达御手洗港,四月十六日到达上关,四月二十日到达下关,四月二十四日到达福浦,四月二十八日到达肥前呼子港,五月二日经过河内等港,最后于五月六日进入长崎港。③

入长崎港之后的事情在《长崎志续编》卷八《唐船进港兵杂事之部》,文化六年(嘉庆十四,1809)中可见,具体内容如下:

> 漂流至土州(土佐国)室津浦的唐船,于三月由土州家臣高昌彦平、前川新左卫门等以大小船数艘护送前往本地(长崎),五月六日夜进入长崎港。次日即七日,召唤唐人至役所问话,有江南省苏州府太仓州船头范廷周等人,以前并未来过日本。船上装载木棉,并

---
① 《文化五年土佐漂着江南商船郁長發資料》資料編,第8,36,55页。
② 同上书,第12—13、36、42—43、75—76页。
③ 同上书,第59—61页。

有十三人同乘,去年十一月六日从上海出航往山东途中遭遇逆风而漂流数日,同月二十七日漂流到土佐。土佐警戒船戒备,后赠与送水、薪、粮米、鱼、蔬菜等。三月十五日由役人随同出发前往本港,于昨夜抵达,船员被命令停留船上,并按船中乘员人数发放粮米、柴等物资。又发放了粮米十二俵作为海上粮米。五月十三日出船归唐。①

据资料内容,五月六日晚,郁长发船在土佐的护送人高畠彦平等的护送下从长崎港入港。次日,船上乘员等到长崎奉行所接受调查询问。调查之后日方确认此船并不是到长崎的贸易船,是中国江南沿海的商船,便发放停留期间所需救济物资。船上的乘员并未被安置在唐人屋,而是在郁长发船上度过数日,于七天后的十三日归国。

2. 江南商船郁长发漂流土佐

郁长发船的相关资料中,至今已出版的只有被收于《古事类苑·外交部》中的户部德进春行辑《江南商话》②这一部。

之后,土佐史研究者关田驹吉在昭和七年(1932)6月发行的《土佐史谈》第39号中发表了题为《土佐漂着船相关文献》③的研究论文。在论文的《文化五年(一八○八年)的唐船》章节④中,关田指出了《土佐国群书类丛》有郁长发船的相关资料。这就是这本书卷八三中收录的《江南商话》(户部德进春行辑),此外关田认为除了这本资料之外,"还有《文化五辰年,江南船漂着一卷》(山内侯爵家藏本)"中也有着郁长发船的资料,但笔者在向山内神社宝物资料馆的学术员松山尅太郎请教后,并未能确认有此书存在。

---

① 《長崎文献叢書第一集 第四卷 長崎實錄大成》,長崎文献社,1974年11月,第211页。
② 《古事類苑 26 外交部》,吉川弘文館,1969年12月,第1089—1090页。
③ 《関田駒吉歴史論文集 上》,高知市民図書館,1979年12月,第65—109页。
④ 同上书,第92—94页。

现在,欲以目前能够确认的影印翻刻后出版的《文化五年土佐漂着江南商船郁长发资料》中的资料为中心就行讨论。

(1)《江南商话》

《江南商话》全书由汉文写成,书中记录了郁长发船漂流到土佐当时的相关情况。此书被收入《土佐国群书类丛》卷八三《漂流部七》中,国立国会图书馆中藏的类丛本,是全书二十八页的抄本。根据同书开头所写"户部德进春行辑"可知,这本书的作者是户部春行。

户部春行任土佐藩藩校教授馆的教授一职,是户部良熙的嗣子。关于户部春行的经历,关田驹吉氏写道:

> 春行初名助之及,后改名为德之进,再又改名为重之进。其父良熙,有嫡子荣吾,不幸于安永九年六月四日死去。良熙还有三个女儿,他令小女儿与野见氏之子结婚,让这个女婿今后继承家业,这便是春行。春行于宽政四年五月十八日被录用为御记录当分,同年八月二十七日被任命参列于集录分限方(负责集录分限帐的职务,分限帐是日本江户时代记有领主家臣情况的详目——译者)。宽政七年十二月二十一日,父殁,春行继承父业成为儒者。宽政十一年十一月一日被任命为教授役,之后多次陪同藩主往返江户。文政元年二月九日,增加扶持(工资——译者)五石。天保三年二月二十三日因连续勤勉任职三十余年之功,被新赐予一百五十石知行(领地——译者)。天保七年正月九日,荣升马回格(马回原指在骑马的大将身边担当护卫传令工作的近卫武士,后制度化为一种武士身份等级的名称。在江户时代的土佐藩,马回属上级藩士中的中上级别——译者),这是教授很难得的荣誉,世间传为美谈。天保十三年十一月十九日病逝,享年八十二岁。①

---

① 《関田駒吉歴史論文集 上》,第93页。

如上所示,关于户部春行的履历记录得很清楚。若按这个说法,文化五年(1808)十一月郁长发船漂流到土佐之时,户部春行是当时教授馆的教授,时年48岁,正当壮年。

户部春行在《江南商话》的卷头(原书第1页上,《文化五年土佐漂着江南商船郁长发资料》(以下简略为《文化》资料编第5页)写明了此书书名的由来,接着记录了文化五年十一月二十七日至二十九日之间,地方官员和郁长发船的乘员的问答内容。(原书第1页上—第8页上,《文化》资料编第5—21页。)其中还能看到户部春行和地方官员及郁长发船乘员间的笔谈记录。

　　十一月三十日此日春行始乘唐船。(原书第8页上,《文化》资料编第21页)

由此可知,户部春行是于十一月三十日初次与郁长发船乘员接触的。之后,春行与地方官员继续与乘员笔谈(原书第13页上,《文化》资料编第17页)。笔谈的过程是:"十二月初一日　春行乘坐下傚之"(原书第13页上),之后的二日(原书第13页下,《文化》资料编17页)、三日(原书第14页上,《文化》资料编第18页)、四日(原书第16页上,《文化》资料编第20页)、五日(原书第17页上,《文化》资料编第21页)、六日(原书第18页上,《文化》资料编第22页)、七日(原书第19页上,《文化》资料编第23页)、八日(原书第19页下,《文化》资料编第23页)、九日(原书第20页下,《文化》资料编第24页)、十日(原书第21页下,《文化》资料编第25页)、十一日(原书第22页上,《文化》资料编第26页),笔谈继续进行。但十一日(原书第22页上,《文化》资料编第26页)之后,似乎忘记记录日期,仅有笔谈内容,直到全书终结。

《江南商话》是郁长发漂至土佐后开始的笔谈记录,记录中的笔谈者按先后顺序是浦吏、难商、范、余。"浦吏"是土佐的地方官员,"难商"是郁长发船的乘员,"范"恐怕是舵工范廷周的略称,而"余"则是户部春行本人。此书是土佐方面有地方官员和户部春行以及中国船方面的是舵工范廷周之间的笔谈记录。

(2) 文化五年江南船

高知县立图书馆藏《土佐乡土志料》卷一《文化五年江南船》中记录了郁长发的资料。同书中还有《江南商船之图》(参见本章插图)和《江南人尺牍》之记录(参见《文化》资料编第35—37页)。在书中有如下名单：

> 此舟于文化五年辰十一月廿五日漂流至安喜郡室津浦，翌六年巳三月十五日归帆
> 　　船中之书付
> 舵工　范廷周　有须　崇明人　年五十八
> 水手　郁瑞方　同　　　　　二十八
> 　　　杨三观　同　　　　　二十七
> 　　　钱永林　　　上海人　四十二
> 　　　吴寿林　　　崇明人　三十
> 　　　沈惠元　　　吴淞人　二十六
> 　　　黄正方　同　　　　　三十七
> 　　　陈桂方　同　　　　　三十八
> 　　　施方友　同　　　　　五十七
> 　　　秦锦方　同　　　　　二十四
> 　　　曹正方　同　　　　　二十一
> 　　　杨阿三　　　上海人　二十四
> 　　　倪万周　　　扬州人　三十六①

《尺牍》在《江南商话》中被完整的记录，是长为2页余的抄本。它是郁长发漂流土佐的资料，其中的郁长发船的船图特别的珍贵。

---

① 《文化五年土佐漂着江南商船郁長發资料》，资料编，第36页。

(3)《漂船笔语》

宫内厅书陵部藏《笔语杂录》中《漂船笔语》部分,收录了郁长发船漂流的笔谈。书中有:

> 文化五年戊辰十一月廿七日,江南省苏州府大仓州崇明县之商船漂泊于室津。笔语问答。①

除此之外还有内容概略。此书由"土人"、"船人"二个部分组成,记录了当时土佐漂流的笔谈,是全长4页的抄本(参见《文化》资料编第41—45页)。

(4) 江南船应对书上

高知市民图书馆藏《江南船应对书上》是文化五年十一月二十七日郁长发漂流到土佐不久之后,地方官员家藤、忠次郎于十一月二十九日到十二月十五日之间的接待记录。此记录应该是十二月二十日向上级提交的记录,其中包含一部分与《江南商话》、《漂船笔记》中汉文记录相对应的内容。此书仅存上部,而中、下部已不知所踪。这是一本12页有余的抄本。

(5)《文化五年土佐漂着船关系记录》

桑田精一于昭和十年(1935)六月、昭和十三年(1938)九月、昭和十四年(1939)三月分三次在《土佐史谈》第51、64、66号上发表了资料《文化五年土佐漂着船关系记录》的上、中、下三个部分。② 在这份资料中有其他书里未曾见过的资料。可惜的是桑田并没有明确记录资料的来源,至今为止仍无法确认其资料的出处。书中的资料如下(《文化》资料编第

---

① 《文化五年土佐漂着江南商船郁長發資料》資料編,第41页。
② 《土佐史談》第51号,第164—174页。同第64号,第103—113页。同第66号,第95—106页。

26页):

  一　文化六年江南船護送日次
  二　江南船送り方乗組員
  三　文化六巳春異国船長崎迄捧送船中諸作配頭書
  四　奥宮日記ノ一部
  五　森本藤蔵と范廷周等の筆談筆記

  一是自郁长发漂流土佐至被护送到长崎这段时间的日程记录。二是与护送郁长发船有关的土佐方面人员名单。三是与护送郁长发船到长崎相关的文件等。里面包括护送时的注意点、向幕府提出的报告,从中可知土佐藩对应此船的详细情况。四是郁长发船的护送船中诸作配九州鲸方御闻合御用兼勤奥宫仁右卫门的日记的一部分,从中可知土佐藩在长崎时采取的诸措施的详细情况。五是森本藤藏和郁长发舵工范廷周等的笔谈记录。对于这份资料,关田驹吉表示:"在这次护送中虽然森本担任笔录一职,但感慨的是其记录无缘一见。"①可见他曾推测过有这样一份资料存在。

  森本藤藏在护送郁长发船到长崎时"加役兼笔谈役兼勤"②,他担任了笔谈一职,因此留下护送长崎途中的笔谈记录。

  森本藤藏与范廷周的笔谈自文化五年(嘉庆十三,1808)十二月二十五日开始,至次年五月六日入长崎港为止,此外,笔录还记录藤藏等护送人返回高知浦户港,到六月二日归宅为止的内容。

  与郁长发船漂流土佐相关的笔谈,就质与量来说,户部春行的《江南商话》可看作前篇,而森本藤藏的笔谈则可称为后篇。

(6)《江南商船之图》

  描绘了土佐漂流的郁长发船的船体的图可见于先述高知县立图书

---

① 参照前引关田著书,第93页。
②《文化五年土佐漂着江南商船郁長發資料》资料编,第62页。

馆藏《土佐乡土志料》卷一。(见下图)

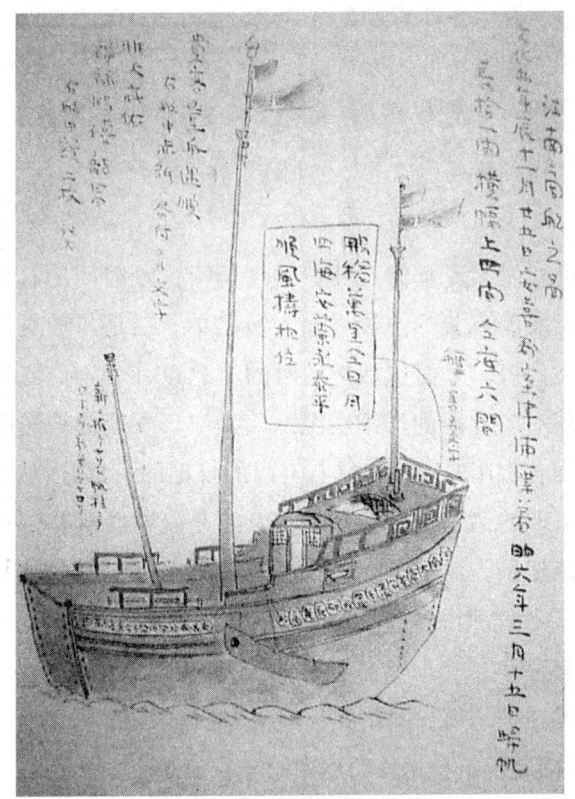

图一　漂流土佐的郁长发船

松浦章编著《文化五年土佐漂着江南商船郁长发资料》图版《江南商船之图》先述高知县立图书馆藏《土佐乡土志料》卷一中有：

○江南商船之图
长拾一间横幅上四间同底六间
此舟文化五年辰十一月廿五日
安喜郡室津浦漂着
明六年巳三月十五日归帆①

---

①《文化五年土佐漂着江南商船郁長發資料》资料编，第35页。

从图的上部所记录的文字资料同样可以看出这艘船是典型的江南沙船。长为 11 间,也就是大约全长 20 米的沙船。图中船体的侧面写着"江南太仓崇字柴伯柴拾二号郁长发"的船只登录号,这样的例子在长崎版画中可以见到。①

3. 江南沙船郁长发的经营形态

(1) 郁长发土佐漂着的影响

文化五年(嘉庆十三年,1808)十一月二十七日郁长发漂流到土佐之时,土佐藩立刻向江户幕府报告。内容如下:

> 如先前的报告所述,漂流至我领地安喜郡室津的异国船是江南省苏州府的名为郁长发的商船。它在此前从未来过日本。因此这条船并没有信牌(长崎贸易的许可证),但它并没有什么可疑之处。乘员十三人,似乎是因遭遇大风而漂流的。(中略)准备在下面的二月下旬前后将这条船送至与中国有同上关系的长崎港。(下略)②

这份报告的时间是文化五年十二月二十日,从报告中的"如先前的报告所述"这一句话可知,土佐藩在之前便就此事进行了报告,但之前报告的内容无从得知。这份十二月二十日的报告中详细谈到郁长发船漂流的事情。郁长发船并非前往长崎的贸易船,它将于次年六年二月下旬从被濑户护送到长崎。郁长发船在土佐留下的影响具体可见于冈本真古的《增补事物终始》上卷。

> 江南棉
> 文化五年戊辰十一月江南船漂流至安艺郡室津浦,船上载有少

---

① 松浦章:《清代海外贸易史的研究》,朋友書店,2002 年 1 月,第 317 页。
② 《文化五年土佐漂着江南商船郁長發資料》资料编,第 67 页。

许的棉。人们将棉到处播种开始于此。①

据资料所示,江南的棉花传播到了土佐。正因为郁长发船装载了江南的棉花,从而引起了这样的传播。同书中还记录了以下事情:

> 崇明芦
> 文化五年漂流室津的江南崇明县船,在次年的春天长出芦苇的芽。佐喜滨庄屋寺田雄五郎将芽带回,并移植到同浦的海边,之后芦苇逐渐繁茂。②

资料中所说的是,文化五年有江南崇明县的船漂流至室津。次年春天,在偶然的情况下,佐喜滨的寺田雄五郎将船上发芽的芦苇带回,并移植到同浦的海边,芦苇也因此繁衍起来。

这可以说是与郁长发船的土佐漂流一样,在偶然的情况下所产生的文化传播的一面。

(2) 郁长发船的船主

户部春行向郁长发船的舵工范廷周询问说:"足下之主家、所在及姓名如何? 船有几只?"③范廷周答道:"我船板主郁圣兰在崇明县,船有十一只。郁长发、郁长利、郁长顺、郁长太、郁长茂、郁长兴、郁长生、郁长增、郁长裕、郁祥顺、郁合发多自圣兰之船户,一船一名。郁家者船多自山东生利,长发七百七十二号,长兴七百七十三号,长利七百七十四号。"④板主,即郁长发船的所有者是郁圣兰,居住在崇明县。他拥有郁长发等11艘船,其中郁合发号是合伙出资建造的。

郁圣兰当时46岁,名海现,号圣兰,有惠加和汾洋两子。惠加有中

---

① 《土佐国史料類纂　皆山集　第六卷　社会·民俗(1)編》,高知县立图书館,1973年12月,第54页。
② 《土佐国史料類纂　皆山集　第六卷　社会·民俗(1)編》,第54页。
③ 《文化五年土佐漂着江南商船郁長發资料》资料编,第15页。
④ 同上,资料编15页。森本藤藏和范廷周的笔谈中船名有部分不同(《文化五年土佐漂着江南商船郁長發资料》资料编,第83页)。

乾、受德、汾洋有大兴、大德、大元、大才等几个孩子。作为水手乘坐郁长发船的郁瑞芳和郁圣兰是同族。① 至于郁圣兰的居住地,范廷周在郁森本藤藏的笔谈中回答说:"船主郁圣兰,苏州府太仓州崇明县东门外八洨镇住,祖仙寿安寺。"②《清史稿》卷五八《地理志五·江苏》中有:

> 太仓直隶州,顺治初因明制,属苏州府县一。雍正二年升直隶州。

亦即是说,在清朝初期,太仓州属苏州府,雍正二年(1724)成为直隶州。所以在当时人们的印象中,太仓州是苏州府的太仓州。

关于郁圣兰居住地八洨镇,在光绪《崇明县志》卷三《建置志·镇市》中记录如下:

> 八洨镇,城东南八十里。

由此可知,八洨镇在《崇明县志》中是明确记载的地名,位于崇明县县城东南方向八十里外的地方。

那么郁圣兰所属的寺庙寿安寺呢?民国《崇明县志》卷四《地理志·教门》中有:

> 旧在三沙东仁乡。宋淳裕间有二僧曰"模"、曰"俦",插枯竹于东仁乡全鳌山,(中略)因建寺,先名富安。元延裕五年,赐名永福寿安寺。(中略)明万历间,知县何懋官拨民田,令僧道元重建于今治东五里。(中略)[清乾隆]四十二年知县范国泰创捐重修。

富安寺创建郁南宋的淳裕年间(1241—1252),元朝延裕五年改名为寿安寺。明朝万历年间(1573—1619)和乾隆四十二年(1777)两次重建,是一座历史悠久的古寺。

崇明地区的航运业的历史也非常久远,至少在明代末期已有一家拥

---

① 《江南商話》中与郁瑞芳相关的是,"(郁聖蘭)同祖四従弟","我(范廷周)表姪也。廷周之妹夫官观之子"。《文化五年土佐漂着江南商船郁長發資料》,资料编,第18页。
② 《文化五年土佐漂着江南商船郁長發資料》资料编,第74页。

有数艘沙船的航运商。① 支撑着崇明航运业的无疑是沙船,乾隆《崇明县志》卷一九《文艺志》中对崇明县与沙船的关系有着"沙船以崇明沙而得名"的记载。如此看来,沙船的名称由来与此不无关系。

民国《崇明县志》卷四《地理志·风俗》中有:

> 环境港义纷歧,操舟业者知潮汛沙线,航海沙船习海道。自佘山历鹰游进口二山,拂成山达津沽坦夷。若康庄东乡富户,率以是起家。沙船盛时多至百余艘,自轮舶通行,厥业遂衰歇。

民国《崇明县志附录》卷一《交通》中还有:

> 邑环境皆水,非舟揖莫能往来。旧时江海津渡帆船,须候风顺潮。

从两则记载可以看出,由于所处的地理环境,崇明的人们对沙洲的状况和航路都相当熟悉,因此海船是不可缺少的交通工具。另外,民国《崇明县志》卷二《地理志·山川》中可以看到之前风俗的记事中提到的佘山的记载。内容如下:

> 海舶北来,入江者取准焉。

如记载所示,从海上入长江之时,都以佘山为航标而取得针路。从佘山沿海往北航行能到达"津沽",即天津和海河河口的大沽。特别是崇明县康庄东乡的富户,都是因经营沙船航运起家的。沙船航运业的鼎盛时期有百余艘的沙船投入航运中。但是蒸汽船出现之后,崇明的沙船业受到冲击而衰退。

在崇明地区,郁长发船的所有者郁圣兰,就是由沙船航运业起家的其中一人。像郁圣兰这种拥有数艘船的人,当时有"沙船船商皆系上海、崇明等处土著富民"②的记载。可见当时船商是上海和崇明等将河口地区的富庶阶层。

---

① 松浦章:《明代後期の沿海航運》,《社会経済史学》第54卷第3号,1989年9月,第100页。
② 齐彦槐:《见闻续笔》卷二。参见本书第1编第3章。

因此，郁圣兰是拥有 11 艘船舶的崇明船商，而郁长发则是船上郁圣兰所持有的沙船之一。

(3) 郁长发船的乘员

在户部春行向范廷周问及郁长发船的乘员之时，范廷周出示了江南海关的印牌。上面的内容如下：

计开

船户郁长发　　　　崇明县人

舵工范廷周　年五十八岁面有须　崇明县人

水手郁瑞方　年二十八岁面未须　崇明县人

杨三观　年二十九岁面未须　上海县人

钱永林　年四十二岁面未须　崇明县人

吴寿林　年三十岁　面未须　吴淞县人

沈惠元　年二十六岁面未须　崇明县人

黄正方　年三十七岁面未须　崇明县人

陈桂方　年三十八岁面未须　崇明县人

施方友　年五十七岁面有须　崇明县人

秦锦方　年二十四岁面未须　崇明县人

曹正方　年二十一岁面未须　崇明县人

杨阿三　年二十四岁面未须　上海县人

倪万周　年三十六岁面未须　崇明县人

以上在船舵水通共十三人

嘉庆十三年十月二十一日给①

如上所示，嘉庆十三年（文化五，1808）十月二十一日发行的江南海关印牌上记录着乘船者的姓名。

---

① 《文化五年土佐漂着江南商船郁長發資料》資料編，第 12—13 页。

船户郁长发是由之前提到的船商郁圣兰所持有的船的船名,这种情况下船户通常应为郁圣兰。因为他持有许多船只,所以没有乘坐在这艘船上。

森本藤藏与范廷周的笔谈中还谈到了乘员的个人情况。内容如下:

> 范廷周,江南苏州府太仓州崇明东门外十浃河东住,祖仙寺林云寺苏州集。
>
> 郁瑞芳,同八浃住,祖仙受安寺置。
>
> 钱永林,同八尧镇住,同寺置。
>
> 施友才,同五尧镇住,同信教寺置。
>
> 陈桂元,同八浃镇住,寿安寺置。
>
> 沈惠元,同,同信教寺置。
>
> 黄正芳,同项镇住,同住教寺置。
>
> 曹正宝,同布镇住,同寿安寺置。
>
> 秦锦方,同八浃镇住,同。
>
> 侃万周,同新开河镇住,同。
>
> 吴寿林,同太仓州镇洋县东门外住,同神皇庙。
>
> 杨阿三,同宝山县南门外住,同巴阿寺。
>
> 杨三观,同松江府上海县东门外住,同神皇庙。
>
> 通计十三①

从笔谈中可以得知13名乘员的住所和所属的寺庙。寺庙的所在地笔谈中也有提及:

> 林云寺,江南苏州府禅派。受安寺,受又寿,崇明东门外三里,禅。信教寺,新开河镇,禅。神皇庙,镇洋县刘河镇,天台。巴阿寺,吴淞口,天台。②

---

① 《文化五年土佐漂着江南商船郁長發資料》資料編,第73—74页。
② 同上书,第74页。

了解林云寺、寿安寺(受安寺)、信教寺、神皇寺、巴阿寺等五座寺庙的所在地和宗派,对于了解清代江南庶民的宗教生活的一面是具有相当重要的意义。查阅光绪、民国的《崇明县志》,能从中确认乘员的现地址和所属的寺庙为崇明县的,只有与郁圣兰相关的八浃镇和寿安寺。

范廷周所说的苏州府林云寺,在翻阅光绪《苏州府志》卷三九至四四《寺观》一至六中并无发现与其同名的寺庙,但在民国《崇明县志》卷四《地理志·教门》中却有如下记载:

> 云林寺,在新五浃镇。

这也许是范廷周所说的林云寺吧。至于吴寿林所属的镇洋县刘河镇的神皇庙,乾隆《镇洋县志》卷二《营建类》中有:

> 城陛庙,在城东南隅。

对于刘河镇的地理位置在同书的《市镇》一项中也有所载:

> 刘河镇距城东六十里,十九都界。刘家港北澹漕口为海道门户,(中略)自开海禁以来,航海诸商百货垒垒集,而镇日富庶。

在民国《镇洋县志》卷二《营建·市镇》中刘河镇的相关记载是:

> 刘河镇,城东六十里,十九都六啚下七啚。为关东、山东诸海舶收口之所,百货垒集。

由以上几则内容看来,刘河镇是沿海帆船的集散地,实为繁荣的地区。①

根据《清史稿》卷五八《地理志五》中关于太仓直隶州的宝山有"南为吴淞口,黄浦江入海处"的记载,可以知道吴淞口是黄浦江的入海处。

吴寿林、杨阿三、杨三观出身地的镇洋、宝山、上海等地,均是沙船航

---

① 上田真:《劉河港物語—清代江南の一交易港に生きた人々—》,《中国近代史研究》,第 16 集,1988 年 9 月。

运业的重镇。①

范廷周是郁长发船上的舵工,关于舵工一职的解释可见于高培源的《海运备采》卷五《船式·船上水手执事》:

> 舵工,正、副二人。正舵主针盘、罗经及调度一切。副舵虽主舵惟承正舵意指。按,舵工海舶方言称为老大,一船祸福皆赖之。必择熟识海道,善料天时、人事而得其情,预知暗礁、泥色深浅及山岛套吞而不失尺寸,而后可以当此重任。欲海行者必先求得其人,则乘长风破万里浪,亦易易事也。

在沙船上,舵工是航海者也是船上的全责任者。郁长发船上只有舵工一名,其他皆为水手。因此,范廷周是郁长发船的最高责任者,船员间称之为老大,是熟悉海路,调配船员工作之人。与据户部春行的笔谈中范廷周谈到的家族情况是:

> 范曰小儿二人,永郎廿八,天发十六。女一人,永郎之子发宝八。②

而与森本藤藏的笔谈时更为详细,具体内容如下:

> 父名有规,字茂林。母茅姓。妻施姓,今年五十五。长女贵宝二十六,外生学宝四岁。男子永郎二十五,二子天发十四,三子永兴,孙子太郎四岁。家弟廷瑞五十岁,侄庆宝廿,表侄瑞芳廿八,妻陶氏。③

在与户部春行的笔谈中还得知了他与乘员郁瑞芳的关系。内容如下:

> 郁瑞芳者,圣兰之同姓乎?

---

① 参见《清代江南船商与沿海航运》。萧国亮:《清代上海沙船业资本主义萌芽的历史考察》,南京大学历史系明清史研究室编《中国资本主义萌芽问题论文集》,江苏人民出版社,1983年4月,第419—453页。朱梦华:《上海的沙船业》,《上海地方史资料》三,上海社会科学院出版社,1984年7月,第63—69页。
② 《文化五年土佐漂着江南商船郁長發資料》资料编,第21页。
③ 同上书,第80—81页。

> 复　同祖四从弟。
>
> 瑞芳与足下之属如何。
>
> 复　我表侄也。廷周之妹夫官观之子。①

从笔录的内容可知郁瑞芳是范廷周妹妹的孩子。在范廷周与森本藤藏的笔谈中也提到了妻子家族的情况：

> 妻兄施富春犹存。富春父起凡既卒，八十六岁。家在莱州县龙山河口。②

这里提到了范廷周岳父和妻舅的名字。而范廷周的妻子是他沙船交易地莱州出身，得知当时人们间的交流的内容令笔者感到兴味十足。根据以上内容得出范廷周一家的关系图如下：

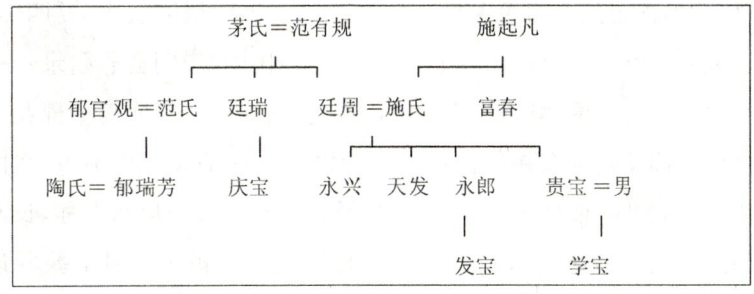

图二　范廷周家关系图

如此，江南庶民范廷周一家的关系便一目了然。范廷周的次男天发如记录"子天发在莱州东阳县，母舅同县，学读书"③，"大儿在山东逍下门内左代筸先生读利己"④所示，在山东进学。而在"妻张氏岁廿八，七年前婚，有一男，五岁，名三宝"⑤中可以得知，张氏与旗子结婚七年，有五岁的男孩叫三宝。

---

① 《文化五年土佐漂着江南商船郁長發資料》資料編，第 18 页。
② 同上书，第 90 页。
③ 同上书，第 82 页。
④ 同上书，第 85 页。
⑤ 同上书，第 88 页。

(4) 郁长发船和沿海航运

郁长发船是崇明船商郁圣兰所持有的船只,他经营的主体从资料"圣兰之船户,一船一名。郁家者船多,自山东生利欲"①中可以看出是与山东做航运生意。至于航运的目的地和装载货物,在《江南商话》中提到的内容是"至莱州府办油豆、猪肉等,并买花合、桃腌等物"。② 还有在与森本藤藏的笔谈中范廷周提到"母盘山进舱一山进娘娘宫,西午我到莱州进龙山河口"③,而交易品是"猪、豆饼、油、瓜子、青并鱼包等也"④。

据以上内容,郁长发船是开往山东的莱州即现在的山东半岛西北部的莱州湾进行交易。用江南运载而来的 19 包棉花和 3 包棉布换取豆货、豆油、谷物、腌肉、咸鱼等物品。

棉花和棉布是崇明的主要产业之一。在光绪《崇明县志》卷四《风土志·风俗》中有:"邑境种棉者十之六、七。"在民国《崇明县志附录》一《实业》的项目中有:"邑物产,棉为大宗,土布檀名海上。"崇明岛的棉花栽培非常繁盛,棉花及棉布销往沿海各个地区。特别是大布和小布,在民国《崇明县志》卷四《地理志·物产》中提及,大布是"阔一尺八九寸,长八九丈,为匹。浓厚胜他布",其耐久性和其他地区的相比质量上要胜过许多。而小布在同书中的记录是"阔一尺长四丈为匹,六十匹为捆。运销青口者为青庄布,四十匹为捆。运销牛庄、洋河者为关庄布"。六十匹为一捆,销往江苏省沿海的北港和江苏省赣榆县东南部海州湾的清口镇⑤的称为青庄布。四十匹为一捆的小布则销往东北的辽河河口的牛庄、辽东半岛南安的洋河等。销往关东地区的则称为关庄布。其中洋河所指

---

① 《文化五年土佐漂着江南商船郁長發資料》資料編,第 15 頁。
② 同上书,第 16 页。
③ 同上书,第 82 页。
④ 同上书,第 88 页。
⑤ 松浦章:《清代における沿岸貿易について—帆船と商品流通—》,小野和子编《明清时代の政治と社会》,京都大学人文科学研究所,1983 年 3 月,第 622—623 页。

的应该是大洋河口的大孤山①。

在《李文忠公全集》卷一《奏稿七》的《北洋豆货上海一口请归画上转运折》(同治三年九月初十日)中,提及从北洋运载而来的货物的情况:"沙船运销货物,向以豆饼、豆石为大宗。"北洋即现在的辽宁、河北、山东等地。从这些地方满载而出的沙船上的货物多为大豆和大豆粕。在书中还提到"内地商船南北经营,必有回货可装,始不徒劳往返。而登州、牛庄两处,惟以豆石、豆饼为大宗,货物舍之,此别无可装之货"。海上航行的往返中都装载有货物才称得上是航运经营。特别是从山东的登州和东北的牛庄等地归航之际,大豆和大豆粕必满载而归。江南的棉花和北洋的大豆都是航运业中往返时主要装载的货物。江苏巡抚刚毅在光绪十七年(1891)十一月十四日的奏折中写道:"江海关经征常税,向赖沙船装运,以油、豆、棉花、布匹为大宗"②,江海关的常税中大豆制品和棉花制品占的比例最大。

(5) 郁长发沙船

郁长发船为沙船在前面已有前述,关于它的形状,范廷周在笔谈中是这样回答的:

船长	八丈四尺
深	一丈四尺二寸
幅	一丈三尺
大桅长	六丈二尺
中桅长	四丈
小桅长	二丈五尺
舵长	一丈四尺阔六尺
大猫(锚)	七百斤一

---

① 松浦章:《清代における沿岸貿易について—帆船と商品流通—》,第620页。
②《宫中档光绪朝奏折》第6辑,台北故宫博物院,1973年11月,第708页。

二猫（锚）　　六百斤

　　三猫（锚）　　四百斤

　　小猫（锚）　　二个共三百斤

　　帆布二共三十丈

　　竹帆大篷润二丈八尺,长四丈八尺

　　　　二篷润一丈八尺,长三丈一尺

　　棕绳　　长三十五丈

　　藤绳　　长三十丈①

从范廷周的回答中可以得知,郁长发船全长26米多,是三桅的沙船。至于载积量,范廷周回答说：

　　风崇船所载,米包百五十,由柴数百担。今起三十余包,分装划船十余只可也。②

此船可装载150包米,柴数百担。可以将货物分派到十余艘划船即小型船上,每艘分别装载30余包。

森本藤藏向范廷周问及中国船舶船式的称呼道："崇船号沙船,各州有船名乎？"③追根据范廷周的回答,福建有鸟船,苏州是唐湖,断江称黑皮,关东说据木,江西则是湘船,广东谓之洪头,山东称之惠船。此外,范廷周首先提到的是福建的鸟船④,可能因为鸟船在江南地区也是相当有名的原因吧。

郁长发船的船体边侧写着"江南太仓崇字柴伯柴拾二号郁长发"⑤,这是根据清朝法规制作的。在嘉庆《钦定大清会典》卷一六《户部》中有："商船之出海者,则给以照而验其出入之期",细则中则有："准其依式成

---

① 《文化五年土佐漂着江南商船郁長發資料》資料編,第29—30页。
② 同上书,第90页。
③ 同上书,第90页。
④ 参见松浦章《清代海外貿易史の研究》第1部第4编各章。松浦章：《清代福建の海船業について》,《東洋史研究》第47卷第3号,1988年12月,第64—67页。
⑤ 《文化五年土佐漂着江南商船郁長發資料》資料編,第35页。

造,将船身烙号刊名"的规定。得到造船许可之后,造船的同时必须将登录号码在船体上表明。这在之前提到的几张图中是可以见到的。

至于他们所持有的印照,在《江南商话》里是有记录的。此外在《江南船对应书》中有记录如下:

> 一份上面有海关征钞船牌及题号,这是出入海关的凭证。①

资料显示,他们持有"海关征钞船牌"。在上面盖有江南海关大欢记与江南海关吴淞口的朱印。另外有如下记录:

> 题为崇船的照票,注有人名。②

据记录所述,在照票中记有乘员的名字及特征。

这也是清朝法规所制定的。雍正《大清会典》卷一三九"康熙四十二年(1703)"条中有:"给照,其照内,仍将船户、柂工、水手年貌、籍贯开列。"在照票中是必须明确记录乘员的名单等的。这份照票应该就是上述崇明县发行的"崇船照票"吧。

户部春行还问郁长发船是否在内河航行。范廷周答道:"有粮船者至河,商船不能至内河。小船河,大船海。"③由此看来,郁长发船是与专门于沿海航行的沙船。

关于崇明县有多少船只,范廷周的回答是"小船一千四百廿号,大船一千二百号"④。据范廷周的回答,崇明县中大约有大小船只二千数百登录在案。在之后的十多年的道光(1821—1850)初期,于上海入港的沙船书约3500—3600只⑤,由此看来,范廷周回答中崇明县船只的数量并非是凭空想象。

---

① 《文化五年土佐漂着江南商船郁長發資料》资料编,第50页。
② 同上书,第50页。
③ 同上书,第16页。
④ 同上书,第17页。
⑤ 参见本书第1编,第3章。

4. 小结

文化五年(嘉庆十三年,1808)十一月,漂流到土佐的江南商船郁长发是从事沿海航运业船舶。

清代江南沙船的沿海航运活动,大大推动了清代中国经济的流通。但由于资料不足,过去的研究中并未能充分地考察沙船航运活动的个案。从这个意义上来说,本章为江南沙船航运业经营者的实态研究提供了重要的线索。

(王亦铮 译 董科 校)

第3章 清代江南沙船的航运记录——江南商船漂流琉球

1. 绪言

17世纪至19世纪之间,漂流到中山王朝统治下的琉球国的中国商船有60余艘。这些漂流船记录被收录在《历代宝案》之中,从这些记录可以了解到清代中国海上贸易的一个方面。① 之后,北京的中国第一历史档案馆将所藏的庞大的档案史料中清代中琉关系的相关档案以影印的形式出版②,与中琉关系相关的详细的历史史料终于能简单方便地利用了。

本章将围绕将清代档案史料中漂流到琉球国的江南沙船的记录,考察他们的航海情况。

---

① 参见松浦章《一八~一九世纪における南西諸島漂着中国帆船よりみた見た清代航運業の一側面》,《関西大学東西学術研究所紀要》第16辑。
② 中国第一历史档案馆编:《清代中琉关系档案选编》,中华书局,1993年4月。中国第一历史档案馆编:《清代中琉关系档案续编》,中华书局,1994年5月。中国第一历史档案馆编:《清代中琉关系档案三编》,中华书局,1996年1月。中国第一历史档案馆编:《清代中琉关系档案四编》,中华书局,2000年9月。中国第一历史档案馆编:《清代中琉关系档案五编》,中华书局,2002年6月。中国第一历史档案馆编:《清代琉球国王表奏文书选录》,黄山书社,1997年10月。

2. 乾隆十四年漂流至琉球国的江南商船

漂流到琉球中山统治下的琉球群岛的中国帆船,从清康熙三十九年十二月二十日(1701年1月26日)至同治元年九月十九日(1862年11月10日)约160年间有60余例。但是,其中的三分之一的21例集中在乾隆十四年(1749)末。从《历代宝案》的记录中是否能找出其中的原因呢? 乾隆十四年的漂流船记录全部收录在此书的二集三十一中,同年漂流到琉球的21例里,明确记录了遇难时间的有10例。而这些事件的发生都集中在二月十五日到十九日之间,特别是十八日中竟高达4例。记载了遇难海域的例子共17例,全都发生在山东半岛的近海。其中详细记录地名的有5例,全在胶州湾海域。遗憾的是没有发现同时期漂流到朝鲜半岛的中国帆船的记录。①

如上所述,乾隆十四年十一月十五日至十九日之间,航行在山东半岛沿海的商船遭遇了从西北方向而来的暴风,漂流至琉球群岛。因此,这段时期共有21例的漂流船事件发生。在此,将漂流船事件多发的乾隆十四年的这21例列为下表。

表1

编号	漂流月日	漂至琉球的时间和地点	船　　籍	船　户
1	11月21日漂流	11月21日漂至山北	福建省泉州府同安县	林仕兴
2	11月　　漂流	11月21日漂至米山	福建省泉州府同安县	陈得昌
3	11月　　漂流	11月22日漂至永良部	江南省苏州府常熟县	陶　寿
4	11月22日漂流	11月22日漂至麻姑山	福建省福州府闽县	蒋长兴
5	11月15日漂流	11月23日漂至山北	福建省福州府闽县	吴永盛
6	11月　　漂流	11月23日漂至山北	福建省漳州府海澄县	柯启隆
7	11月18日漂流	11月23日漂至山南	福建省漳州府海澄县	王荣兴

---

① 参见松浦章《李朝时代における漂着中国船の一资料》,《关西大学东西学术研究所纪要》第15辑。

续　表

编号	漂流月日	漂至琉球的时间和地点	船　籍	船　户
8	11月　　漂流	11月23日漂至叶壁	福建省兴化府莆田县	黄明盛
9	11月18日漂流	11月24日漂至山南	江南省苏州府崇明县	顾君如
10	11月　　漂流	11月24日漂至德岛	江南省太仓州镇洋县	邓福临
11	11月19日漂流	11月25日漂至山南	江南省苏州府通州县	彭世恒
12	11月19日漂流	11月25日漂至山北	江南省太仓州镇洋县	许世泰
13	11月18日漂流	11月29日漂至山北	江南省太仓州镇洋县	张常盛
14	11月18日漂流	11月29日漂至大岛	江南省苏州府常熟县	瞿张顺
15	11月　　漂流	12月14日漂至大岛	福建省泉州府晋江县	王源利
16	11月　　漂流	12月25日由论岛漂至	福建省泉州府同安县	李顺
17	漂流	12月漂至德岛	江南省苏州府常熟县	沈惠
18	漂流	12月漂至大岛	福建省漳州府龙溪县	林顺泰
19	漂流	12月漂至大岛	直隶省顺天府天津县	田圣思
20	漂流	12月漂至大岛	江南省太仓州镇洋县	江全美
21	漂流	12月漂至大岛	江南省太仓州宝山县	桑国祥

乾隆十五年(1750)三月十七日,福建巡抚潘思榘题本中9艘漂流船的口述记录如下:

⑪……据山南府地方官报称:"十一月二十五日,海船一只漂到胜连滨村地方,系江南通州商人,共计十四名。其船户彭世恒等口称:'本船往山东胶州,装载白豆、盐猪、紫草等物,彼地出口,仍赴江南苏州府,讵意十一月十九日,遭遇西北大风,铁锚失落,锅碗打碎'……"①

讯据船户彭世恒供称:'恒系江南通州人,领本州岛牌照往山东贸易。乾隆十四年在胶州贩豆油、紫草、柿饼、青豆、粉条等货往苏

---

①《清代中琉关系档案续编》,163页。

州,于十一月十四日开船,十九日遇风,二十五日漂到琉球地方,船只打破,船上连水梢十二人,搭客商二人,共十四人。货失只剩青豆八百六十包并盐猪零星货物,人俱保全。船破无银修整,即在琉球变卖三百五十两银子,现在带回。'讯据柁水高哲安、高进玉、高士臣、朱正和、徐三观、朱六观、陆有才、李六观、朱八观、彭顺观、彭邦升同供:'系江南通州人。'又讯据客人施潮先、姜兆五同供:'系江南通州人,乾隆十四年在山东胶州贩青豆、粉条,搭彭世恒的船,遭风打破,货物尽失,如今愿船户回籍。'各等供"。①

⑫……兹乾隆十四年十二月间,据山北府地方官报称:"海船二只漂至山北本部地方……一只系江南镇洋县商船,其船户许世泰共计十四名到胶州交易,装载黄豆、紫草、梗豆油等项出口回国,奈遭西北大风,漂来等由。"②

⑬ 又有海船二只飘至山北运天地方,一只系镇洋县商船,其船户张常盛等共计二十八名往胶州贸易,装盐猪、豆油、紫草等物开船放洋,被风飘来等由。③

⑨又据山南府地方官报称:"海船二只漂至山南奥武地方……一只系崇明县商船,其船户顾君如等共计八名往山东装载白豆、毛猪等物,在洋中砍断桅被风漂来。"④

这里共有四艘江南商船漂流至琉球漂着的事例,在此将一一对各船的航海情况进行探讨。

⑪的彭世恒船于乾隆十四年十一月二十五日漂流到琉球国山南府胜连滨村。船上乘坐了14名江南通州商人。通过船主彭世恒等人的供述,得知此船是在山东省的胶州进行交易,装载了白豆、盐猪、紫草等货物后从赶往苏州府的交易地时,于十一月十九日遭遇了西北来的大风而

---

① 《清代中琉关系档案续编》,168 页。
② 同上书,第 163—164 页。
③④ 同上书,第 164 页。

遇难的。二十五日漂流到琉球国时船已损坏。同船的有水手12名、客商2名,共合计14名乘员。装载的货物中青豆860包和若干盐猪得到抢救。为了筹集修船资金,将抢救出的货物于琉球国贩卖,共计得银350两后归国。乘员中的舵手高哲安、高进玉、高士臣、朱正和、徐三观、朱六观、陆有才、李六观、朱八观、彭顺观、彭邦升等均为江南通州人,客商中的施潮先和姜兆五也都是江南通州人。他们都是乾隆十四年在沙东胶州购买了青豆和粉条后,搭乘彭世恒的船而遭遇海难的。

⑬是漂流到山北运天的镇洋县商船,船上有船户张恒盛等共计28名的乘员。这艘船同样是在胶州交易后,购买了盐猪、豆油、紫草等货物后在归航途中遭遇海难的。

⑨是漂流到山南府奥武的崇明县商船。同船的有船主顾君如等8名。是在山东交易后,购入白豆、毛猪等物返航时遭遇海难的。

以上漂流到琉球国的⑪、⑫、⑬、⑨的船都是出自于江南的商船,都也同样是赴山东省胶州交易后,购入豆货等返航之际遭受海难的。

3.《白姓官话》的诞生

乾隆十四年漂流到琉球国的中国商船里,表中的⑭是出自江南苏州府常熟县的商船。根据《历代宝案》记载,这艘船在乾隆十四年十一月十八日于胶州冲遭遇风暴,二十九日漂流到大岛。船上乘员有常熟县的船户瞿张顺等十二人,其中包括白瑞临等四名客人。可是,《历代宝案》中并没有关于这艘船的航运经营、客人搭载状况等的信息。

但能清楚了解到这艘船状况的资料是存在的,那就是琉球"官话"教本的《白姓官话》。① 这本书被收藏在天理图书馆藏本处,但此书的年份并没有明确记录。从《历代宝案》中记载内容可以得知此船于乾隆十四年漂流到琉球起至次年的情况。而《白姓官话》的内容是从"老兄,贵处

---

① 参见平和彦《近世奄美諸島漂着の中国人と朝鮮人の護送》,《南島》3。

是那里人"的问话开始,"弟是山东人"的应答形式展开的,卷末还记有船户瞿张顺的说明。

《白姓官话》
  问 老兄,贵处是那里人?
  答 弟是山东人。
  问 山东那一府那一县?
  答 是登州府莱阳县。
  问 老兄尊姓?
  答 弟贱姓白。
  问 尊讳?
  答 贱名世芸。
  问 尊号?
  答 贱字瑞临。
  问 宝舟是何处的船?
  答 是江南苏州府常熟县的。
  问 兄是山东的人。怎么在他船上?
  答 因他的船在弟敝处做买卖,弟雇他的船。载几担豆子,要到江南去卖,故此在他船上。
  问 兄们是几时在那里开船呢?
  答 是旧年(乾隆十四,1750年)十二月十八日。在本省胶州地方开洋的。
  问 怎么样驶到敝国来呢?
  答 不知道驶到半洋,忽然遇着暴风,把大桅杉、船梢篷舵尽行打坏,船里的货物都丢吊去。那些没有丢的,也给海水打滥了。现今船上柴米水都没有了,这个时候总是会死。谁想皇天保佑,十二月二十九日漂到贵国大岛地方,狼蒙地方老爷可怜我们,天天赏给柴米,才得活命。

问　你们既是旧年到大岛,怎么今年四月才到这里呢?

答　说起来话长,讲不尽的。

最初发问的是问答途中出现的久米府的 18 岁的通事郑世道(字民仪),回答的是先前有提到过的同船的客人白瑞临。他是山东登州府莱阳县人,讳世芸,字瑞临。据白世芸的回答,这艘是江南苏州府常熟县的船。为何山东人乘坐的是江南的船呢?原因是他因经商之故,雇佣了来山东的江南船,将"豆子"运载到江南贩卖。这次雇佣江南瞿张顺的船实属偶然。据《白姓官话》中白世芸的说法,此船是乾隆十四年十二月十八日从胶州出航,十二月十九日漂流到琉球的大岛,但《历代宝案》的记载却是十一月。还有《白姓官话》卷末瞿张顺所写的是"于去岁十一月二十九日漂至贵国属地大岛之内",所以十一月这个时间应该是没错的。可能是记录白氏回答的人的笔误。

根据乾隆十六年十二月初八日(1752 年 1 月 23 日)福建巡抚潘思榘的题本,内容如下:

……瞿张顺供:"小的是常熟县人,今年四十四岁,系领本县牌照,船上水手连小的共是九人,于乾隆十三年十二月在本县空船驾往广东买鲜鱼,于十四年三月初六日贩往山东莱州府发卖。三月十五日出口,又回广东装炭,十四年五月中,在广东开驾往登州府发卖。九月初八日出口往莱州,至十月初八日空船进口。十九日在莱州载客人白瑞临、连文山、杨书六、顾介眉们豆子,于十月十九日开船往苏州。十一月十八日,驶至江南大洋面遭风,漂到十一月二十八日,在琉球大岛地方……"

据白瑞临供:"小的是山东莱阳县人。"据连文山、杨书六同供:"小的们是江南镇洋县人。"据顾介眉供:"小的是常熟县人。"又据白瑞临供:"带有百余石黄豆。"连文山供:"带有二十多担。"顾介眉供:"带有黄豆二十余担,都在莱州府搭瞿张顺的船,十四年十月十九日,开驾往苏州。十一月十八日,在江南大洋面遭风,把黄豆丢弃,漂至二十八日,到琉球北木西表地方,船被海礁冲破,……"①

题本中瞿张顺的供述是,他是常熟县人,乾隆十六年当时是 44 岁。他在常熟县取得牌照,与水手等共 9 人于乾隆十三年十二月空船到广东购买鲜鱼,乾隆十四年三月六日在山东省莱州府将鱼贩出后,在三月十五日出港。再赴广东购入炭之后从广东出航到山东省的登州府进行贩卖。九月八日从登州府出港,十月八日空船进莱州。十九日装载豆货与白瑞林、连文山、杨书六、顾介眉等客人同船出港前往苏州。但十一月十八日在江南海域遭遇大风,十一月二十八日漂流到琉球大岛。

瞿张顺船上搭载的客人共 4 位。据其中一人白瑞临的供述,他是山东省莱阳县人,连文山与杨书六是江南镇洋县人,而顾介眉则是常熟县人。白瑞临在瞿张顺船上搭载了 100 余石的黄豆,连文山带有 20 余担,顾介眉带有黄豆 20 余担。这几位都是在莱州府搭乘瞿张顺的船,准备于十四年十月十九日赴苏州进行交易。但是十一月十八日在海上遇难,迫不得已,将黄豆投弃海中,直至二十八日才漂流到琉球国。白瑞临的这份供述与之前提及的《白姓官话》的内容是一致的。

4. 江南沙船漂流琉球

接着将谈到的是在那之后漂流到琉球国的江南沙船以及其他船舶。乾隆十九年(1754)正月二十日福建巡抚陈弘某的题本中有:

> ……收养其船户崔长顺等报称:"长顺等系江南通州商人,共计二十三名。乾隆十七年十月初七日,从通州吕四场汛出港往胶州装载客货等物,于十七年十一月二十一日从胶州出港口,要往苏州府交卸客货。二十三日忽遇西北飓风,二十四日坏柁,不能收拢,随风逐浪在大洋飘荡。十二月初八日又遇西北飓风,浪大如山,……乾隆十八年正月二十五日,见得高山泊船,不意断绳在山脚下,本船被

---

① 《清代中琉关系档案续编》,第 179—180 页。

风浪打碎……"①

据题本内容,乾隆十八年(1753)漂流到琉球国的船是江南通州的商船,船主是崔长顺。船上乘员共23名,于乾隆十七年十月七日从通州的吕四场出发前往山东胶州,在胶州搭载客商与货物之后,在前往苏州途中遇难而漂流到琉球国。嘉庆六年(1802)十二月初十日福建巡抚汪志伊的题本中有:

> 查得嘉庆六年二月二十一日,据本国辖属大岛地方官报称:"于嘉庆六年正月初八日,有海船一只被风漂到本岛。讯据难人黄发林等供称:'林等系大清国江南省通州通字伍百肆拾玖号商船,通船人数共计拾名,装载纸货要到山东地方以为贸易。于嘉庆伍年拾弍月拾伍日,在本地开船,不意至拾柒日,北风猛起,波浪滔天,断损大桅,丢吊货物。至于本年正月初捌日,漂到贵岛'等由。"②

如题本所述,嘉庆六年(1802)正月漂流到琉球国大岛的船是江南通州县籍通字549号商船。船上有10名乘客,装载了纸等的货物前往山东交易。

嘉庆十四年(1810)十二月十六日福建巡抚张师诚的题本中有:

> 据中山府知府详报,据山南地方官报称:"嘉庆拾叁年拾壹日弍拾捌日,有海船壹只漂至久高地方。询据其船主庄蔚廷口称:'蔚廷等系江南省苏州府通州商人,到山东青口贸易,领通州牌文册名庄发增,通船人口共计二十名,装载纸木等件,于玖月弍拾捌日,在江南松江府上海县吴淞口出口。因风不顺,在洋损坏篷柁锚绳,即将船傍木材丢弃海中,任风漂流。至拾壹月弍拾捌日,漂到贵地,等语。"③

---

① 《清代中琉关系档案续编》,第249页。
② 同上书,第1065页。
③ 同上书,第1108—1109页。

根据内容可知,嘉庆十三年(1809)十一月二十八日有江南苏州府通州县所属的商船漂流到琉球国山南。这艘船是以庄发增的名义在通州县取得牌照,船上装载了纸和木材等货物准备赴赣榆县的青口镇进行交易。船从长江河口的吴淞口出港,在途中遭遇海难而漂流到琉球国。

以上漂流到琉球国的船只,均是江南的沙船型船舶。

5. 小结

如上所述,《白姓官话》的存在,使上述数件未被保存在《历代宝案》中的史实得以保存至今。另外,清代档案的公开,也让中国帆船时代的航海活动的记录更加明确。

清代的胶州,是江苏、安徽、江西、浙江、福建等地商人和商船聚集的地方。正如道光《胶州志》卷三九《金石·重修小桥隄岸记文》[①]中所写的那样:

> 胶滨于海,故三江两浙八闽之商咸以其货觯浮舶泛而来。

因江南、浙江、福建的商船纷纷装载货物而来,胶州变得非常繁荣。民国十七年(1928)《胶澳志·交通志·航运》中有如下记载:

> 沙船 江苏境内之船,多属于此。概属平底,是其构造之特征。分大中小三级,大级者往来上海,容积约二千五六百担,船员二十人内外,装来之货多为棉花,空船开回为常。中级者一千五百担,船员十五六人,大都内盐城、海州装载棉花、芝麻进口,归程则载洋广杂货、火柴油出口。小级者六百担左右,船员六名上下,由青口、海州装载胡桃、芝麻谷物类进口。秋季则装水果出口。其余季节,无货则空船开回。

如记载所述,从江苏省到胶州的帆船大多是沙船。沙船平底,分为

---

① 道光《胶州志》卷三九。

大、中、小三等。大型沙船承载量为 2500 担至 2600 担。乘员基本在 20 名左右,都携带着棉花,返航时空船出港。中型沙船的载重为 1500 担,乘员是 15、16 名。从江苏省东北部沿海的盐城和海州装载棉花和芝麻而来,返航时装载石油和多种杂货等。小型沙船载重量在 600 担左右,乘员在 6 名以下。出航时运载的是江苏青口和海州胡桃和芝麻等谷物,如果在秋季则装载水果而归。

特别是到山东来的江南商船,通常都是装载大豆等豆货返航的,这点在档案中也能见到。雍正十二年(1734)八月初八日山东巡抚岳浚的奏折提到:

> 查豆船一项,由东(山东)省贩运江南者尚少。惟江南贩货来东,发卖之后即买青白二豆带回江省者拾居陆柒。此项船只系江省。①

装载大豆等豆货到江南来的山东省商船非常的少,往往都是从江南装载货物输送到山东省的商船在货物卖完之后装载青豆、白豆返航。这些船中,60%—70%都是拥有江南省份船籍的。换言之,来到山东的商船中,购入豆类货物返航的 60%—70%是江南籍的商船。例如山东莱阳商人白瑞临雇佣江南常熟县籍瞿张顺的船,从山东装载豆类货物运往江南。白氏作为货主同船,船户瞿张顺的船称为雇佣船这种运输方式,正显示了当时江南沙船航运业的一个侧面。② 正因如此,作为海事资料,明确记录了客人乘船状况等资料的《白姓官话》显得弥足珍贵。

(王亦铮 译 董科 校)

---

① 《宫中档雍正朝奏折》第 23 辑,第 378 页。
② 松浦章:《一八〜一九世紀における南西諸島漂着中国帆船よりみた見た清代航運業の一側面》。

第4章 清代江南沙船的航运记录——江南商船漂流朝鲜

1. 绪言

关于鸦片战争之后,以欧洲列强为主的外国势力进入中国之后的中国的航运史的研究,可谓不胜枚举。① 但是,关于有清一代,由中国民众运营的沿海航运之研究成果却非常之少。② 其主要原因是中国缺乏这方面的航运关系的资料。③ 为了填补中国航运史料的空白,在本章中,欲收集漂流至朝鲜半岛的沙船的相关资料,并将此作为上海沙船的沿海航运

---

① 吕实强:《中国早期的轮船经营》,《"中央研究院"近代研究所专刊》,1962年6月。Liu Kwang Ching, Anglo-American Steamship Rivalry in China 1862–1874, Harvard U. P., 1962.
② 聂宝璋:《中国近代航运史资料》第一辑上、下册,上海人民出版社,1983年11月。聂宝璋:《十九世纪中国近代航运业发展史的几个问题》,《南开经济研究所年刊 一九八一——一九八二》,1983年12月。汪敬虞:《十九世纪西方资本主义对中国的经济侵略》,人民出版社,1983年12月。于醒民、陈兼:《十九世纪六十年代的上海轮运业与上海轮船商》,《中国社会经济史研究》,1983年第2期。
③ 同上聂宝璋书上册,续编第二章《鸦片战争前中国木船—运输业概况》中,所引中国方面的资料甚少。

活动的研究史料。①

本章将着重介绍清代上海沙船漂流到朝鲜国的9份史料,并以这些史料为基础,考察清代后期的沙船航运业的具体情况。②

2. 清代沙船漂流朝鲜

笔者已于之前进行过介绍《备边司誊录》这部重要的李氏朝鲜的政务记录中所见中国漂流船相关资料。③ 除此之外,由韩国文教部国史编纂委员会编纂刊行的《各司誊录》中也收录了与相关中国船航运活动的重要史料。

《各司誊录》是以李朝末期的哲宗(1850—1863年在位)和高宗(1864—1906年在位)在位时期为中心的朝鲜各地地方官每日向朝廷报告的启牒资料集。这套资料详细记录了各地发生的重要事件,其中,以京城为中心的京畿道的部分,自1981年11月开始已陆续出版,现已可阅览。④

《各司誊录》1,《京畿道篇》1

《各司誊录》2,《京畿道篇》2

《各司誊录》3,《京畿道篇》3

《各司誊录》4,《京畿道篇》4

《各司誊录》5,《京畿道篇》5

《各司誊录》6,《忠清道篇》6,《忠清道篇》1

《各司誊录》7,《忠清道篇》2

---

① 松浦章:《清代における沿岸貿易について—帆船と商品流通—》。松浦章:《十八～十九世紀における南西諸島漂着中国帆船より見た清代航運業の一側面》,《関西大学東西学術研究所紀要》第16辑。
② 萧国亮:《外国资本入侵与上海沙船业的衰落》,《社会科学(上海)》1983年第1期。文中指出,外国轮船的进入导致沙船业的衰退。
③ 松浦章:《李朝漂着中国帆船の:〈問情別単〉について》上、下。
④《各司誊录》第1册,1981年11月,第39册,1989年12月。

《各司誊录》8,《忠清道篇》3
《各司誊录》9,《忠清道篇》4
《各司誊录》10,《忠清道篇》5
《各司誊录》11,《庆尚道篇》1
《各司誊录》12,《庆尚道篇》2
《各司誊录》13,《庆尚道篇》3
《各司誊录》14,《庆尚道篇》4
《各司誊录》15,《庆尚道篇》5
《各司誊录》16,《庆尚道篇》6
《各司誊录》17,《庆尚道篇》7
《各司誊录》18,《全罗道篇》1
《各司誊录》19,《全罗道篇》2,《济州启录》第1册—第4册
《各司誊录》20,《全罗道篇》3
《各司誊录》21,《全罗道篇》4
《各司誊录》22,《黄海道篇》1
《各司誊录》23,《黄海道篇》2
《各司誊录》24,《黄海道篇》3
《各司誊录》25,《黄海道篇》4
《各司誊录》26,《黄海道篇》5
《各司誊录》27,《江原道篇》1
《各司誊录》28,《江原道篇》2
《各司誊录》29,《平安道篇》1
《各司誊录》30,《平安道篇》2
《各司誊录》31,《平安道篇》3
《各司誊录》32,《平安道篇》4
《各司誊录》33,《平安道篇》5
《各司誊录》34,《平安道篇》6
《各司誊录》35,《平安道篇》7

《各司誊录》36,《平安道篇》8

《各司誊录》37,《平安道篇》9

《各司誊录》38,《平安道篇》10

《各司誊录》39,《平安道篇》11

这些朝鲜各地官员的报告中,包含中国船漂流至朝鲜各地时当地的调查记录。以下将列举这些与中国帆船航行有关的记录。

3. 清代沙船的航运资料——朝鲜国漂流史料

资料 A　嘉庆二十三年(朝鲜纯祖十八年,1818)六月四日,漂流至朝鲜忠清道蓝浦县的通州船的航行记录(载《各司誊录》第 7 册,《忠清道兵营状启誊录》第 1 册,506—516 页)。

嘉庆二十二年(1818)六月四日,有一艘船漂流到朝鲜国忠清道蓝浦县。蓝浦县监李相远对船上乘员调查之后,判明这些人均是中国人。调查记录《蓝浦县漂人问清缘由》中的相关部分如下:

问曰:尔等居在何国何县何村,而共几人耶?

答曰:中华国江南省苏州府通州居住吕泗长人也。吾共为十二人也。

又问曰:尔等何年何月何日,因何事去何处?漂来此处,而此船元是尔船,船中什物无所见失耶?

又问曰:尔等何年何月何日因何事去何处?漂来此处而此船船元是尔船,船中什物无所见失耶?

答曰:吾身船江南四月廿一日起身,行到关东皮子窝客载,到五月十二日关东往南于行,到廿三日半夜之中,于大风大雨黑不见身,船彼山状崒吾身落水扒山淘生。天明廿四日扒山去见之而问道此山名谁,山主说此处山名教朝鲜山岛而乎。

又问曰:皮子窝何物耶?

答曰:装客载豆子善在客号,有书信在此而乎。

125

又问曰:书信出见可也。客载他人物载之云耶?

答曰:吾船客载江南客,有书信,吾身往此到北客载,有书信,随我船往南,到南头我身要送书信,到客号说之明白而平。索见书信,则以白纸坚封,又以红纸小片当糊付。前心上下,越头载付,添封前面平行。书以内信并元契烦,极行书以彭洪庆宝舟顺至海交。平行书以恒昌宝号,极行书以卫生董爷台启。合四行书以戊寅五月初九日,皮口封长为二寸广一寸。

又问曰:啐字非碎字之误耶?

答:点头。(《各司誊录》7,第508—509页)

(中略)

问曰:尔们本船官船耶、私船耶?

答曰:吾船裕国通商船,我有大票、关票、客人豆票,共有三票。昨日县太爷名下书房金先生拿去,报进布政司去来为而也。

问:船只长广幅数几许?

答曰:船关担装四百余担而也。

问:担何言也?

答曰:斛此处不知石。五门山关东总则伦,每一石秤上,有四百余觔,为一石。

问:觔字何为?

答:以手指示权衡之状。

仍问曰:然则船只破碎,甚可惜也。

答曰:吾船一破碎,难人则得九死一生。

问:尔船致败时所在什物一一告之。

答曰:豆子四百,关东大石。

问:大石一石为几斗?

答:十斗。

问:豆子尽为沉水耶,见失于岛人耶?

答曰:船破有浪,随浪而去。

问:船碎苍黄时辛苦生出,则衣裸等物,斧错锣等属,何以出来耶?

答曰:斧错我船知用随身带,敬人佛而用。

问曰:尔等所居吕泗长村人家几许?

答曰:我人十二名,居住东西十里之间,再无外主知人乎?

问曰:尔们汉人耶,清人耶?

答曰:我们清朝人也。

问:苏州府长广幅图几何?

答曰:俱是江南省而也。

问:自通州距皇都,为几许里耶?

答曰:我住居南通州,子本国皇,路徒八千有余里而乎。

问:苏州府官员几许?

答曰:头一府二品官,姓名金程。此府管九州十三县,二知府,三统兵。通州于苏州管。

问:通州官员几许?

答:管一州地方,通州为知州。

问:官员姓名云何?

答:我们出外时多,知唐老爷不知名。

问曰:尔等十二人姓名年岁详细告之。

答曰:船号彭洪庆,而年六十。

  舵工秦其山,年三十九岁。

  顾凤华,年四十九岁。

  成兆祥,年二十八岁。

  顾廷昆,年二十七岁。

  顾林保,年二十一岁。

  吴有遂,年五十六岁。

  张遂保,年二十七岁。

  姜尚进,年三十五岁。

  李明科,年五十五岁。

查茂春,年二十一岁。

钱朝宗,年二十六岁。

表凤林,年三十六岁。

居住同居通州吕泗长人也。

又问:尔等为十二人,而今以十三人书示何故?

曰:彭洪庆事船号,不自人名。

问:彭洪庆非人名,则何以录岁六十耶?

答曰:我江南领船票,官府总要开年,行此六十年。

问:各有号牌耶?

答曰:我十二人有号名姓,俱在大票而乎。

问:船主谁也?

答:彭在天。

问:何故不来耶?

答:船主在家,家中船四五只,不能出外。

问:船主何处居住耶?

答:在一处,前后近邻。

问:顾姓三人为亲戚耶?

答:邻居所住,非亲戚。

又问:尔等有何身役?

答:不知。

问:何业资生耶?

答:在家田不多,故此上船为业也。

问曰:尔国昨今两年成何如?

答:年丰顺好岁,又出给白米饭肉羹而乎。(《各司誊录》7,第509—510页)

六月九日的调查记录如下:

问:今见标文,则彭洪庆非船号乃人名。而问情时何云船号耶?

答曰:船主名于船号同名。船主在家读书不随船。

问:以彭在天谓船主何也?

答曰:彭在天读书学名,号字彭洪庆。

问:李明科名何不在标耶?

答曰:我船上用物,其大其重外添人一名,李明科未上标。

问:尔们中成兆祥年二十八,顾林保年二十一,吴有遂年五十六,张遂保年二十七,姜尚进年三十五云矣。标文疤记中成兆祥年二十九,顾林保年二十三,吴有遂年五十五,张遂保年二十三,姜尚进年三十八载录何也?

答曰:张遂保兄代弟来,姜尚进弟代兄来。余下三名难人心不安,说得不明乎。

问:遂保之兄名谁?

答曰:张夏于,年二十七,姜尚进弟名姜文林,年三十五。

问:标文中商人朱大昌雇得彭洪庆船,在宁海皮子窝海口装载黄豆七百五十仓石,而尔等昨告以船关担四百余担云者何也?

答曰:有标云而即以四百石小录小标现纳,故同誊书上使为乎于。(《各司誊录》7,第512页)

六月十日的调查中,彭洪庆船的装货清单记录如下:

彭洪庆　支口记装

恒昌宝号皮斗青豆三百八十五石正。

外捎小伏青豆二大石不记水力。

共记装三百八十柴石于内捎面上四例交卸。

是船原揽四百石,今老大在地减俺拾伍石,其减俺水力。北地未收,言明回上归还。此救神福息付诧。

烧银已拍。北添仓芗二十条。外拍店信一封。

嘉庆二十三年五月大吉日　长单

顺风　　大利(《各司誊录》7,第512—522页)

六月二十日的问话中航运关系的记录如下:

问:尔们何月何日因何事往何处,何月日遭风漂到此地?

答:四月二十一日自江南上船,五月初五日到关东皮子窝留七日。十二日载青豆四百担要往江南,候风洋桑。二十三日夜遭大风,漂粮一昼一夜,廿四日止泊贵国之界矣。(《各司誊录》7,第515页)

(中略)

问:尔们船官船耶?

答:有大票商船。

问:尔们姓名与年纪票文多有不同,是何缘故?

答:票文中人或上船时有故则以弟兄代行,虽或他人代行故有此不同。

问:票文几张?

答:三张。

问:一船票文三张何故?

答:一张大票通州关票,一张上海时兵部票,一张关东票。

问:尔们带来一封书札,何地方何人书,传于何地方何人耶?

答:皮子窝居董姓人,送船主彭洪庆书信。

问:尔们船只有船号耶?

答:通字五百七十六号彭洪庆船。

问:通州有几位官员耶?

答:总兵知州两大官人,左右中三营,三牙四牙小官,都在城内。

问:尔们居在通州城内耶?

答:通州东一百五十里吕泗场。(《各司誊录》7,第516页)

资料 A 中,嘉庆二十三年(1818)五月,漂流至忠清道蓝浦县的中国船是江苏省通州所属的通字五七六号商船,船号是彭洪庆,船的所有者是彭在天。彭洪庆船于嘉庆二十三年四月二十一日从上海出航,五月五日到达辽东半岛南岸的皮子窝,此间停泊七日,于五月十二日装载青豆四百担返航时漂流至忠清道。彭洪庆船中有舵工秦基山等十二名乘员,雇佣此船赴皮子窝的是同船的商人朱大昌。彭洪庆船的所有者彭在天是读书人,居住在通州吕泗。此人持有彭洪庆船同等规模的船只四五艘。乘员都是通州吕泗长村人,由于无田耕种而成为船员。

资料B 道光二十二年(宪宗八年,1842)二月二十七日,漂流到忠清道长古岛的江南苏州府船(《各司誊录》第7册,《忠清道兵营状启誊录》第2册,第594—616页)。

道光二十二年(1842)二月,对漂流到朝鲜忠清道长古岛的中国船做调查的朝鲜官员所写的《问情缘由》中,与航运相关的记事如下:

二月三十日,承政院开坼。

问:尔们何国地方居生之人,缘何事往何处,何月日漂到我境?

答:我乃大清国江南省苏州府直隶州人民。今年二月十五日,我船主姓袁名翼天,通字船号袁万利商船,持森盛号主姓郁名竹泉信书,今十八日在我国铁铃关挂号出口。空船动身方往牛庄口,交沈汶泰装董到我本国关东北界茶山大洋。今月二十二日被大西风,二十四日上午漂到贵地。

问:森盛号主何称?

答:郁竹泉号也。

问:郁竹泉居生何地?

答:同居上海县城内。

问:同居一城,信书何也?

答:沈汶泰代郁竹泉作客在牛庄口也。

问:郁竹泉何人?

答:沈汶泰财主也。

问:船主袁翼天同时船乎?

答:船主他在家不来,所托舵工。

问:通字船号乎?

答:正是。

问:袁万利人名乎?

答:袁万利商船名也。

问:信书内辞意。

答:不知。

问:信书出见可也?

彼人见纳一封书见。其皮封则以白唐纸坚封,又以红唐纸小片糊付上下面,前面平行。书以内信烦三字,中行极行。书以袁万利宝舟大顺牛庄交十字,第三行书以沈汶泰大爷收欲七字,后面当中书以壬寅二月十二日上海封十字,左右行双书顺风相送四字,长为四寸广为二寸。前后面踏以朱红夺书,故欸为坼见,则彼人等以手划项为断头状,泣告勿坼以死阻塘,故未得取见是乎于。

问:自上海县距牛庄口为几里?

答:水路三千八百里。

问:牛庄口在何省何府?

答:关东省荆州府海城县。

问:铁铃关在何地方?

答:铁铃关在上海县口,各处人亦能可到此口贸易。

问:铁铃关豆一包价为几许?

答:一两六钱。

问:牛庄口童一包价为几许?

答:此口我未到,我未知。

问:尔国地方年成共否?

答:大熟。

问:贸易装豆为官用乎私用乎?

答:我共客人装豆船商。

问:客人何人,此船中同来乎?

答:客人即沈汶泰在牛庄口,我被风漂来也。

问:江南地广及官多少?

答:大国之地官府甚多,共几许里谁以知晓。

问:苏州府有何官?

答:巡府一,布政司一,按察司一,共三官。其余松江府、直隶州、上海县、鹤邑等州县,一应管他苏州矣。

问:尔们船中人几人?

答:共结十四名。

问:各其姓名年岁居住。

答:舵工张耀升,年四十九,住上海县。

二舵工刘凤群,年四十六,住吕泗。

耆民彭久章,年二十七,住吕泗。

水手江凤群,年二十九,住吕泗。

何亮清,年三十二,住吕泗。

张祥南,年二十五,住上海。

马待安,年三十,住上海。

曹玉拾,年三十二,住上海。

袁振松,年三十二,住吕泗。

袁彭群,年二十二,住吕泗。

沈得生,年三十二,住上海。

丘载杨,年二十六,住上海。

喻陶保,年三十三,住吕泗。

顾三宝,年四十六,住上海。

问:尔们各有户牌出示?

答:身上号牌无矣。

问:吕泗何地方?

答:鹤邑地也。

问:上海吕泗相距几里?

答:南是上海县,北是吕泗场,路道三百余里。

问:三百余里各居之人,何以同骑船?

答:就是我船泊在上海口县场,各处人可能一同贸易也。

问:尔们十四名中有同亲戚者乎?

答:张祥南为耀升侄子。喻陶保为彭久章姐夫。袁振松为袁群哥哥。马得安共沈得生为表兄弟。刘凤群共何亮清为表兄弟。曹玉松共江凤群为姨兄弟。丘载杨为顾三宝姐夫。

问:船人共船主袁翼天有亲戚者乎?

答:翼天为彭久章母舅,余下无矣。

问:船标有乎?

答:有。(《各司誊录》7,第595—596页)

(中略)

计开

道光二十二年二月初六日给云云是是退。票纸上有上海县印篆文三处,而其一踏于初面,其一踏于大年号行,其一踏于上海县查验。船户袁万利于道光二十二年二月初六日,空等货往关东出口。三十字列书上,其末端又踏图署四处。其一署上海游府,其一署中浦汛,其一署巡抚部院委员,其一署江南海口。又有旧票纸四张,皆以商船书填是乎弥。

问:船票中箕斗二字何意?

答:手指未纹,如箕曰箕,如环曰斗。容吧时听书也。

问:尔们旗下么,民家么?

答:民家。

问:船中柴粮不乏耶?

答:大米有一月粮,柴亦无乏矣。

问:尔们漂到时过我国境几处?

答:大洋被风,莅莅不知。

问:尔船器械所伤失几许?

答:我船桅共结四个矣。大桅一根,于二月二十二日、二十三日被大西风斫去。又失大铁锚八百余斤,小铁锚七百余斤,共铁锚二口木锚一口。棕彻绳三条长五十余把,零用绳索一应俱无。船无根本,在此滩上无风浪大,舱中进水两边都是石块。如之奈何,即速运我船无浪所。贵国果有大桅锚绳矣,助我还家。

问:锚是何物?

答:碇也。

问:尔船以何木造成,又于何年新造乎?

答:以杉木,道光元年辛巳新造。

问:尔船官船乎,私船乎?

答:上海县案下付商船,非官船也。(《各司誊录》,第 7596—7597 页)

三月四日的承政院开折的内容如下:

问:尔船所载甘蔗用于何处乎?

答:食物也。

问:何处贸来乎?

答:上海县贸来也。取而亲之,则状如竹笋而色紫是乎于。

问:尔们船中所载生姜、竹帚、小窨子、黄钵头、黑钵头、画沙器及各人行装中三升扇子、雨伞等物用于何处乎?

答:往牛口庄卖也。

问:张耀升所持银子重为几许乎?

答:上海担也,重四十九两六钱三分。

问:用于何处乎?

答:带往牛口庄费用也。

问:尔们所持钱中,大清大年号通宝外又有许多通宝,果是何国钱乎?

答:皆是我国通用之钱也。

问:船中金佛何故?

答:此天后船中祥福也。

问:红烛何用?

答:敬天后也。

问:天后何称?

答:现在佛也。

问:船中所载黑土何用?

答:空船不能行,载之也。(《各司誊录》7,第604—605页)

资料B记录了通州袁万利船前往牛庄途中的航海状况。此船持有经营沙船的巨商郁森盛的书信。舵工张耀升及其他乘员都是上海近郊的吕泗出身,这艘船是典型的上海沙船。

这艘船造于道光元年(1821),到漂流事件发生的道光二十二年(1842)为止,已从事航运二十年,是第1编第2章中已引用的《北华捷报》(North China Herald)中提到的"十年"耐用年限的两倍。

资料C 道光二十二年(宪宗八年,1842)二月三十日漂流到忠清道泰安安兴镇的中国船(《各司誊录》第7册,《忠清道兵营状启誊录》第2册,第605—608、611—613、617页)。

道光二十二年(1842)二月二十七日,有中国船只漂流到忠清道泰安安兴县。下面是漂流民的笔谈记录中的航行资料:

问:尔们居生何国何县,而缘何事往何处,何月月日逢风漂到于此乎?

答：我们居大清国江南省苏州府元和县,俱系汉人也。领苏州府元和县船户诸元茂船,本年二月十七日从苏州府上海县吴淞口放洋往牛庄地界装豆。空船到半路之中,在岑山相距不远得遇大风。遇风时二月二十三日支子刻黑夜之中,至二十七日随西风漂来贵界耳。

问：吴淞口系何县地方？上海县系何州府？牛庄亦属何县？岑山在何地境？诸元茂人之姓名乎？

答：吴淞口即是上海县外口。上海县即是苏州府间。牛庄即是沈阳地界,沈阳系奉天府,奉天府系关东。岑山即山东省东海口。诸元茂非人名,即是船名也。

问：船号云何？

答：我船元字一百四十一号。

问：船主姓名谁也？

答：船主姓诸名志善,共我们合业。

问：船主现在船中否？

答：船主在家得利两分。

问：船票有无？

答：可惜者船票,亦将浪漂去。

问：此船公船耶,私船耶？

答：我船不是公船耳,正是商船。

问：前日地方官问情时,尔们书答有所贸易者粮食豆等之物。今日但书装豆,且豆字荳字不同①,何也？

答：装豆时多,粮食时少之故也。豆字省笔也。

问：装豆时必有价文,现在船中否？

答：坐客往牛庄,已买豆。我船未曾到牛庄,何以现在价文。

问：坐客何人,居在何处,姓名谁也？

---

① 原文中"豆"字写作"荳"与"豆"两种,故有此问。本书中为统一全文,将"荳"统一写作"豆"。

答：坐客亦系苏州府元和县人，姓吴号元吉名乐山。

问：尔们共吴乐山亦为合业乎，为吴乐山赁船者乎？

答：共吴乐山合业。

问：牛庄豆一包价几何？元和县豆一包价几何？

答：元和县豆价以苏斗每石价银二两。牛庄豆价以牛斗每石价银二两五钱，牛庄斗一石到江南卸作二石四斗二升。

问：尔国以几斗为一石耶？

答：十斗。

问：尔国年成是否？

答：有六七分收。

问：船中器械所伤失者几何？

答：我船大洋遇风时，大桅一枝斫弃。伤去器械甚多，大锚二口、木锚一口、大绪三条、舵身棒二根、船面两傍遮洋梢篷一座、脚船一、水柜一、米柜一、五绳索动用物件随浪脱去。

问：脚船果是从船，而前日所答潮小船者是乎？

答：正是。

问：锚绪果何物？稍篷何名色？

答：锚停船要物，无此船不停留，绪锚索也。稍篷是坐身之所，舱内水手所宿处。

问：此船以何木、何年造成？

答：以杉木樟树，嘉庆二十二年所造。

问：柴粮水无绝乏乎？

答：柴不必费心，粮本船上还有十余日之粮，水要逐日取耳。所欠者酱油、鱼肉、酒菜、继晷所用烛、引火所用火纸也。

问：尔们二十三日逢风二十七日到此，则其间终宿何处？亦见他船之漂流，或经过我国境几处乎？

答：大人请者我船如此之样不能做主，只待随风随水不能行驶。

于二十七日得西风方进贵界,他船漂流亦未曾看见。

问:尔们中有官爵入否?

答:乡村之人贸易为业,无官爵耳。

问:自苏州距大清国皇城为几里?

答:四千里。

问:苏州地方为几里,江南地方为几里?

答:江南系省城之名,苏州地界周围千里之余。

问:苏州官员多少?

答:苏州有巡抚官及布政司俱是二品。院察官三品。知府官四品。元和县、常州县、吴县俱是八品。皆在苏州城内官。(《各司誊录》7,第606—607页)

(下略)

下面是三月十七日的调查:

问:尔们姓名其么,年配多少?

答:舵工　陈云彩,年六十。

　　耆民　周汉昭,年六十五。

　　水手　袁圣谟,年五十七。

　　　　　姚永昌,年五十。

　　　　　袁五保,年三十。

　　　　　姚凤群,年三十四。

　　　　　姚裕保,年二十六。

　　　　　高扣林,年二十。

　　　　　陈朝宗,年三十八。

　　　　　陆富春,年三十二。

　　　　　彭二保,年三十。

　　　　　袁凤山,年二十五。

　　　　　周霭庭,年三十二。

问:尔们是那省那府人?

答:是江南省苏州府元和县人。

问:尔们是汉人耶、是满洲么?

答:都是汉人也。(《各司誊录》7,第613页)

(中略)

问:尔船以何木何年造成耶?

答:樟杉等,嘉庆二十二年造成。其中舵棒以呢木为之,而出自暹罗地方。(《各司誊录》7,第613页)

(下略)

资料C提到的是苏州府元和县籍元字一百四十一号船,所有者是诸志善。这艘船的特色之一是它的建造年是明确的。从资料中我们可以得知,这艘船是造于嘉庆二十二年(1817)。从漂流时间的道光二十二年(1842)可以推算,出此船用于航运已25年,其使用年数已远远超《北华捷报》(North China Herald)中所说的10年耐用期。这艘船主要用于从牛庄往上海运输豆货。

资料D 咸丰二年(哲宗三年,1852)十二月一日漂流到全罗道济州的江南通州船(《各司誊录》第19册,《济州启录》第1册,第55—57页)

咸丰二年(1852)十二月一日漂流至全罗道济州的中国船的询问记录如下:

问情记

问:尔等何国何地方人耶?

答:俺等大清国江南省苏州府通州吕泗村人耳。

问:尔等缘何事,何年何月日,自何处开船向往何处,何以到此耶?

答:俺等十一人,今年十月二十二日自上海县吴淞口开船。二十四日到通州狼山港口候风。十一月十一日开船向往山东之路逢西北大风,今月初一日漂到此地耳。

问:尔等以苏州府通州吕泗村人,上海县吴淞港口开船何故?既为开船,于狼山候风亦何故耶?

答:吴淞港口在内,远近商船都聚开船所。狼山港口在外,往来商船候风放洋所耳。

问:尔等十一月十五日逢风,今月初一日漂到此地云,其间十五日何处留住耶?

答:逗留洋中耳。

问:尔等多日漂荡,共船诸人俱为无恙,船上什物亦能完全,柴粮又不绝乏耶?

答:共船诸人俱为无恙,船什中舵柄以年久之致,往来虚游不能坚执。船上闭塞中四处船食,自然渐绪,此外别无损伤处,而柴粮俱为绝乏耳。

问:尔等船只公船耶,私船耶?

答:非公船,是海州府赣榆县孙同德之商船耳。

问:海州府赣榆县何处所属,船主孙同德同船耶?

答:海州府赣榆县江南省所属,而孙同德以巨商往于上海县,作店使船各处通货,何能随船也。

问:尔等本以吕泗村人,共乘赣榆县孙同德船何故耶?

答:俺等十一人皆是孙同德之受雇人耳。

问:吴淞口共狼山港口各有官员否?

答:狼山港口即通州所属,而有总兵官。吴淞口为上海县所属,而亦有参将官耳。

问:通州官员及上海县官员品职,共总兵官参将官品职,各各书示也?

答:俺等本是船雇,品职不知耳。

问:尔等十一人姓名年岁自手书纳也?

答:书纳耳。

　　船主　孙同德在店不随船。
　　舵工　宗寿桃,年三十一。
　　水手　毛树山,年二十四。
　　　　　毛竹山,年二十七。
　　　　　吴进堂,年三十六。
　　　　　卫柄忠,年三十五。
　　　　　蔡凤郡,年三十三。
　　　　　瞿凤郡,年三十。
　　　　　秦兆彬,年四十。
　　　　　周魁子,年三十八。
　　　　　李东山,年五十七。
　　　　　东金鳌,年六十四。

问:尔等必有公文照票现纳也?

答:现纳耳。

问:王锦荣、张得春、朱生根、朱向南、苏石坤、程茂和、徐中郎等之在公文而不来何故。毛树山、毛竹山、卫柄忠、蔡凤郡、瞿凤郡、周魁子、李东山等之无公文而同船,亦何故耶?

答:此人等,或回家故,或为身病。我们中七名补数,故致此相左耳。

问:照票公文相准,则尔等十一名外又有九名。公文之两处成出,而今不随船何故耶?

答:照票公文本以九人出伴,而及其开船之际人心不同,船主孙同德不用,以俺等十一名公文为施耳。

问:然则十一名无照票何故耶?

答:照票共公文通用,无疑无疑。

问:九名既以不随船,则公文照票持来,何故耶?

答:我国之法,限满一年后换出公文。则不满期限之前,九名公文不能削废,仍备持来耳。

问:尔等十一名公文元无踏印,何故耶?

答:我国之法,但以书信船票能句冯信。公文之无踏印,别无疑虑耳。

问:公文照票何处所出耶?

答:照票则赣榆县所出,公文皆上海县所出耳。

问:所纳书信国法至严。当坼见后,踏印出给,勿虑也。

答:国法既然,则惟命是从耳。

问:尔等俱是同州人耶?

答:同州人耳。

问:尔等既云山东去,则载何物换何货耶?

答:所载子花二百四十五包、梧培子八箱、西洋布四箱、兜肚一包、烛心子二箱、烟捍一箱、木盆一件、神锣一篦,皆是孙同德及客商之物,而山东金口店主处所送耳。

问:子花、兜肚、烟捍何样之物,而一包为几许,价银为几许。西洋布一箱为几许,价银为几许。梧培子、烛心子、木盆、神锣为何样物,而一箱为几许,一件为几许,一篦为几许,价银为几许耶?

答:子花,有子棉花。一包为一百七斤,一斤价银三分五里。西洋布一段为一百尺,一尺价银三分。兜肚为廿人婚需之物。烟捍为烟竹。梧培子为染色之物。烛心子为蜡烛心。木盆为洗衣器。神锣为大金鸣声之器。皆是坚封传送之物,斤重价不知耳。

问:所载物货既云坚封,则斤重不知,犹或可矣。而价银必有买卖之时值,何谓不知耶?

答:本以船雇为业,不知价银惟解物名耳。

问:山东金口村店主谁耶?

答:不知姓名耳。

问:客商谁耶?

答:客商本以山东之人,留接于上海县吴淞口孙同德店处,而姓

143

名亦不知耳。

　　问：船什损伤,则载货完全否?

　　答：如干湿水,无妨耳。(《各司誊录》19,第 55—57 页)

资料 D 中提到的是江苏省海州府赣榆县孙同德的船,乘员来自通州吕泗村。经营者同乘员并非同一地方的人,这一点也引起了朝鲜官员的注意。赣榆县也是航运业繁盛的地方,上海的碑刻资料(《上海碑刻资料选辑》138,第 304 页)中有:

　　江南海州赣榆县古祝其青口镇海口,自康熙年间奉旨准行海运通商,青口所有客商总渡宝山县刘河口经营。

从资料可知,赣榆县的商人们频繁的往来上海近郊的刘河口。资料 D 中的孙同德和乘员之间应该是雇佣关系。

资料 E　咸丰八年(哲宗九年,1858)十一月十四日漂流至忠清道泰安的将建上海船(《各司誊录》第 7 册,《忠清道兵营状启誊录》第 3 册,第 692—706 页)

　　问情辞缘

　　问：尔们多日漂荡,多经辛苦能无淹没疾病之患?

　　答：辛苦不可言,幸蒙贵国恩德,保此残命。而俺们中,陈和成项肿方脓矣,官长给药救疗,今为少可。

　　问：尔们都是那里地方民人么,旗下么?

　　答：俺们俱是江南郡松江府管下上海县民家。

　　问：尔们何月日缘何事往何处,何月日漂到此处?

　　答：俺们往奉天府装谷转回江南郡。十月二十三天,山东后山忽遭大西北风,连日不止。失去帆舵不能使船,随风漂荡往东。到此乘艇上山,幸全人命。

　　问：自十月二十三日至冬至月初九日,则其间为十五六日,而在何处做甚么?

答:为风所骗,漂荡洋中。

问:装船是何货物。

答:黄豆、小米、芝麻、瓜子、猪肉、牛油、胡桃子油等物。

问:各种谷物共记几担,而其主则谁也,银则几何?

答:各种包救在于标上,价银则数千两,而王子骥、周萃涛二人之所管。

问:尔这谷物今在何处?

答:装载船上,漂失洋中。

问:尔这船只既不覆没又不破碎之时,何不并与船只来泊?跳下小艇,弃此货物,如脱弊屣?

答:恶风不息,怒涛接天。失去帆舵,维船不得,拢船不得,面前咫尺如同千里。致身无路,收拾如干衣包,跳下小艇,保此残命。

问:尔们人共几个,或有做官之人么?

答:二十一人,没有做官人。

问:尔们人甚么姓名,多少年纪?

答:赵汝林,年四十二。

何仲云,年四十一。

高汉周,年五十八。

盛福来,年四十五。

高彭林,年三十六。

陈和成,年三十九。

张连元,年四十五。

张和秀,年二十九。

陆成文,(年)二十四。

张炳成,年二十八。

顾咸宝,年四十八。

张和尚,年三十二。

范永昌,年二十八。

高永全,年十九。

唐福全,年二十二。

陆会生,年五十六。

朱钦宝,年二十五。

张春宝,年二十六。

周子云,年二十七。

赵汝桂,年十八。

陆田宝,年二十九。

问:同姓很多,几寸亲眷有啊?

答:赵汝林、汝桂四寸兄弟。

陆会生、成文、田宝四寸兄弟。

张柄成、春宝叔侄。

高汉周、永全五寸叔侄。

问:自上海县到奉天府水旱路各几里?

答:水路二千八百里,旱路三千六百里。

问:上海县离皇城几里地?

答:三千多里。

问:上海县距山东省几里?

答:水路一千四百里,旱路不知道。

问:尔们漂荡来时,或有同漂船么?

答:遇风之日共船三十余只,而我船则帆舵已伤。漂荡东来,外船不知所向。

问:尔们船是公船私船?

答:贸易船。

问:船号云何,船主是谁?

答:船主郁泰峰,船号孙寿福。

问:船主何不在此?

答:船主家有五十余船,不能出海。

问:且有照标等公文么?

答:有。

问:标文中姓名年纪与尔们相左,何故?

答:标上人名因为起造时名。注或有更换名,而标上不能换名,故所以不同。

问:尔们客商俱无身标,回到尔们地方,能无罪过么?

答:客人之借上商船,非但俺们,别有何罪过。

问:尔们地方有几品官员,而汉人么,满人么?

答:九品,文武官俱是汉人。

问:尔们地方土产何物?

答:丝绒、罗纱、大花、铜锡。

问:尔们地方年成几分?

答:七八分。

问:带来银子有啊?

答:没有。

问:带来铜钱有啊?

答:有。

问:几两有啊?

答:八九两有。

问:尔们崇奉之佛像有啊?

答:三身有。

问:尔这小佛像三身是何神圣?

答:天上圣母女佛,此则道光时所封。

问:尔们再有文书,不论公私都是挪封?

答:箅本有一,账本有三。

问:我们朝家怜尔辛苦,赐食处温,能免饥馁寒冷之苦么?

答:万死余生幸到贵界,得保残命已极万幸。而贵国之接济,优恤又至此境,天高地厚之德,此生难报。俺们船已破碎,从水无路。

幸使旱路早归,再见父母,万念洪恩。

问:尔们船只既已破碎,执将从陆。则何物是要带去,何物是要折价?

答:随身衣服公文与佛像外无他持去。

问:小艇与弃置之物,尔们所见处烧火。铁锚与烬余铁物寄尔带去。

答:一依贵国指挥。(《各司誊录》7,第705—706页)

(中略)

上票

我们大清国江南省松江府上海县船户孙寿福水手二十一人,往奉天省锦州府装货物运往江南省。在于十月二十三日,山东山后忽遭大西北风,浪接连天失落梢舵。碇下二椗,舟不能使,随风漂流顺东。贵国碇泊时在十一月初八日未刻,我等逃命上山得遇土民,报详贵国官长。蒙恩留住,日日馈养不受饥寒,常以美酒者肉赐宴。又蒙钦差上官披星带月,频受风霜之苦慰恤我等。风漂离井谁知又遭连风,锚索移出漂上山脚,将船碍破船板片片。官长协同领视实系无奈,将船修理归国,不得焚板理铁。今愿贵国洪恩,赐马远送,如得归国归家。日夕焚香祷告上天,惟保贵国带寿无疆,诸位官长爵禄绵绵。

咸丰八年十二月二十二日

　　　江南省　赵汝林、高汉周等顿首拜首。(《各司誊录》7,第709页)

咸丰八年十一月十六日的问清中船舶的状况如下:

以书问之曰:"风涛所沮,尔船未得看审,船只长广高低及船票有无,并详示之云。"尔则以书答示曰:"我船广二十尺,长六十尺余,高十尺,帆用白布染红色,四十五幅,是如是遣,船票一张现纳。"(《各司誊录》7,第693页)

第 4 章　清代江南沙船的航运记录——江南商船漂流朝鲜

资料 E 中所说的是,上海沙船业巨商郁泰峰所持有的船,乘员全都是上海县民,从上海赴锦州装载黄豆等货物,在返航途中遭遇漂流的事情。这在之前已介绍过的《问情别单》中也出现过①,但资料 E 的内容更为详尽。

资料 F　同治六年(1867)漂流到济州的上海船(《各司謄录》第 19 册,《济州启录》第 2 册,第 128—130 页)

同治六年十月二十九日

问情

问:尔等何国何地方人耶?

答:俺等大清国江南省苏州府上海县人耳。

问:尔等缘何事何年何月日自何处开船向往何处,何以到此耶?

答:俺等二十五人共乘顾同盛之商船,今年四月二十八日自上海县吴淞港口开船,转南通州装载木棉绛花。九月二十八日又到关东牛店换贸黄豆,十月初七日放洋回还之路,十二日逢西北大风,二十四日到此地耳。

问:十月十二日逢风,二十四日到此云,其间十三日何处留住耶?

答:逗留洋中耳。

问:尔等多日漂荡,几死仅生,可矜可幸。船什俱能完全,柴粮亦无乏绝耶?

答:鸥木为风浪破伤,柴粮亦为乏绝耳。

问:尔等既云商船,则必有公文照票及去来书信,出示也。

答:现纳耳。

问:公文照票、何衙门成出耶?

答:船只为上海县所属,则公文亦是上海县成出耳。

---

① 松浦章:《李朝漂着中国帆船の:〈問情別単〉について(下)》,第 75—77 页。

149

问：三封书信何人所书，而何处传给耶？

答：顾同盛物货去来之各处书信耳。

问：我国之法严至密，漂到之去来书信不可。但以皮封凭考，当坼见照检后坚封还给矣，勿虑焉。

答：惟命此从耳。

问：尔等姓名年岁手书纳也。

答：书纳耳。

  舵工 吴胜明，年五十五。

  水手 彭晓山，年三十七。

      张傲恒，年四十。

      张七金，年二十八。

      吴松如，年四十二。

      沈太保，年十九。

      周顺子，年十七。

      顾占奎，年三十一。

      赵生扣，年三十六。

      蔡高高，年三十八。

      张三和，年四十。

      彭姚子，年三十五。

      顾高群，年二十八。

      赵元成，年二十八。

      赵遂堂，年三十三。

      陆六金，年四十三。

      龚吉亭，年五十九。

      陈三保，年四十一。

      顾杨生，年二十八。

      吴占鳌，年四十一。

      李王寿，年五十一。

张葵子,年二十四。

陆志高,年五十一。

卢耀兴,年四十。

江恩寿,年三十三。

问:行船时必有公文照票者,乃是人物点检之法意。而尔等公文则以八名书填,同船则以二十五名书纳,何故耶?

答:公文则船主虽以八名成出,而远道行船人少则难制,故放发临时加教添载。

问:以书纳姓名溯考于公文书填,则彭晓山一人外,具正明等七人入于公文,而不为登船,何故耶?

答:或因身病,或有事故,次次递代之数至为七人耳。

问:船主顾同盛何故不随船耶?

答:在船行货故耳。

问:以木棉绛花换买黄豆云,木棉绛花谁人之物,而所贸黄豆为几石耶?

答:南通州客商之物,而黄豆为二百石耳。

问:客商同船而来耶?

答:在家不来耳。

问:客商姓名谁耶?

答:姓张名福顺耳。

问:客船之货何以载尔船耶?

答:俺等受雇行船故耳。

问:南通州装载时木棉为几疋,而一疋价钱为几许?绛花为几斤,而一斤价钱为几许耶?

答:木棉一百余疋,而一疋价银一两七八钱。绛花八万余斤,而一斤价银二钱五分耳。

问:黄豆一石为几斗,一斗价钱为几许耶?

答:十斗为一石一斗,价银四钱二分耳。

151

问:所载黄豆外更有他货耶?

答:豆油四篓,豆饼二十片耳。

问:豆油一篓为几片,而一片价钱为几许?豆饼一片为几片,而一片价钱为几许耶?

答:一篓三百五十斤,而一斤价银四钱八分。一片五十斤,而价银三分零耳。

问:豆油、豆饼为何样物,而用于何处耶?

答:豆油则以豆为油,或吃或点灯。豆饼则以豆油滓造饼壮田耳。

问:尔等既为苏州府上海县人,则府县官长为几员,而品职何职品耶?

答:苏州府有官长四员,而巡抚大府为副二品,知州为四品,按察使为正二品,知县为正七品。上海县有兵备道一员,而官职为正七品耳。

问:官长五员姓名为谁耶?

答:不知耳。

问:而江南苏州府距上海县吴淞港口,水陆路各几许里耶?

答:旱路四十里,水路三十里耳。

问:自上海县距南通州,水陆路各几许里耶?

答:旱路不知,水路一百六十里耳。

问:自上海县距关东牛店,水陆路各几许里耶?

答:旱路不知,水路五千六百里耳。

问:自上海县距皇城,水陆路各几许里耶?

答:曾无往返,不知耳。

问:得何方风还归耶?

答:破伤鸥木所乏柴粮备数助惠,则待好东风还归耳。

问:鸥木及今改造,柴粮亦当优数助给矣。勿虑虑焉。

答:多谢多谢。

第 4 章 清代江南沙船的航运记录——江南商船漂流朝鲜

史料 F 记载的是同治六年(1867)十月二十四日漂流到济州岛的上海县籍顾同盛的船,船上有乘员 25 名。此船于同治六年四月二十八日从上海的吴淞口出港前往长江北岸的南通州收购木棉绛花,之后于九月二十八日到达关东的牛庄,在购入黄豆等豆货返航途中漂流到济州岛。根据朝鲜官吏的调查,顾同盛在南通州购入木棉 100 余疋、绛花 8000 余斤。在牛庄购入的豆货有黄豆 200 石、豆油四篓约 1400 斤、豆饼二十片约 1000 斤。这些货物是并未同船的南通州客商张福顺所委托的货物。

资料 G 同治六年漂流到济州的上海船(《各司誊录》第 19 册,《济州启录》第 2 册,第 131—133 页)

同治六年十一月十五日

问情

问:尔等何国何地方人耶?

答:尔等大清国江南苏州府南通州人耳。

问:尔等缘何事何年何月日,自何处开船向往何处,何以到此耶?

答:俺等十八人,今年十月十八日自上海县吴淞港口开船到崇明县茶山港口。留连多日,占得风势,同月二十八日向往山东之路。二十九日猝遇西北大风,今月初十日漂到此地耳。

问:十月二十九日逢风,今月初十日到此云,其间十二日何处留住耶?

答:逗留洋中耳。

问:尔等万里漂荡,几死仅生,可矜可幸。船什俱为完全,柴粮亦无乏绝耳?

问:尔船公船耶,私船耶?

答:上海县田福顺之商船,而船主在家不随船耳。

问:尔等既云南通州人,则到上海县乘船何故耶?

答:船主本以南通州人,移居于上海县,故俺等亦为受雇行船耳。

问:开船向往山东云,装载何物而换贸何货耶?

答:持客商之书信,将欲往载豆油、豆饼耳。

问:豆油、豆饼为何样物,而何处所用耶?

答:以黄豆汁油或吃或燃火。以油滓作饼铺地,利于膏苗耳。

问:船中更无他货所载耶?

答:但载篁竹一百八十根耳。

问:篁竹果是何人之物,而一根价钱为几许,用于何处耶?

答:上海县客商之物,而一根价钱为五百文,用于家材耳。

问:客商何许人,而姓名为谁耶?

答:上海县三合号店主,姓丁名则不知耳。

问:客商同船而来耶?

答:在店不来耳。

问:尔等所持书信及公文照票出示也。

答:现纳耳。

问:公文照票何衙门成出耶?

答:船只属在于上海县,公文成出于上海县耳。

问:所纳书信当坼见照检后还给矣,少勿疑讶也。

答:惟命是从耳。

问:尔等姓名年岁自手书纳也。

答:书纳耳。

  舵工 卢云书,年四十六。

  水手 赵荣瑞,年三十八。

     赵起文,年二十八。

     吴起凤,年三十三。

     林掌保,年四十四。

     林称称,年二十。

瞿全扣,年四十。

朱长春,年三十三。

朱贞贵,年三十五。

陆龙州,年二十二。

陈状扣,年二十八。

毛彭扣,年四十。

季金寿,年十九。

方二川,年二十三。

王吴春,年四十二。

江小保,年四十五。

彭姚群,年三十。

张七金,年二十。

问:同船人物之去来必以公文冯准。而公文书填中李广富等七人初不随船,尔等十八人姓名则漏落于公文,而亦为数外如载,何故耶?

答:公文照票船主预为成出者,而行船不在一限船人临时募众,则当初书填之七名。各固事故不得同船,次次替代之数至为十八人耳。

问:苏州府官长为几员,而品职何品职。通州官长为几员,而品职何品职耶?

答:苏州府三品官四员。南通州五品官二员耳。

问:六员官长姓名为谁耶?

答:不知耳。

问:自南通州距上海县吴淞港口,水陆路各几许里耶?

答:旱路不知,水路七百里耳。

问:自上海县吴淞港口距崇明县茶山港口,水陆路各几许里耶?

答:旱路不知,水路二百里耳。

问:自南通州距山东,水陆路各几许里耶?

答:旱路不知,水路一千三百里耳。

问:自南通州距皇城,水陆路各几许里耶?

答:旱路三千多路,水路五千里耳。

问:得何方风还归耶?

答:柴粮优数惠给,则要待东南之长吹。虽今明天,快快还归耳。

问:柴粮优给矣,勿虑焉。

答:多谢多谢。

史料G记录的是同治六年(1867)十一月十五日漂流到济州岛的上海县籍田福顺的商船,船上共乘员18名。同治六年十月十八日从上海吴淞口出港,到达长江河口的砂州崇明到的茶山港后停留等待顺风,同月二十八日前往山东途中遭遇西北大风而漂流到济州岛。根据朝鲜国官吏的调查,船主田福顺是南通州人,但居住在上海。此船被上海三合号店主丁氏所雇佣,准备前往山东购买豆油和豆饼。关于豆油和豆饼的用途,朝鲜官吏询问了田福顺船上的乘员后得知,豆油是用于做菜和灯火所用,而豆饼是作为土地的肥料而使用的。雇佣田福顺船的上海客商三合号丁氏并未同船,而是委托货物的输送。

资料H 同治十一年(1872)漂流到黄海道长渊府大曲面陆岛浦的通州船(《各司誊录》25,《黄海水营启牒》第1册,第65—68页)

问情记

(前略)

问:你们何国何地方人么?

答:大清国江南省通州人了。

问:你们汉人庆满人么?

答:都是汉人了。

问:你们通共几个人上船么?

答:通共十三人上船了。

问:你们谁为船主,谁为舵工,谁为水手么?

答:曹东帆是船主,李芾堂是舵工,其余都是水手了。

问:你们船主曹东帆缘何不上船么?

答:东帆在上海县做买卖,初不上船了。

问:你们那个月那个日,在那地方行船驾海向那里去做甚么料理?那日在那地方逢风狼狈么?

答:我们在大孤山装载青太红豆,十月十五日起身要往上海县。二十日夜忽遇西北大风漂荡海中,十一月初二日仅到此地。柴、水、米、菜、吃尽没有,斫断帆布不能放行了。

问:大孤山、上海县是那里地名么?

答:大孤山奉天省岫岩县属浦口名,上海县江南松江府属县了。

问:自通州距大孤山,水旱路几里么?

答:水路约二千二百余里,旱路四千五百余里了。

问:自大孤山距上海县,水旱路几里么?

答:水路二千七百余里,旱路五千三百余里了。

问:你们所居通州距江南省,水旱路几里。自江南省距皇城,水旱路几里么?

答:自通州距江南省,水路七百余里,旱路九百余里。自江南省至皇城,水路六千二百余里,旱路七千八百余里了。

问:你们装船的青太红豆是谁的东西么?

答:客商董树基的东西了。

问:董树基是那地方人,而何不在船么?

答:上海县人而,初不上船了。

问:你们是通州商船,何为在大孤山装载董树基的东西么?

答:船主曹东帆教我们往大孤山装载青太红豆回上海县交还客商董树基,故我们向往装载了。

问:你们船装的青太红豆为几许么?

答:青太三百五十石内四十石,漂荡时抛弃海中。红豆三十石内八石亦为抛弃了。

问:一石为几斗,一斗为几许么?

答:十斗为一石,十升为一斗了。

问:青太一石价银为几许,红豆一石价银为几许?

答:青太一石价银二两六钱。红豆一石价银二两八钱了。

问:尔们所在地方年事何如么?

答:十分年成了。

问:你们船只官船庆,民船么?

答:民船了。

问:你们船只有官税多少么?

答:一年税银九十四两了。

问:银一两钱几许么?

答:银一两钱一千六百文了。

问:你们船号甚么?

答:张复盛了。

问:你们所居地方既是通州,而船号则何为以江南苏州元字三十号张复盛商船么?

答:船主是苏州元和县人,故有此船号了。

问:自通州距苏州元和县,水旱路几里么?

答:水路七百余里,旱路九百余里了。

问:你们所居通州与船主曹东帆所居元和县相距为七百余里也,尔们缘何往彼俱为他们船人么?

答:我们家则虽在通州,人则俱在元和县。乘船为业,故乘此船了。

问:你们船只票文有没有?

答:有票文了。

问:你们船主是曹东帆,而船票则何为以张复盛成出么?

答：张复盛是船号，曹东帆是船主，而船号船主各有其名了。

问：你们船票中所在姓名人数与船上人姓名人数不同，缘何故么？

答：船票一年一换，船人一蹚一换，所以不同了。

问：一蹚的蹚字是何说话么？

答：进去一次为一蹚了。(《各司眷录》25，第65—66页)

(中略)

问：你们所居地方有人家多少么？

答：约五千余户了。

问：你们十三人同住一村么？

答：十一人同住一村。其中袁春郎、陈邦忠二人同居崇明县了。

问：崇明县那里地方么？

答：江南省太仓府属县了。

问：自通州距崇明县，水旱路为几里远么？

答：水路八十里，旱路一百十里了。

问：你们旗下么，民家么，官人么，商贾么？

答：民家了。

问：你们十三人中谁识文字么？

答：毛树山粗解文字了。

问：你们所居地方有名山大川么？

答：狼山是名山，而山有大川了。

问：你们所居地方都是民家么？

答：都是民家了。

问：你们所居地方多种何谷么？

答：大米小麦多多的。

问：你姓名年纪，父母兄弟妻子有无，各各说罢么？

答：李带堂年三十六，无父有母，有弟一人，有妻，有子二人，有女二人了。

毛树山年四十四,无父母,有弟四人,有妻,有子一人了。
李得林年二十八,无父有母,有弟一人,有妻,无子女了。
袁群子年二十二,无父母,无兄弟,有妻,无子女了。
张洪子年二十五,无父有母,无兄弟,无妻子了。
陆川川年三十八,无父母,无兄弟,有妻,有子一人了。
陈邦忠年四十六,无父母,有弟一人,有妻,有子一人了。
许五寿年二十六,无父母,无兄弟,无妻子了。
陈顺群年三十,无父母,无兄弟,无妻子了。
周俭保年十八,有父母,有弟二人,无妻子了。
周季群年二十一,有父母,有弟四人,无妻子了。
张陶川年四十三,无父母,无兄弟,有妻,无子了。
袁春郎年三十五,无父母,无兄弟,有妻,有子一人了。

问:你们中或有相为亲戚么?
答:李苇堂、李得林为堂兄弟,其外无亲戚了。
问:船主曹东帆的年纪多少,父母兄弟妻子有无说罢么?
答:曹东帆年四十五,无父有母,无兄弟,有妻,有子一人了。
问:你们船只外或有别人船只同伴出来么?
答:没有了。
问:你们船只无破伤处么?
答:腰帆布一个斫断抛弃,船后梢少伤了。
问:你们要从旱路走么,水路走么?
答:乞赐一枝木改给帆布,即当水路走了。
问:你们船上什物,有甚么东西漂失么?
答:青太四十石、红豆八石抛弃水中,他无漂失了。
问:你们原船挟船,长短广狭何如么?
答:原船长十七把广三把,左右杉板各十四道里。前的只板二十六立,后的只板二十四立。本板十五条。第一帆布长四把,二帆布长八把,第三腰帆布长十把,斫断抛弃。四帆布长五把半。鸥本长三把广一把,挟船长二把半广一把。左右杉板各三道里,前的只板三立,本板九条,橹三个了。(《各司誊录》25,第66—67页)

资料H是关于苏州府元和县船商曹东帆所持有的船元字三十号张复盛船的记录。这艘船是赴辽东半岛南岸的大孤山购买豆货返航上海途中遇险漂流的。这艘船的税银是一年九两四。当时的银和铜钱的公定比价是银1两兑铜钱1000文。但是通过这份资料我们清楚地了解到当时铜钱1600文可兑换银1两,由此可知当时铜钱兑银两贬值。此外,在资料中还详细记录了船体的状况。

资料I 光绪四年(1878)二月初七日漂流到京畿道满斗岛的沙船(《各司誊录》1,《京畿道编》1,第319—320页)

《各司誊录·京畿道编》所收录的《京畿道右防御营启牒誊录》的高宗十五年(光绪四年,1878)戊寅二月十二日的条中有关于中国帆船的记录。同月七日酉时,防御营发现满斗岛上有不明船只正在下碇,便进行了调查。据同营中军赵正显的报告,此船在八日戌时准备离开满斗岛,因遭遇狂风又于十日凌晨回到了满斗岛。同日卯时前往卧牛岛冲,但因浪大而难以靠近,只能使用小船上岸。如此,这艘船的情况就清楚了。① 关于这艘船的样式,同书中也有记录。内容如下:

> 四帆船一只,长为十七把广为四把,前低后高上设板屋。中载从船,三帆上各插小红旗。船体完固,别无所载之物。人物段头,发前削后编,须髯全削。衣服或青或黑,头着白氊甘吐,足穿黑皮鞋。语音啁啾难通,以书问情为的有如手。②

此船是四桅帆船,全长十七把,船宽四把。船头低而船尾高,甲板上有船室。船的中央有艘小船,三根桅杆的上端都有小红旗。船体完整,没有货物。乘员都留有发辫,身着蓝色或黑色衣服。头巾是白色的,鞋

---

①②《各司誊录1》,《京畿道篇》1,第319页。

子是黑色皮制的。船员说的是方言,语义难以通达,故用笔谈的方式进行调查。从右防御营中军的报告中乘员的发型可得知他们是清人,而且这艘船的船型与《江苏海运全案》等书的图中所画的沙船一致。

关于这艘船的笔谈情况,其内容如下:

问:你们是那国人?

答:南京松江府上海县人。

问:你们通共几个人,那个月日在那个地方上船,向往那里做甚料理,逢风到此?

答:我们十四个人。今年正月二十六日在登州石岛开船,向往锦州要买青鱼。二十七日朝逢西北风,望东有山漂荡到此。水浅路迷,望乞指路。

问:你们船无所伤,人无所病?

答:遇沙船搁,托天无风,船无伤,人无病。

问:你们今日退住何意?

答:遇沙退住。

问:你们那个日到我境?

答:二月初一日在西南山门中向北,今初七日到这。

问:山门那地名?

答:只自两山间过来。

问:你们船上的一共十四个人,里头谁是船主、舵工、水手。姓名年岁居住各各书示。

答:船主马仁轩,年三十四,住着松江府上海县。

舵工钮正丰,年四十。

水手傅锦春,年二十三。

钮正源,年二十四。

宋金彩,年四十。

瞿扣子,年二十八。

王老五,年二十一。

蒋茂顺,年五十。

张锦堂,年四十五。

张锦荣,年四十八。

王老二,年五十。

张锡官,年三十。

朱大忠,年三十二。

余吉庆,年三十六,同住上海县。

问:你们中或有相为亲戚?

答:钮正丰是钮正源之兄,他非亲戚。

问:上国安吉?

答:太平年。

问:你们船官船私船?

答:商船。

问:你们船名甚?

答:蒋源茂。

问:你们船标有不有?

答:带来。

问:你们地方多种何谷?

答:大小米糖木棉豆太多多有。

问:上年年景几何?

答:八分年景。

问:上海县大邑小邑?

答:大邑。

问:有城无城?

答:有城。

问:人家多少?

答:多多的。

问:你们卖买青鱼还有多少?

答:我们所以漂风不得卖买。

问:你们那个时开船向往那里?

答:候风即向白翎连山头。

问:白翎连山头那地方?

答:贵境。

问:你们缘何欲向白翎?

答:此是归路。

问:你们船中吃水吃米有不有?

答:多多有。

问:你们既要指路,必待上司处分。

答:归心急急,不可支待。若得东北风,虽无指路既从旧路回去。

问:你们滞留海上,故如是慰问。

答:幸到贵国,船中太平,又承慰问,感励厚德是如。

这艘船是名为蒋源茂的上海沙船。船主是马仁轩,这艘船应该是他持有的船。除他之外,船上还有舵工钮正丰等十四名乘员。蒋源茂船是何时从上海出航的并不明确。此船在光绪四年(1878)正月二六日从山东半岛最上端的石岛湾的石岛出发,赴辽宁省锦州购买青鱼的途中,于二七日遇到西北风而漂流到满斗岛。同船的乘员中除舵工钮正丰与水手钮正源是兄弟,其他人都没有亲属关系。全员居住在上海县,这艘船确实是上海帮①的沙船。

4. 小结

上述的资料在《同文汇考》和《备边司誊录》中并无记载,另外,清末

---

① 松浦章:《清代江南船商と沿海航運》,《関西大学文学論集》第34卷3、4号合并号,第33页。参见本书第1编第3章。

中国漂流船的资料中多数是辽宁、山东省沿海船的资料,上述资料这样的上海沙船的记录是很少的。

这些资料与此先前介绍过的《问情别单》是以同样的方式记录的同种资料,所以当将其作为同种资料使用。①

那么,资料Ⅰ中的蒋源茂船,为何要到辽宁省锦州购买青鱼呢?青鱼是"青海鱼"的俗称,在锦州是非常难买到的鱼,②而且锦州海口出口货物如"以杂粮为大宗"③所说的那样,是以谷物类中心的。

事实上,正如李鸿章在同治元年(1861)所说的:"江、浙、沙、蛋等船航海往来贸易,其自南往北者货不拘一。而自北回南者总以豆货为大宗,即沪地生意向以豆市为最大"④那样,东北地区和山东方面豆货是最大的销售品,利益最多运载数量也是最多的。但是李鸿章又说:"沙船生记以北洋豆货为大宗,自为外国来板船攘夺其利,沙船日就疲乏。"⑤1858年签订天津条约之后,因外国船舶大量进出中国沿海地区,沙船的主要搬运品豆货的生意被外国船只夺走,所以上海沙船的情况是"今沙船无货贩买停泊在港(上海)者,以千百号记"⑥,上千艘的上海沙船,因无货可载,只能一直停泊在上海港。这应该相当于道光时期上海入港沙船总数的三分之一。⑦

同样的状况在光绪四年(1878)左右就已经发生,如"近年沙、宁船生意为洋船所夺,实形苦累"⑧所说的,一直由沙船和宁波船运载输送的主要货物被外国船只所夺。⑨除了像已经营了百年以上的沙船业的巨盛亨

---

① 松浦章:《李朝漂着中国帆船の:〈問情別单〉について》上下。
② 民国《锦县志》卷一九《物产下·鱼类》。
③ 民国《锦县志》卷一三《商港》。
④《李文忠公全集》奏稿一,《上海一口豆石请仍归华商装运片》,同治元年六月十三日。
⑤《李文忠公全集》奏稿九,《海运回空沙船请免北税摺》,同治四年十二月初三日。
⑥《李文忠公全集》奏稿七,《收回北洋豆利保卫沙船片》,同治三年九月初十日。
⑦ 松浦章:《清代江南船商と沿海航運》,《関西大学文学論集》第34卷3、4号合并号,第45页。
⑧《李文忠公全集》奏稿三一,《海运霉变请恤船商摺》,光绪四年四月初四日。
⑨ 如郑观应提到过的"洋人连年、夺取沙船之利"(《救时揭要》,《郑观应集(上册)》,上海人民出版社,1982年9月,第54页),外国船严重打击了沙船业的经济基础。

遭遇负债二十万两而破产这样的事①,清代传统的沿海航运形态已遭到严重的破坏。②

在这样的情况下,蒋源茂船迫不得已前往锦州购买青鱼。这份资料还体现了被外国船逼入苦境的上海沙船在努力的寻求新的活路的另一面。

本章中列举的资料 A—I 是解明沙船航运经营情况的重要线索。与西洋各船舶均拥有航海记录的情况相比,中国商船尤其是帆船几乎没有可靠航海记录可查,因此资料 A—I 的显得尤为珍贵。

就现状而言,正如自本编第 2 章开始至本章所叙述的那样,漂流至日本列岛、西南诸岛、朝鲜半岛的中国帆船相关资料,是中国帆船航运史研究中不可或缺的重要资料。

(王亦铮 译 董科 校)

---

① *The North China Herald and Supreme Court & Consular Gazette*, Jan. 17, 1883, p. 55.《申报》光绪八年十二月二十二日中有:"巨盛亨沙船号家倒至十有余万。"
② 如光绪十七年(1891)正月二十二日江苏巡抚刚毅的奏折中提到的"自北洋油、豆饼弛禁后,华商货物皆由火轮夹板洋船装运,利权为其所夺,遂致沙船日少"(《宫中档光绪朝奏摺》第 6 辑,第 18 页),外国船舶的掠夺还在持续,沙船业已穷途末路。

第3编
清代上海沙船航运业的展开

第 1 章 清代沙船航运业的展开

1. 绪言

自清代康熙年间开始的以上海为中心的,特别是以构成北洋的黄海、渤海海域为主要活动区域的沙船航运业呈现出跳跃式的发展,这些情况已经在第 1 编、第 2 编的各章中有所论述。但是有人认为,清朝后期由于欧美的船舶如蒸汽船等大量进入中国沿海海域,使以长江口岸上海近郊为基地,承担沿海航运业的帆船运输业之一的沙船航运业遭受了史无前例的打击。①

---

① Liu,Kwang-Ching; ANGLO-AMERICAN STEAMSHIP RIVALRY IN CHINA 1862-1874,Harvard U. P.,1962. pp. 88 - 89. 吕实强:《中国早期的轮船经营》,"中央研究院"近代史研究所,1962 年 6 月。吕实强:《丁日昌与自强运动》,台北"中央研究院"近代史研究所,1972 年 12 月,第 56—64 页。张国辉:《洋务运动与中国近代企业》,中国社会科学出版社,1979 年 12 月,第 127—145 页。萧国亮:《外国资本入侵与上海沙船业的衰落》,《社会科学》1983 年第 1 期,上海,第 48—52 页。萧国亮:《清代上海沙船业资本主义萌芽的历史考察》,《中国资本主义萌芽问题论文集》,江苏人民出版社,1983 年 4 月,第 419—453 页。聂宝璋编:《中国近代航运史资料第一辑 一八四〇—一八九五》下册,上海人民出版社,1983 年 11 月,第 1313—1318 页。汪敬虞:《十九世纪西方资本主义对中国的经济侵略》,北京人民出版社,1983 年 12 月,第 267—278 页。朱梦华:《上海的沙船业》《上海地方史资料(三)》,上海社会科学出版社,1984 年 7 月,第 63—69 页。樊百川:《中国轮船航运业的兴起》,四川人民出版社,1985 年 10 月,第 177—184 页。

在上海发行的报纸《字林沪报》第 2050 号(1888 年 5 月 11 日,光绪十四年四月初一)有一则题为《沪南筑路答问》的报道:

> 凡百贸易萃于南市,南市之商家,推沙船为巨擘。最盛时,多至二三千艘,帆樯所至,货物流通。若油豆饼诸项,由此进口。花米布诸项,由此出口。其他尘肆,如水聚壑,亦可谓物盛一隅矣。自从西人通商,开辟租借,凡百贸易,逐渐为之,分移始,犹分其十分之二三,继又分其十分之四五,今且分其十之七八。沙船号家,少若晨星,进出口货,大半属诸轮船,于是沪南市面,竟成外强中干之势,由他处人观之,以为沪南、沪北总不出乎,上海之境,失之东隅。……

从这段新闻报道可以看出,上海的航运业中心主要在上海县城东侧的南市,该地紧邻黄浦江。最盛的时候有 2000—3000 只沙船在此活动,运来大豆、大豆油及豆饼等货物,同时向各地运出木棉和米谷等。南京条约签署之后,五港通商,这种因沙船而兴盛的航运业逐渐衰退,其主要原因是通商后轮船的出现及其活动对沙船航运业的打击。

对于欧美的蒸汽船开始在中国沿海海域出入而导致中国沙船业经营遭受打击的问题,尚无充分的论证。并且,关于轮船在中国沿海海域出入之前沙船航运业的开展情况也难说已经讨论得十分充分。

因此,本章将通过沙船的航行记录来探讨清代后期沙船航运业的经营是如何展开的,在欧美的轮船进入中国沿海海域这种外在压力的影响下,又是如何开展经营的。

2. 清代后期沙船业的开展

自 17 世纪末至 18 世纪中叶,中国海船的航运业在东海、南海海域中活动领域广大。①

众所周知,以福建为中心的帆船海运业在由中国大陆、朝鲜半岛、日本列岛、菲律宾群岛、印度尼西亚群岛围成的海域中频繁出入于各地的主要海港城市。②

另一方面,对于中国沿海而言,在特定的时期,特别是以北部沿海城市为主要活动领域进行积极活动的是以长江口周边为基地的沙船。③

清代后期的沙船经营状况在《北华捷报》(The North China Herald)第30号、1851年(咸丰元年)2月22日的记载条目"帆船贸易"④中有详细的记载。原文记载文字数量较多,仅以拙译记录如下。

> 上海和山东(北部)之间开展着大规模的帆船贸易,每月自山东有豆、豌豆及豆饼等运往上海。这些帆船几乎全部属于在上海及其近郊居住的人们,仅有少数属于居住山东者所有。因贸易而被雇佣的各式船舶至少有1500艘。在上海居住的最大的船舶所有者叫做Singyuh,据称他大约拥有60艘帆船。这些船舶的装载量从6000坦到1200坦不等,各类型的船舶一般在船身侧面至船尾部分标记了船只所属的地名。"坦"并非外国的计量单位,山东的谷物单位的2坦相当于上海谷物单位的1坦2石。能装载1000山东坦的帆船大约能输送200英吨的谷物。这样的船的建造费用是每坦花费银7两,也就是上海海关银的7000两。根据需要,100两重的(银)可以变更为124—135美元。现在的汇率是每100两132.20美元,那么7000两能换算成9254美元、2413英镑,帆船的价格由航海来决定。

---

① 田汝康:《中国帆船贸易和对外关系史论集》,浙江人民出版社,1987年11月。
松浦章:《清代の海外貿易について》,《関西大学文学論集創立百周年記念号》,1986年11月,松浦章《清代海外貿易史の研究》,朋友書店,2002年1月所收。
② 松浦章:《清代福建の海船業について》,《東洋史研究》,第47卷3号,1988年12月。
③ 松浦章:《清代江南船商と沿海航運》,《関西大学文学論集》,第34卷3、4号合并号,1985年3月。
④ The North China Herald, No. 30, Feb. 22, 1851. 在拙译中将 Commander, First officer, seaman 按照中国船的称呼分别译为船主、伙长、水手。

171

以上所提及的帆船仅仅是指修理可维持 10 年,保证海航可乘坐最佳人数为 25 名,这 25 名包括船主及伙长等。他们受雇于船舶所有者,在返回港口的时候能得到以下酬劳。

船主 12000—15000 钱、8.5—10.75 美元,或者 2 英镑 2 先令 5 便士至 2 英镑 13 先令 9 便士。

伙长 6000—7500 钱。

水手大约 1200 钱。

并且,以上人等的饮食由帆船所有者提供,在船主的监督下,每个月每位船员大约要 4 先令 6 便士。

在餐费和薪金之余,船员们还被允许保有各自的船上的储存空间。

船主 50 坦或者船舱空间的 20 分之 1。

伙长 25 坦或者船从空间的 40 分之 1。

水手可在以下三者中任选其一。每人 2 坦或者钱、或者船舱空间的 500 分之 1。

然而,他们统统都不满足于所得的补贴,一般都会硬塞入 2 倍数量的物品。如果他们有本钱,他们会为了自身或者为了朋友可以任意购买货物。据称做这样的规定是出于所有船的经营者都为了让船员对于航海产生兴趣。

平均来讲,航海每年 4 次,有的时候 5 次。进口和出口的关税按货物征收。而且,根据船的大小征收税金,这些税金均由雇船一方支付。假设上海的某位商人(不是船舶所有者)为 A,帆船所有者为 B,B 拥有闲置的数艘帆船。A 预备从山东或者其代理人提供货物的老友等处买进豆、豌豆及豆饼等,于是他与 B 之间缔结了雇船合同。同意一艘帆船从同一地区出发然后返港,如若带去 1000 坦大豆,每坦支付银 8 钱用于运输费用。那么 1000 坦的运输费用就是上海银 800 两或者现在 1057 美元 60 美分,如果 1 美元等同于 5 先令,那么就是 261 英镑 8 先令。在签好雇船合同后,合同方可自此时起自由使用船只，随意收取运输费，而且，如果他不能将船只装满，船舶所有者被允许自由装载作为运输货物的商品。但是，帆船返航相关的义务履行全权委托给合同方。如果合同方不能支付船舶所有者返航运输费的话，在那之前，是不能允许回到上海的。

在山东的 A 的代理人将船只装满货物，然后判断已经满载，告知是 1000 坦，因此拿到收取书，帆船急速踏上归程，到达上海后货物自船舱取出再称重量。如果数量不足，那么此责任由 A 方承担，因为货物是 A 方购入并装船的。如果帆船自上海出发之后，在抵达山东之前遭遇海难了，合同方已然支付了运输费用，因为不可能从帆船所有者处拿回，所以同样受到损失。如果在交货的时候，发现了损失，那么损失由 B 方赔偿。但是，如果船只在航海中遭遇不适于航海的问题，例如因天气状况恶劣导致，那么由 A 和 B 双方大致平摊损失。

如果，豆饼作为装载物进行运输时，在认同船只使用费的比例的条件下，必须相对于坦确定相对应的个数，因为此货物无法确定重量。然而，对于装载量而言收购数量大致有一个习惯，因此船只使用费是每 10 坦 63、65 或者 70 个，银 8 钱左右。而且，全部是同样的重量同样的型号同样的个数。为了在山东交付现金，生丝、南京木棉、多种布匹和马蹄银都被运送到了这里。在运送 100 艘载货船时，从上海出船之前已大致装满货物，同时只能用不到 6％ 的运费来支付。

虽然据称海事保险系统是在福建的贸易商之间形成的，但对于这件事大多数人还是不太了解的。虽然当时中国的商人非常感谢为自己提供了很大的方便来进行贸易，但实际上他们之间一般只是口头上这个呀那个呀答应，未有信用可言。而且，即使是品行端正的特别好的朋友之间，一艘中国式的帆船如果可以出航，即使保证了船只和货物的安全，这些船只航行了一小段距离后，在几个停靠港将货物卖掉，再摧毁船只的话，或许过了一段时间之后，船只的所有者也会因为遭到了全部损失来主张自己的权利。对于在海上遭受的这些损害,他们自身也无法解决,中国式帆船的所有者和贸易者或许也会被海盗抓住遭到迫害。

山东省和江苏省北部相接。

如上,主要是在上海、山东省、河北省、辽宁省作为交易地来进行海运运营。关于将沙船称为"山东船",《字林沪报》第1535号(1886年11月29日,光绪十二年十一月初四日)的报道《论华商不知慎选舟师之失》中有如下记载:

> 各项船只中,大小不一,尤推沙船,为商贩巨擘。其一名为山东船,盖指往还辽东省口岸,而称除常年承运赴津一次外,北自辽沈、南抵浙洋沿海数十岸,无非沙船踪迹之所。

沙船是沿海航运的重要船舶,被称为"山东船"的沙船主要在山东省沿海等处从事海运,又可北上东北沿海,南下浙江沿海,航行的海域非常广。

到了19世纪末,作为沙船业中心的上海沙船业,由于外国商船的进入,而陷入经营危机的境地。

据《海防档》的《华商置卖洋船》记载,同治六年(1867)二月八日有如下记载:

> 源自各国通商以来,南北口岸洋船盛行,华船歇业,上海沙船日益疲乏。①

由于清政府对欧美列强开港通商,致使外国船只驶来中国海域的机会日渐增多,以至于中国海运运营业的主体都由外国船只来运营。这种情况下,上海沙船业日渐衰退的危机感更加强烈。

---

① 《海防档》甲,购买船只(三),《中国近代史资料汇编》,中国研究院近代史研究所,台北,1957年9月,第861页中有:"源自各国通商以来,南北口岸洋船盛行,华船歇业,上海沙船日益疲乏。"

上海沙船业走下坡路的状况，特别清晰地表现在沙船船只数量的急剧减少。同书所记载的：

> 据说，以前沙船业繁盛的时期，将近有三千多只船只，但是现在只剩下三四百只船只了。①

沙船业繁盛的时期将近有三千多余只船只运营，但到了同治六年（1867），当时已经减少到四百到五百只左右。从沙船数量的减少可以得知上海沙船业受到了外国船只进入中国海域所带来的经营上的打击。

对于清末时期沙船业的运营状况也体现在丁日昌的奏折中。据《丁中丞政书》，巡护公牍卷二《北洋豆货应归上海商船运营奏详》中这样记载：

> 据东卫沙宁船号各商郁森盛等联名具禀，切照上海一隅之地，沿海居民多藉船业为生。自西洋各国议准通商，上海一口最为繁盛，良由沙卫各船群聚贸易，始得交易流通，商贾辐凑，未有内地商人，均已乏本停歇，而西洋商独能通商贸易者，惟沙船运销货物，向以豆饼、豆石为大宗，舍此无可贩运。是以和约内有外国船不准装运牛庄等处豆石一条。②

据以沙船、宁船③等运营为代表的船主郁森盛关于运营状况的呈报所记载：上海位于沿海地区，因此大多数当地人从事与航运业有关的工作来谋生。1842年《南京条约》签订后，上海被允许对外国通商，因此贸易更加繁盛，沙船和卫船的运营也从中受益，中国商人在受到来自外在压力打击的同时并没有沮丧，外国商人并没有独占到全部的通商利益。特别是开放通商口岸后，作为沙船经营之本的北洋豆饼和豆石的运送都

---

① 《海防档》甲，购买船只（三），《中国近代史资料汇编》，中国研究院近代史研究所，台北，1957年9月，第861页中有："听从前沙船盛时，达至三千余号，今仅存四五百只。"
② 《丁中丞（日昌）政书》，近代中国史料课业刊续编第77辑所收本，第988页。
③ 松浦章：《清代宁波の民船业について》，《関西大学東西学術研究所紀要》，第21辑，1988年3月。

保持着比较良好的运营状态。那是因为有外国船只不得参与豆货等运送的条款的限定。

尽管如此,沙船的经营的确受到了比较严峻的打击。该书也有如下记载:

> 自同治元年暂开豆禁,夹板洋船直赴牛庄等处装运豆石。北地货价,因之昂贵,南省销路,为其侵占。两载以来,沙船资本亏折殆尽,富者变而赤贫,贫者绝无生理。现在停泊在港船只不计其数,无力转运,若不及早挽回,则沙船停泊日久,船身朽坏,行驶维艰,业船者无可谋生,死何足惜。但在船耆舵,水手十余万人,不能存活,必致散而为匪,肆行抢掠,商贾难安。①

同治元年(1862)因为允许外国的夹板船可以直接向东北的牛庄运输豆货,沙船的运营遭受到了致命的打击。北方运输货物的价格较高,南方的商品销路又存在障碍,致使沙船航运处于亏本经营的状态。不用运输货物的沙船日夜停靠在上海,一方面加剧了沙船自身的损耗,另一方面沙船的船员等约十余万人失去了谋生的手段,甚至有的变成了土匪,商人们也无法安心经营。

沙船业危机的原因来自于同治元年(1862)对豆石运输的外国船只的开禁政策。

根据《筹办夷物始末》同治朝卷四、同治元年正月甲辰(二十一日)的条约记载:

> 恭亲王等又奏,据英国公使威妥玛屡称,如欲北洋海口完固,莫如将豆货开禁,则商贾辐凑,外国不能不保守该口。旋据英使卜鲁士照会前来,详论洋商贩豆一事。禁之无益,开禁无损,并称如各口商船云集,该国无不协力保卫等语。

面对因亚罗号事件和太平天国的动乱而摇摇欲坠的清政府,英国以北洋

---

① 《丁中丞政书》,第 988—989 页。

的防备作为交换,向清政府请求运输豆货。

清政府对此的回应,该书是这样记载的:

> 臣(恭亲王)等查,天津和约禁止洋商贩运豆石出口,原因恐分中国商船之利,并有妨民食。

咸丰八年(1858)的天津条约曾禁止外国商人运输豆货。这是因为考虑到外国商船会因此而争夺中国商船的利益,进而可能会影响到中国民众的食品供应。

但是,外国商船中仍旧有触犯这条禁令进行运送豆石活动的。据《筹办夷物始末》咸丰朝卷四〇、咸丰九年(1859)六月戊辰(三十日)条目记载,当时的钦差大臣两江总督何桂清的奏文中的苏松太道吴煦的密报记载:

> 近来外国商船,有至登州、牛庄及沿海各处贩运洋药,甚至装豆南下。

可见,在运送鸦片的贸易船只中发现了有的船只从北方运送豆类等去往上海。而且该书中还有如下记载:

> 且登州、牛庄之豆石、豆饼,即使开市以后,亦不准洋商装运出口,载在上海善后条约。

《天津条约》签订以后,外国船只运送登州、牛庄的豆货被明令禁止。这条禁令可以在《筹办夷物始末》卷三三、咸丰八年(1858)十二月丁卯(二十六日)的《天津条约》附属条约《海关税则》里查阅到:

> 豆石、豆饼在登州、牛庄两者,英国商船不准装载出口。其余各口,该商照税则纳税,仍可带运出口及外国俱可。

英国商人的贸易范围除了在南京条约中开放通商口岸的广州、福州、厦门、宁波、上海外,这次的天津条约还新加上了东北省的牛庄、山东省的登州、台湾、广东省的潮州和海南岛的琼州这五个港口作为贸易通商口岸。其中,对豆石运出较多的山东省登州和东北省牛庄,禁止英国船只对其运输。

对于该规定的理由在同书中也有明确的记载：

> 登州、牛庄出产豆石、豆饼，各省商贩以沙、卫船只运销于江、浙、闽、广等处，其利甚大，藉此营生者不下数千万人。……若无豆石、豆饼装载南来，则商贩船户，即失生业。

从牛庄、登州将豆货等运往长江以南的沿海地区，自古以来都是江南海船的主要事业，而且，与船运业相关并靠此维持生活的达数千万人。如果维持他们生活的基础被破坏了，后果难以想象。

尽管对豆货等的运输有明令禁止，但是外国船只中仍旧出现了触犯禁令私自运送的情况。其导致的危害在上文提及的何桂清的奏折中已作说明。此外，在《筹办夷务始末》卷四四，咸丰九年(1859)十月辛亥(十五日)何桂清的奏折中也有如下记载：

> 再臣前因外国商船有至登州、牛庄及沿海各处，贩运洋药，甚至装豆南下之事。当即于接受关防后，照会各国公，并咨行各省一体饬禁。

同时，这也唤起了各国公使和沿海地区的官吏，对于禁止外国船只运送豆货等的注意。

然而，虽然有这样的顾虑，豆禁政策还是被解除了。上文中恭亲王奏折中已提到开禁的理由，据恭亲王《筹办夷务始末》同治朝卷四，同治元年(1862)正月甲辰(二十一日)的条目记载：

> 现值南方不靖，贼势方张，沿海口岸兵力尚单，外国如能协防，亦可稍张声势。……复查，洋船贩运豆石，原以压装回南，并非运出外国，其于内地民食，亦无大损，现欲资其协卫。

当时的政治状况是难以平息太平天国运动所带来的动乱，清朝的海军防备也不是十分完备，因此只能借助外国势力进行防备。而且，如果外国船只可以运送豆货，大量的豆货就可以在沿海地区输送，这并不是出口到外国,只是作为帮助中国民众提供饮食供给,因此可以允许外国船只在国内运输。

对此,李鸿章提出了异议。这可以从他的奏章《筹办夷务始末》同治朝卷七、同治元年(1862)六月丁丑(二十六日)的条目中看出。此外,在他的《李文忠公全集》奏稿一《上海一口豆石请仍归华商装运折》(同治元年六月十三日)中也有记载。

虽然同治元年正月允许外国船只运送豆货是作为北洋海防的紧急事要之一,李鸿章还是请求撤销开禁。提出废除豆禁解禁政策的依据是由江南关监督吴煦发起的,船商王永盛等联名的要求:

> 兹据江海关监督吴煦,转据船商王永盛等联名禀称,沿海编氓,自开北洋海禁以后,造船出海,各随地产土著,贩运懋藉迁,迄今二百年来,藉此谋生。

王永盛等人也阐述了自从康熙二十三年(1684)的展海令颁布以后航运业发展的经过以及航运业到现在所面临的危机。

李鸿章根据这些请求,描述了他们目前的窘境:

> 现在各口通商,凡属生意码头,外国已占倍十分之九,惟剩登州、牛庄装豆一款,系商船谋生之路,今若一网打尽,则中国商船,立见废弃,沿海居民,生计壅阻。

这时,外国商船已大约占据了90%的各港口外埠通商口岸,如果外国船只再占据运送豆货的登州和牛庄,中国商船的经营根基就会遭到破坏,大量的船只会遭到废弃,大量渔民也会失业。

此外,根据吴煦的调查:

> 据该关道详称,查江浙沙、蛋等船,航海往来贸易,其自南往北者,货不拘一。而自北回南者,总以豆货为大宗,即沪地生意,向以豆市为最大。今若外国船只,亦能装运,是该商船,向藉此谋生者,一旦为洋商所占,则该商船所称,立见废弃,关系军需海运,系属实

在情形。

他阐述了一直受益于豆货运输的江浙沙船、蜑船的经营者们的窘境,特别是上海地区的商业因豆货生意而兴起,又由于外国船只进入上海从事豆货生意而导致了商船经营的危机。

针对于上述状况,也可以在恭亲王等的《筹办夷务始末》同治朝卷一一、同治元年(1862)十一月癸亥(15日)的内容里查阅到:

> 恭亲王等又奏,准军机处交出署江苏巡抚李鸿章奏,上海豆石,仍归内地商人转运一片。同治元年六月二十六日奉旨,总理各国事务衙门妥议具奏,钦此。

同时,李鸿章的奏折里也对此进行了再议,但是:

> 臣等查洋商贩运豆石,原为条约所不准,嗣因本年春间,发逆逼近上海,各国代为防剿,英国因此从中求请,臣等以贼气正炽,故极意牢笼,允其所请,经臣等奏准在案。

但是,恭亲王等强调在天津条约里无法认同的豆货运送的条款,是依据政治状况不得不做出的决定,因此最终还是无法更改对外国商船的豆禁政策。

根据《筹办夷务始末》同治朝卷二八、同治三年(1864)九月丙辰(十八日)的内容、《李文忠公全集》奏稿七《北注豆货上海一口请归华商转运折》(同治三年九月初十日)的记载,李鸿章再次上书要求修改条款。这一次是基于江海关道的丁日昌所接受的船商郁森盛的请求提出的。这与上文所述的丁日昌的《巡沪公牍》卷二《北洋豆货应归上海商船转运请奏详》的文字几乎相同。李鸿章也和航运业的十余万人船员一起上书寻求救济。

在当日另一封李鸿章的奏折《收回北洋豆利保卫沙船折》(同治三年九月初十日)中有:

> 今沙船无货贩买,停泊在港(上海)者,以千百号计,内地船只,

以运动为灵,若半年不行,由朽而烂,一年不行,即化有为无矣。将来无力重修,全归废弃。

这样一来,曾经一度繁华的上海船运运营业的沙船的工作会越来越少,将来也不可能再次发展沙船的航运业了。

同治四年(1865)李鸿章又再次上书要求应禁止允许外国商船的豆货运输。

《筹办夷务始末》同治朝卷三二、同治四年四月丙戌(22日)的内容所记载:

> 江苏巡抚李鸿章奏,窃牛庄等处豆货,请照约禁止外国夹板等船装运,仍归内地商船转运。

他主张应禁止外国商船对牛庄等豆货的运输,同时应让中国商船进行运输。

上海沙船业的低迷也波及其他方面。正如同书所记载:

> 上海关税,以沙船为大宗,近因沙船停泊,税饷日绌。

江海关的上海税口的关税收入因为沙船航运活动的低迷而极大地减少。对于李鸿章的请求,恭亲王等再次审议。在《筹办夷务始末》同治朝卷三二、同治四年(1865)五月乙未(一日)的条文,接受李鸿章的奏请再次审议的恭亲王等的奏章中这样写道:

> 臣(恭亲王)等共同商酌,该抚(李鸿章)所请奏奉天等处杂粮米谷,准内地商船与豆石等一同贩运一节,系为体恤商情,兼顾漕运起见,应如所奏办理。

在这里,虽然对了李鸿章奏请的主旨有所评价却没有采取具体的方案。为此,李鸿章请求为拯救上海沙船经营而免除关税。在《李文忠公全集》奏稿九《海运回空沙船请免北税折》(同治四年十二月初三日)中写道:

> 奏为苏浙海运回空沙船装货,请免天津、牛庄关税,以广招徕,

恭折仰祈圣鉴事。

提出了为救济江苏、浙江的沙船,沙船北行至天津或牛庄,入港时免除关税的请求。在同书中,对提出请求的理由也有记载:

> 窃照苏浙海运漕粮,历系上海沙船,承雇装载,由沪运津,向无贻误。沙船生计,以北洋豆货为大宗,自外国夹板船攘夺其利,沙船日就疲乏,无力出洋,大半废搁。

连同在此论述的上海沙船业衰微的原因是由于外国船运送豆货的事一起,提出了为拯救窘况的奏请。众所周知,在同治十一年(1872)沙船等的帆船数大大减少。

在《筹办夷务始末》同治朝卷八十八、同治十一年(1872)十一月丁未(26日)的条文中,大学士直隶总督李鸿章指出:

> 江浙沙、宁船只减少,海运米石日增,本届因沙船不敷,诸形棘手,应请以商局轮船,分装海运米石,以补沙、宁船之不足。

他主张,由于本应从事米粮运送的江苏的沙船、浙江的宁船等船舶的减少,为了海运,应该由招商局的轮船,即汽船来应对。可以说,在同治年间的前半期主张沙船救济的李鸿章,由于此时主张行不通,沙船业深受打击,及至寻求以轮船的登场代替沙船。

李鸿章在光绪四年(1878)四月的奏折中也提出:

> 近年沙、宁船生意,为洋船所夺,实形苦累。①

他将外国船看作为造成沙船窘况的原因的想法并没有改变。

事实上,在光绪八年(1882)末,报纸上有报导过破产的沙船业者的事情。《北华捷报》(North-China Herald)第813号,1883年1月17日(光绪八年十二月九日)附有:

> 在百年多的时间里,作为沙船船主长期经营事业的古老的巨盛

---

① 《李文忠公全集》奏稿三一《海运霉变请恤船商折,光绪四年四月初四日》。

亨商会于上周二宣告破产。据说商会的负债约为二十万两，而且作为商会资产的沙船约占总额的60％。破产完全是由进入中国水域和沿海的经营恶化造成的。调解终究还是在同债权人之间进行，预测将不能达成和解。①

以上所记是经营沙船的巨盛亨破产。在一百年前创业，从一百年前的1783年（乾隆四十八年）看来，伴随着沙船业的兴盛发展起来的巨盛亨，至此破产。

在《申报》第3504号，光绪八年十二月二十二日（1883年1月30日），《总论本年上海市面情形》一文中，接在"金嘉记源号丝栈倒帐，银五十六万两"之后，有"巨盛亨沙船号家倒至十有余万"，巨盛亨以十余万金的负债破产的记载。

这一年，上海的破产情况"本年各业倒帐，约有一百五十万左右两，本年本埠倒帐之情形也"，巨盛亨是在上海的破产金额中占了约为一成的高额破产。

沙船业的窘况此后还在继续。

在《宫中档光绪朝奏折》中可以看到光绪十七年（1891）正月二十二日的江苏巡抚刚毅的奏折：

> 沪关常税，全赖沙船转运，向以油、豆饼，及棉花、布匹为大宗，自北洋油、豆饼弛禁后，华商货物，皆有火轮、夹板洋船装运，利权为其所夺，遂致沙船日少，常税日绌。②

---

① The North-China Herald & Supreme Court & Consuler Gazette, No. 812, Jan. 17, 1883. 拙译中把 Chu Sen Hun 根据《申报》光绪八年十二月二二日（1883年1月30日）译为"巨盛亨"。聂宝璋在《中国近代航运史资料》中译为"巨顺亨"。萧国亮在《外国资本入侵与上海沙船业的衰落》中译为"周三行"。由巨（chu）盛（shun）亨（heng）音译（由井上翠编著的《井上支那辞典》，文求堂书店，1928年9月版，本稿是1930年10月四版）看来聂氏指出也有译为"巨顺亨"的可能性。考虑到"巨顺亨"是光绪十八年（1892）《重修商船会馆碑记》作为损助者被知晓的（《上海碑刻资料选编》上海人民出版社，1980年6月）"巨顺亨东号"（第200页），同破产时期不相符。还有待以后考察。

② 《宫中档光绪朝奏折》第6辑，台北故宫博物院，1973年11月，第18页。

上海关税的减收是沙船业低落的结果,而它的间接原因则是外国船对货物运输市场的抢夺。

同样,在光绪十七年(1891)十一月十四日,刚毅的奏折中写道:

> 江海关经征常税,向赖沙船装运,以油、豆饼、棉花、布匹为大宗,自各国通商后,火轮、夹板洋船,畅行油、豆饼弛禁,凡华商所贩货物,冀图便捷,改装火轮、夹板洋船,赴新关报税,沙船之利,为洋船所夺。①

向常关纳税的沙船没有载货,新关即外国人的税务司统治下的洋关又夺走沙船货物的外国船的纳税。结果,正如"海关常税,实由华、洋商轮,将内地民船货物,争儶揽运,以致新关之华税日增,常关之额税日绌"②所说的,由沙船等民船运往上海应该向常关缴纳的关税收入,被代替民船而来的外国船向洋关缴纳,致使中国遭受双重的损害。

作为沙船业衰微的具体的例子,在1873年(同治十二年)出版的郑观应的《论中国轮船进止大略》中这样记载:

> 上海沙船,盛时五千号,今只五百号,有日少无日多,而海运天庾,皆赖此以济。③

指出上海的沙船数减少到兴盛时期的十分之一。作为原因,他也清楚地记载:"洋人连年夺取沙船之利。"④这起因于外国船只的进入。

民国《上海县续志》卷七《海运》中有:

> 同治十二年,奏准江浙海运漕粮,由招商轮船分装。初定沙八、轮二,旋改为沙六、轮四。后因沙船日少,轮运日增。至光绪二十六年冬,漕粮运送皆归轮运。其时沙船已不满五十艘。

---

① 《宫中档光绪朝奏折》第6辑,台北故宫博物院,1973年11月,第708页。
② 同上书,第709页。
③ 《郑观应集》上册,上海人民出版社,1982年9月,第54页。
④ 同上书,第54页。

同治十二年(1873)江浙两地通过海运向北京运送漕粮。当时承担运输工作的是招商局的轮船和沙船，其中轮船所占比例为两成，沙船八成。之后沙船减至六成，及至光绪二十六年(1900年)则全部由轮船担任漕粮运输工作。彼时沙船已减少到了五十艘。

3. 清朝后期沙船经营的其他状况

19世纪以后，随着对外国轮船豆制品运输的解禁，沙船航运业的经营捉襟见肘。其经营现状又是如何呢？下面列举一些这一时期的经营案例。

清朝中期特别是19世纪以后，航行记录纪录在册的漂流至朝鲜半岛的中国船只，其经营的具体情况详见于第2编史料。[①]

第2编第4章史料A所载：嘉庆二十三年(1818)五月，漂流至忠清道蓝浦县的中国船只系江苏省通州县的通字567号商船。船名为彭洪庆，船主叫彭在天。

这艘名为彭洪庆的船只于嘉庆二十三年四月二十一日从上海出发，五月五日到达辽东半岛南岸的皮子窝。于皮子窝停船七天，五月十二日装载四百坦青豆返航。返航途中漂流至忠清道。这只船由商人朱大昌雇佣前往皮子窝，当时船上搭乘了包括掌舵的秦基山在内十二名船工。彭洪庆号的船主彭在天是知识分子，居住在江苏省通州吕泗，名下有和彭洪庆号相同规模的船只四五艘。船上成员皆是吕泗长村村民，没有可耕种的土地，便做船员以维持生计。

---

① 以下论文是笔者关于清朝前中期漂流至朝鲜半岛的中国船只的研究：松浦章：《李朝時代における漂着中国船の一資料》，《関西大学東西学術研究所紀要》第15辑，1982年3月。松浦章：《李朝漂着中国帆船の"問情別単"について》上、下，《関西大学東西学術研究所紀要》第17、18辑，1984年3月、1985年3月。松浦章：《清末上海沙船の朝鮮漂着に関する一資料》，《関西大学東西学術研究所報》第42号，1985年12月。本篇论文中涉及到的A-F的资料取自《各司謄撰》(韩国文教部国史编撰委员会编纂)第7(1983年6月刊)、第19(1986年6月刊)、第25(1987年9月刊)。

史料 B 记载:道光二十二年(1842)标有通字船号的袁万利号,装载着寄往上海森盛商号的信件。书信是写给森盛商号的店主郁竹泉的,写信人名叫郑汶泰,在东北的牛庄从事豆制品的收购工作。通过史料 B 的记载,袁万利号是典型的上海沙船,其目的地是东北牛庄,船上装载着沙船经营大贾郁森盛沙船商号的书信。掌舵人张耀升以下的船员皆是上海及上海近郊的吕泗的村民。

这艘船造于道光元年(1821),截至道光二十二年(1842)漂流至朝鲜半岛,期间二十年间一直从事航运,这超出《北华捷报》上记载的沙船的十年使用期限两倍之多。

史料 C 记载:元字一百四十一号船只原属苏州府元和县,其所有者名叫诸志善。这艘船的特点就在于它有明确的制造日期,建造于嘉庆二十二年(1817)。这艘船也是由牛庄运送豆制品到上海,截至道光二十二年(1842)漂流至朝鲜半岛之前,至少运营了二十五年。这比《北华捷报》报道的十年的耐用年数超出了一倍多。这艘船也从事牛庄到上海的豆货运输。

史料 D 记载的是江苏省海州府赣榆县村民孙同德的船。引起朝鲜官员注意的是,该船船员与通州的吕泗村船员不是同一地方的人。赣榆县也是航运业极其发达的地区。上海的碑刻资料有载:

> 江南海州赣榆县古祝其青口镇海口,自康熙年间奉旨准行海运通商,青口所有客商,总渡宝山县刘河口经营。①

同一地区的商人从刘河口出发,从这一点可以看出,史料 D 中的孙同德也雇佣了船员。

资料 E 中记载的漂流至朝鲜半岛的上海船,所有者是郁泰峰,船号叫孙寿福。船主郁泰峰因为有五十余艘船,不能出海,所以不曾同乘出海。从上面的两条记录也可以看出,郁森盛、郁竹泉、郁泰峰三人都属于

---

① 《上海碑刻资料选辑》第 138 号,第 304 页。

郁氏家族。郁氏家族里的郁彭年、郁松年两兄弟居住在上海,自其父郁润桂始从事沙船运营业,生意传至二人已是颇具规模。关于郁氏家族将在本文第 2 章里详细介绍。由郁润桂一手创立的沙船运营生意,传至其子彭年(号竹泉)时更名为郁森盛沙船商号。郁氏的沙船运营历经润桂、彭年、松年子孙三代,郁森盛这一商号由第二代的郁彭年命名。郁润桂掌管经营时,已是拥有沙船七十余艘的大规模经营者,继承他基业的是郁彭年(号竹泉)。他拥有八十多艘沙船,并把商业活动扩展到典当、酱油、豆麦等行业中去。他死后,由郁松年(号泰峰)继承家业,郁泰峰这一代也是拥有五十多艘沙船的大船商。

资料 E 中记载的船正为大船商郁泰峰所有,船员皆是上海县民。这艘船从上海前往锦州,装载了黄豆等豆制品返航的途中漂流至朝鲜半岛。先前也写过《李朝漂着中国帆船的「問情別単」》[①]一文,其中的解释要比资料 E 详尽。

史料 F 记载的是同治六年十月二十四日漂流到济州岛上的上海籍船舶。船名顾同盛,船上有船员 25 名。此艘船于同治六年四月二十八日从上海的吴淞口出港,行至长江北岸南通州买入棉布和棉花,于九月二十八日到达东北的牛庄,买进黄豆等豆制品,在返航的途中漂流至济州岛。根据韩国官员的调查,顾同盛号在南通州买入的物品有棉布 100 多匹、棉花 8 万多斤。在牛庄买了黄豆 200 石,四篓豆油共 1400 斤,豆饼 20 片共 1000 斤。这些货物是受南通州客商张福顺的委托购买的,他本人并未随同一起乘船。

史料 G 中的货船是同治六年(1867)十一月十五日漂流至济州岛的上海县籍的田福顺号,共载有 18 名船员。这艘船在同治六年十月十八日从上海的吴淞口出港,在长江入海口崇明岛的茶山港等待顺风,十月二十八日向山东航行时遭遇西北风漂流至济州岛。根据朝鲜官员的调查,船主田福顺原籍南通州,居住于上海。这艘船是上海的三合号店的

---

① 松浦章:《李朝漂着中国帆船的「問情別単」について》(下),第 75—77 页。

店主丁氏雇佣来前去山东收购豆油豆饼的。在朝鲜官员的盘查下,田福顺号的船员讲述了豆油豆饼的用途。豆油可以用于烹饪、照明用油,豆饼可用作土地肥料。同样,田福顺号的雇佣者丁氏也没有同船搭乘。

史料 H 记载的是一艘名叫蒋源茂的上海沙船。船主名叫马仁轩,与他同船的还有包括掌舵手钮正丰在内的 14 人。

蒋源茂的船是何时从上海出发的我们已无从考证,但是光绪四年(1878)正月二十六日,它从位于山东半岛前端的石岛湾的石岛出发,到辽宁省的锦州去买青鱼的时候,第二天也就是二十七日的早晨顺着西北风漂到了满斗岛。

同船的船员中除了舵工钮正丰和水手钮正源是两兄弟外,大家都没有亲戚关系,但是因为大家都是住在上海,所以这艘船当然就是上海帮①的沙船了。

随着这样的沙船航运活动的开展,各方面的影响也显现出来。

靠沙船运载的是主要从上海附近运到东北地区的货物,其中之一就是棉布。

《国闻报》第 312 号,光绪二十四年七月二十六日,1898 年 9 月 11 日的《奉天新闻》这篇报道里面准确记载了与上海沙船运载棉布等布类到东北以及从东北装载豆类回来的相关的运载情况和贸易形态。这篇报道里面这样写道:"各种土布,由沙船运至牛庄,计数颇巨。各船即以所入布货之价,装运豆油回申,每岁自春徂秋,往来船只络绎不断。"从进入牛庄的沙船出港的货物和进港货物之间的贸易形态来看的话,带到牛庄的来航货物是布类,从牛庄运到上海的出航货物是的豆类品。

通过沙船从东北运到上海的东北或是华北的豆类,作为江南地区的食品和加工食品的素材,是农业生产的重要资源。特别是大豆榨油以后剩下的豆饼是发展养蚕、制丝业也就是蚕丝业所不可或缺的东西。它是

---

① 松浦章:《清代江南船商和沿海航运》,《関西大学文学論集》第 34 卷 3、4 号,第 33 页。参照本书第 1 编第 3 章。

桑树(蚕的食料)良好生长的重要肥料。为了发展制丝业,必须使作为原料的茧增产,而茧是蚕吐出来的,因此作为蚕的饲料,桑叶就不可或缺。豆饼就是使长出桑叶的桑树健康优质生长的最合适的肥料。

  给予沙船航运业经济上支持的是钱庄。沙船从上海航行到北方的天津或是东北沿海地区是需要货物的。购进货物的时候从钱庄借进资金买进木棉和茶等北方需要的货物,在北方卖掉这些东西然后购入豆类运往上海,用所得利益返还在钱庄的欠款。运送政府用米的海运,除了政府用米以外还可以运送其他的货物。从上海附近出航把政府用米运到天津,归航的时候把北方的大豆、豆饼甚至是豆油等运回来。沙船航运者在这些所得利益的基础上跟借贷的钱庄进行结算。就这样,沙船航运者是资金的承借人而钱庄是资金的贷款人这样的关系就形成了。对于钱庄来说,即使沙船航海不顺利也能确保在一年之内获得利益,因此非常乐意贷款给沙船。

  上海的沙船航运业在道光六(1826)年被清政府实施的海运所征用。从事于海运的沙船总计可以达到 1562 艘。这中间,从事海运被征用 2 次的沙船有 286 艘,另外 990 艘有过 1 次航海,因此至少可以推出在道光六年当时有 1276 艘沙船。"上海沙船有三千余号"[①]这样的称号一点也没有夸张,而可以理解成是对当时实况的一种描述。这 1562 艘沙船一共输送了 1507600 石,也就是一艘输送了 965 多石。

4．小结

  如上所述,上海沙船航运业一度非常活跃,但是从清代末期开始衰退,其中最大的原因就是清政府开始允许外国船运输东北产豆货。

  在上海南市的《城隍庙神尺堂记》中写道:

    系维上海为阜通货贿之区,其最饶衍者莫如豆。由沙船运诸辽

[①]《江苏海运全案》卷一,第 8 页上。

> 左、山东、江南北之民倚以生活。磨之为油,压之为饼,屑之为菽乳,用宏而利溥,牵取给于上海。①

上海的繁荣靠豆业,作为原料的豆类是由沙船运来的,上海人靠此维系生活。豆类品是可以多方面利用做成油、豆饼、豆乳等的物品。

豆类运输不再依靠沙船是沙船运输业最大的危机。

清末从事沙船生意的上海商人将在第二、三章中论述,其中的郁松年一家用沙船生意挣来的钱积极的收藏古典书籍。而郁松年一家没落以后,那些藏书都散失了,其中一部分成为陆心源的藏书,后运到日本的静嘉堂文库。

另一户商人是第三章所论述的严氏,在经营沙船生意的同时也在银行业投资开设钱庄,可以说跟上了时代的发展。

随着时代的发展,沙船经营者大多都没有幸免于没落的命运,但是其中也有一些人像严氏那样在新的行业创出了新天地。

(杨蕾 译)

---

① 《上海碑刻资料选辑》,第 282 页。

第 2 章　上海沙船航运业各号的系谱

1. 绪言

根据1842年签订的《南京条约》,清政府开放五个港口城市,其中之一便是上海。在上海称为沙船航运业的这一重要的运输业的发展历程可以通过李维清作于光绪三十三年(1907)正月序的《上海乡土志》一书第一百五十课中有所了解:

> 本邑地处海疆,操航业者甚夥,通商以前,俱用沙船,以其形似沙鱼,故有此名。浦滨舳舻衔接,帆樯如栉,由南载往花布之类,曰南货。由北载来饼豆之类,曰北货。当时本邑富商,均以此而获利。……①

由此我们可以看出,在五口通商之前的上海,沙船这种沿海航行船为出入南北的物资流通做出了很大的贡献。

由沙船航运业起家的典型之一就是李安曾,在他的《且顽老人七十

---

① 《上海滩与上海人丛书》,《上海小志　上海乡土志　夷患备尝记》,上海古籍出版社,1989年5月,第107页。

岁自叙》中这样写道：

> 且顽七十岁自叙
>
> 且顽姓李，原名安曾，字平书，三十岁改名钟王王，号必斋，六十岁别号且顽。高祖旋采公，自苏州迁至上海西门内冬青园居住。曾祖春江公，析居宝山县属高桥镇。公以商船航海起家。……清道光三十年沿海水灾，公捐巨赀助赈当道给义敦仁蚓额，年七十六卒。①

从中我们看出，李安曾家自其高祖的时代从苏州迁到上海县城的西门居住，之后在其曾祖父的时代开始从事航运业，在道光三十年（1850）的时候为沿海灾害捐出了数量可观的钱款。在清朝中期像李家那样起家的人所依靠的产业之一就是航运业。

对于咸丰二年（1852）左右与上海县城相邻的黄浦江岸航运业的盛况，徐润写道：

> 帆樯辐辏，常泊沙船数千号，行栈林立，人烟稠密。②

这段记录如实的描述了数千艘沙船停泊在黄浦江岸以及与沙船运输业相关联的商店林立的场景。

在沈宝禾的《忍默恕退之斋日记》③记载了从事沙船航运业的具有代表性的上海沙船业者的具体的名字，从中我们可以知道咸丰五年（1855）当时有实力的沙船航运业者的名单和他们的居住地。附于日记的单页上记载了24个上海船商的名单。把全部名单打开，可以看到以下沙船航运业者的名字：

一　王永盛　桐村　咸瓜街　　二　郁森盛　泰峰　乔家滨
三　沈生义　晚香　新马滨
四　王公和　仁伯　逮香谙　新马滨　　五　彭宝泰　施相公

---

① 《且顽七十岁自叙》，《且顽老人七十岁自叙》，《近代中国史料丛刊续编》第5辑，文海出版社，第81页。
② 《徐愚斋自叙年谱》，《近代中国史料丛刊续编》第50辑，文海出版社，第5页。
③ 沈宝禾：《忍默恕退之斋日记》，《清代日记汇抄》，上海人民出版社，1982年4月。

弄北首福隆油麻店弄

　　六　奚恒顺　恒丰号　王家码头　七　孙丰记　孙丰号　大码头丰盛行　郎家桥

　　八　诸长茂　王家码头　九　蒋宏泰　海珊　王家码头

　　十　李久大　也亭　王家码头　十一　王春记　二如　叔汇　王家码头

　　十二　郭万年　邕庵　小东门里洋行街路　万丰号

　　十三　经正记　芳洲　药局弄同仁堂　十四　陆生记　兰亭　王家码头

　　十五　萧星记　棣香　绿生　屠家湾　十六　陈有德　芝芳　南仓街

　　十七　严同春　王家码头　十八　严天泰　王家码头

　　十九　杨同吉　王家码头　二十　蒋勤泰　王家码头北首启盛内

　　二十一　沈大源　太平码头　二十二　瞿德春　施相公弄北首

　　二十三　陈文献　会馆间壁　二十四　张炳槎　织云　陆家滨

如上所述,是24家沙船航运业者的名字和在上海南市的居住地址。咸丰八年(1858)十二月初八,在两江总督何桂清和江苏巡抚赵德辙的奏折里上报了上海的船商对清政府的军队进行捐款的事情。如下:

　　为上海船商捐输各户,查照原奏核明例案银数恭折。……兹据上海捐局委员候补知府吴煦等查明,七年闰五月以前,商船捐输各户,计二百二十九户,共捐银六万三千四百二十一两四钱。又是年六月初一日以后,捐户计六十四名,共捐银三万九千六百三十两。

193

声请一律准照新例义奖,由苏潘司筹饷局分别核明。……①

这里提到的上海船商确是即将要谈论的上海沙船航运业者无疑。那么,咸丰七年(1857)、八年的时候向政府捐款的船商可能就是咸丰七年闰五月之前的229户,总计63431.4两,一户大约是277两。咸丰八年六月到十二月初有64户,捐款39630两,一户大约达到619两。从这件事我们也可以看出上海船商的经济实力。

在这里,我想叙述一下清代上海经济界几个拥有雄厚实力的沙船航运者的事迹。

2. 清代上海郁森盛沙船商号

(1) 郁森盛沙船商号的航运活动

沈宝禾的《忍默恕退之斋日记》咸丰五年(1855)十二月十二日中记有"绅士则郁泰峰……",二十五日记有"郁森盛泰峰于乔家浜,……此为船商之最著者",记述的附签上的上海船商二十四家名单中"二 郁森盛乔家浜"。② 咸丰五年(1855),郁森盛和郁泰峰的名字排在当时的上海沙船航运业者的第二位。

与郁森盛和郁泰峰相关的商船航海记录列举如下信息。其一是道光二十二年(1842)漂流到朝鲜国的忠清道长古岛的记录。道光二十二年(宪宗八,1842)二月二十七日江南苏州府船漂流到朝鲜半岛的忠清道长古岛。我们可以试着从朝鲜官吏对其进行调查的调查报告③中来了解与这艘船的航运相关的信息。

问:尔们何国地方居生之人?缘何事往何处?何月日漂到我境?

---

① 台北故宫博物院图书文献馆藏:《宫中档咸丰朝奏折》第20辑,第29册,第274—275页。
② 上海图书馆编辑:《清代日记汇抄》,上海人民出版社,1982年4月,第239—240页。
③ 参照本书第1编第4章。

答:我乃大清国江苏省苏州府直隶州人民,今年二月十五日,我船主姓袁名翼天,通字船号袁万利商船,持森盛号主姓郁名竹泉信书,今十八日在我国铁铃关挂号出口,空船动身,方往牛庄口,交沈汶泰装豆,到我本国东北界茶山大洋,今月二十日被大西风,二十四日上午,漂到贵地。

问:森盛号主何称?

答:郁竹泉,号也。

问:郁竹泉,居生何地?

答:同居上海县城内。

问:同居一城,信书何也?

答:沈汶泰,代郁竹泉,作客在牛庄口也。

问:郁竹泉何人?

答:沈汶泰财主也。

问:船主袁翼袤,同骑船乎?

答:船主他家不来,所托舵工。

问:通字船号乎?

答:正是。

问:袁万村,人名乎?

答:袁万村,商船名也。①

从这一问一答中可知,道光十二年(1842)逐波漂来的船,归通字号所有,船名为袁万村船。船上载有信书。从信书上所写的"森盛号主,姓郁名竹泉,信书"字样可知,朝鲜官吏就这一收信人姓名向同船的搭乘者进行过询问。由此断定,所谓的森盛即居住在上海县城内的郁竹泉。同船货物是郁竹泉通过居住在牛庄口的沈汶泰所获取的豆类品。由此推测信书由沈汶泰写给郁竹泉,内容是确认货物接受情况的。

另外,对于咸丰八年(哲宗九年,1858)十一月十四日漂浮到朝鲜忠

---

① 《各司誊录》第7册,《忠清道兵营状启誊录》第2册,第595页。参照本书第1编第4章。

195

清道泰安的江南上海船,朝鲜官吏进行了调查,此次调查报告被称为《问情辞录》。① 这艘船驶往东北海港,在返航江南的途中遭遇海难。调查记录有记:

> 问:尔们船是公船私船?
> 答:贸易船。
> 问:船号云何,船主是谁?
> 答:船主郁泰峰,船号孙寿福。
> 问:船主何不在此?
> 答:船主有五十余船,不能出海。
> 问:且有照票等公文历?
> 答:有。②

这艘船是艘贸易船,船号是孙寿福,船的所有者是郁泰峰,此人除这艘船外还有50多艘船舶。此外,孙寿福船的船员交上的文书中有如下文字:

> 上票
>
> 我们,大清国江南省松江府上海县船户孙寿福,水手二十一人,往奉天省锦州府,装货物运往江南省,在于十月二十三日山东山后,忽遭大西北风,浪接连天,失落梢舵,碍下二桅,舟不能驶,随风漂流顺东,贵国碇泊,时在十一月初八日未刻。我等逃命上山,得遇土民,报详贵国官长,蒙恩留住,日日馒养,不受饥寒,常以美酒肴肉赐燕,又蒙钦差上官,披星带月,频受风霜之苦,慰恤我等风漂离井。谁知又遭连风锚索移出,漂上山脚,将船碍破船板片片,官长协同领视,实系无奈,将船修理归国,不得焚板理铁。今愿贵国洪恩,赐马远送,如得归国归家,日夕焚香,祷告上天,惟保贵国,万寿无疆,诸

---

① 参照本书第1编第4章。
② 《各司誊录》第7册,《忠清道兵营状启誊录》第3册,第706页。

位官长爵禄绵绵。

　　咸丰八年十二月二十二日

　　　　江南省赵汝林、高汉周等顿首拜首。①

上文中记载了该船的情况。这艘船有船员 21 人,驶往东北的锦州府治下的海港,装载着运往江南的货物,刚出港就在山东半岛附近遭遇强大西北风,因梶、棹及帆柱受损无法航行随风漂泊,漂流至朝鲜,对朝鲜人民盛情帮助表示感激。

在咸丰八年十一月十六日的调查中,关于船舶的规模有如下记载:

　　我船广二十尺,长六十尺余,高十尺,帆用白布,染红色四十五幅,是如是遣,船票一张现纳。②

这艘船全长 60 尺,约 19.2 米;船宽 20 尺,约 6.4 米;船高 10 尺,约 3.2 米。另外将白色帆布染成了红色。

从这些记录中可知,这艘孙寿福船是属郁泰峰所有的船,船员都是上海县民。由上海驶往锦州,装有黄豆等,在返航途中遭海难随风漂流。

试就以上所述的与漂流到朝鲜的两艘船有密切关系的郁家做如下分析。

(2) 上海沙船商郁森盛号

漂流至朝鲜的中国商船中,道光二十二年漂流至此的是拥有通字号的袁万村船,该船运载的信件中写着"森盛号主姓郁名竹泉信书"字样,另外就朝鲜官吏"森盛号主何称"这一问题,同船的船员回答说"郁竹泉,号也",由此可知,郁竹泉居住在上海县城内,船在东北牛庄口从沈文泰处购入豆类等货物。

咸丰八年(1858)年的记录中,关于漂流到朝鲜的上海船所有者写道

---

① 《各司誊录》第 7 册,《忠清道兵营状启誊录》第 3 册,第 709 页。
② 同上书,第 693 页。

"船主郁泰峰,船号孙寿福",船主郁泰峰"船主家有五十余船,不能出海",因有五十余艘船,故并未随乘在孙寿福船上。

从以上两处记录中可以看出有郁盛森、竹泉和郁泰峰两个郁姓人,而从以下同治年间《上海县志》卷二一《人物·国朝下》所做的记录中可知,这两个郁姓人是居住于上海的郁彭年和郁松年兄弟。

> 郁松年,字万枝,号泰峰,恩贡生。父润桂,字淮林。善居积家,累巨万。兄彭年,字尧封,号竹泉,多才干,有知人称。松年好读书,购藏数十万卷。①

如上所述,郁松年,字万枝,号泰峰。父亲润桂,字淮林,家财万贯。哥哥,彭年,字尧封,号竹泉,能力突出,为人所知。郁松年博览全书而为人所知,有数十万卷藏书。

从这一记录中可知,郁松年、泰峰的父亲是润桂,哥哥是郁彭年。系谱如下。

```
上海郁氏系谱
郁润桂(字淮林)──┬──彭年(字尧封,号竹泉)
                └──松年(字万枝,号泰峰)
```

至于郁润桂是如何积累上万财富的这一问题,他当时已经是上海号称"沙船七十余艘,雇工二千多人,企业遍于申江,人称郁半天"②的大规模沙船经营者,靠沙船航运业积聚财富确凿无疑。

郁竹泉的名字在《上海碑刻资料》一〇《重建上海县城城隍神庙剧台碑》中,因道光十七年(1837)三月,援助神庙剧台完成而为人所知。

> 出入金钱,为郁君竹泉。③

---

① 同治十一年《上海县志》卷二一《中国方志丛书·华中地方》第169号,《上海县志》第5册,成文出版社,第676页。
② 萧国亮:《清代上海沙船业资本主义萌芽的历史考察》,第346页,萧的引用原出处为吕舜祥《上海的沙船业》(1960年稿本,上海嘉定县博物馆藏)。
③ 《上海碑刻资料选辑》,第28页。

义捐者名字中，

> 郁森盛号　捐足钱七百千文。①

义捐了 700000 文，另外在末尾处有：

> 除收净用短足钱捌拾陆千伍佰三十六文　郁森盛号垫付。②

郁森盛垫付 86500 余钱。很明显郁森盛是实力雄厚的沙船业者。

郁森盛的名字，如前面所提到的，作为向政府申诉沙船业者苦状的船商代表也很有名。同治三年(1864)九月十日李鸿章的《北洋豆货上海一口请归华商船转运折》中提到：

> 船商郁森盛等联名禀称③

在王韬《瀛壖杂志》卷三中，有关于郁竹泉，即郁彭年的逝世的记录：

> 郁泰峰都转，名松年，字万枝。家拥巨资。(中略)癸丑，赭寇据城，以守兄柩。兄名彭年，字尧封，号竹泉，才略优裕，有知人鉴。

正如记录，郁泰峰即松年的兄长在癸丑年即咸丰三年(1853)上海小刀会发生变故时已去世。事实上，根据后述的《上海郁氏家谱》记录，彭年"咸丰二年任子十月十四日卒，享年五十七"，即咸丰二年(1852)去世。这之后郁森盛不仅是郁彭年(竹泉)的商号，因为郁松年(泰峰)也确实使用过，所以我们可以知道郁森盛至少是郁彭年、郁松年兄弟使用的商号。同治《上海县志》卷二一《人物》里面有记载：

> 兄(郁彭年)殁后，值癸丑之乱，家人尽逃，松年守兄柩不去。克复后，捐银二十万两，请永广上海学额，府学额各十名。得旨允准松年加盐运使衔，卒年六十七。子熙源，庠生钦赐举人，先卒。

小刀会动乱之际，尽管家人全都逃离，只有郁松年留在上海自己的

---

① 《上海碑刻资料选辑》，第 29 页。
② 同上书，第 31 页。
③ 《李文忠公全集》，《奏稿》七。

宅子里为哥哥守灵。郁松年在六十七岁的时候逝世。因为在后述的《上海郁氏家谱》中有"同治四年乙丑十月十三日卒,享寿六十七岁"的记载,所以他的卒年是同治四年(1865)。郁松年有两个儿子,其中一人英年早逝,只剩下郁熙源。

在《重修商船会馆碑记》里我们可以看到和郁熙源同族的郁氏。商船会馆被认为是沙船业同业者的会馆,在碑记的道光二十四年(1844)的条文中,在被委任为号商的经理的那些人中有"郁正卿"①的名字。根据《上海郁氏家谱》的记载,这个郁正卿正是郁彭年的次子。

这个碑记的同治七年(1868)的记述里有一条:

〔同治〕七年,众号商集资兴修,开工之时,沈君主馆务,工竣日,则由郁君经理焉。②

由此我们知道同治七年以后,商船会馆的经理是郁氏。而且,这个碑记是在光绪十八年(1892)十一月吉日写的,里面记载"经帐司事　郁熙咸　理卿"③。这个郁熙咸跟郁松年的儿子郁熙源的"熙"是同一个字,很明显他也是郁氏家族的一员。又根据《上海郁氏家谱》的记载可知,他是郁润桂的弟弟郁润梓的第五个儿子郁兆年的次子。

由此我们可以看出,上海的沙船业者郁氏,在郁润桂的时候就成为了拥有70多艘沙船的大规模经营者。之后继承家业的是郁彭年(竹泉)。《上海郁氏家谱》里对郁彭年的记载是这样的:

公讳彭年,号竹泉,字尧封,五世祖考馥山公冢子,少壮经商承继父业,创办森盛沙船字号,识见独高,而知人航业,渐形阔大船有八十余号。

他继承父亲郁润桂创下的沙船航运业,开设了郁森盛沙船商号,成

---

① 《上海碑刻资料选辑》,第196—197页。
② 同上书,第197页。
③ 同上书,第201页。

为拥有沙船 80 多艘的巨大沙船航运业者。在这本书中还对郁彭年有如下记载：

> 创立商船会馆，举为总董，建造货栈船，以利商家。又于本邑，开设各种行号，其资本充足，规模宏大者，如鼎泰典、万聚酱园、丰泰、利昌豆麦行号等，分号几遍松太属各县，经商手腕之大，于此可见。

他成为商船会馆的总董，举行各种商业活动。开设了多家店铺，其中典当业有鼎泰典，酱油业有万聚酱园，豆麦业有丰泰豆麦行、利昌豆荚行等，甚至于在松江府和太仓府都开有分店。他死后郁松年（泰峰）继承家产。到了泰峰的时候也是拥有"五十余艘"的巨大船商。郁氏家族是上海的豪族，其交际关系不只限于上海人，根据民国的《镇海县志》卷二一《人物传六》之方仁照一段记载：

> 方仁照字浩然，亨学次子，幼有至性，及长偕诸弟。贾沪江，材识迥异，侪辈业，益蒸蒸起。会沪有红巾之乱，仁照友郁泰峰者巨室也，以兄柩在堂，嫂氏坚不肯行，不得已同居守焉，为贼所胁索银不赀。泰峰大窘，或以告仁照。仁照慨然曰："所贵乎，友者患难相恤也。郁已家陷于贼，何从得银？此事我当任之。"乃先以计出其嫂，复命干仆，易衣以入，置赂囊中，泰峰竟得不死。后贼平，泰峰涕泣相见曰："君之高谊，真吴保安一流也。"

小刀会暴动之际，郁松年（郁泰峰）对亡兄彭年的尸骸及嫂子的尽心照顾与救济为很多人所知。上海的郁氏大家族与宁波商人方氏①家有着很深的关系。

(3) 藏书家郁泰峰

郁松年也是一位藏书爱好家。据《上海县志》卷二一记载：

---

① 参见《宁波帮企业家的崛起》（浙江文史资料选辑第三九辑，浙江人民出版社，1989 年 3 月）所收的汪仁泽《镇海柏墅方氏家族史》。

> （郁）松年好读书，购藏数十万卷，手自校雠，以元明旧本，世不多见，刊宜稼堂丛书。

他搜集元明时期的书籍，将一般不为人知道的书籍作为宜稼堂丛书刊行发表。① 与此相关的情况，据王韬的《瀛壖杂志》卷三记载：

> 郁泰峰（中略）生平惟好读书，出十万金购宋、元佳本，手自校雠，其中多黄荛圃旧藏。刻有《宜稼堂丛书》，而附以校勘记，类多精审可传。（中略）身后书多散逸。呜呼！物多聚于所好，而散于所不好，造物者又从而厄之，则殊所不解已。

这段描述了郁泰峰因为喜欢读书，不惜花费十万金收集宋、元好书的故事。其中大多都是购买黄荛圃，即黄丕烈的旧藏书。郁泰峰搜集的书籍上所印的藏书印印文直到现在也为人所知。② 据黄丕烈《清史列传》卷七二《文苑传三》记载：

> 黄丕烈，字荛圃，江苏吴县人。乾隆五十三年举人，官主事。丕烈博学赡闻，寝食于古。好蓄书，尤好宋椠本书，设一屋专门用来收藏宋的书籍，取名为百宋一廛，自称佞宋主人。

如上所记，黄丕烈是一位收藏宋代书籍的人物。很明显郁松年是用经营沙船得来的大量钱财来购买这位著名藏书家的书的。

《宜稼堂丛书》在今日，作为集百部丛书为大成的著名丛书，是道光中年郁松年对《宜稼堂丛书》校对的影印本。《宜稼堂丛书》收录了如下七种内容：

> ① 萧常撰《续后汉书》，郁松年撰《附音义义例札记》，全四十八卷。

---

① 《上海地方史资料》（二）（上海社会科学出版社，1983年7月）所收的姚明辉《小刀会起义琐记》中的《（二）有关人物》当中，郁松年和沙船业的关系，涉及有关《宜稼堂丛书》（第208—209页）。
② 林申清编著：《明清著名藏书家·藏书印》，北京图书馆出版社，2000年10月，第181—183页。

② 郝经撰《续后汉书》,郁松年撰《札记》,全九十四卷。
③ 秦九韶撰《数书九章》,宋景昌撰《附札记》,全二十二卷。
④ 杨辉撰《详解九章算法》,宋景昌撰《附纂类札记》,全三卷。
⑤ 杨辉撰《杨辉算法》,宋景昌撰《附札记》,全七卷。
⑥ 戴表元撰《剡源集》,郁松年撰《附札记》,全三十一卷。
⑦ 袁桷撰《清容居士集》,郁松年撰《附札记》,全五一卷。

对于每部书都有郁松年的序,如果看这些就能知道其刊行的时期。
①《续后汉书札记序》中有:

> 道光二十有一年辛辛丑十月朔日,上海郁松年泰峰氏,写于宜稼堂。

根据道光二十一年(1841)的序,可以知道宜稼堂是郁松年的室号。
②《续后汉书札记序》中有:

> 道光二十有二年壬寅季冬上海郁松年泰峰氏,写于宜稼堂。

③《数书九章札记序》中有:

> 道光二十有二年壬寅二月既望上海郁松年泰峰氏撰。

④《详解九章算法札记序》中有:

> 道光壬寅孟夏之月,上海郁松年泰峰氏撰。

⑤《杨辉算法札记序》中有:

> 道光二十二年壬寅孟夏既望,上海郁松年识。

⑥《剡源集札记序》中有:

> 余家所藏,既黄梨洲先生所从选录,不全本,尽是集几湮失久矣。

据了解郁松年也收集了黄黎洲即黄宗义的旧藏的一部分。这个序中有:

> 道光二十年五月三日,上海郁松年泰峰氏,写于宜稼堂。

⑦《清容居士集序》中有:

> 道光二十年四月朔日,上海泰峰氏,郁松年,写于宜稼堂。

这些都是从道光二十年(1840)到同二十三年(1843)所写的《序·札记》,在那之后因为被认为是被刊行的,所以《宜稼堂丛书》是道光末年刊行的。

郁泰峰的藏书很著名,《清稗类钞》七二《鉴赏类·郁泰峰藏书于宜稼堂》记载:

> 郁松年,字万枝,号泰峰,上海恩贡生,饶于财。凡宋人典籍,有未刻或刻而版废者,概不惜重赀。故黄氏百宋一廛所藏,初归汪阆源,后亦散布而入沪渎矣。魏鹤山《毛诗要义》三十八卷,阮文达采进遗书时亦未见之,泰峰乃搜列曹栋亭旧弆宋椠本于嘉兴,海内更无第二本,遂卓然为宜稼堂数十宋椠之冠。①

都知道郁松年倾财收集宋人典籍的事情。其中的中心就是最先接触的黄丕烈、荛圃旧藏的宋本。这些都进了汪阆源的家。同书《汪阆源藏书于艺芸精舍》中有:

> 汪阆源藏书甚富,皆得之于黄荛圃。②

汪阆源是长州人,因为汪士钟的原因,藏书很多,将书房成为艺芸精舍,"艺芸精舍宋元本书目"为人所知。汪士钟的藏书都进入了郁松年、泰峰的宜稼堂书屋。郁松年在嘉兴得到了曹寅的旧藏魏鹤山《毛诗要义》三十八卷。《清稗类钞》七二《曹栋亭藏书》记载:

> 汉军曹寅,字子清,栋号亭官至通政使,富藏书。(中略)又有魏

---

① 中华书局版《清稗类钞》第 9 册,1986 年 3 月,第 4281 页。同书因为没有记载《清稗类钞》的卷数而不便。
② 同上书,第 4268 页。

鹤山《毛诗要义》、《楼攻媿文集》诸书,则为宋椠本。①

江宁织造,《红楼梦》作者曹雪芹的祖父曹寅所收藏的魏鹤山《毛诗要义》,连阮元都不能得手的全被郁松年收藏到他的书屋里。同书《陆存斋藏书于皕宋楼》写道:

  道光时,上海郁松年茂才以六百金得元刊《玉海》于扬州鹾贾家。②

用六百金从扬州的盐商人手里买到了元刊《玉海》。郁松年用经营沙船得到的钱来收集的宜稼堂藏书因为他的故去而散逸。其中的一部分,被清代著名藏书家陆心源所收藏。岛田翰的《皕宋楼藏书源流考》记录了陆心源搜书的经过,该书开头部分有记:

  道光之末,海上郁枝松年善搜罗典籍,获其郡先辈山塘汪阆源士钟袌芸书舍所收吴县黄荛圃丕烈士礼居,(中略)更以兼金购书于仪征盐商家,(中略)万枝梯航访求,穷老尽气,丛书之亲抄,暴书之手校,不惜重赀以罗置邺架,用是江浙数百里之问,简籍不胫而走,杂然入沪渎矣。③

由此可以知道郁氏宜稼堂所收藏的旧藏书家的推移。郁松年所收集的典籍在他故去后的流向也在同书中有如下所记:

  暨万枝为其世适,(中略)同治初元,宜稼之书散出,其宋元旧筑、名校精钞,大半先为富顺丁禹生中丞日昌于观察苏松太时豪夺去,归于持静斋。④

宜稼堂大半的藏书都是丁日昌的持静斋的所藏。丁日昌大概是在

---

① 中华书局版《清稗类钞》第9册,第4225页。
② 同上书,第4290页。
③ 本稿根据中国古典文学出版社(1957年12月)本《吴兴藏书录·皕宋楼藏书源流考》。同书第27页。
④ 同上书,第28页。

郁氏诉说其经营沙船出现窘状时,滋生一系列关系,得知了郁氏是藏书家。宜稼堂的一部分书籍进入了陆心源的家,同书中有:

> 其余精帙,俱归于归安陆刚甫心源有,心源已获郁氏书,富于藏储。①

从中就可以明确知道。众所周知,陆心源的旧藏书被收藏于东京的静嘉堂文库。据《静嘉堂文库略史》记录:

> 道光末,海上的郁万枝松年擅长搜集典籍,成立堂并命名为宜稼。(中略)同治初元、宜稼的书散落各地。(中略)其剩下的精帙四万八千余册全部转入我陆氏。陆氏已经获得了宜稼堂的秘笈。②

由此可知陆氏收藏了郁氏宜稼堂的四万八千余册书。而且:

> 现在从静嘉堂所现存的陆氏书籍来看,(中略)其中收藏的长篇巨册,蜀大字本《周礼》残本,同《左传》,成平单刊吴志,八十卷本《读史管见》,宋大字本《国朝诸臣奏议》,宋刊《小畜外集》残本,宋开喜刊本《周益文忠公集》,蜀大字本《三苏文粹》,这些共同作为宜稼的旧藏,及明后的佚书,这些人们所看不到的书籍都在此收藏。③

由此可以知道,很多佚书作为郁氏宜稼堂的旧藏却被静嘉堂文库收藏。郁松年去世后该家族的状况,由他的哥哥彭年的孙子震培的情况可知。民国七年的《上海县续志》卷一八《人物》中有:

> 郁震培,字仲孚,彭年孙。诸生,以助晋振敛同知分江西历解京协各饷十余年。署观音阁、樟树镇通判、建昌府同知、大厦县知县,所至有循声。

郁松年的哥哥彭年的孙子名为震培,因捐纳得到官位。历任江西省

---

① 中华书局版《清稗类钞》第9册,第29页。
② 《静嘉堂文库汉籍分类目录》(1930年12月)所收《静嘉堂文库略史》(大正十三年(1924)8月二十五日记),第4页。
③ 同上书,第4—5页。

清江县樟树镇的通判,建昌府同知,及大厦县知县等江西省各地方官。任职时期主要是在光绪末年。

(4) 郁森盛银币

郁森盛是在咸丰六年(1856)发行银币。在清末作为上海最早发行的银币,郁森盛主要发行了三种。①

图1 《老上海货币》,上海人民美术出版社,1998年1月,第9页。

①表　咸丰六年上海县号商郁森盛足纹银币
　里　朱源裕监倾曹平实重壹两银匠丰年造
②表　咸丰六年上海县号商郁森盛足纹银币
　里　朱源裕监倾曹平实重壹两银匠平正造
③表　咸丰六年上海县号商郁森盛足纹银币
　里　朱源裕监倾曹平实重五钱银匠王寿造

由①—③可以知道1两银币有两种,5钱银币有一种。这些虽然是郁森盛发行的,但却是郁松年泰峰时代的。同时期的船商王永盛将同种的1两和5钱银币改为各一种类。经正记也将1两银币作为一种发行。加藤繁博士说,"王永盛、郁森盛和经正记都是钱庄的牌号",②而且他们

---

① 蒋仲川:《中国金银金币图说》(1939年上海初版),香港龙门书店,1966年6月,第37—39页。
② 加藤繁:《支那経済史考証》下卷,东洋文库,1952年3月,第455页。

均是沙船业的巨商。①

根据咸丰八年(1858)的天津条约,东北沿海的港口牛庄对外开放,外国汽船可以入港。但是禁止外国汽船将华北、东北产的豆类输入上海,也称"豆禁",只允许长河河口的沙船进行豆类输送。同治元年(1862)豆禁被解除,沙船业蒙受很大的打击。② 郁氏的沙船经营也受到了严厉的冲击。

(5) 郁氏的家谱

郁氏的家谱收藏在上海图书馆。如下摘录了有关郁氏信息。

《上海郁氏家谱(黎阳郁氏家谱)》③民国二十三年仲夏黎阳宜稼堂编印

黎阳郁氏家谱序

……清康熙初叶,一世祖序初公,居江苏嘉定县南翔乡里。二世祖象九公。三世祖良佐公。至四世祖宰荣生二子,长子馥山公,次子莲塘公经商上海逐入籍。

卷一　世系

　　四世　五世　六世　七世　八世
　　遇春—润桂—彭年—熙灏—晋培
　　　　　　　　　　　　　　震培
　　　　　　　　　　　　　　益培
　　　　　　　　　熙绳—颐培
　　　　　松年—熙源—本培
　　　　　　　　　　　　东培

---

① 《清代日记汇抄》,第240页。
② 松浦章:《清代末期の沙船業について》,《関西大学文学論集》,第39卷第3号。
③ 《上海郁氏家谱(黎阳郁氏家谱)》,上海图书馆家谱阅览室,所藏编号:徐汇。

荣培
润梓—森年—熙敬—根培
　椿年—熙敬嗣森年后
　　熙浩—元培
　　　恒培

　增年
　介年—熙濂—惠培
　　　　　懋培
　　熙乾—鋆培
　兆年—熙浩嗣椿年后
　　熙咸—祖培
　　　　郎烺培嗣熙淦后
　　　　礽培
　　熙淦—烺培

卷二　世纪
　五世
　润桂讳　淮林字　馥山号　四世郁遇春长子
　生卒　清乾隆三十八年癸巳四月初四日生
　　　　道光六年丙戌十月初二日卒　享年五十四岁
　职业　营沙船业
　子女　子二长彭年　次松年
　居宅　旧居紫霞殿头、道光五年移居东乔家滨、新宅现改市中区乔家路

　润梓讳　晋卿字　莲塘号　遇春次子
　生卒　清乾隆四十一年丙申三月初三日生
　　　　咸丰三年癸丑八月十五日卒享寿七十八岁

职业　营沙船业

子女　子森年、椿年、增年、介年、兆年、鹤年、寿年

居宅　西仓桥住宅

六世

彭年讳　尧封字　竹泉号　润桂长子

生卒　清嘉庆元年丙辰七月初六日生

　　　咸丰二年壬子十月十四日卒　享年五十七

职业　营沙船行号，商船会馆总董

妻妾　妻王氏本邑桐罔字凤喈号峄亭王公三女

子女　子熙、熙绳

居宅　世居东乔家滨

松年讳　万枝字　泰峰号　润桂次子

生卒　清嘉庆四年己未五月初三日生

　　　同治四年乙丑十月十三日卒　享寿六十七岁

职业　佐理兄营沙船行号

妻妾　妻张氏本邑静岩张公女

子女　子熙源、熙仁

居宅　世居东乔家滨

森年讳　庆长字　吟舟号　润梓长子

生卒　清嘉庆六年辛酉十月初六日生

　　　咸丰元年辛亥八月二十日卒　享年五十一岁

职业　业沙船栈

妻室　妻张氏

子女　以椿年子熙敬为后

居宅　世居西仓桥

椿年讳　颂千字　少斋号　润梓次子
生卒　清嘉庆八年癸亥七月二十四日生
　　　咸丰十一年辛酉二月十五日卒　享年五十九岁
职业　商业
妻室　胡氏
子女　子熙恭殇熙敬出嗣森年，而以兆年长子熙浩为后
居宅　世居西仓桥

增年讳　继高字　竺岩号　润梓三子
生卒　清嘉庆十八年癸酉正月十三日生
　　　咸丰元年辛亥八月二十一日卒　享年三十九岁
职业　业商
子女　以介年长子熙顺为后
居宅　世居西仓桥

介年讳　啸湖字　雪梅号　润梓四子
生卒　清嘉庆二十年乙亥三月初二日生
　　　光绪十五年己丑四月初五日卒　享寿七十五岁
职业　教读
妻室　妻杨氏本邑湘帆杨公长女
子女　子熙顺出嗣增年，熙濂、熙乾、熙治殇
居宅　先居西仓桥老宅，道光二十五年似买俞家巷房屋，同治六年添建后面楼房一所

兆年讳　望岩号　润梓五子
生卒　清嘉庆二十二年丁丑十月初五日生
　　　同治十二年癸酉十一月初七日卒　享年五十七岁
职业　任修造沙船所，及老栈新栈总管，兼积仓总管，丰泰、利

昌两处豆麦行经理

　　妻妾　妻叶氏苏州洞庭春山叶公长女

　　子女　子熙浩出嗣椿年,熙咸叶氏出,熙淦(以下略)

卷六　行状

　　高祖考馥山公行略　钟赏述

　　高祖考馥山公讳润桂字淮林,嘉定县南翔乡人也。性警敏有先见之明,年六龄而孤,赖三世祖孝良佐公,抚养成立。十三岁来沪,习商以才力过人,在上者均器重之,后营沙船业,因以起家,遂购地建宅于城内东乔家浜而入籍焉。(下略)

　　六世祖考竹泉公行状

　　公讳彭年,号竹泉,字尧封,五世祖考馥山公冢子。少壮经商承继父业,创办森盛沙船字号,识见独高,而知人航业,渐形阔大船有八十余号。凡沙船出洋,猝遇飓风,搁浅抛弃货物,至船浮而止,名曰松船。故沙船航海事业,非常魄力雄伟,不足以当之。而公独能胜任,愉快无丝毫损失者,真莫大之干才也。承办海运漕水各号商,必推公为领衔,创立商船会馆,举为总董,建造货栈船货,以利商家。又于本邑,开设各种行号,其资本充足,规模宏大者,如鼎泰典、万聚酱园、丰泰·利昌豆麦行号等,分号几遍松太属各县,经商手腕之大,于此可见。

郁润桂兴起的沙船航运业也就是郁森盛沙船商号由他的孩子彭年、竹泉继承。沙船航运业是由郁氏也就是润桂、彭年、松年等父子孙三代经营的生意,商号郁森盛是第二代彭年命名的。郁氏从郁润桂一代开始,既已是拥有七十余艘沙船的大规模经营者。继承其家业的是郁彭年、竹泉。他在拥有八十余艘沙船的同时,也涉足典当业、酱油业、豆麦业等更为广泛的商业活动。在彭年过世后,继承家业的是郁松年、泰峰。泰峰这一代也是拥有"五十余艘"沙船的大船商。郁氏作为上海望族,其

表 1 上海沙船航运业郁氏生卒职业表

五世	六世	七世	八世	字	号	父子关系	职业	生年	卒年
郁润桂				淮林	馥山	遇春长子	沙船业	乾隆 38.4.4	道光 6.10.2
郁润梓				晋卿	莲塘	遇春次子	沙船业	乾隆 41.3.3	咸丰 3.8.15
	彭年			尧封	竹泉	润桂长子	沙船行号商船会馆总董	嘉庆 1.7.6	咸丰 2.10.14
	松年			万枝	秦峰	润梓长子	沙船行号	嘉庆 4.3.5	同治 4.10.13
	森年			长庆	吟舟	润梓长子	沙船码头	嘉庆 6.10.6	咸丰 1.8.20
	椿年			颂干	少斋	润梓次子	商业	嘉庆 8.7.24	咸丰 11.2.15
	增年			继高	竺严	润梓五子	商业	嘉庆 18.1.13	咸丰 1.8.21
	介年			啸湖	雪梅	润梓四子	教读	嘉庆 20.3.2	光绪 15.4.5
	兆年				望严	润梓五子	修造沙船所新合老码头总管积谷仓总管丰泰豆卖行经理利昌豆卖行经理	嘉庆 22.10.5	同治 12.11.7
		熙源		呈来	深甫	松年子	读书	嘉庆 24.1.13	咸丰 8.12.10
		熙敬			格亭	森年嗣子	米行	道光 9.4.22	同治 2.6.5

续　表

五世	六世	七世	八世	字	号	父子关系	职业	生年	卒年
		熙灏			心卿	彭年长子	读书	道光 11.9.9	咸丰 10.7.3
		熙渑		亦泉	正卿	彭年次子	沙船行号	道光 13.3.14	光绪 6.2.28
		熙浩			小严	椿年嗣子	钱业	道光 21.12.15	光绪 3.6.23
		熙咸			砺卿	兆年次子	沙船号 江苏海运局办事 商船会馆总司帐 仁寿堂交际员	道光 25.8.3	光绪 20.7.23
		熙濂			右川	介年次子	钱业 江苏海运局办事 轮船招商总局会计科科员		
		熙乾			畅葊	介年三子	钱业	咸丰 1.4.18	光绪 8.9.25
		熙澄			莲孙	兆年三子	酱园	咸丰 7.11.28	光绪 19.4.13
			根培		茂园	熙敬子	豆米业	咸丰 2.9.9	光绪 9.5.25
			晋培	豫培	建伯	熙灏长子	读书	咸丰 3.1.5	光绪 16.3.7
			颐培		仲芬	熙渑子	钱业 江苏海运局文案 商船会馆文案	咸丰 9.6.15	民国 6.4.6

续　表

五世	六世	七世	八世	字	号	父子关系	职业	生年	卒年
			元培		福芝	熙浩长子	钱业 江苏海运局文案 商船会馆文案	咸丰10.7.26	光绪29.7.18
			惠培	惠之	燕生	熙濂长子	商业 通海源布号会计 江裕轮船司事 轮船招商总局会计科科员	光绪2.2.18	
			祖培		门禺	熙咸长子	钱业	光绪2.9.9	民国2.1.23
			懋培	茂生	仲榴	熙濂次子	绸庄业 航业	光绪3.5.16	
			烺培	海珊	炳臣	熙淦嗣子	烟叶行 朝阳轮船公司司账 黑龙江绥化府余县官印局 文牍员绥化分公司检查 重心化学工业社经理	光绪10.9.21	

据《上海郁氏家谱（黎阳郁氏家谱）卷二《世纪》制成

交际关系已不止局限于上海地区。在上海地区拥有众多事业的浙江镇海方氏一族的方仁照也与郁氏保持着亲密往来。

郁松年、泰峰喜好搜集珍藏宋书。如此大规模的收藏,必定是继承父兄沙船航运业后使用赚来的巨额财富购买的。现已被收入《百部丛书集成》的著名丛书《宜稼堂丛书》,在其死后散逸,其中一部,成为清末著名收藏家陆心源的藏书,还有一部分被东京静嘉堂文库所收藏。郁松年、泰峰的古收藏,而今在日本也能看到。

郁松年过世后,其兄郁彭年的孙子郁震培通过捐纳得到了官职。他曾任过江西省清江县樟树镇的通判,及建昌府同知、大庚县知县等江西省的地方官。这一时期主要是在光绪年间。

由上可知,上海郁氏从郁润桂开始经营沙船航运业,润桂的长男郁彭年成立了郁森盛沙商号并通过彭年的弟弟郁松年、泰峰及其子孙的继承得以延续。郁氏沙船航运业在郁彭年的时代达到鼎盛,其设立的郁森商号,除沙船航运业外,还将家业扩大到了码头业、船坞业、豆麦业、酱油业等行业。彭年死后,其弟松年继承家业,在扩充宜稼堂藏书上花费了大量资产。郁氏一族在沙船航运业衰退之时仍担任着商船会馆的要职,在轮船业兴起之时,也有众多后世从事着与此相关的业务。

3. 清代上海沙船航运业各业者

接下来,将对从事沙船航运的几位业者的相关情况做一下简单介绍。

(1) 沙船航运者葛氏

根据族谱,对乾隆至嘉庆年间在沙船航运业十分活跃的葛氏的航运活动做一下简单介绍。首先,我们来看一下《上海葛氏家谱》上所记载的相关事项。

《上海葛氏家谱》(中华民国戊辰年(十七年,1928)重修)

卷一　世系图

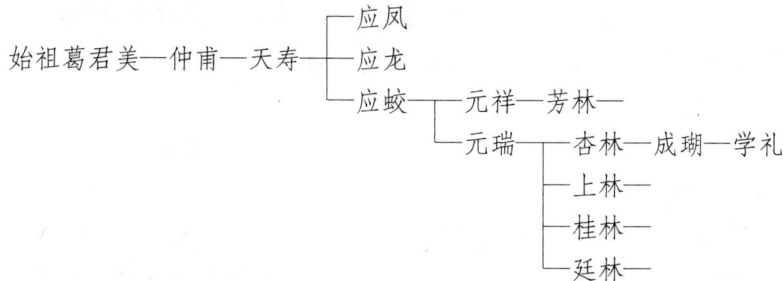

卷二　世次录

第五世

元祥公　应蛟公长子　号映三

生于清雍正七年己酉年二月二十一日申时,卒于嘉庆十六年辛未九月二十一日酉时,享年八十有三。(中略)

公系商界巨子,自设船厂造帆船,行驶关、山东,日臻富裕,建住宅于青龙桥,南曰盛德堂邑庙船舫厅有神位。

元瑞公　应蛟公次子　号雄三

生于清乾隆四年己未六月二十八日　时,卒于嘉庆八年癸亥九月十九日　时,享年六十有五。(中略)

公系工商实业界人,朴诚孝友,昆仲协力,创造帆船营业,日上所有基业,勾分四子,各建住宅。大房建宅于小南门仓湾,曰滋德堂。二房建宅于董家渡同泰弄,曰润德堂。三房建宅于青龙桥,曰盛德堂。四房建宅于张家弄,曰敬德堂。

卷三　序记

顿邱公会记

余闻之先人曰,上海葛氏,初以经商海上,沙船往来,帆樯林立,有所谓葛家厂者,即修筑沙船之坞也。道咸后,家业渐衰,然族祖号松亭公者少年豪放,尚以资财自雄可想见其冯籍之厚矣。

卷三　行述

恪庭公行述

府君讳学礼，字敬中，别字恪庭，自八世祖君美公，始迁上海小南门外青龙桥南滨浦，而居高祖雄三公，曾祖锦芳公，世以海舶为业。

葛元祥生于雍正七年(1729)二月二十一日，卒于嘉庆十六年(1811)九月二十一日。其弟葛元培生于乾隆四年(1739)六月二十八日，卒于嘉庆八年(1803)九月十九日。这两人都曾从事沙船航运业。葛元祥建设船坞，制造帆船，并使用这些帆船航行于东北沿海、山东等地，积攒了巨额财富；其弟葛元瑞也是用帆船开始了航运业。但是在这两人去世后的道光咸丰年间，家族的沙船航运业就走上了衰退。由此可知，上海葛氏的沙船航运业在乾隆至嘉庆年间最为鼎盛。

(2) 王永盛沙船商号

沈宝禾在《忍默恕退之斋日记》咸丰五年(1811)十二月十二日中写道："绅士则郁泰峰、经芳洲、纬……王桐村。"二十五日中又写道："今早即拜王永杜桐村于咸瓜街，……此为船商之最着者。"他在上海船商二十四家名单的签注里所提及的"一　王永盛(桐村)"①，正是咸丰五年(1855)上海沙船航运业界第一的王永盛商号的王承荣、桐村。

李鸿章在同治元年(1862)六月十三日的《上海一口豆石请仍归华商装运片》中写道：

据船商王永盛等联名禀称，沿海编岷，自开北洋海禁以后，造船出海各随地产地土着，贩运懋迁，迄今二百年来，藉此谋生。……

如上所记，大豆运往江南的海上运送一直由沙船航运业界来承担，由于外国的蒸汽机船也参与到了运送行列，沙船业界在陈诉苦情之时，

---

① 上海图书馆编辑：《清代日记汇抄》，上海人民出版社，1982年4月，第239—240页。

会将业界代表的王永盛沙船商号写在最前面,由此,王永盛沙船商号在当时的地位可见一斑。

同治二年(1863)三月,王永盛就已成为相当有实力的沙船航运业者。在同治十一年的《上海同仁辅元堂徵信录》中所记载的同治二年三月二十七日的中,有着这样的记载:

> 上海船号商司月王永盛、郁森盛、沈生义、彭宝泰、郭万丰、蒋济川、汇川、合记、丰记、安吉、久大、源记谨禀大人阁下……①

此处所记载的司月中,有七位和沈宝禾在《忍默恕退之斋日记》中提及的上海船商二十四家名单相同。他们分别是:

一　王永盛　桐村

二　郁森盛　泰峰

三　沈生义　晚香

五　彭宝泰

七　孙丰记

十　李久大　成久　也亭

十二　郭万丰　凯庵②

王永盛沙船商号的王承荣,在咸丰九年时,身兼上海最具代表性的慈善堂——同仁辅元堂的董事。③ 与后述的经纬、郁松年等人具有同样的地位。

同治二年(1863)、同治十一年(1872)的司总仅有一人。

王承荣　桐村④

既知王承荣、桐村,也就不难知道王永盛商号了。

---

① 上海博物馆藏,同治十一(1872)年《上海同仁辅元堂征信录》,第115页上。
② 上海图书馆编辑:《清代日记汇抄》,上海人民出版社,1982年4月,第239、240页。
③ 上海博物馆所藏同治十一(1872)年《上海同仁辅元堂征信录》禀呈,第30页上。
④ 同治十一(1872)年《上海同仁辅元堂征信录》禀呈,第46页上。

清末咸丰六年(1856),经正记在上海发行了两种最早的银币。①

  表 咸丰六年上海县号商王永盛足纹银饼
  里 朱源裕监倾曹平实重壹两银匠万全造

  表 咸丰六年上海县号商王永盛足纹银饼
  里 朱源裕监倾曹平实重五钱银匠万全造

图2 《老上海货币》,上海人民美术出版社,1998年1月,第8页。

---

① 蒋仲川:《中国金银金币图说》(1939年上海初版),香港龙门书店,1966年6月,第37—39页。

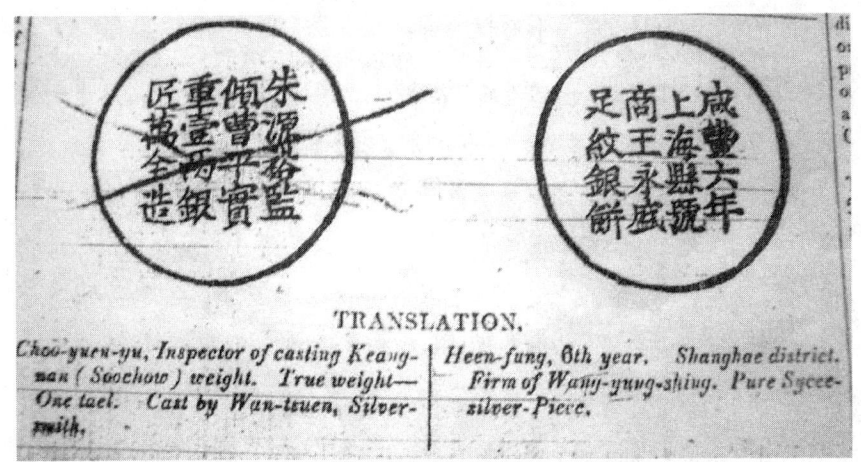

图3 *The North-China Herald*, No. 331, November 29, 1856, p. 70.

TRANSLATION

Choo-yuen-yu, Inspector of casting Keang-nan(Soochow)weight. True weight-One tael. Cast by Wun-tsuen, Silver-smith.

Heen-fung, 6th year. Shanghae district. Firm of Wang-yung-shing. Pure

王永盛发行了一两银币和五钱银币两种。虽然加藤繁博士认为"王永盛、郁森盛及经正记都是钱庄的牌号"①，但王永盛却是沙船航运业的巨商。②

(3) 经正记沙船商号

在《忍默恕退之斋日记》，咸丰五年（1855）十二月十二日一条中，沈宝禾写道："绅士则郁泰峰、经芳洲、纬……"在二十五日中，又写道："经正记芳洲于药局弄同仁堂，……此为船商之最著者。"在记述的注释里，所提及的上海船商二十四家名单中的"十三经正记（芳洲）"③，正是咸丰五年（1855）当时上海沙船航运业者中排名第十三的经世记商号的经芳

---

① 加藤繁：《支那经济史考证》下卷，东洋文库，1952年3月，第455页。
② 《清代日记汇抄》，第240页。
③ 上海图书馆编辑：《清代日记汇抄》，上海人民出版社，1982年4月，第239—240页。

洲。同治《上海县志》第二十三卷中有：

> 经纬，字芳洲，浙江上虞人，幼孤寒，在沪习业起家，初艰于嗣孳孳为善，于邑同仁堂，后倡为辅元堂，补同仁所未及，兼司育婴堂。癸丑之乱，各堂董星散，纬不忍听乳妇诸婴之陷，誓与堂存复，竭力措米薪，凡十有八月，而城复委办，善后与邑绅士，悉心筹画纖悉钩稽。时各堂缺费，适娄金两，邑兵扰荒芜力筹巨捐，买田后冈，建仓收租，作三堂公产，以垂久远，其为本籍置公所义冢如之，后以浙宁海塘工上游，委办积劳，卒得优赠。

如上记载，经纬，字芳洲，本是浙江上虞人氏。在上海历经艰苦起家，热衷于社会慈善事业。特别是在咸丰三（1853）年癸丑之乱，即上海小刀会暴乱之时，尽力救助了大批受难的妇女儿童。

光绪十七年《上虞县志》卷一三中《经纬》传、光绪二十五年《上虞县志校续》卷一四的《经纬传》，都引用了《上海县志》中的这番话。

光绪二十五年的《上虞县志校续》卷三五《学校志·义塾的·经氏义塾》中有：

> 知县刘书田撰记略，经君芳洲，少孤，苦性孝友，未弱冠，即学负贩于苏之上洋。四十年，获有余资，不置生产，先以买祭田，建祠堂，立义塾为首务。①

经纬少时前往上海经商所赚来的钱，很少用在自己的身上，很大一部分都拿来修建祠堂、义塾等。他的长男经元善也为上虞县的善堂建设进行了义捐。光绪《上虞县志校续》卷三五《建置志三·捐献资产》中有：

> 积善堂 在县治西南，旧系新令到任公馆，计屋三十余间，岁久坍塌。光绪十七年，知县唐煦春，暨邑绅经元善等，公议改为善堂，

---

① 光绪二十五年《上虞县志校续》八册，《中国方志丛书·华中地方》第201号，成文出版社，第2644页。

筹款重修。①

也有着如此记载。上虞县知事的公馆因年久失修,光绪十七年,知县唐煦春及乡里绅士经元善等人合同商议善堂改建之事,并开展了收留孤儿、治病救人②等一系列义举。在筹集到的一万五千八百大洋的善款中,经元善捐献了六千③大洋,占到了总体的40%。光绪十五年,有着"上海协赈绅士经元善"④之名的他,在上海地区投入力量进行赈济,成为当时的代表人物。

关于经芳洲,他的长男经元善编纂了《趋庭记述》一书。此书经虞和平改编,写成了《经元善集》。⑤ 关于经元善,刘广京不仅将其认定为商人,还指出了他作为政治家的先见性。⑥ 此外,高桥孝助也写出了经元善作为政治家的一些列活动。⑦

清光绪二十三年(1897)刻本经元善辑《趋庭记述》⑧第二卷,余姚朱兰拜的《经君芳洲先生家传》(第48—52页)中有:

> 君讳纬,字庆桂,芳洲其号也。浙之上虞人,与余家为邻邑。……经氏先世,由金陵迁虞之三都驿亭村,曾祖讳尚德,祖讳士玉,父讳翰文,皆累赠资政大夫。母何太夫人,实生君,君生而颖异,幼孤读书石堰,……以贫故贸迁上海。……丁未,上海绅士公举主辅元善堂事。……君生于嘉庆九年甲子六月初一日,卒于同治四年乙丑八月十三日,享年六十二。……子五,元善、元仁、元智、元勇、

---

① 《上虞县志校续》八册,第2532—2533页。
② 《唐煦春记》,《上虞县志校续》八册,第2534页。
③ 《上虞县志校续》八册,第2533页。
④ 《宫中档光绪朝奏折》第4辑,第495页。
⑤ 虞和平:《经元善集》,华中师范大学出版社,1988年7月。
⑥ 刘广京:《商人与经世》,《代中国史研究通讯》第6期,"中央研究院"近代史研究所,1988年9月,第30—37页。
⑦ 高橋孝助:「「公益善挙」と経元善—人的な集積とネットワーク—」,日本上海史研究会编《上海—重層するネットワーク—》,汲古書院,2000年3月,第63—94页。
⑧ 经元善辑《趋庭记述》二卷,光绪二十三年(1897)年,沪上经氏刻本二册,上海图书馆(长54449—54450)。

元祐。元勇早殇。女三。……

此外,在《趋庭记述》第二卷的末尾写道:

长男元善敬述,孙亨沐同,曾孙利晋恭校。

另外,中国国家图书馆分馆所藏的经元善、经元智编纂的光绪二十一年(1895)刻本《驿亭经氏宗谱》二卷(图书编号:传779.17/89)对经氏系谱的补订如下图。根据该书的记载,经纬生于乾隆三十九年(1774)三月二十日,逝于嘉庆十八年(1813)三月十九日。元善生于道光二十一年(1841)七月十三日。因此,经纬享年39岁,元善11岁时成为户主。

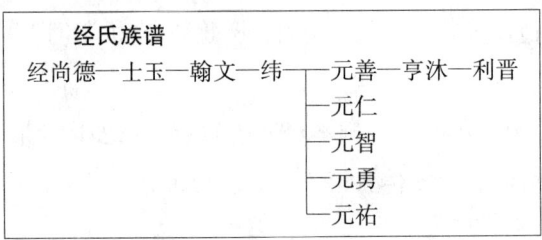

《趋庭记述》卷二《资政公补遗轶事》中有:

公质直好义,勉人为善,不惮婆心苦口。沪南有陈有德沙船字号,与公所设元记钱庄往来久,创业者无后,继侄为嗣。道光某年,海上飓风恶,坏沙船不少,陈号亦不免。时陈号揭欠各庄会票银拾余万两,元记亦有伍千金,届转票之期,因与元记计息不合,骏将欠款退还,公深讶之。……已越岁余,沪绅郁泰峰、沉晚香、系亭华、郭畅庵等均愿代赔息事,公力阻曰:"诸君出资加惠,我不美名可乎?公等姑俊之终有水落,石出之日也。"

经纬与陈有德沙船商号和他自己经营的元记钱庄都保持着极为密切的关系。道光年间,由于海难,陈有德的沙船字号损失了不少沙船,从各钱庄借入的白银达到10多万两,由此也给经纬经营的元记钱庄增加了5000两的不良债权。由此也能看出,经氏不仅经营沙船航运业,还经营钱庄。

咸丰六年(1856),经正记还发行了清末上海最早的一种银币。①

正面:咸丰六年上海县号商经正记足纹银币

背面:朱源裕监倾曹平贵重一两银匠丰年造

图 4

经正记一两银币发行了一种。加藤繁博士认为:"王勇盛、郁森盛还有经正记都可能是钱庄的牌号"②,由此可见,经正记不仅是沙船航运业的巨商,而且还经营着钱庄。

上面记述的开创经正记沙船商号的经纬,在咸丰五年(1855)时,被认为是上海沙船航运业者当中的成绩显赫之人,他还经营着自己的钱庄。③沙船航运业在光绪年间时虽然已经开始显现出衰退的迹象,但其长子经元善在上海同仁辅元堂担任司总④,在钱庄业界非常活跃。

(4) 王公和沙船商号

沈宝禾的《忍默恕退之斋日记》咸丰五年(1855)十二月十二日的日记中有:"绅士则郁泰峰,经芳洲纬,郭邕庵长祖,王叔彝庆勋……"在二十五日的日记中,他又这样写道:"王公和任伯、棣庵于新码头,……此为

---

① 蒋仲川:《中国金银金币图说》(1939年上海初版),1966年6月香港龙门书店,第37—39页。
② 加藤繁:《支那经济史考证》下卷,东洋文库,1952年3月,第455页。
③ 《清代日记汇抄》,第240页。
④ 同治十一年《上海同仁辅元堂征信录》中,咸丰九年、同治二年时,经纬是同仁辅元堂董事中的一员。同治十一年为任事的司总"经元善　廉山"(第46页上)。

船商之最著者。"在其记述的附页里面的上海船商二十四家的名单"四王公和(叔彝、泉生、任伯、棣庵)"①中,还可以看出咸丰五年(1855),位于上海沙船航运业者第四位的是王公和商号的王庆勋。

同治《上海县志》卷二一中可以看到王庆勋的生平:

> 王庆勋,字叔彝,寿康子,附贡生,少慷慨有大志,以地县需次浙江。咸丰二年,浙省试行海运,庆勋条列事宜事竣,以同知用。三年上海陷,浙运将改由宁波,以沙船不习旧宁道,庆勋力排众议,由刘河出口,刘河浅阻,请江浙协浚,商民便之,先后董办海运,凡八次。以贼久踞上海,捐资募勇屯罗家湾,断贼西窜路。……

王庆勋,字彝庆,王寿康之子。咸丰二年(1852)浙江省请王庆勋指挥海运,咸丰三年,在小刀会势力支配下的上海,从宁波用沙船进行了海运。王庆勋主张从上海北边的刘河口开始进行航运,由于刘河泥沙淤积,他进行了疏浚,赢得了商人们的拥护,之后八次担当了海运的指挥任务。

同治《上海县志》卷二一的王文瑞的传记中有:

> 王文瑞,字辑庭,生一岁而孤。兄文源,字春泉,长于文瑞三岁,……贩渤海辽沈间,多亿中家累巨万,兄弟同力养母。……文瑞子寿康,字保之,号二如,晚号还读老人。

王文瑞和他的兄长王文源一起从事航运事业,文瑞的孩子以寿康为号,在上文中的沈宝禾的《忍默恕退之斋日记》中以王庆勋的名字出现。王庆勋还有著作《诒安堂诗初稿》。②

王庆勋的著作《诒安堂诗初稿》卷三《槎水往还集》中这样写道:

> 佘山行　并序
> 道光乙未(十五年,1835)六月十一日徐德兴商船,于佘山遇盗,

---

① 上海图书馆编辑:《清代日记汇抄》,上海人民出版社,1982 年 4 月,第 239、240 页。
② 王庆勋:《诒安堂诗初稿》卷三《槎水往还集》,上海图书馆《诒安全集》所收。

水手赵坤亮、朱凡倌等被戕贼此吊之。

道光十五年(1835)六月,徐德兴商船在佘山遭遇海盗,同船的水手被杀害。这首就是吊唁他们的一首诗。

另外在同书卷八《得闲集》下①中,还有这样一段文字:

飓风行

庚子(道光二十年)十月初八日,辽阳大风,上海沙船之在洋者,覆没七十余舟,悯商贾之艰,为作是篇。

这首是道光二十年(1840)十月初八,上海的沙船在海上遭遇台风,七十多艘船遇难时哀悼诗。王寿康还作有《自鸣稿》两卷,诗一卷共一册。②

王庆勋一家的家谱记载在《(上海)王氏家谱》四册③当中。这本书的卷二《世传·第五世》中记载了王文瑞的生平。王文瑞是王惠仕公世禄的次子:

辑庭公,惠仕公次子讳文瑞,字南章,号辑庭,以义赈议叙九品职衔海运。钦给七品职衔,生于乾隆二十九年十一月十八日戌时,卒道光十五年四月初十日巳时,寿七十有二。娶张太孺人,生于乾隆三十三年四月初七日亥时,卒道光十一年九月初三日丑时,寿六十有四。生子一名寿康,女一适加捐布政司理问杨立仁……

王文瑞生于乾隆二十九年(1764)十一月十八日,卒于道光十五年(1835)年四月初十。有一男和一女,儿子名为寿康。在书中卷二《世传》中还有:

例授文林郎钦给七品职衔显考辑庭府君行述

……府君姓王氏讳文瑞,字南章,号辑庭。自五世祖绣辅公以

---

① 王庆勋:《诒安堂诗初稿》卷八《得闲集》,上海图书馆《诒安全集》所收。
② 王寿康(二如)撰《自鸣集》二卷,诗余一卷,全一册(上海图书馆 314627)。
③ 《(上海)王氏家谱》四册(上海图书馆 347499—347502)。

上,世居本邑浦西周家渡。至高祖与可公,讳君顺,迁居大东门外太平街,时康熙三年也。公三子,次为曾大父廷飓公,讳右臣,家贫以力自食能任事为人排解纷难。……大父惠仕公,讳世禄,……子二,长伯父春泉公,……次为府君,府君一岁而孤,张太宜人苦节抚养。……十七岁与同里桂翁,号鸣发者聚所纹索为肆,始释手中艺而经营焉。鸡初鸣先起列肆,毕然后呼徒伙兴曰此苦吾亲历之不当恤其力乎。时有告以朽索杂新麻计可获利倍,府君戒不可曰:"海舶遇风所恃者此耳,苟不慎倾覆之患目我致矣。"以故远近海商慕其诚,而货者踵至家田,由是稍给桂翁精治生理为示府君[角力]两乘除诸算法,一旦晚尽得其要问讲古来忠孝节义事,府君曰圣贤之学,心窃慕之。……道光五年,国家筹办海运苏松常镇太四府一州大漕,均雇商船由本邑出口直达天津,府君以自置海船若干只,砺勉急公转运无[吴]事竣,大吏以报効诸绅民,上闻府君与焉,钦加七品职衔。十三年秋观察吴公[瓶]捐修建本邑城垣,府君命不孝寿康,捐银六百两。……府君尝乘海舶贸易遭飓风屡濒危默[祈]于神终得平。府君[仆]素俭约,生平未御鲜衣革服茧袍布袜,终其身食不过二簋,人以过约讽者……

书中《第六世》中有记载:

二如公辑庭公长子,讳寿康,原名映钰,字葆辉,号二如,生于乾隆六十年十一月初十日午时,卒于咸丰九年二月初四日申时,享年六十有五,邑庠附贡生。道光十五年捐建合邑节孝祠。……诰封资政大夫原配施太夫人,生乾隆六十年十一月十九日巳时,卒于道光六年十月二十六日亥时,享年三十有二。继配徐太夫人,生嘉庆九年五月初九日戌时,卒道光九年八月二十六日,享年二十有六。继配葛太夫人,生于嘉庆十年十月初九日未时,卒于道光二十六年七月二十五日戌时,享年四十有二。侧室氏沈,以子庆荣官例封恭人。子六,庆勋、庆均、庆坱,施太夫人出,庆坱伤。庆昌,葛太夫人出。

庆分、庆谋,沈恭夫人出。女四……

根据《上海王氏家谱》卷三附录《张姓立收沙船据》中记载:

> 王辑庭(文瑞)表兄,于道光十二年八月,自出资本,建造张原发沙船一只,计一应工料建本银九千三百八十八两,立愿驶行生意,偿清建本之后,许将该船,拨为吾家张姓合族公产。十五年间,表兄去世,今生意澹薄,稍有盈余,仅敷庄息,该船建本,尚未偿清,加以十四、十九两年,进坞修费共一千五百十七两。

王文瑞和兄长文源二人在道光十二年(1832)用自己的资金建造张原发一只沙船,造船经费为9388两。根据《续修王氏家谱》第四册①记载:

卷一 第七世

　　叔汇公,讳庆勋,二如公长子,生于嘉庆十九年甲戌十月初七日辰时,卒于同治六年丁卯十月二十三日寅时,享年五十有四。

　　……府君鬻市房沙船,并多方借贷亲友以应之,倾家不悔。当上海陷时,浙省冬漕议取道宁波,府君谓"宁船驰沪,奢舵素所熟谙,沪船赴宁,礁沙难于深识"。众议请于中丞,改由刘河出口,刘河浅阻,请浙省协助……

可见王庆勋的沙船航运业占据了他主要产业的重要地位。王氏系谱如下:

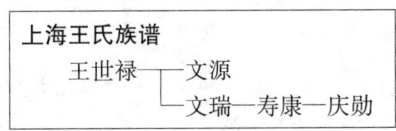

王寿康、二如撰的《自鸣稿》二卷、诗余一卷一册,咸丰八年(1858)刻本,收藏于上海图书馆(图书编号:314627)。其卷首为《二如先生八十岁

---

① 《续修王氏家谱》四册(上海图书馆 347491—347494)。

小像》,图中左肩部分的阴影为污渍。《自鸣稿》以如下文字开头:

《自鸣稿》卷上

上海王寿康二如著

古意

　　人当初生时,浑然如抱璞。自经嗜欲后,天真遂日斲。货殖慕陶朱,功名竞管乐。羁锁各纠缠,甘受此促搦。坐令鬼伯忙,接引手纷握。所以明眼人,名利难相缚。非关傲世途,守分即为福。同游大梦中,蘧然谁早觉。

图 5

(5) 沈生义沙船商号

沈宝禾在《忍默恕退之斋日记》咸丰五年(1855)十二月二十五日的日记中写道:"沈生义晚香、……此为船商之最著者。"在这篇叙述的附页中的上海船商二十四家名单中记述有:"三　沈生义(晚香)"、咸丰六年三月十九日的日记中写道:"沈生义晚香于新码头"①,咸丰五年(1855)年当时上海沙船航运业者中位于第三位的就是沈生义的沙船商号,它占据着新码头。

同治《上海县志》卷二一《沈大本》中有:

> 沈大本,号晚香,父志明,以海商节啬致富,好为善。大本兄弟,性尤诚挚。大本年十五,有某商误溢缗数十贯,觉而还之。仆妇少艾,暮夜褰帷,入峻拒而善谕之,卒全其节。父殁,承命以治丧费捐善堂。道光己酉(二十九年,1849)水灾设粥厂,偕兄大成,以屋数十椽,收育弃孩。闻河南饥,载粮往赈,埋浮棺以千计。咸丰辛酉(十一年,1861)贼扰浦东,难民麕至,命其弟大立,留养数千人。贼至则登舶以避,逾年寇退,乃遣还全活甚众。长子维桢,邑庠生,敦朴好善,早卒。

沈大本,号晚香,其父为沈志明。沈大本接替志明成为海商。沈大本和其兄大成皆为诚实守信的兄弟,为尽人皆知,还记载有表现大本诚实性格的逸闻趣事等。道光二十九年(1849)前,其父志明去世,丧葬费用按照遗言捐献给了慈善机构。道光二十九年由于水灾,沈大本和其兄大成设置了粥厂,为了救济孤儿,将他们收容在自己家中。另外,当时河南饥荒的时候,他们负责运输救灾食品、处理遗体等。咸丰十一年太平天国运动蔓延到上海浦东,他们救济前来的难民,帮助船只避难,做了很多善事。下文是沈氏一家的家谱,可见沈家在道光到咸丰年间的沙船航

---

① 上海图书馆编辑:《清代日记汇抄》,上海人民出版社,1982年4月,第239—240页。

运业中是非常活跃的一个家族。

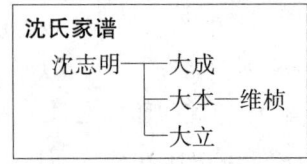

(6) 陈丰记沙船商号

民国二十五年《上海县志》卷一五《人物上》中有：

> 陈增钧,字佑申,承父业沙船赖以生活者,恒在三百人以上,生平任侠好义,凡遇水旱偏灾,地方公益事,靡役不与。光绪八年,山西大饥,输银五千两。光绪二十年,黄河告灾,输银叁千两,皆匿名捐助,世莫知之。光绪十年中法之役,钦差大臣左宗棠、南洋大臣曾国荃,会檄委办,后路粮台,悉心擘划,绝无陨越。事竣,由军功保,至同知直隶州上峰器重相罗致侍养嗣母,终未出山。光绪三十四年卒,年五十有六。
>
> 弟增源,字藻春,世业商,至增源更业,转运往返沪、津、营口间。性伉爽质直,有沙船遭洋舶撞折,后舷船梢损失甚巨,送向索赔不允,反以行驶,不慎责难事⋯⋯增源子锜稷堂,附贡,由国史馆誊录议叙盐大使。

陈增钧的父亲是沙船航运业者,陈增钧继承父业同样从事沙船航运业,成为拥有船员 300 多名的大船商。他生于 1852 年(咸丰二年),死于光绪三十四年(1908),他的父亲在道光年间从事沙船航运运营。但是现在还不清楚陈增钧的沙船商号的情况。

陈家作为拥有商号的沙船航运业者,根据沈宝禾的《忍默恕退之斋日记》记载,咸丰五年(1855)当时的"上海船商二十四家名单"当中有如下几位陈氏成员：

　　　　十六　　陈有德　芝芳　南仓街

二十三　陈文献　会馆间壁①

陈增钧可能是上述两家的可能性都很高。另外,光绪十八年(1892)的《重修商船会馆碑》中,和众多沙船航运业者一起列着的名字还有"陈丰记"②。

下面就来找一下在《中外日报》《本埠新闻·南市》中记载的陈丰记沙船的航运活动。

《中外日报》第88号,1898年11月22日,光绪二十四年九月二十九日的《本埠新闻·南市》中登载的《沙船回南》中有:

> 南市各号之沙船,开往牛庄者,皆有回南之信。而后放之船,有不及驶北者,均将回埠。昨有正康号内之万丰顺沙船,及陈丰记号之朱元泰沙船,已在半途,由小轮佗带回申,皆恐北地河冻,故即折回云。

前往牛庄的陈丰记号的朱元泰沙船正在返回上海南市途中的消息,通过轮船传了回来。

《中外日报》第262号,1899年5月12日,光绪二十五年四月三日《本埠新闻·南市》的《沙船到埠》中有:

> 前昨两日,沪南同康号到朱永泰沙船,陈丰记到朱源泰沙船……均由牛庄来。……按近日来船,虽涌货价,仍不能松,盖由底价颇昂之故耳。

陈丰记号的朱源泰沙船从牛庄进入港口,和其他沙船的载荷一起活跃了市场气氛。

《中外日报》第314号,1899年7月3日,光绪二十五年五月二十六日《本埠新闻·南市》中的《详志丈量情形》中,有一篇关于南市商船会馆和徽宁会馆之间土地问题的报道:

---

① 沈宝禾:《忍默恕退之斋日记》,《清代日记汇抄》,上海人民出版社,1982年4月,第240页。
② 上海博物馆图书资料室编:《上海碑刻资料选辑》,上海人民出版社,1980年6月,第201页。

> 南市商船会馆,与徽宁会馆思恭堂,占夺涨地一案,兹经思恭堂董胡广文德景邀同铁路帮办潘芸荪观察,与商船会馆董陈丰记商船号主及久大号主李绅董,邀同朱森庭明府订期会勘。昨晨,禀请邑令王大令,带领丈量手由十六图图书朱三洲二十三铺地,甲钱升隋同共诣商船会馆一路丈量……

由此可见陈丰记商船号主在光绪二十五年(1899)当时是商船会馆的董事。

《中外日报》第381号,1899年9月8日,光绪二十五年八月初四日《本埠新闻·南市》中的《纪沙船》一文中有:

> 上月杪沪南,镇康号到秋风头帮金万年沙船,由牛庄来。……陈丰记之金协裕,兴记号之金大昌沙船,均由牛庄来。……

可见陈丰记的金协裕沙船从牛庄到上海南市靠岸。

《中外日报》第384号,1899年9月11日,光绪二十五年八月初七《本埠新闻·南市》的《货船抵埠》一文中:

> 陈丰记号朱源泰沙船,满装油豆各货,由营口装运来申,于昨日抵埠,闻船至吴淞口,时因急欲进口,故别雇小火轮拖带。

陈丰记的朱源泰沙船从营口满载大豆油和大豆归航时,为了在吴淞口可以快速入港,雇佣了小型汽船拖航进港。

《中外日报》第470号,1899年12月6日,光绪二十五年十一月初四日《本埠新闻·南市》的《沙船又到》一文中写道:

> 南市……陈丰记之沈恒翔,……各沙船,由牛庄来,……各货均获利颇丰之。

可以知道,陈丰记的沈恒翔沙船从牛庄装载可以获得高利润的货物,进入了南港。

《中外日报》第608号,1900年4月30日,光绪二十六年四月初二日《本埠新闻·南市》的《沙船又到》文中有:

> 昨日,陈丰记号之朱源泰、金协裕,合盛号之金利康、三沙船,均由牛庄……均于昨日先后进口,至申停泊。

可见陈丰记的朱源泰、金协裕从牛庄到达了南市。

《中外日报》第 673 号,1900 年 7 月 4 日,光绪二十六年六月初八《本埠新闻·南市》的《沙船又到》一文中有:

> 前昨南市……陈丰记号之朱源泰……均由牛庄二次装货来申。

可知陈丰记的朱元泰在光绪二十六年两次从牛庄回港。

《中外日报》第 675 号,1900 年 7 月 6 日,光绪二十六年六月初十《本埠新闻·南市》的《沙船又到》文中有:

> 前昨南市……陈丰记之和长源与万增利……等沙船十六艘,均由牛庄,装运饼豆油来申……

陈丰记的和长源沙船和万增利沙船等 16 艘船只从牛庄满载着豆饼和大豆油在南市靠岸。

《中外日报》第 764 号,1900 年 10 月 3 日,光绪二十六年闰八月十日《本埠新闻·南市》的《沙船又到》中有:

> 交秋以来,北口不靖,沙船到者寥寥。无几月,初陈丰记商号之金协裕沙船,由岐山,加装豆油来申。闻金舟于六月出口,时该商号,再三商恳舵工,并发双关,现饷各水手,始各欣然前往。讵到烟台、牛庄等口,后所带去之南货布疋,均无受主,只得转口。至岐山,用现银购就豆油,与售剩之南货,一并载回,昨已售得每担银七两五钱,并将原货起岸上栈,近又续到协泰之金长生沙船,由青阳来去。

这一年 6 月由于发生庚子事变和义和团运动的缘故,北方的交易运行困难,陈丰记考虑向东北发船,前往岐山但是装货没有预想的那样好卖,又到了烟台和牛庄,但是在那里装船的货物没有卖出,再次返回岐山,将随身携带的现金购买的豆类货物还有没有卖出的货物装船返回。这时的沙船业主不止陈丰记一家,协泰号也从青阳回港。

《中外日报》第 845 号,1900 年 12 月 23 日,光绪二十六年十一月初二《本埠新闻·南市》的《沙船又到》中有:

  日前……陈丰记之朱源泰、慎记之金永年则由岐山来,……陈丰记之金协裕、由牛庄来。

陈丰记的朱源泰从岐山,金协裕从牛庄到达南市靠岸。

《中外日报》第 868 号,1901 年 1 月 15 日,光绪二十六年十一月二十五日《本埠新闻·南市》的《沙船收港》中有:

  南市各商号,交冬以来,到船顿盛,豆油豆饼,颇能获利,且更获庆安澜,故由陈丰记、顺祥元等商号公定。今明,在商船会馆天后宫圣母神座,□前敬戏二台,而各沙船,亦均于此时收港,候明春开冻,再放云。

光绪二十六年冬天,沙船航运业的业务开始好转,利益开始增加。业者决定在春天东北海港解冰时开始出港。做出这个决定的中心人物就是陈丰记。

《中外日报》第 883 号,1901 年 1 月 30 日,光绪二十六年十二月十一日《本埠新闻·南市》中《商号集议》中有:

  沪南慎记、陈丰记、顺祥元等,现因将次封阅查验沙船,以备运粮,故于日昨,邀请商董王介眉部郎等集议于商船公局。

从事海运的沙船和海运部门的商谈中陈丰记也有参加。

《中外日报》第 1014 号,1901 年 6 月 10 日,光绪二十七年四月二十四日《本埠新闻·南市》的《沙船续到》中有:

  前日南市……陈丰记之朱源泰……均由牛庄来。……

表明陈丰记的朱源泰沙船从牛庄到南市靠岸。

《中外日报》第 1034 号,1901 年 6 月 30 日,光绪二十七年五月十五《本埠新闻·南市》的《沙船续到》中有:

> 前昨南市又到沙船系……陈丰记之金协裕……均由牛庄来。……

陈丰记的金协裕沙船从牛庄回到南市。

《中外日报》第1188号,1901年12月2日,光绪二十七年十月廿二日《本埠新闻·南市》的《沙船续到》中有:

> 本月望日至昨日,南市所到沙船计……陈丰记之金协裕……由牛庄来。……

可以知道陈丰记的金协裕沙船在光绪二十七年一年中至少在上海到牛庄间往返了两次。

《中外日报》第1194号,1901年12月8日,光绪二十七年十月廿八日《本埠新闻·南市》的《沙船续到》中有:

> 前昨,南市商号,续到沙船,计镇康号之金万年、陈丰记朱源泰、和长源,……由牛庄来……

可知陈丰记的朱源泰沙船和和长源沙船从牛庄返航。朱元泰沙船也在光绪二十七年一年中从上海到牛庄间往返两次。

《中外日报》第1210号,1901年12月24日,光绪二十七年十一月十四日《本埠新闻·南市》的《请械防盗》中有:

> 沪南各商号放洋沙船,近来常遇盗匪,昨经商船董陈丰记主陈悟,邀同各号主,赴金陵公禀刘制军,每舟乞给洋枪五支,以为防盗之用,未识允否。

商船会馆的董事陈丰记的陈悟前往南京,由于沙船接连被海盗侵袭的情况愈发严重,请求装备防卫武器。

《中外日报》第1367号,1902年5月30日,光绪二十八年四月二十三日《本埠新闻·南市》的《沙船搁浅》中有:

> 南市,陈丰记商号之沈协裕沙船,在沪装得南货,及沙布等赴牛庄甫出淞口,即被飓风,吹至沙滩,不能驶行,当由耆民发信来沪,由

> 该商号派驳船，至该处将沙布八百件，先行装回，一面雇小轮前往，将船拖回，以便修理。

陈丰记的沈泄裕沙船在上海装载南货沙布等出港后，在吴淞口附近遭遇台风，航行困难，雇佣了小型帆船将 800 件沙布运回。从这件事可以看出沈协裕沙船将上海近郊产的棉布作为南货进行大量装载运往牛庄。

《中外日报》第 1372 号，1902 年 6 月 4 日，光绪二十八年四月二十八日《本埠新闻·南市》中的《沙船拖回》中，报道了陈丰记的沈协裕沙船的海难事故：

> 南市陈丰记之沈协裕沙船，在吴淞口外，被风吹至崇明沙滩后，当□该号主，禀准道台谕派钧和兵轮，驶往拖带，只以该船业□渗漏，无法拖救旋，由号主另请洋商，设法将船，于昨日拖带回沪，以便入坞兴修，闻已费去，拖价银陆白金云。（□：一字不明）

可见沈协裕沙船由于事故被拖入船坞修理。

《中外日报》第二张，1902 年 11 月 23 日，光绪二十八年十月廿四日《本埠新闻·南市》中的《沙船回沪》中有：

> 近日天气渐寒，北洋转瞬冰冻，故前昨两日，沙船之回沪者，计……陈丰记号之万增利、镇康号之胡福兴等船，均停泊浦江，以待明春，装漕云。

光绪二十八年冬，由于过早入冬，北方各海港都冻结，返回上海的沙船很多，陈丰记的万增利沙船也同样归航，停泊在靠近南市的黄浦江上，等待来年的解冰期的到来。

《中外日报》第二张，1902 年 12 月 18 日，光绪二十八年十一月十九日《本埠新闻·南市》的《沙船遇风》中有：

> 南市陈丰记号之万增利……等沙船，日前，由牛庄装货来沪……

如上所记,可知陈丰记的万增利沙船从牛庄返航。

《中外日报》第二张,第 2639 号,1905 年 12 月 13 日,光绪三十一年十一月十七日《本埠新闻·南市》的《沙船号主亏倒逃逸》中有:

> 南市陈丰记沙船号,亏欠各家,往来银十余万两,号主陈紫侯,逃逸无踪,昨由北市南顺泰号主,投报总工程局,请即提追。

陈丰记沙船号主人陈紫侯留下负债 10 万余两逃之夭夭,结果被北市的顺泰号船主举报。

《中外日报》所登载的这些记录是 1898 年开始的 7 年间,特别是上海到牛庄的开展的沙船航运业,还有担任商船会馆董事的陈丰记随着沙船航运业的衰退而破产的各类报道。从这些报道可以认为陈丰记的破产标志着沙船航运业最终划上了句号。

表 2　陈丰记沙船号的航运活动

号数	刊行年月日	沙船名	目的地　备注
88 号	1898 年 11 月 12 日	朱元泰	已在半途,由小型汽船带回申。
262 号	1899 年 5 月 12 日	朱源泰	牛庄
262 号	1899 年 5 月 12 日	金协发	牛庄
314 号	1899 年 7 月 3 日		南市商船会馆与徽宁会馆思恭堂占夺涨地一案　商船会馆董陈丰记商船号主
381 号	1899 年 9 月 8 日	金协裕	牛庄
384 号	1899 年 9 月 11 日	朱源泰	满载油豆各货　在营口雇小火轮拖带
470 号	1899 年 12 月 6 日	沈恒翔	牛庄　各货均获利颇丰
608 号	1900 年 4 月 30 日	朱源泰	牛庄
608 号	1900 年 4 月 30 日	金协裕	牛庄
673 号	1900 年 7 月 4 日	朱源泰	牛庄二次
675 号	1900 年 7 月 6 日	和长源	牛庄　装运饼豆油

续 表

号数	刊行年月日	沙船名	目的地　备注
675号	1900年7月6日	万增利	牛庄 装运饼豆油
764号	1900年10月3日	金协裕	岐山 豆油
845号	1900年12月23日	朱源泰	岐山
845号	1900年12月23日	金协裕	牛庄
868号	1901年1月15日		商船会馆天后官圣母神座
883号	1901年1月30日		备运粮
1014号	1901年6月10日	朱源泰	牛庄
1034号	1901年6月30日	金恊裕	牛庄
1188号	1901年12月2日	金协裕	牛庄
1194号	1901年12月8日	朱源泰	牛庄
1194号	1901年12月8日	和长源	牛庄
1210号	1901年12月24日		沪南各商号放洋沙船近来常遇盗匪,昨经商船董陈丰记主陈牾邀同各号主赴金陵公禀刘制军,每舟乞给洋枪五支,以为防盗之用,未识允否。
1372号	1902年6月4日	沈协裕	吴淞口外被风吹至崇明沙滩
第二张	1902年11月23日	万增利	停泊浦江以待明春装漕云
第二张	1902年12月18日	万增利	牛庄
2639号	1905年12月13日		南市陈丰记沙船号亏欠各家往来银十余万两,号主陈紫侯、逃逸无踪。

(7) 镇康号沙船商号

民国七年(1928)的《上海商业名录》中的"沙船"项目中记载了下面的这些业者名单:

浙东船业公司	南市外马路信泰码头二号		
益昌业	南市里马路如意里二七号	经理	尤合泰
彭祥记	南市董家渡	经理	彭桂年
新记营运公司	南市吉祥街一六号	经理	李咏裳
锦记	南市里马路敦仁里	经理	许蓉芳
镇康	南市吉祥街八号	经理	朱子谦①

这中间,关于镇康沙船商号的朱子谦,在《上海总商会同人录》中,有以下的记载:

朱子谦	Chu Tsu Chih
代表商船公会	Representaitive of Mereantile Marine Guild
浙江吴兴人	Birthplace：Woo-shing, Chekiang
年五十五岁	Age：Fifty-five
通讯处：南市吉祥街镇康船号	Address：Chin Kang Shipping Co., Ki Shiang Lung, Nantau
电话：中央　五四六〇	Telephone：Central 5460②

这家镇康沙船商号在进行着怎样的航运活动？《中外日报》的报道给我们做了复原。

表 3

号数	刊登年月日	沙船名	备注
时务 62	1898 年 7 月 5 日	胡福兴	牛庄
中外 177	1899 年 2 月 16 日	胡福兴	从牛庄入港
228	1899 年 4 月 8 日	金万年	牛庄
243	1899 年 4 月 23 日	胡福兴	牛庄
266	1899 年 5 月 16 日	金万年	牛庄

---

① 上海市档案馆所藏:《上海商业名录》,商务印书馆,1918 年 7 月再版,第 35 页。
② List of Members of the General Chamber of Commerce of Shanghai(《上海总商会同人录》) Jan. 1923, The Chung Hwa Book Co., Ltd. Shanghai.

续 表

号数	刊登年月日	沙船名	备注
297	1899年6月16日	胡福兴	牛庄
320	1899年7月10日	金万年	牛庄
357	1899年8月15日	胡福兴	牛庄
381	1899年9月8日	金万年	秋风头帮·牛庄
426	1899年10月23日	胡裕兴	牛庄
439	1899年11月5日	金万年	牛庄
601	1900年4月23日	胡福兴 金万年	牛庄
657	1900年6月18日	金万年	牛庄
730	1900年8月30日	胡福兴	牛庄
768	1900年10月7日	金万年	烟台等地试行
819	1900年11月27日	金万年	岐山
944	1901年4月1日		牛庄等地出港
966	1901年4月23日	金万年	牛庄·第1次回港
967	1901年4月23日	金万年	牛庄
1012	1901年6月8日	胡福兴 金万年	牛庄
1062	1901年7月28日	金万年	牛庄
1092	1901年8月25日	胡福兴	牛庄
1194	1901年12月8日	金万年	牛庄

《中外日报》第177号,1899年2月16日,光绪二十五年正月初七日的《本埠新闻·南市》的《沙船到埠汇志》一文写道:

> 初五日南市,……镇康号到胡福兴,……广盛到朱兴发等五艘,均由牛庄来。……以上各船所装之货,以饼豆油花生油为大宗北货,次之而新岁饼豆油之价,较去腊增涨,故各号商皆可获利云。

可知,光绪二十五年正月初五日,1899年2月14日,镇康沙船商号的胡福兴号船等从牛庄返航。这些沙船上的载荷都是豆饼、豆油、花生油等北方货物。

《中外日报》第944号,1901年4月1日,光绪二十七年二月十三日《本埠新闻·南市》中有:

> 沙船开行〇镇康庄,去年因北地构衅,将由沙船装往之沙布,仍复带回寄栈,兹因各口平靖,前日仍令沙船装往销售闻,开往牛庄等处之开冷沙船,近日共约四十余号云。

镇康号在前一年即1900年由于义和团运动的影响,沙船从上海运出的棉布滞销。这一时期结束后前往牛庄的沙船达到了40多只。

《中外日报》第1335号,1902年4月28日,光绪二十八年三月二十一日《本埠新闻·南市》中有:

> 沙船验到〇前昨两日,南市各商号之沙船,由牛庄装载油豆饼等货到沪者,计顺祥源号之沈裕寿,同康号之沈合茂,慎记号之钱增裕、庆安澜,牲记号之万寿福,镇康号之胡福兴。

1902年4月26日、27日各商号的沙船运载着从牛庄上船的油、豆饼等货物回到上海,其中包括镇康号的胡福兴。

根据《中外日报》第二张,1902年11月23日,光绪二十八年十月廿四日,不取分文,《本埠新闻·南市》中有:

> 沙船回沪〇近日天气渐寒,北洋转瞬冰冻,故前昨两日,沙船之回沪者,计同康号之沈增茂、沈长茂,与记号之金大昌,详记号之孙永兴,各号之张福隆、孙万福、金协泰,慎记号之金大昌、朱永康,蓬记号之蒋长利,顺源号之徐正沅,陈丰记号之万增利,镇康号之胡福兴等船,均停泊浦江,以待明春装漕云。

这个时候北方沿海的港口少有的结冰使得沙船必须返回上海。这些停泊在黄浦江港口的沙船里也有镇康号的胡福兴的影子。

以上的航运记录中可以看出,镇康号沙船商号至少在1898年到1902年期间,使用胡福兴和金万年两艘沙船,在牛庄港进行过专门的豆类货物交易。

4. 小结

如上所述,参与清代中后期的沙船航运业务的沙船航运业者的史实主要是以下面的几家商号展开的:早期是葛氏家族,然后是使用郁森盛作为商号的郁氏家族,商号为王永森的王氏家族,使用经正记作为商号的经氏,使用王公和作为商号的王氏,使用沈生义作为商号的沈氏和镇康号的朱氏家族。这些沙船航运业者的活动情况都是参照相关的地方志中的传记史料和家谱史料叙述的。其中的大多数,都拥有数十艘沙船,积极进行着航运事业,为东北地区、华北地区和上海地区的商业往来,做出了巨大的贡献。

特别是这些沙船航运业者中的代表,以使用郁森盛作为商号的郁润桂和他的长子郁彭年,还有次子郁松年(泰峰)作为一个典型的例子来说。郁氏家族的商业活动起于沙船航运业的最盛时,随着衰退期的到来走向下坡。拥有数十艘沙船,为上海和东北地区的航运事业贡献了自己的力量,其积蓄的财产的一部分由郁泰年倾注进古籍的收藏事业。收集的重要古籍的一部分还收藏在东京静嘉堂文库中。另外,沙船航运业者中的王永盛商号、郁森盛商号、经正记商号等冠名的银币,铸造的银制品等为清末的上海经济做出了贡献。

至少在回顾 18 世纪初期到 20 世纪初期的这 200 年的上海的历史时,是无法忽视沙船航运活动的历史的。可以说在这些航运活动的背后的航运业者的事迹,还是有必要进行更加深入的探讨。

(杨蕾 译)

第 3 章　上海沙船航运业与钱庄业

1. 绪言

　　清代中期至后期上海经济的发展,与沙船航运业有巨大关系。① 而与沙船航运业关系密切的是钱庄业。据说上海的钱庄业创始于乾隆年间(1736—1795)。位于上海市黄浦区南市内园的"钱庄承办祭各庄名单碑"②中,记载了乾隆四十一年(1766)举办"承办祭"的商号名单,因此至迟在乾隆年间上海就有钱庄业活动。

　　钱庄是以一种兑换为本业,承担某种银行业务的商业金融机

---

① 张国辉:《晚清钱庄和票号研究》,中华书局,1989年9月,第12—13页。段本洛、卢伯炜:《论开埠前后上海沙船业与钱庄业的演变》,《江海学刊》,1992年第5期(9月),第116—121页。李瑚:《清代的钱庄》,《清史研究通讯》,1987年第2期(6月),第3—4页。
② 《钱业承办祭业各庄名单碑》,上海博物馆图书资料室编《上海碑刻资料选辑》,上海人民出版社,1980年6月,第254—255页。《最早的钱庄》,据叶亚廉、夏林根主编《上海的发端》,上海翻译出版公司,1992年1月,第107页,乾隆元年(1736)上海钱庄业创始。

245

构。① 至于为何说钱庄与沙船航运业有密切关系,是因为钱庄业为沙船航运业经营相关活动提供贷款,而沙船航运业经营者中也有兼营钱庄业的人员。冯柳堂在介绍中华人民共和国成立前上海的钱庄业与沙船业的关系时,将沙船业作为上海钱庄业起源原因之一:

图1 清末上海的钱庄
点石斋画报三集 匏集匏六,第45页下

> 以余所见上海之有钱庄业,必与沙船业及豆米业有密切之关系。上海之有沙船业,不知始于何时,但知其必始于元以前。盖至元代,海运发达,均用沙船,岁运江南米280万石乃至300万石以上于上都(即今北平),……上海自有沙船业,而后有豆米业,……盖因豆米业之发展,北货业随之而开张,款项之进出浩大,金融之调度频繁,钱庄业顺其自然,得有创业成功之机会。②

---

① 上海东亚同文书院:《清国商业惯习及金融事情》,1904年6月,《明治后期产业发达史资料》第129卷,1992年3月复刻版第1次印刷,1992年3月。该书中有:"于上海,金融机关之大别,为票号及钱庄"(第213页),书中还有:"钱庄有汇划庄、挑打、零兑三种。汇划庄是组合(行会——译者)中的钱庄之谓,挑打、零兑为不参加组合之类者"(第214—215页)。关于钱庄的业务,同书中有:"以存款、贷款为主要业务,故可以说其为普通商业银行。而发行庄票,补充金融界现金不足。所谓庄票,即为Bank Note之类,分钱票与银票两种。前者是对应马蹄银的信用凭证,后者则是对应铜钱的信用凭证。而银票主要由汇划行发行,钱票则为挑打、零兑所发行。"(第215页)及川恒忠:《錢荘ノ發達ニ就テ》,《東亞経済研究》,第6卷第4号,1922年10月,第1—19页。李权时、赵渭人:《上海之钱庄》,1929年初版,华世出版社,1978年2月复刻本。加藤繁:《清代に於ける錢鋪錢荘の發達に就いて》,《東洋学報》第31卷第3号,1947年12月,第335—344页。
② 冯柳堂:《钱庄业由来之推测》,《金源钱庄第一届练习生毕业刊》,第19—22页,1943年9月,中国人民银行上海市分行编《上海钱庄史料》,上海人民出版社,1969年10月,第9页。

可见上海钱庄业的兴起,与沙船航运业有紧密的关系,尤其是对于沙船航运业,经营资金是不可或缺的,所以可以认为,钱庄业对于沙船航运业经营者来说,是作为后援金融机关存在的。

在本章中,欲以明了的事例,具体说明上海钱庄业与沙船航运业之间的关系。

2. 沙船经营与钱庄

民国《上海县志》卷六《金融机关·钱庄》中有:

> 钱庄最初营业,仅系兑换一端。嗣后,商业日繁,始有存款、放款及流通庄票之业务。光绪初,北市有八十余家,南市有三十余家。迫至[光绪]七年中法之役,倒闭相继,仅存二十余家。旋又逐渐恢复,北市有七十余家,南市有三十余家。后营口市面衰败,沪上各状受其影响,颇有外强中干之象。①

如资料中所说的那样,上海的钱庄业在初期的营业内容,是银两与铜钱的兑换业务,随着商业的发展,钱庄业务扩展至存款、贷款以及汇兑等方面。到了光绪(1875—1908)初年,上海北市有钱庄 80 余家,南市有钱庄 30 余家。光绪七年(1881),清朝与法国关系恶化,光绪十年(1884)中法战争爆发,上海的钱庄接连倒闭,仅存 20 余家。其后,景气恢复,北市和南市的钱庄分别恢复到 70 余家与 30 余家。但是,上海钱庄的业务受东北海港营口景气衰退的影响,显现出外强中干的景象。当时连接上海与营口的,是上海的沙船航运业。

关于沙船航运业与钱庄业之间的紧密关系,在上海刊行的英文报纸《北华捷报》(*North China Herald*)第 411 号,1858 年(咸丰八)6 月 12 日的报道中有:

---

① 民国二十五年(1936)铅印《上海县志》,《中国地方志集成　上海府县志辑(四)》,上海书店等,第 124—125 页。

（前文略）由于这是读者所关心的事情，所以我们在此想尽量简洁地叙述上海本土银行业组织的特色与现在贸易不振的原因。

钱庄（原文为Bank）是本土的民间银行业的设立的，管理着大量基本财产。出资者们各自出具以开设钱庄必要资本金中的一部分。就外国的意见来看，钱庄的数量多达120家。在市内的50家钱庄被称为小型钱庄，以500—1000两左右的资本金开设，这些钱庄并不为外国人注目。另外的8—10家为富裕的出资者所有的大钱庄，其对外宣称的资本金应不超过3—5万两。这些钱庄由戎克(junk)的船主（船只所有者）们出资。以船舶为担保，船主们向北方运输贡米，返航时运输油、豌豆、蚕豆、油粕等，在售出这些货物之后再行决算。他们（钱庄）也向金、银、上海与墨西哥银元出手，这是因为他们应自己的调查，可以引起这些物品的价格上涨或下降。……

钱庄得以享受他们以预付款的形式固定下来的资金之红利，是因为钱庄每日等候戎克自山东到达，信赖（沙船经营者）在付款期限来到时能够归还贷款。同时，另一个方面，他们（钱庄）的资金投资于上海银元，是因为他们推测，新的丝织品涌向省内市场时，（银元）价格会向更高的价格上升。

外国人在不知不觉之间，就接受了他们对货物的付款。钱庄将5、6日定为期限，26日为最终期限时，传来了在北方开始交战的消息（英法联军攻击大沽口炮台事件——译者）。有报告说，（外国）军舰在天津下游停泊，许多戎克遭到炮火攻击……

（钱庄）迫切盼望得到来自北方的信息，很不幸的是，消息是戎克被破坏，上海的贸易恐怕将受到长期的损害。不过，市内富裕的钱庄可能会继续和山东之间的贸易。

另外，好消息是，（上海）对我们的工业产品的需求将十分旺盛。因为约300只戎克将前往山东，在经由通常的供给产生的积蓄过程开始之前,它们热切期盼得到工业制品。①

从上面报道中可获知当时上海钱庄的情况——沙船经营与借款给他从事经营的钱庄之间有密切的关系。其中最重要的是下面的部分,即:

> 这些钱庄由戎克(junk)的船主(船只所有者)们出资。以船舶为担保,船主们向北方运输贡米,返航时运输油、豌豆、蚕豆、油粕等,在售出这些货物之后再行决算。

以上的文字是说,沙船航运业经营者在航运时必要的资金是从钱庄业经营者处借来的。钱庄经营者接受以船舶本身为担保物,贷款给沙船业经营者。关于支付方法,笔者认为大致如下:沙船航运顺利进行的情况下,基本是自上海附近出发之际将御用米运往天津,并在返航时将北方的货物——大豆、豆饼(即豆粕)和豆油等运回上海贩卖,并以所得利益向钱庄业经营者支付贷款本息。于是,沙船航运业经营者为借款人、钱庄业经营者为贷款人这一关系便成立了。对钱庄方面来说,若沙船的航海顺利必将得到丰厚的利润,因此将钱款作为沙船经营之用借出是非常有魅力的生意。

民国十三年(1924)《上海豆业公所萃秀堂纪略·营业之状况》中有:

> 忆昔咸(丰)同(治)年间,沙(船)卫船来货,以豆子居多,豆饼次之,油少数焉。故同业牙行曰豆行,又称饼豆行,俗称关货行。以货皆从关东、山东来也。
>
> 当时豆行规模宏大,信用卓著,以能得号商之信任、能买号货为关键。因交货付价,有镖期二十天,提货后付给本票,尤关慎重。同业恪守信用,当与汇划钱庄本票同也。②

---

① *The North China Herald*, No. 411, June 12, 1858. p. 182.
② 《上海豆业公所萃秀堂纪略》(复旦大学图书馆 502515),民国十三年(1924)八月营业之状况(第 16 页下—第 18 页上)。

咸丰、同治年间,由沙船、卫船运至上海的豆货数量相当大。其中又以大豆为多,豆饼次之,豆油为最少。因此,有专门经营豆货的牙行,它们被称作豆行或饼豆行,俗称关货行。这是因为其经营货物以关东货物为主。事实上,他们经营的货物均来自关东和山东。这些经营豆货的豆行经营规模巨大,信用极高,因此各豆行得到号商的信任。交易以20日为一期进行,豆行各商号发行的票证被像货币一样地使用,与上海钱庄发行的票证的情况相同。

在此欲列出反映当时钱庄经营情况的资料:《上海钱业公会章程 上海钱业营业规则(民国九年(1920)一月修改)》①。该书中《上海钱业公会章程》中有:

第一章 总纲

第一条 本公会以入会之上海钱庄同业组织之名曰上海钱业公会。

第二条 本公会事务所暂设上海总商会内,其旧有邑庙内园之总公所施家弄南会馆文监师路,北会馆不隐本公会设立而废止。

第三条 本公会以谋金融之流通及交易之安全为目的,其应行之职务如左。

在上海设立钱业公会,成为其基础的是上海钱庄同业组织。钱业公会的办事处被设置在上海总商会内,原设于上海县城里城隍庙内的设施被废除。

另外,同书《上海钱业营业规则》第一章"本埠"第一条"营业范围"中记录有钱业共会的营业内容,它应该是以钱庄的营业内容为基准制定的。其内容有:

一　经理恪守存款

二　经放信用及抵押贷款

---

①《上海钱业公会章程 上海钱业营业规则(民国九年一月修改)》(上海图书馆537857)。

三　恪守期票之贴现

四　买卖生金生银

五　汇兑各路银两或银圆及货物押汇

六　其他关有钱业固有之习惯事业

七　公设评市场于北市宁波路、南市豆市街①

其中可见恪守存款、贷款信用及抵押贷款、期票贴现、现货金银买卖、汇兑各地银两银元及货物押汇、其他钱业固有习惯的事业等内容，另外还规定公设的价格市场位于北市宁波路以及南市豆市街。

由上可见，沙船业与经营由沙船航运带回的东北、山东的豆货的豆行以及提供资金和回收资金的钱庄之间关系紧密。

3．严同春沙船商号与钱庄经营

关于沙船航运主参与钱庄业的情况，在《上海钱庄业史料》中即已被指出。② 在此欲列举沙船经营者开设钱庄的一个例子——上海严氏。

(1) 上海沙船航运业严氏的家系

沈宝禾的《忍默恕退之斋日记》中收录了咸丰五年（1855）24家大型沙船航运业经营者的名单，其中可见严同春的名字："十七　严同春　王家码头"③，严同春在名单上排17位，他在南市的王家码头开店。严同春为严殿卿的商号，这一点可从接下来将要列举的《中华全国　中日事业家兴信录（上海之部）》中得知。④

下面来看民国《上海县志》卷一五《人物》中所见严殿卿的记录。

---

① 《上海钱业公会章程　上海钱业营业规则（民国九年一月修改）》（上海图书馆 537857）。
② 中国人民银行上海市分行编：《上海钱庄史料》，上海人民出版社，1960 年第 1 版，1978 年 7 月第 3 次印刷，第 728 页。
③ 沈宝禾：《忍默恕退之斋日记》，《清代日记汇抄》，上海人民出版社，1982 年 4 月。
④ 《中華全國　中日實業家興信録（上海の部）》，上海興信所，上海，1936 年 4 月，第 844 页。

严应钧字秉国,号殿卿,先世白刘河,徙上海,遂占邑籍。祖正邦,少习油麻业,既而白设肆,晚乃营沙船业,卒时年八十。父凤歧,号义棠,幼时习贾吴门,动止异常儿,肆主信任之,及正邦设肆沪上,招之归,肆主如失左右手,内行诚挚,与其弟恪守家业,出入渤海辽沈间,皆守义重信,为众商所推重。其经商一轨于正义所不可,虽逆亿可获巨万不为也。船号而外,曾合股开设钱肆。

严应钧的祖父正邦经营麻油生意,晚年开始经营沙船业。其转行理由可能是麻油的原料——大豆需从东北方面入手。

严正邦之子严凤歧继承沙船业,进出渤海沿海地区以及辽宁方面。其后开设钱肆,即钱庄。①

应钧有子名味莲,关于他的事迹,1936年的《中华全国 中日实业家兴信录(上海之部)》中有:

严味莲　相关事业　致祥钱庄店主　志丰药行股东

江苏上海人,年龄七十岁,此人之父名为严殿卿,不知何处出身,古时来到上海,经营沙船,以"严同春"招牌经营,经营相当正大之主业,另外还经营杂谷类运输等副业,积累了资产,在上海扎根。此人自年少时辅佐父亲的事业,随时代推移,沙船业衰落,便废该业,其后专以收取利息为生,民国元年开设致祥钱庄,直至今日。

致祥钱庄在南市豆市街吉祥弄,为此人的个人经营,在汇划组合钱庄中属于规模大者,开业时的资本金为一万两,储蓄金为三万两,其后增资三万两,民国二十二年废两改元之际增资为十万元,现在资本金十万元,虽然与其他钱庄相比资本额较小,但由于本人自身的资产以及信用,营业范围涉及面很广。民国二十二年以后,虽说普遍不景气而收缩交易,但致祥仍贷出三四百万元,在组合钱庄中属于中流以上的交易额。尤其是,主要交易对象的杂谷肥料商,

---

① 严同春沙船号的名号在《重修商船会馆碑记》中记为"严同春号"出现,商船会馆重修时严同春号进行了捐助(《上海碑刻资料选辑》,第100页)。

因此于民国二十三四年度经营仍游刃有余,据说民国二十四年度的纯利润达二万元。

志丰药行在南市咸瓜街,专门制造贩卖国药,开业三十余年,是相当有名的老铺。有数种专门药,拓展销售网至全国。该药行原来由本人(严味莲)个人经营,数年前,长期员工加入股东行列,现为资本六万元的合资组织。经理为本人的长男严载如。

【家系】有二子,长男严载如经理上述志丰药行,次男严熙如在家辅助父亲事业。本人在上海作为资产家而知名,多有土地以及住宅不动产,其产业在南市王家嘴角、荷花池方面、共同租界内宁波路、福煦路、敏体路等地,据说在地价高腾之时,资产估价有一千万元,现在大概可确认有六七百万元。①

根据上述《上海县志》和《中华全国　中日实业家兴信录(上海之部)》中的记录,严是的家系可以下图表示。

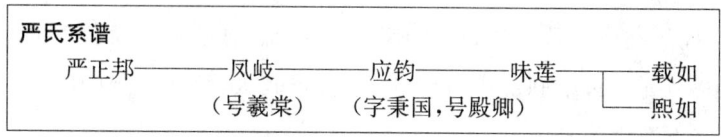

将严氏经营事业整理,可得以下列表:

严正邦	油麻业	沙船业	
严凤岐		沙船业	钱庄业
严应钧		沙船业	钱庄业
严味莲	民国元(1912)年　　开设致祥钱庄		
	上海　南市豆市街吉祥弄		
	开业当时的资本金　1万两		
严载如	志丰银行　经理		
严熙如	辅佐严味莲的业务		

① 《中華全國　中日實業家興信録(上海の部)》,上海兴信所,上海,1936年4月,第844页。

民国二十五(1936)年时严氏的固定产资产额：约 600—700 万元

关于严氏在上海经营钱庄的具体事例,可由上海图书馆藏《上海市钱业同业公会入会同业录》(民国二十三年六月刊行)中的相关记录得知：

　　牌号　　　致祥庄
　　地址　电话　南市豆市街　吉祥[行同]　北市八一四九八　南市　二一六六〇
　　股东姓名　严味莲
　　股分　　　独资
　　资本　十万元
　　重要职员　经理　汪介眉　　协理　金敬予　　襄理　景咏眉①

严氏的钱庄为致祥庄,位于南市豆市街。独资股东为严味莲,资本金有10万元。重要职员中有汪介眉,关于其人,《中华全国中日实业家兴信录(上海之部)》中有：

　　汪介眉　相关事业　致祥钱庄经理　生大钱庄股东(改组中)
　　江苏上海人,年龄六十一岁。钱业出身,以前在小钱庄工作,逐步升级至协理。约二十年前,成为致祥钱庄的外交员,民国十六年(1927),成为源升洋行股东,但实际上本人未出资,是代理与之有亲戚关系的致祥钱庄店主严味莲的股份(源升钱庄于民国二十二年关闭),民国二十一年,因前经理王伯壎死亡,此人继承经历职务至今。

　　致祥钱庄属于南市汇划组合钱庄,在南市豆市街吉祥弄。民国元年(1912)开业,当时资本金仅有三万两。民国二十一年,废两改元,增资至十万元,由店主严味莲个人经营。它是一个交易范围较

---

① 《上海市钱业同业公会入会同业录》,民国二十三年六月刊行(上海图书馆 478874)。

小，非常坚实的钱庄。普通贷款二百万元内外，贷款中最多的是与生丝有关业务，向来警戒业务固定化，故在丝业不振中仍未受很大影响。民国二十二年度公布纯利为三万元，二十三年度纯利亦为三万元，二十四年春钱庄危机之际亦得安然度过，是未被淘汰的五十五家（七十家中）之一，是经营坚实之钱庄。

生大钱庄是南市享字第二流钱庄，在南市豆市街棉阳弄，民国十一年开业，现在资本金十七万元，股东十名，股数十二股。民国二十四年钱庄危机之际，二流钱庄处境十分困难，几乎全部倒闭，但该钱庄由于经营内容坚实，得以平稳度过危机。南市原有十数家享字钱庄相继倒闭，仅剩数家。现存的除该钱庄之外，不过元盛、德泰新、泰茂、均祥四家。民国二十五年，该钱庄亦宣布改组。①

从上引史料中可知，汪介眉是致祥钱庄的重要职员。民国十五年（1926）《上海钱业公会同业录》中有：

  牌号 致祥庄
  地址 电话 南市豆市街吉祥弄
  股东 严味莲
  股份 独资
  资本 三万两
  附本 三万两
  经理 王伯壎②

由此可知，严味莲经营的致祥钱庄资本金为3万两，附本为3万两。另外，民国二十六年（1937）《上海市钱业同业会入会同业录》③中有：

---

① 《中華全國　中日實業家興信録（上海の部）》，第31页。
② 徐寄廎编：《上海金融史》1926年11月序，学海出版社影印，1970年10月，第119页。
③ 《上海市钱业同业公会入会同业录》，民国二十六年六月刊行（上海图书馆478875）。

牌号　　致祥庄

地址　电话　南市豆市街　吉祥弄　北市　八一四九八　南市二一六六〇

股东姓名　严味莲

股份　　独资

资本　　四十万元

重要职员　经理　汪介眉　协理　金敬予　襄理　景咏眉

另外,民国二十七年《上海市钱业同业公会入会同业录》①中有:

牌号　　致祥庄

地址　电话　北市天津路　祥康里　九三五〇五

股东姓名　严味莲

股份　　独资

资本　　四十万元

图2　傅为群:《九府裕民——上海钱庄票图史》上海书店出版社,2002年7月,第118页。

重要职员　经理　金敬予　协理　景咏眉　襄理　范玉生

从以上各年《上海市钱业公会入会同业录》的资料中可知,致祥钱庄这个严同春沙船号开设的钱庄,在民国二十三年(1934)至民国二十七年,保有资本金为10万元至40万元之间。

(2) 严同春沙船商号的沙船航运经营情况

虽然严氏经营沙船一事为人所知,但是严氏所属沙船的航运经营情况并不明了。在此欲探究《申报》、《中外日报》中记录的严同春沙船号的

---

① 《上海市钱业同业公会入会同业录》,民国二十七年六月刊行(上海图书馆788876)。

动向。

《申报》第695号,1874年8月4日,同治十三年六月二十六日的报道《南市失火》中有:

> 二十日晚八点半钟时,南门外王家嘴角直街有某靴店失慎,计共延烧二十余家。……

由此可知,1874年8月2日晚上8时30分左右,上海县城南门外的王家嘴直街的某家鞋店失火。这场火灾也殃及到的建筑物中,包括属于严同春沙船号的建筑。翌日《申报》第696号,1974年8月5日,同治十三年六月二十七日的报道《续述南市失火事》中有:

> 二十日晚,南市蔡阳街失慎情由,昨已列入报中。惟为害最大者为严同春沙船号及同兴槽坊也。当时同春一所毁之布货等物并衣箱十八只,约共有三万余金之多。

8月2日晚上南市发生的火灾最大的受害者之一是严同春沙船号,其损失估算约3万两。在火灾中被烧毁的货物清单中,包含布匹。不难想象,这应该是严同春沙船号准备用沙船向东北沿海地区运输的货物。

《中外日报》第256号,1899年5月6日,光绪二十五年三月二十七日《本埠新闻·南市》中有:

> 沙船到埠〇昨日,沪南同春号到谢同泰沙船,……以上八艘,均由牛庄来。

1899年5月5日,严同春号保有的谢同泰沙船自东北牛庄归来,进入上海。

《中外日报》第380号,1899年9月7日,光绪二十五年八月初三日《本埠新闻·南市》中有:

> 沙船择日开行〇严同春号谢同泰沙船入坞修理,现已修竣,择日开往牛庄。

严同春号的谢同泰沙船进入船坞维修,现已维修完毕,不日将向牛庄出发。

《中外日报》第 434 号,1899 年 10 月 31 日,光绪二十五年九月二十七日《本埠新闻·南市》中有:

> 沙船遇风续志〇前报……严同春之谢同泰沙船亦受微损,现于石岛口,入坞修理矣。

严同春的谢同泰沙船受损,在山东半岛东端的石岛,进入船坞修理。

《中外日报》第 470 号,1899 年 12 月 6 日,光绪二十五年十一月四日《本埠新闻·南市》中有:

> 沙船又到〇南市……同春号之谢同泰……各沙船由牛庄来。……各货均获利颇丰之。

严同春的谢同泰沙船自牛庄归来,带来大量货物,获利丰厚。

《中外日报》第 609 号,1900 年 5 月 1 日,光绪二十六年四月初三日《本埠新闻·南市》中有:

> 沙船又到〇昨日又到有牛庄来沪沙船五艘……同春号之谢同泰……

4 月 30 日,严同春的谢同泰沙船自牛庄归来。

《中外日报》第 673 号,1900 年 7 月 4 日,光绪二十六年六月八日《本埠新闻·南市》中有:

> 沙船又到〇前昨南市,……同康号之朱洪泰,陈丰记号之朱源泰……,同春之谢同泰均由牛庄二次装货来申。

同康号的朱洪泰与陈丰记号的朱源泰以及严同春的谢同泰号自牛庄归来。

《中外日报》第 1014 号,1901 年 6 月 10 日,光绪二十七年四月二十四日《本埠新闻·南市》中有:

> 沙船续到〇前日南市……陈丰记之朱源泰,广盛号之朱兴发,

> 同春号之谢同泰，……均由牛庄来。……

6月8日，陈丰记的朱源泰、广盛号的朱兴发以及严同春的谢同泰沙船自牛庄归来。

《中外日报》第1090号，1901年8月25日，光绪二十七年七月十二日《本埠新闻·南市》中有：

> 沙船续到〇前月二十四日沪南……同春之谢同泰，……等七艘均由牛庄来。

严同春的谢同泰沙船于光绪二十七年六月二十四日，1901年8月8日自牛庄归来。

《中外日报》第1326号，1902年4月19日，光绪二十八年三月十二日《本埠新闻·南市》中有：

> 会议装粮〇谕停验米一则，已纪初十日本报，兹闻大吏，以沪江沙船承装粮米立案，遵行已久。此次太古承装后，恐永以为例，深为不然，……昨日，陈董片邀南市久大、慎祥元、严同春等各商号会议装粮事宜，……

由此可知，沙船参与漕粮运输，严同春的沙船商号与漕粮运输也有关系。

《中外日报》第1689号，第二张，1903年4月28日，光绪二十九年四月初一日《本埠新闻·南市》中有：

> 沙船轰伤〇沪南严同春船号之谢同泰沙船，曩由沪上开赴牛庄装载豆油杂货，讵抵彼后，货物甫装及半，船舱中所载防盗火药忽然轰炸，船身受伤甚重，难以行驶，人口幸获无恙。昨日，耆舵由牛庄发电到沪咨照号主，再行设法拖回。

赴牛庄的严同春的谢同泰沙船在牛庄装载豆油杂货时，防御海盗用的火药被点燃发生爆炸。

《中外日报》第1703号，第二张，1903年5月11日，光绪二十九年四月十五日《外埠新闻·营口》中有：

> 沙船被焚〇有上海县沙船谢同泰，满装布货驶抵营口，将布起岸，换豆买油。甫装五百五十篓入舱，突然失慎，船货焚烧一空，并烧伤水手四五名。查此系上海严同春号之船，油篓船身共值银二万五千金云。

《中外日报》第 1689 号中所说的严同春的谢同泰沙船因火药爆炸，损失总额高达 25000 元。

表1 1899年5月1904年5月 严同春所有谢同春沙船航运事例（出典：《中外日报》）

号数	刊载年月日	商　号	沙船名	备　考
256	1899年5月6日	沪南同春号	谢同泰	自牛庄入港
380	1899年9月7日	严同春号	谢同泰	入坞修理，现已修竣，择日开往牛庄。
434	1899年10月31日	严同春	谢同泰	亦受微损，现于石岛口，入坞修理矣。
470	1899年12月6日	同春号	谢同泰	归自牛庄，各货均获利颇丰之。
609	1900年5月1日	同春号	谢同泰	自牛庄归来，入港南市。
673	1900年7月4日	同春	谢同泰	牛庄二次装货来申。
1014	1901年6月10日	同春号	谢同泰	自牛庄归来，入港南市。
1090	1901年8月25日	同春	谢同泰	自牛庄归来，入港南市。
1689	1903年4月28日	沪南严同春船	谢同泰	自牛庄装载豆油杂货归来。
1703	1903年5月11日	上海县沙船	谢同泰	满装布货驶抵营口，将布起岸，换豆买油。甫装五百五十篓入舱，突然失慎，船货焚烧一空，并烧伤水手四五名。查此系上海严同春号之船，油篓船身共值银二万五千金云。

4. 李久大沙船商号的航运经营情况

身为沙船航运业经营者,同时又经营钱庄的,有镇海的李家等。这在《上海钱庄史料》中已被指出。①

另外,先前提及的咸丰五年(1855)沈宝禾的《忍默恕退之斋日记》中描述的当时实力雄厚的沙船商号名单中有:

　　十　李久大　也亭　王家马头②

在此可见与李久大商号并列的李也亭的名字。另外从中可知久大商号位于南市的王家码头。在本节中欲叙述这位沙船航运业经营者李也亭的久大商号经营的钱庄业。

镇海李家开设钱庄始于李也亭,李也亭于1822年来到上海时年仅15岁。起初,他在南市南埠头的军曹德大糟坊当徒弟,贩卖温酒。当时停泊航海用沙船的埠头是南市的大码头,每年秋季,海上的风大浪高,沙船多不出港,而停靠在埠头。李也亭每天都向沙船乘员出售温酒,渐渐地,他与这些船员的关系变得亲密。沙船的船头看李也亭工作时勤劳的样子,对他产生了兴趣。此后李也亭似乎因此开始作为沙船航运业乘员,开始参与沙船航运。这时他年龄20岁前后。在看清沙船航运业的有效性之后,李也亭以自有的资金创办久大沙船字号,此后逐步拥有了10只沙船以及沙船埠头久大码头。通过沙船航运业获利的同时,李也亭开设了慎余钱庄、崇余钱庄、立余钱庄。③ 慎余钱庄于1911年休业,崇余

---

① 《上海钱庄史料》,第730—737页。《宁波帮企业家的崛起》,前引汪氏论文,参见王遂今《镇海小港李氏家族史略》,第123—131页。
② 沈宝禾:《忍默恕退之斋日记》,《清代日记汇抄》,上海人民出版社,1982年4月。
③ 关于镇海李家的信息,出自对李也亭曾孙李祖韩的采访记录。《上海钱庄史料》,第734—735页。

钱庄和立余钱庄于1912年休业。①

据宁波市镇海区地方志办公室的调查,李也亭开设的久大沙船字号,曾由他的独子李梅堂(梅塘)、兄李弼安(承辅)的长子李听涛(高源)共同经营。1867年(同治六年),李也亭亡故,久大沙船号的经营由李听涛继承,但是他未能在沙船航运业上取得发展。②

俞樾写的《李也亭墓志铭》中有:

……也亭君以货殖起家者,……君姓李氏,讳容,也亭其自号也。少颖异有干才,八岁而孤,恃母叶太夫人,机杼以生。十三岁弃柔翰而贾于沪,挟赀北行,岁获利三倍,家骤富。然君虽商也,而实具经世之略。往来南北洋,凡岛屿之险害,潮汐之上下,皆熟察而默识之。道光二十八年,闽盗起,君请于大吏,造战舰,募死士,出洋击之,战屡捷,闽盗燼焉。……③

民国《镇海县志》卷二七《人物》中有:

李容,字也亭,崇邱人。少有干才,贾于沪,挟赀北行,岁获利三倍,家骤富。道光咸丰间,粤寇、闽盗并起,容请于大吏,造战舰,买轮船,载习流之士出洋击之,盗次第戢焉。……④

另外,俞樾写的《镇海李氏养生义庄记》中有:

李氏之在镇海聚族,而居者数百家,生长海滨,率以煮盐为业,故贫者居多。有弼庵君与弟也亭君,以货殖起家,谋建义庄,未果而卒。两君有贤子曰听涛,曰梅塘,承先志成之都凡置二千亩,岁入谷四千余石,分给贫者。生无以养予之粟,死无以敛予之棺,以所入较

---

① 《上海钱庄史料》,第735页。吴仁安:《宁波商帮个案研究:清代在沪经营沙船业起家的宁波小港李也亭及其李氏世家》,《明清江南望族与社会经济文化》,上海人民出版社,2001年12月,第261—275页。
② 宁波市镇海区地方志办公室:《镇海小港李氏世家》,《浙江方志》,1998年第4期(总第85期),第12—14,27页。
③ 俞樾:《春在堂杂文三编》卷一,文海出版社,《近代中国史料丛刊》第42辑412-2,第502页。
④ 民国《镇海县志》,第1824页。

所出仅足而无余,则又储金数万两,备异时之恢拓焉。①

李氏一族在镇海县有数百家,由于靠海,多以制盐业为生,故贫困者居多。对于这种情况,积累了财富的李也亭与其兄弼庵欲开设义庄,二人去世后,二人的子嗣李梅塘与李听涛继承先人遗志,以2000亩土地建造李氏义庄,一年之间可收获谷物4000余石,以此赈济李氏一族中的贫困者。不难想象,李氏义庄的经济基础是李也亭及兄长李弼安建成的久大沙船商号的经营收益。

下面参考宁波市镇海区地方志办公室的调查②,将李氏的系图列于下:

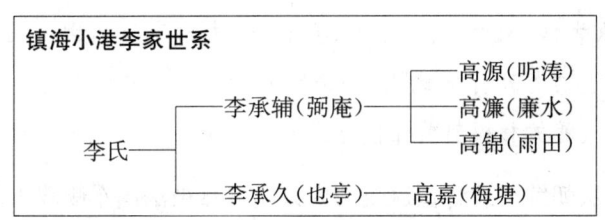

下面欲从《字林沪报》及《中外日报》中的报道出发,考察李也亭、李弼庵兄弟经营的久大沙船号的活动情况。

先看《字林沪报》。久大沙船号的杨泰顺沙船在清朝和法国围绕对越南的宗主权展开的战争——中法战争(1884—1885年)中,出入长江口时遭法军军舰误射。在进入本题之前先看背景。《字林沪报》第934号,1885年4月2日,光绪十一年二月十七日《吴淞新闻》中有:

> 法人去岁迄今扰乱各口,近又久泊镇海口外。

可知法国海军在1884年至1885年之间进出中国沿海,扰乱各口,近期又暂时停泊在吴淞口附近。

《字林沪报》第939号,1885年4月7日,光绪十一年二月二十二日

---

① 俞樾:《春在堂杂文三编》卷一,《近代中国史料丛刊》第42辑412-2,第480—481页。
② 宁波市镇海区地方志办公室:《镇海小港李氏世家》,《浙江方志》,1998年第4期,第14页。

的报道中有:

> 火船述闻〇前昨两日,南市纷传有两卫船又被法人烧毁之接,兹探得前日金利发商船回沪称,从牛庄装北货回南,于十六日四下钟行过佘山,见有卫船被火烧毁。

在长江口入海处附近的佘山,有两只卫船遭到法军军舰攻击,被烧毁。它们是自牛庄返航的上海金利发商号的沙船。就是在这一时期,前述久大沙船号的沙船业遭到法军攻击。

《字林沪报》第 930 号,1885 年 3 月 29 日,光绪十一年二月十三日的报道《淞波要语》中有:

> 永吉祥、无天兴、杨泰顺、金长发、朱永泰五船由高丽贩运青鱼来沪,于初七日行抵蛇山,突遇法舰燃炮,向击该船等因即下锚落篷,法人随放杉板船前往搜查。……

由此可知,从朝鲜装载青鱼返航的 5 只船突然被法国军舰攻击。

《字林沪报》第 931 号,1885 年 3 月 30 日,光绪十一年二月十四日的报道《淞烟小志》中有:

> 昨日登四渔船被法人轰毁一节,兹悉永吉祥船少之三,因匿夹舱中,虽未被法人掳去,竟遭轰死。前日各船舵工、水手等到淞后,当即往宝山县投报。未知吴明府如何办理。

遭到攻击的 5 只船中有 4 只是渔船。《字林沪报》第 932 号,1885 年 3 月 31 日,光绪十一年二月十五日的报道《鸣冤误伤》中有:

> 前日登报船夥回沪一则,兹夥船系本埠南市久大船号之杨泰顺及渔船永吉祥、金长发、吴天兴等之耆舵水手共七十六人抵沪后,杨泰顺之舵工罗姓,耆民高仁周带领水手三十人,于当晚七点半钟赴道辕击鼓喊冤。乃护勇误为前日粮米船肇事之人急,即持械拦阻争扭,以致各水手稍微受伤事,闻于邵观察,立即传喻喝止。并悉有受伤情时,故观察即饬值差,备轿两乘,将受伤之耆舵罗高两人送至久

> 大号内。问号主李某昨已具禀于道署,至该各船被害戏情,容再
> 补录。

可见,受到法国军舰攻击的五只船中的一只,是久大沙船号的杨泰顺沙船。这只沙船的乘员有舵工罗某,耆民高仁周等32名。

《字林沪报》第933号,1885年4月1日,光绪十一年二月十六日的报道《商船被火详述》中有:

> 鸣冤误伤,已登昨报。兹探得其详,用再录之。查南市久大船号之杨泰顺沙船,于本月初五日在沪装货,放行至淞口,初六日黎明自淞放洋。上午十一点钟时,驶近佘山,忽见法舰一艘,大呼落帆。耆舵无奈卜帆停驶,即有法弁十余名至船搜查,当将圣母堂砍去,并将船中水手耆舵共三十二人拉至法舰,锁闭舱中。当杨泰顺放洋时尚有朱福顺、朱永泰两船同时开出,朱福顺船在后,遥见杨泰顺被害,即从浅水而遁。朱永泰系教中船,扯有十字旗,法人见之任其驶去。而该法舰将杨泰顺船水手等锁闭后,即用引火之物抛入杨船,立时发火,化为焦炭。至次日五下钟,法船行至城前山,即将所拉杨泰顺之三十二人及前数日毁船拉匿之永吉祥、金长发、吴天兴三渔船水手四十四人一并驱上是山。幸此山有厂主鲍哲良见该水手等势将饿毙,即送天后宫安置,日给山茹干充饥。……

久大沙船号的杨泰顺沙船于光绪十一年二月初五日,1885年3月21日自上海南市装载货物出港,翌日黎明到达吴淞口进入海洋,上午11时后航行于佘山近海时,突然遇到法国军舰,命令停船接受检查。与杨泰顺沙船同时出港的朱福顺船看到杨泰顺船的情况,察知危险,从自水浅的地方逃走。法国海军放火将杨泰顺沙船烧毁后离开。被掳走的杨泰顺沙船的乘员与数日之前被同法舰掳走的永吉祥船等船的乘员一同被赶上城前山,一行人等被城前山的鲍哲良所救。

其后,《字林沪报》第939号,1885年4月7日,光绪十一年二月二十二日的报道《鸣冤续闻》中有:

> 前报登杨泰顺等各沙船在佘山洋面被法船劫掠烧毁赴道鸣冤，各情屡登前报。今闻关道宪邵监察据情禀南北洋大臣并照会俄领事一面，先行札饬上海县查办云。至久大号主李某，先已具禀道辕奉批……

如上所述，关久大船号李号主将杨泰顺沙船遭难事件诉诸关道宪邵监察。道辕即道台，这里的邵监察是指管辖苏州府、松江府、太仓州的苏松太兵备道①的邵友濂②。

《字林沪报》第1001号，1885年6月8日，光绪十一年四月二十六日的报道《爊船候核》中有：

> 杨泰顺商船被爊后，由久大号主投道辕具禀各情，曾详前报。兹悉该号住久候，迄今未奉示谕，故于前日又投道辕，禀请核办。旋奉批示，略谓此案业由本道详咨南北洋大臣，静候核示，毋得躁渎云。

可见，久大沙船号就杨泰顺沙船一事投告道台邵友濂，但久未得到消息反馈，因此再度就此事投告。由此可知，杨泰顺沙船至迟在1885年为久大号保有，并为久大号进行航运。

再看《中外日报》中的例子。《中外日报》第314号，1899年7月3日，光绪二十五年五月二十六日《本埠新闻·南市》中有：

> 详志丈量情形○南市商船会馆与徽宁会馆思恭堂占夺涨地一案，兹经思恭堂董胡广文德景邀同铁路帮办潘芸荪观察，与商船会

---

① 同治十一年《上海县志》卷一二，《国朝驻县统辖表·分巡道》中记载，嘉庆十三年（1808）"分巡苏松太兵备道至今……以移驻上海者为始"，分巡苏松太兵备道开始常住上海。同治十一年《上海县志》，《中国地方志丛书·华中地方》，第169号，第3册，第876页。光绪《上松江府续志》卷二〇，《职官表·监司标·分巡苏松太兵备道》，《中国地方志集成·上海府县志辑》第3册，上海书店，第489页。
② 民国七年《上海县续志》卷一四，《职官表·分巡苏松太兵备道》载，自光绪八年至光绪十二年，邵友濂在任。民国七年《上海县续志》卷十四，《中国方志丛书·华中地方》第14号，第2册，第793页。

馆董陈丰记商船号主及久大号主李绅董邀同朱森庭明府订期会勘，昨晨禀请邑令王大令带领丈量手，由十六图图书朱三洲二十三铺地，甲钱升隋同共诣商船会馆，一路丈量……

这是叙述南市的商船会馆与徽宁会馆争地的报道，报道中可见商船会馆董事陈丰记号主以及久大号的李绅董的名头，可知久大号主在商船会馆中担任过重要职务。

《中外日报》第401号，1899年9月28日，光绪二十五年八月二十四日《本埠新闻·南市》中有：

> 撞船索赔〇沪南朱永康沙船停泊久大码头，前日有蒋长寿沙船进口，因货色装满，别雇小轮，拖带行至朱船之旁，误行撞损沙船。稍当，即估价修理。据云，修费英洋二百余元，朱即开明细账向蒋船索赔。蒋船不允，故均已告明号主，听凭公断酌夺。

这是上海南市朱永康沙船在李氏所有的久大码头停泊的记录。

《中外日报》第467号，1899年12月3日，光绪二十五年十一月初一日《本埠新闻·南市》中有：

> 详志判罚沙船事〇前日各号商沙船由牛庄来沪，有谢同泰、沈长茂等十七艘。进口之际，因潮水甚急，不及待验，故衔尾而行，讵被海关西人瞥见，疑有弊窦，急即派船追赶。当将各船上耆舵徐礼堂等，均入水巡捕房，禀明税务司谦罚。昨经判令每人罚银二十五两外，加零费二两六钱。惟有金恒茂船上耆民不服，故加罚银一百两。昨据徐等将银四百余两措缴，先将十人释放。尚有朱万泰、沈恒祥、张恒益三沙船，耆民陈高姚三人不曾缴银，故仍羁押捕房。而谢同泰之久大号主查德并无此例，更兼所带皮统悉被取玄用硝强水搽抹毁去不少，心不能甘，昨日邀齐各号主在沪南商船会馆会议，拟投道辕，禀诉请示核办。

由上可知，久大号还保有一条名为谢同泰的沙船。

《中外日报》第 682 号,1900 年 7 月 13 日,光绪二十六年六月十七日《本埠新闻·南市》中有:

> 商轮候卸〇南市久大商号,前因北方匪乱沙船不敢前往,另雇保定商轮,放至牛庄,装得豆油二千余笼,豆余万余片,牛元豆千外担,昨已抵申,停泊南浦候卸。

由于受到北方义和团之乱的影响,久大沙船号无法派出帆船,便雇佣轮船保定,雇佣其前往牛庄,装载豆油 2000 余笼,豆饼 1 万余片,牛庄大豆 1000 余担回到上海。久大号雇佣的保定商轮是太古洋行,即 Butterfield & Swire Co. 保有的轮船,名为保定,吃水量 1088 吨。①

《中外日报》第 687 号,1900 年 7 月 18 日光绪二十六年六月二十二日《本埠新闻·南市》中有:

> 收庄回沪〇南市各商号,分设牛庄之号客近均收庄回沪,惟久大商号因有数十万金赈银未收尚待清理,闻该号之钱增裕、庆安澜二沙船其时正在装货,忽闻警信,遂即停装,故只装得半载。约于日内,谅可到申。

久大商号在牛庄有 10 万未回收金钱。由于受义和团事件波及,回收贷款迟滞。

《中外日报》第 1326 号,1902 年 4 月 19 日,光绪二十八年三月十二日《本埠新闻·南市》中有:

> 会议装粮〇谕停验米一则,已纪初十日本报,兹闻大吏以沪江沙船承装粮米,立案遵行已久,此次太古承装后恐永以为例,深为不然。日前振贝勒及苏抚恩中丞抵沪后即电至苏垣,着粮道罗少耕观察来申妥议观察,遂于前晚来沪即片请商船粮米□董王介眉部郎,晤商装粮之事。部郎以抱恙故函请观察与商船会馆董事陈君子候

---

① 《宣统三年(1911)中国年鉴》,东亚同文会调查编纂部,1912 年 6 月发行,9 月再版,台北天一出版社 1973 年 11 月影印,第 430 页。

酌议观察,即饬林质候太守邀陈董晤谈陈以事关重大,须与各号商再行禀覆。昨日,陈董片邀南市久大、慎祥元、严同春等各商号会议装粮事宜,但太古已验米千余担,故罗观察□理此事颇为棘手云。(□:一字不明)

在这则清朝官员因海运之事与商船会馆协商的报道中,在会馆方面有久大商号、慎员商号及先述严同春商号作为代表而存在,由内容可知,久大商号在1902年是当年最有力的沙船商号。

图3　久大钱庄

《点石斋画报》二集戊集戊二,10页下

5. 小结

综上所述，上海沙船航运业与将资金借贷给沙船航运业的钱庄之间的关系十分密切。沙船航运业经营者中也出现了自己经营钱庄的人。

从上海，以沙船航运，向北方的天津与东北沿海地区航行之际，需要装载货物。沙船航运业经营者在购入货物之际向钱庄贷款，购入木棉与茶等北方的必需品，将之在北方销售后购买豆货运输至上海出售，获利后向钱庄清算借款。政府在通过海路运输御用米之际，允许船只装载御用米之外的货物。从上海附近出发后，沙船将御用米运输至天津，返航之际从北方运输大豆、豆饼（即豆粕）以及豆油等货物，出售货物之后，沙船航运业经营者以售货所得利润向贷款给自己的钱庄业经营者决算。于是，沙船航运业经营者作为资金的借入人，钱庄业经营者作为资金的借出人这一金融关系就成立了。对钱庄方面来说，若沙船的航海顺利，则在一年之内必将得到丰厚的利润，因此将钱款作为沙船经营之用借出是非常有魅力的生意。

沙船航运业因轮船的出现业务受到侵蚀，在这个过程中兼营沙船和钱庄业务的各商号逐渐将经营重点转移至钱庄方面，而经营严同春沙船号的严氏与经营久大船号的镇海李氏便是典型的例子。

（董科　译）

第4章　上海沙船航运业与南货：上海棉布的流通

1. 绪言

光绪三十三年(1907)正月所序的李维清的《上海乡土志》第一百五十课中提及沙船，记载如下：

> 本邑地处海疆，操航业者甚夥，通商以前，俱用沙船，以其形似沙鱼，故有此名。浦滨舳舻衔接，帆樯如栉，由南载往花布之类，曰南货，由北载来饼豆之类，曰北货。当时本邑富商，均以此而获利。①

由此可知，将由沙船装载，自上海运往北方的货物，特别是棉布之类被称为南货。加藤繁博士曾在研究中指出，棉布曾被装载于沙船上运往东北地区。②

同治《上海县志》卷一《形胜》中有：

> 上海县治，当黄浦吴松合流处，势极浩瀚，然地形高亢，支港为

---

① 《上海滩与上海人丛书》，《上海小志　上海乡土志　夷患备尝记》，上海古籍出版社，1989年5月，第107页。
② 加藤繁：《康熙乾隆時代に於ける滿洲と支那本土との通商について》，《北亞細亞學報》二，1943年12月，《支那経済史考証》下卷，東洋文庫，1952年3月，第613页。

> 潮泥所壅,水田绝少,仅宜木棉。①

可见,上海周边地区地势稍高,不适合水田耕作,但却适合植棉。

在清末的上海,通过沿海贸易被交流的商品被统称为南货和北货。具体可见同治年间的《上海县志》卷一《风俗》中有:

> 由南方运往北方的棉布类货物谓之南货,由北方运往南方的豆饼类货物谓之北货。②

棉布和豆饼作为象征而被列举,由此可见,当时南货的代表货物是棉布,而北方的代表则是豆饼类的豆类商品。

另一方面,在上海被称之为南货的商品,在东北地区又行情如何呢?关于这一点,《国闻报》第32号,1897年11月26日,光绪二十三年十一月初三出版的《营口新闻》中所记载的新闻可引以参考。清末的东北海港——营口的南货卸货详情记载如下:

> 南货减价〇奉省现银甚少,各铺户全赖借贷、放期以资接济,现因各大宪禁止放期,两处省会人心虚怯。所有南货运至营口者,俱不能畅,为销售以致花布、糖、纸等,莫不落价,船商人等亏耗血本既不待言,而各项税捐亦因之日形减色。闻各货如大尺布照上海来本,每件须亏银六两。海笺纸照福建来本,每块须亏银三钱零。红糖照闽粤本,每百斤须亏银五钱。洋棉纱线由上海运至营口,每件亦亏银七两零。此外各物,无不减价,行商坐贾均软懋迁之道,将日穷而不可为也。

由此可见,由于当时盛京省的现银不足,以及买家对南货观望态度,使得这些从南方运来的货物行情下跌。而南货的代表商品"花布、糖、纸",也就是棉布、砂糖和纸。其中棉布的代表货物——大尺布运自上

---

① 同治《上海县志》卷一《风俗》,《中国地方志丛书·华中地方》,第169号,第1册,第124页。
② 同治《上海县志》卷一《风俗》中有:"由南载往花布之类,曰南货。由北载来饼豆之类,曰北货。"

海,笺纸来自福建,砂糖则多为福建、广东所产。

因此,本章将就以上海为中心的长江河口一带运往东北沿海诸港口的、载以沙船运送的代表性南货——棉布予以论述。

2．明清时代的上海棉布

棉布在中国的流通详情可见于明带丘睿著《大学衍义补》,是书卷二二《贡赋之常》中有：

> 盖自古中国所以为衣者,丝麻葛褐四者已。汉唐之世,远夷虽以木棉入贡,中国未有其种,民未以为服,官未以为调。宋元之间,始传其种入中国,关陕、闽广,首得其利。盖此物出外夷,闽广海通舶商,关陕壤接西域故也。然是时犹未以为征赋,故宋、元史《食货志》皆不载。至我朝(明),其种乃遍布天下。地无南北,皆宜之。人无贫富,皆赖之。其利视丝麻,盖百倍焉。

由此可见,棉布之于中国,本来是自国外传来之物。宋元时期,棉花的种植法分别从西北、东南传入中国,进入明代以后,棉布才广为普及。自此,棉布在中国全国迅速的普及开来,成为贫富不分、众人皆爱的大众衣料。

成书于16世纪前期的正德《松江府志》卷五《物产》中有：

> 木棉,本闽广可为布。宋时乡人始传其种于乌泥泾镇。今沿海高乡多植之。

故而可知,江南三角洲一带的棉花栽培传自福建、广东,宋代年间,松江府的人也从乌泥泾镇人处学得种植方法。明代正德年间(1506—1521),长江河口的高乡,也就是高低地里几乎都种植了棉花。

同书卷五《物产》,有关木棉布的记载中写道：

> 昔丁氏者所织尤精,号丁娘子布,远近有名。宣德间巡抚侍郎周忱奏:"以布折税匹,准二石以便。"

273

因丁氏所织的棉布成品质量尤佳,命名曰丁娘子布,闻名于各地。宣德年间(1426—1435)巡抚周忱颁布新策,自此,棉布成为了折纳税金的对象。

明代的《枣林杂俎·智集》关于松江布也有所记载:

> 成化间,松江人以布饷贵,近流闻禁庭。……一匹有费白金百两者。孝宗在东宫深知其弊,即位首罢之。

可见,成化年间(1465—1487),松江棉布已经在北京宫廷内广为流行,甚至出现了一匹百两黄金的天价布匹。因此,在皇太子时代便深谙其弊的弘治帝,即位之初便禁止宫廷内使用这种天价棉布。同书中还有:

> 松江细布,输京十二万三千八百六十匹有奇,华亭六万五千一百匹有奇,上海四万二千七百二十匹有奇,青浦二万三千四十匹有奇。万历初加八千匹。

是以明代由松江府、华亭县、上海县、青浦县运往北京的松江布匹共计25万有余。万历初年,又增加8000匹。

清代松江府辖下之地产出的棉布,在叶梦珠所著的《阅世编》卷七《食货四》中有所记载:

> 吾邑地产木棉,行于浙西诸郡,纺织成布,衣被天下,而民间赋税、公私之费,亦赖以济,故种植之广与粳稻等。

上海周边出产的棉花,在浙江西部被揉搓成线,再纺织成布,进而卖往全国各地。而且,是时纳税的主流并非是民间的棉花种植,而是来源于棉布的生产。

有关江南三角洲的棉布生产,乾隆四十年(1775)大臣高晋的上书《请海疆禾棉兼种疏》中言及:

> 窃照大江以南,江宁、镇江、常州、苏州府属地方,土多沃壤,民习耕种,且能手艺营生,衣食足资利赖。惟松江府、太仓州、海门厅、

> 通州并所属之各县,逼近海滨,率以沙涨之地,宜种棉花,是以种花者多,而种稻者少。①

文中言道,长江口以南的南京、镇江、常州、苏州等地适合水田耕种,而松江、太仓等地因临近海岸,多为砂地,故而适于种植棉花,并不适合种植水稻。

随着质量上佳的江南棉布需求量的增大,棉布加工技术也高度发达。以苏州为例,在棉布织就后的染色过程中,就出现了专门熨平棉布褶皱的业务。雍正八年(1743)七月二十五日,浙江总督李卫等人的奏折中写道:

> 苏郡五方杂处,百货聚区,为商贾通贩要津,其中各省青蓝布匹,俱于此地,兑买染色之后,必用大石脚足踹砥光。……苏州门门外一带,充包头共有三百四十余人,设立踹坊四百五十余处,每坊容匠各数十人不等,查其踹石已有一万九百余块,人数称是。②

由此可见,雍正八年(1743),在苏州专门将染好色后的青蓝棉布熨平褶皱的专职工人就有 340 余人,染色作坊 450 余个。同时,从事熨烫相关工作的手艺人也达到了 1 万人以上,熨烫所需的踹石有 10900 个之多。

而这种情形,几乎持续了整个清代,至清末亦无太多变化。清末王韬所著的《瀛壖杂志》卷二中写道:

> 沪人生计在木棉,贩输远及数省,今则且至泰西各国矣。

故而可知,木棉制造等相关产业乃是上海的经济基础。上海生产的棉布不仅销往中国国内,甚至出口卖入欧美各国。特别是 18 世纪以后,一种名为"南京木棉"(Nankeen cloth)的棉布曾大量贩至欧美诸国。

---

① 《清经世文编》卷三七《户政一一》。
② 《宫中档雍正朝奏折》第 16 辑,台北故宫博物院,1979 年 2 月,第 747—748 页。

3. 经沙船运输的上海制棉布的贩卖

光绪二年(1876)葛元煦所著的《沪游杂记》卷二中,提及花布言曰:

> 松沪土产以棉花为大宗,村庄妇女咸织小布为养赡计。每日黎明,乡人担花挈布入市投行者踵相接也。交冬棉花尤盛,行栈收买,堆积如山。①

松江府上海县的土产以棉花为主,各个村落的妇女皆以织布为生。有关部分上海棉布生产于黄浦江东侧,即现在的浦东地区的妇女织布作坊事宜,可以参见上海报纸《字林沪报》第875号,1885年1月26日,光绪十年十二月十一日的《织女苦衷》一文:

> 浦东素产木棉,妇女多织布以佐日用,名曰梭布。近数载,棉花收成虽薄而价尚平,得以家有鸣机,室无悬盘,然勉强支持,苦已有矣。

可见,浦东是种棉区,妇女利用当地所产的棉花纺织"梭布"。这些织布作业甚至成为补贴各家生活的重要手段。

光绪三十三年(1907)李维清编撰的《上海乡土志》第四十二课,言及物产时写道:

> 棉花纱布乃邑产之大宗。布之种类不一,曰扣布,曰希布,曰标布,曰小布,曰紫花布,曰高丽布,曰斜纹布,曰正文布,亦曰斗文布,其名各殊,乡民赖之以度日。然近年来洋布盛行,土布滞销,可见利源外溢也。②

可见上海的名特产之一便是棉布,且有诸多种类。

民国七年(1918)《上海县续志》卷八《物产·布之属》一篇中,曾记载

---

① 《沪游杂记　淞南梦影录　沪有梦影》,上海古籍出版社,1989年5月,第29页。
② 《上海小志　上海乡土志　夷患者备蒙记》,上海古籍出版社,1989年5月,第76—77页。

上海产的棉布中,有东稀、西稀、套布、白生、龙稀、芦纹布、柳条布、格子布、云青布、高丽布、斗纹布等诸多布种,其中,销售地可查到的布种如以下所示:

> 东稀,……四乡均有出品,……其销于东三省者,……其余分销各省及南洋群岛,均染色为多。
>
> 西稀,又名清水布,……出西南各乡,……销东三省、直隶、山东等处,均本色,近年亦有染色销广东者。
>
> 套布,……出本邑东南各乡,……销东三省及北京、山东、浙西等处。
>
> 白生,又名小标,出洋泾、高行、张家桥、东沟等处。……出销东三省、山东等处。
>
> 龙稀,……出龙华镇左近,……均销本埠布店门庄,其后销路逐年递减。
>
> 芦纹布,出塘弯闵行左近各乡村,……销苏、杭、徽州等处,五六年前,本埠亦通行,近年已逐渐减少矣。
>
> 柳条布,……出处与芦纹布同,销本埠。
>
> 格子布,……出处销处,同柳条布。
>
> 云青布,……出销处亦同柳条布。
>
> 高丽布,……出洋泾、金家、张家桥等处,……销广东为大宗。
>
> 高丽巾,……本埠及邻近各省闽、粤、山东等处,均有销路。
>
> 斗纹布,……销本埠及闽、浙等处。

如上所示,东稀、西稀、套布、白生、龙稀、芦纹布、柳条布、格子布、云青布、高丽布、高丽巾、斗纹布等土布皆产自上海近郊。这些上海生产的棉布曾是代表上海的商品,它们被销往全国各地。尤其是航海极为方便的沿海地带,如东北地区、直隶、山东、江苏、浙江、福建、广东等地是上海棉布重要的销售地区。

有关利用沙船从上海往渤海沿海地区输送棉布,记载于上海报纸

《字林沪报》第 575 号,1884 年 4 月 1 日,光绪十年三月初六的《论土布滞销宜设法以救其弊》中有:

> 自元代木棉之种,从西域流入中国,……嘉道之世,沙卫船盛行标布一项,为南货冠,布客之往来南北者,利市三倍,而民间生计亦赖以裕饶,自道光癸卯通商后,洋布渐入中国,人情见异……

可见,嘉庆道光年间,沙船及卫船将上海附近地区所生产的标布输送到北方。但《南京条约》签订后,即道光癸卯二十三年(1843)以后,上海等五口通商,外国产的棉布进入中国,导致上海产标布在中国市场上所占的份额下降。

有关这些沙船运输棉布的情况,可以参考《字林沪报》第 667 号,1884 年 7 月 2 日,光绪十年闰五月初十的《道批撞船案》:

> 前有上海号商桑锦记之朱隆茂沙船,装载布货,泊于浦江中,候潮待放,五月十三日两点余钟……查点船中共装布一千三百三十包,被水浸湿者七百九十一包,少去一包,每包布自百匹至一百六十匹不等,核计布货被湿后照市减成约亏银五千两左右。

如上,上海桑锦记的朱隆茂沙船搭载布货停泊于黄浦江边,棉布 1330 包中的 791 包,也就是 60% 的棉布被水浸湿。每包内有棉布 100—160 匹。1330 包也就是 133000 匹到 212800 匹左右,约相当于 20000 匹。

天津的报纸《国闻报》第 43 号,1897 年 12 月 7 日,光绪二十三年十一月十四日的《营口新闻》中有:

> 停弁布匹○大尺布又名沙布,系苏省通州及海门两属所出。近年沙船商人装运到营,计每件布二千五百尺,本银约三十两。今岁七八月间,每布一千尺,售银十二两四钱。现在骤然落,价计九两左右,核计亏耗血本,每件银七两零,合众商计之,耗银十万两零。兹众商公同会议,明春沙船,一律停办沙布,如有别处托为代运者,亦概不答,允违者议罚云云。细询其故,盖每年冬月,布价必涨,商人

皆沾微利而归。今年沙布,出货较多,又不尽售而众,沙船依旧,纷纷装载来北,不料市面冷落,皆以货色稍次为嫌,所由亏本,如此之巨也。

在东北地区多受欢迎的棉布有大尺布和沙布。想来是因为这些布匹是由长江口一带的沙船商人用沙船运至营口,故而被称为沙布。而所谓的大尺布,是由于这种布匹长且大,故而得名。而这种布在上海本被称作套布。上文曾述:"套布,……出本邑东南各乡,……销东三省及北京、山东、浙西等处。"《国闻报》第43号的这篇新闻也证实了套布曾销往东北三省。

由上海开往营口、牛庄的沙船中,曾承载过棉布一事,在《国闻报》中有所记载。

《国闻报》第312号,1898年9月11日,光绪二十四年七月二十六日的《奉天新闻》中有:

> 布油落价○各种土布由沙船运至牛庄,计数颇巨,各船即以所入布货之价装运豆油回申,每岁自春徂秋,往来船只,络绎不断。现因东三省布价渐落,布商大半亏耗,所装运者不多,以致街上所积豆油不下七八万篓,专望沙船装载。今帆樯寂寂,存油者因此者忙,油价步步跌落,六月下旬,每百斤尤犹值银六两,今则五两三钱,尚无问焉者,观其大势恐其价有落无涨也。

由此看出,驶往牛庄沙船往航和来航时装运货物的形态:运往牛庄的来航货物是布货,返航回上海时装运的是豆货。然而,光绪二十四年(1898)间,东北地区布货的价格跌落,东北地区大部分布商都很疲敝,因此沙船返航时所运布货的销路也不是很好,返航时运载的豆货量也就相应减少了。

《国闻报》第330号,1898年9月29日,光绪二十四年八月十四日刊登的《营口新闻》中有:

> 棉花价落○营口行销棉花,来自上海,今年来货较少,如大机器

> 一路价长每百斤银十六两有奇,小机器十六两。近因上海,通州等处棉花收成颇佳,由是逐渐落价,近日大机器十二两八钱,小机器十二两五钱云。

由此可知,由于营口地区棉花价格的下降,光绪二十四年布货的卸货费用也减少了,大机器运货每一百斤的价格由十六两多钱减少到十二两八钱,小机器的费用由十六两减少到十二两五钱,价格降幅超过20%。

《国闻报》第464号,1899年2月19日,光绪二十五年正月初十刊登的《营口新闻》中有:

> 存布数目〇通州所产之大布,东三省一年之中,能销五六万件,刻下吉黑二省积货无多,各城赁统计不过五千件,惟营街尚有存货万件,系通海布客,自运托赵水如少尹经售者,闻开陈以前,此货定能销罄也。

由此可知,地处长江河口处的通州市所产的大布,一年内在东北三省可销售出五六万件,吉林、黑龙江两省总销售量仅不超过五千件,在营口更是积存了一万多件货物。

《国闻报》第471号,1899年2月26日,光绪二十五年正月十七日刊登的《营口新闻》中有:

> 布货滞销〇大尺布产自江南通州、海门厅,去年布客,由上海运到者计数二万余件,冬季销路大滞,存货颇多,窃思辽阳、沈阳、吉林长春、双城、宾州、呼兰、绥化各府厅州等城镇,向销此布,近闻积货甚属寥寥,一经天时和暖,各路商贩定当争先就道矣。

由此可见,东北地区备受青睐的大尺布虽是产自江南的通州、海宁厅等地,但都是从上海运过来的。光绪二十四年间的运输数量高达两万件。这些布货多销往了辽阳、沈阳、吉林长春、双城、宾州、呼兰、绥化等城镇。

综上所述,上海产的棉布拥有很广阔的市场,并通过沙船运往东北地区。

发行于天津的《国闻报》第1号,1897年10月26日,光绪二十三年十月初一日的报道中有:

> 营口新闻　民船进出口减数○营口为东三省水道咽喉,商舶咸集,帆樯林立,从前民船每岁进口,约计二千余艘,有时多至三千以外,中外通称以来,轮船渐多,民船渐少,上年计到八百号。

营口市地处沿海,是进出东北地区的门户,从沿海各地而来的商船集聚于此,最多的时候甚至达到三千艘以上。然而对外开放之后,外国的蒸汽船逐渐来航,民船的数量急剧减少,时至光绪二十二年,船只数量减少到了八百艘。

上海来的很多沙船来航到以营口为首的辽宁省沿海各港口。发行于上海的《中外日报》第88号,1898年11月12日,光绪二十四年九月二十九日的报道中有:

> 本埠新闻　南市　花布走运○迩来本埠花布,装往营口者,皆获厚利,昨有南市各号接得北信,因将冰冻,故各号将花布三万包有奇,走于日内装轮船运往销售。

沙船长时间的从上海南市装运棉花布并运往营口出售获得高利润。报纸的内容是:昨日接到东北地区的消息,营口附近的港湾因气温下降冻结成冰,因此,南市个店铺的约三万包棉花改用蒸汽船运往营口。清朝后期之后,上海的南市发展成为依靠沙船运输的航运业中心,特别是将上海的棉花布运往东北,将东北大豆产品运回上海。①

道光二十四年(1844),上海绮藻堂布业公所编制的《关庄牌簿》中记载了作为上海棉布号的周益大、郁森盛、唐恒美、林大成、倪德成、德大

---

① 松浦章:《晚清期上海・南市の沙船航運業》,《関西大学文学論集》,第46卷第1号,1996年9月。

号、王永盛、协美号、萃昌号、顺昌号①等85个布号的名称。这其中的周益大是道光二十四年间,与来航于意大利商船进行贸易往来的"周益大布店"。②

同治三年(1864),在上海县知县曾在文章中写道:

谕

钦加府衔补用同知直隶州署江苏松江府上海县正堂加十级记录十次王为谕饬事件案,奉抚宪转准户部奏催江苏省欠解布疋屡催未解奏请旨交部先议处一折,奉旨依议,钦此钦遵,抄录原奏转饬遵照谕,饬该松商王宝崑迅速赴司具领布价,赶紧办解等因……现查上海布业,不下三四十家,其中不一,兹已集议资本殷实,贸易较大者惟推大成、慎昌、祥泰、文记、生吉、森记、祥源、协美等八家,素以布业为成熟……

右谕布业大成准此

同治叁年贰月十六日③

这则档案是上海县知县王宗濂④有关上海布业的文章。从此可知,到同治三年二月,上海实力较为雄厚的布业经营者是大成、慎昌、祥泰、文记、生吉、森记、祥源、协美八家。

之后的光绪十五年,从上海绮藻堂布业公所编制的《同业牌号簿》⑤中又能了解到林大成、倪德成、德大号、王永盛、协美号、萃昌号、顺昌号等名称。从同治三年(1864)到光绪十五年(1879)的十六年间,一直延续经营的只有大成和协美两家。而且直到道光二十四年(1844)仍存在大

---

① 《江南土布史》,上海社会科学院出版社,1992年7月,第321页。
② 王庆成编著:《稀见清世史料并考释》,武汉出版社,1998年7月,第15—16页。
③ 上海市档案馆所藏档案。上海市土布商业同业公会S232-1-6《本会(绮藻堂布业公所)供应清朝官家布匹及处同业纠纷等县府的往来文书》23张(1998年8月7日摘录)。
④ 王宗濂于咸丰十一年(1861)到同治六年(1867)任上海知县。参见同治十一年《上海县志》卷一三《职官表下》,同治十一年《上海县志》,《中国地方志丛书·华中地方》,第169号,第3册,第934页。
⑤ 《江南土布史》,第321页。

成和协美两号,可见这两家商号持续经营了35年以上。从这些记载也能了解到布业商家的盛衰。

这些和上海棉布号同名的商号中,在道光二十四年的《关庄牌簿》中记载的郁森盛、王永盛在本书中也提及了,他们都是以商船号而为人所知的很有势力的商人。①

在此简述一下两个名簿里都出现的德大号。从《中外时报》的报道中可以看出,这个德大号布行也在很积极的经营着沙船航运。从《中外时报》1901年3月27日到1902年2月14日的报道中统计得出,在近一年的时间里,驶入上海南市码头的沙船除德大号外,还有夏福顺、金永和、金魁顺、金吉兴、金義泰、金元宝、金合顺、金茂福、金全顺、金长顺、金万利、周乾顺、朱源泰、朱长兴、朱长顺、朱长利、徐义顺、徐广兴、陈安顺、陈恒顺、陈合顺、陈信顺、陈宝顺、陈同顺、陈隆顺、陈和顺、陈怡顺、陈馥顺、郑福兴、唐万顺、陆同顺、陆广顺等,共32只沙船获准出航共47次。其中大部分位于上海和江苏省东北部沿海的青口之间。很明显可以看出德大号的经营占很大比例。如下表所示:

表1　德大号沙船航运　报纸刊登顺序　　德大号沙船航运　沙船名称顺序

号数	刊行月日（公历）	沙船名	来航地	号数	刊行月日（公历）	沙船名	来航地
939	1901.03.27	陈和顺	青口	1024	1901.06.20	夏福顺	青口
944	1901.04.01	朱长利	青口	1188	1901.12.02	金永和	青口
945	1901.04.02	徐广兴	青口	1249	1902.02.01	金魁顺	青口
952	1901.04.09	陆广顺	青口	1262	1902.02.14	金魁顺	青口
952	1901.04.09	金全顺	青口	1032	1901.06.28	金吉兴	青口
955	1901.04.12	金合顺	青口	1262	1902.02.14	金义泰	青口

---

① 本书第3编第2章2,3—2。

续 表

号数	刊行月日（公历）	沙船名	来航地	号数	刊行月日（公历）	沙船名	来航地
955	1901.04.12	金长顺	青口	1220	1902.01.03	金元宝	青口
960	1901.04.17	陈和顺	青口	955	1901.04.12	金合顺	青口
967	1901.04.24	朱长利	青口	1237	1902.01.20	金茂福	泊儿
967	1901.04.24	陈安顺	青口	952	1901.04.09	金全顺	青口
967	1901.04.24	陈隆顺	青口	984	1901.05.11	金全顺	青口
975	1901.05.02	陈合顺	青口	955	1901.04.12	金长顺	青口
978	1901.05.05	金长顺	青口	978	1901.05.05	金长顺	青口
984	1901.05.11	陈同顺	青口	1244	1902.01.27	金万利	青口
984	1901.05.11	陈和顺	青口	1244	1902.01.27	周干顺	青口
984	1901.05.11	陈宝顺	青口	1262	1902.02.14	朱源泰	青口
984	1901.05.11	金全顺	青口	1034	1901.06.30	朱长兴	青口
996	1901.05.23	陈合顺	青口	1024	1901.06.20	朱长顺	青口
1007	1901.06.03	陈安顺	青口	944	1901.04.01	朱长利	青口
1007	1901.06.03	陈同顺	青口	967	1901.04.24	朱长利	青口
1024	1901.06.20	夏福顺	青口	1262	1902.02.14	徐义顺	青口
1024	1901.06.20	朱长顺	青口	945	1901.04.02	徐广兴	青口
1032	1901.06.28	金吉兴	青口	967	1901.04.24	陈安顺	青口
1034	1901.06.30	朱长兴	青口	1007	1901.06.03	陈安顺	青口
1090	1901.08.25	陈和顺	莱阳	1220	1902.01.03	陈安顺	青口
1114	1901.09.18	唐万顺	青口	1209	1901.12.23	陈恒顺	青口
1188	1901.12.02	金永和	青口	1262	1902.02.14	陈恒顺	青口
1188	1901.12.02	陆同顺	青口	975	1901.05.02	陈合顺	青口
1188	1901.12.02	郑福兴	青口	996	1901.05.23	陈合顺	青口

续 表

号数	刊行月日(公历)	沙船名	来航地	号数	刊行月日(公历)	沙船名	来航地
1191	1901.12.05	陈怡顺	青口	1232	1902.01.15	陈合顺	青口
1191	1901.12.05	陈馥顺	青口	1262	1902.02.14	陈信顺	青口
1209	1901.12.23	陈恒顺	青口	984	1901.05.11	陈宝顺	青口
1215	1901.12.29	陈和顺	青口	984	1901.05.11	陈同顺	青口
1220	1902.01.03	陈安顺	青口	1007	1901.06.03	陈同顺	青口
1220	1902.01.03	陈同顺	青口	1220	1902.01.03	陈同顺	青口
1220	1902.01.03	金元宝	青口	967	1901.04.24	陈隆顺	青口
1232	1902.01.15	陈馥顺	青口	939	1901.03.27	陈和顺	青口
1232	1902.01.15	陈合顺	青口	960	1901.04.17	陈和顺	青口
1237	1902.01.20	金茂福	泊儿	984	1901.05.11	陈和顺	青口
1244	1902.01.27	金万利	青口	1090	1901.08.25	陈和顺	莱阳
1244	1902.01.27	周干顺	青口	1215	1901.12.29	陈和顺	青口
1249	1902.02.01	金魁顺	青口	1191	1901.12.05	陈怡顺	青口
1262	1902.02.14	金义泰	青口	1191	1901.12.05	陈馥顺	青口
1262	1902.02.14	徐义顺	青口	1232	1902.01.15	陈馥顺	青口
1262	1902.02.14	朱源泰	青口	1188	1901.12.02	郑福兴	青口
1262	1902.02.14	陈信顺	青口	1114	1901.09.18	唐万顺	青口
1262	1902.02.14	陈恒顺	青口	1188	1901.12.02	陆同顺	青口
1262	1902.02.14	金魁顺	青口	952	1901.04.09	陆广顺	青口

注:"号数"和"刊行月日"为《中外日报》的信息,"来航地"指从上海南市入港的船只从何处而来。

从上述报纸的报道数据可以明显看出,依靠沿海航运向东北、山东、青口运输棉布是上海棉布的最大销路,这个过程中沙船发挥了重要作用,而且各大布号也在上海棉布的贩运中发挥了较大的作用。

1912年,15岁的周茂生工作于祥泰号,据他的口述,他在祥泰号工作的时候,祥泰布号已经拥有了 60 多年的历史。刚开业时资本仅有 80 万制钱,兑换成银钱为 500 元,但在周茂生工作期间,它已经发展成为棉布业最大的企业。祥泰布号的职工有 120 余名,光绪二十二年和二十三年的营业额达到 150 万—160 万两,一年贩卖的棉布达到 400 万匹。但是,日俄战争后,祥泰布号的营业额逐渐缩小。① 如果缺少了 19 世纪中后期沙船往东北各地的航运活动,像祥泰布号这样的棉布买卖就不可能顺利开展。

4. 小结

综上所述,明清时期,以上海为中心的地区所生产的用于衣料的棉布,其质量达到了当时世界的最高水平。这些用于新衣料的棉布,由于产于本地,被上海人称作土布,满足了上海及其他地区人们的需要。其销路的一部分是华北和东北地方,上海的沙船承担了定期往这些地区输送和供给棉布的任务。

上海的沙船往东北地方运送棉布,从东北返航时搭载豆货,有关这种贸易状况的记载可以参见《国闻报》第 312 号,1898 年 9 月 11 日,光绪二十四年七月二十六日《奉天新闻》的报道:

> 各种土布,由沙船运至牛庄,计数颇巨。各船即以所入布货之价,装运豆油回申,每岁自春徂秋,往来船只络绎不断。

由此可以看出,沙船于东北的牛庄港入港时搭载货物与归航时搭载货物的交易形态。来到牛庄时为各种土布为代表的布货,出港返回上海时搭载的是大豆及大豆制造的豆饼和豆油等豆货。

牛庄是有代表性的东北海港之一,利用沙船自上海往牛庄运送以布货为代表的货物,同时归航时搭载以豆货为代表的货物,是当时沙船航运的一般形态。上海沙船往东北运送的典型的"南货"是以上海为中心

---

① 《江南土布史》,第 254—255 页。

的区域所生产的各种棉布。有赖于沙船航运的发展,棉布的销路不断扩大,生产量也逐渐增加。可以说,上海的棉布业和沙船航运业有着密不可分的关系。

（杨蕾　译）

第 5 章　上海沙船的北货：豆货

1. 绪言

上海的叶梦珠在记录康熙年间前半期状况的《阅世篇》卷七《食货二》中,对清代前期上海周边的大豆需求状况的叙述如下:

> 豆之为用也,油腐而外,喂马、溉田,耗用之数,几与米等,而土产之种类亦不一。沿海所出,荡豆为最细,与山东所产相似,价亦较贱。田中所产,黄豆为常,大者有莳菇、青白、粉团、紫香橼诸种,价亦差贵。黄豆之价,常年较米稍减,大约豆一担可准米八、九斗。惟崇祯十四年辛巳,旱豆多而米少,粜米一担可籴豆二担。康熙二年十月,米价九钱,豆止五钱,荡豆不过四钱有奇。……二十三年冬,每担价银一两内外。次年春,亦如之。①

在上海,人们将大豆用于以下用途:从大豆中榨取豆油,把大豆加工成豆腐。除此之外,榨取豆油后留下的豆渣还可以作为马的饲料和田地的肥料等等,其用途丝毫不逊于大米。清初时上海周边所需豆类基本上

---

① 叶梦珠:《阅世篇》,上海古籍出版社,1981年6月,第155页。

是在其近郊生产的,而其产量一般能够满足需求。需求量很大的黄豆与大米价格相比有时便宜一些,有时价格相当。康熙二年(1663)豆的价格为每石五钱,至康熙十三年(1684)后上涨到了一两。

在江南的一部分地区,从明代中期就开始将大豆渣滓作为肥料和饲料来使用,至清中期这种需求范围扩大,已有研究表明,上海需求的一部分豆类是由沙船从东北地区经海上运输而来的。①

康熙年以后,由于上海及其近郊对豆货需求增加,而当地的产量无法满足供应,于是开始了从上海以外的地域输入。尤其是使用沙船从东北沿海地区向南方地区大量地运输大豆等豆货。②

供应给江南方向的大豆不仅来自于东北沿海地区,也有产自山东沿海地区的。山东巡抚岳濬在雍正十二年(1734)八月初八的奏折中就有如下记述:

> 谨奏为备筹查海口豆船事宜,奏请圣鉴事,……惟东省豆货为江省民食所资,由海贩运……再查豆船一项,由东省贩运江南者尚少,惟江南贩货来东。发卖之后,即买青白二豆带回江省者,拾居陆柒,此项船只系江省。③

山东省生产的大豆是江南地区人们的重要食品。它们均是经由海路从山东省运送到江苏省的。运送豆货的船舶少见山东省籍的,六七成是由江苏省籍的船开往山东运货贩卖后,返航时买进山东省产的青豆和白豆等豆货返回江苏省。通过这种形式,山东省产的豆货被运到江苏省。

---

① 足立启二:《大豆粕流通と清代の商業的農業》,《東洋史研究》,第 37 卷第 3 号,1978 年 12 月,第 35—63 页。
② 加藤繁:《康熙乾隆時代に於ける滿洲と支那本土との通商について》,《北亞細亞學報》二,1943 年 12 月,《支那経済史考証》下卷,東洋文庫,1952 年 3 月,第 595—616 页。
加藤繁:《滿洲に於ける大豆豆餅生産の由来に就いて》,《小野武夫博士還暦記念論文集、東洋農業経済史研究》,1948 年 5 月,《支那経済史考証》下卷,第 688—699 页。
③ 《宫中档雍正朝奏摺》第 23 辑,台北故宫博物院,1979 年 9 月,第 377—378 页。

豆粕的情况在清代后期也是同样的。相关情况在足立启二氏提及的《申报》第953号,1875年6月7日、光绪元年五月初四《光绪元年四月十九日京报全录》登载的"吴元炳片"①中有所描述:

> 再地方兵燹之余,尤以培养民气为要,臣察看江苏各州县……惟黄豆一项,本省所产无几,大半运至关东、山东,专为碾取豆油之用,其豆饼亦系培壅种植,所需似与民食关系稍轻。②

同治十三年九月到光绪七年(1881)五月,江苏巡抚吴元炳③在奏折中提到,江苏省内的黄豆生产数量很少,满足需求的份额几乎都是从东北地区和山东运送来的。运送过来的黄豆用来榨油,榨完油的豆渣当做豆饼即农业的肥料来利用,食用需求极低。

李维清在光绪三十三年(1907)正月序的《上海乡土志》第一百五十课《沙船》中写道:

> 本邑地处海疆,操航业者甚伙,通商以前,俱用沙船。以其形似沙鱼,故有此名。浦滨舳舻衔接,帆樯如栉,由南载往花布之类,曰南货,由北载来饼豆之类,曰北货。当时本邑富商,均以此而获利。④

表明沙船从东北运到上海的大豆、豆粕也就是豆饼等,被称为北货。

民国七年《上海县续志》卷一《风俗》中有:

> 中外未通商之前,商市以豆业为领袖。⑤

可见,南京条约签订之前,上海商品买卖的重要商品业种是豆业。

因此,本章试对为何将东北产、华北产的大豆等运输至江南地区及

---

① 足立启二:《大豆粕流通与清代的商业性农业》,第39、56页。
② 《申报》影印版,第6册,第517页。
③ 《清代职官年表》第2册,中华书局,1980年7月,第1715—1722页。
④ 《上海滩与上海人丛书》,《上海小志上海乡土志 夷患备尝记》,上海古籍出版社,1989年5月,第107页。
⑤ 民国七年《上海县续志》卷一《上海县续志》,《中国地方志丛书·华中地方》第14号,第1册,第132页。

运输状况、运输中与上海沙船运输业的关系等进行论述。

2. 中国沿海地区与豆货的需求状况

大量豆货通过沙船从东北沿海地区和华北地区被运往江南。关于这些大豆和大豆渣滓是如何被消费的这一问题,可以举长江河口的镇江和太湖南部的湖州市双林镇的情况作为一例来说明。

《中外日报》第375号,1899年9月2号刊登的《外埠新闻·镇江》中有:

> 纪油价〇本埠各乡所出豆油,仅敷乡民之用,故城市油铺,全恃牛庄来源。今因该埠存货不多,来源渐少,价目加涨。前月每斤售钱一百零四文,现涨至一百十二文矣。

位于长江河口附近的镇江尽管也有出产,但能够自给的豆油量少,无法满足镇江人自己使用,从东北海港的牛庄运来的豆油就成为了重要的供应源。

关于距离上海西南方向约100公里的浙江省湖州市所属的双林镇的情况,在民国六年(1917)的《双林镇志》卷一七《商业》中有:

> 进口货之调查
>
> 豆类　大豆以制豆酱豆腐,由上海、无锡,输入岁销之数可四千担。
>
> 豆饼　来自上海为粪田之肥料,并以饲猪,饲鱼岁值约银二万元。
>
> 油类　豆油、菜油、麻油,皆以调食品,率自上海州泉新市输入。①

大豆被加工成豆酱和豆腐后经由上海和无锡运至双林镇。而被运

---

① 《双林镇志》卷一七《商业》,《中国地方志集成·乡镇志》22下,第568页。

送到上海的货物应该是从东北通过沙船海上运输而来,再经由上海抵达双林镇贩卖的。而无锡的货物大概是通过长江水运来自湖南、湖北的。从上海运抵双林镇的豆饼一般用于水田的肥料,或是养猪养鱼的饲料。此外还可以了解到油类中除了大豆油以外,也有菜油、麻油,均是从上海运送过来的。

虽然上文是将双林镇作为例子进行说明的,但笔者认为在上海近郊的市镇也是同样的情况。上海市青浦县所属的珠里镇也是将豆饼作为水田的肥料来使用。嘉庆二十年(1815)刻本《珠里小镇》卷三《风俗》中有:

> 吾乡豆饼来自湖广,谓之正阳裹饼,重二十余斤,每亩用饼或一、或二。①

由上文可知,在珠里镇豆饼也是作为水田耕作的肥料来使用,由长江中流域的湖广一带引进。像这样把大豆和豆渣作为食品并在农业、养殖等领域使用的不止江南地区,中国大陆华南沿海地区也是如此。

福建省的福州发行的《闽报》第1258次,明治四十二年(1909)3月18日,宣统元年二月二十七日《厦门通信》中有:

> 豆饼进口之多　厦门岁销豆饼甚多,用作肥田资料,因闽省各属产豆极少也。此货均由上海、牛庄一带运来,计戊申年(光绪三十四年,1908年)一年豆饼进口调查之,共三十一万八千零七十担之多,价亦甚好云。

可知经由上海或者直接从东北的牛庄向厦门输送的豆饼多用来作为耕地的肥料。运送豆饼的商船遭遇的海难事故在《闽报》第1511次,明治四十三年(1910)十一月二十六日　宣统二年十月二十五日《三山杂记》中有:

---

① 《珠里小志》卷三《风俗》,《中国地方志集成·乡镇志》2,第508页。

> 商船沉没〇日前,有大商船新源成由福州。载货前往胶州卸售,后即由该处装运豆饼各货来闻,不料该船才行至胶州海外之洋面,遇风沉没,计损失不下三万余金云。

福州出航的新源成号(可能是帆船)驶往山东省的胶州后满载着豆饼等货物往福州返航途中,在胶州沿海遭遇海难,其损失不少于三万两。

天津发行的报纸《国闻报》第1号,光绪二十三年十月初一日,1897年10月26日的报道中有:

> 营口新闻　民船进出口减数〇营口为东三省水道咽喉,商舶咸集,帆樯林立。从前民船,每岁进口约计二千余艘,有时多至三千以外。中外通商以来,轮舶渐多,民船渐少,上年计到八百号,已为向所未闻诧意,今年自二月开凌起八月底止。进口之船,仅有四百号,即使九、十两月,再加二百号,亦不过六百之数,较之去年又减四分之一矣。

在东北的营口港有来自各地的众多船舶。19世纪末之前,进入营口港的船舶有2000余艘,多的时候能达到3000余艘。然而根据1860年签订的天津条约,营口港被迫开放后,入港的轮船数量急剧增加,中国帆船的数量大幅减少,至1896年仅有不超过600艘了。这其中多数的帆船都是从营口向渤海以南的沿海地区运送豆货的。

发行于上海的《中外日报》第132号,1898年12月26日,光绪二十四年十一月十四日的《外埠新闻》中刊登了一篇关于营口的报道,内容如下:

> 进口船数〇营口、自开河迄封河,进口输船共四百五十四艘……杉船一百八十七艘,宁波船七十二艘,雕船四十二艘,东船二十九艘……进出豆油数目〇营口油坊,共有二十八家,自开河至封河,共计出口豆油十四万三千七百四十九篓,由奉天等处运来者,计二万五千二百六十三篓,刻下营口油坊,业均停碾,查明共营口豆油,仅有一千四百四十篓。

第一则报道记述的是光绪二十四年，营口附近从融冰到再次结冰期间来航船舶的情况，其中轮船有 454 艘，旧式帆船的数量也不少。帆船在营口被称为沙船，记录中在该年共有 187 艘，从宁波来的宁船有 72 艘，从福建来的鸟船有 42 艘，山东、天津来的东船有 29 艘。

第二则报道中记载了光绪二十四年，营口地区的 28 家油坊即豆油制造厂，依靠船舶输出了 14 余万篓油，而辽河流域及其周边地区的奉天等地也借助于辽河水运向营口输入豆油 2.5 万篓。

《厦门日报》第 325 号，宣统元年二月初五日，1909 年 2 月 24 日《商业》栏刊登的一则报道中详细说明了豆饼输出，特别是营口运出的豆饼运往何处，可以此作为参考：

营口油饼豆输出之比较

今年东三省大豆非常丰作，豆价及饼价逐渐低落，近来日本肥料市场稔知豆饼为第一重要品，故销路日渐扩张加之。本年饼价低廉银价，又贱核算甚为合宜，故尔猛烈买进。今年本埠商状之活跃为历年所稀有兹今去两年油饼豆三大宗输出之总额，开具于左以资比较。

丁未年（光绪三十三年，1907 年）

（神户）

豆饼七十七万三千五百三十担

大豆十四万四千三百三十八担

（横浜）

豆饼九十四万二千六百七十八担

大豆八万九百六十担

豆油八百笼

（门司）

豆饼一万五千六百四十担

（长崎）

豆饼十四万六千五百一十担

大豆六百担

（四日市）

豆饼七万九千九百八十七担

大豆四万六千五百担

（合计）

豆饼一百九十五万八千三百四十五担

大豆二十七万二千三百九十八担

豆油八百笼

（广东）

大豆四十五万四千七百三十担

豆饼一千一百五十担

豆油一百笼

（汕头）

豆饼四十万六千一百八十担

大豆三十五万八千一百六十担

豆油一百担

（厦门）

豆饼二十三万七百三十六担

大豆二十三万八千三百三十担

豆油五百笼

（合计）

豆饼六十三万八千零六十六担

大豆一百零五万一千二百二十四担

豆油二万零四百二十笼

  两年 总计

大豆一百三十二万三千六百二十一担

豆饼二百五十九万六千四百一十一担

豆油二万一千二百二十担

从上可知1907年从营口输出的大豆、豆饼、豆油的数量。输出地不仅有日本的神户、横滨、门司、长崎、四日市,还有中国华南沿海的广东省的广东和汕头,福建省的厦门。仅广东、汕头、厦门三地就运出豆饼约63.8万担,大豆约105万担,豆油约2万笼。

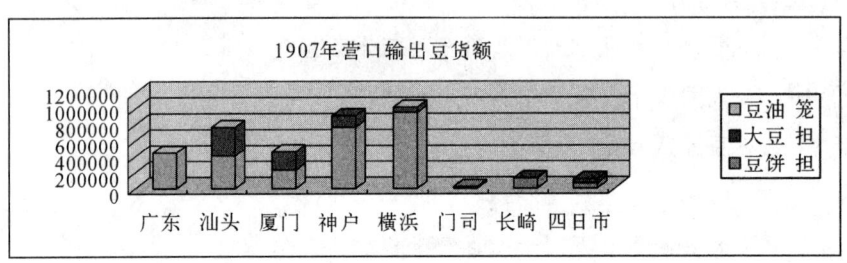

其次,《厦门日报》第326号,宣统元年二月初六,1909年2月25日《商业》栏刊登了1908年的运出量。

戊申年(光绪三十四年,1908年)

(神户)

豆饼一百七十二万五千五百七十七担

大豆八万九千零五十三担

豆油二百五十笼

(横滨)

豆饼一百零一万九千三百六十三担

大豆五万六千六百八十七担

(门司)

豆饼二十六万三千六百六十七担

大豆三千五百担

(长崎)

豆饼三十六万二千四百一十担

大豆五千五百四十担

（四日市）

豆饼十万零七千七百四十担

（总计）

豆饼三百四十七万八千五十七担

大豆十五万四千七百八十担

豆油二百五十笼

（广东）

豆饼九千九百三十二担

大豆七十三万六千三百二十一担

豆油一万八千七百笼

（汕头）

豆饼二十一万七百三十担

大豆二十一万零八百八十四担

豆油一千四百五十担

（厦门）

豆饼十四万一千五百二十七担

大豆二十二万二千七百六十担

豆油四百笼

（总计）

豆饼二十六万二千一百零八十九担

大豆一百十六万九千九百六十五担

豆油二万零五百五十笼

　　两年　　总计

大豆一百三十二万四千七百四十五担

豆饼三百八十四万零九百四十六担

豆油二万零八百担

去年输出之豆饼,与前去年相比较,计有一百万二十五万四千五百三十五担之增加,唯运往日本之大豆,则比去年减少十一万七千六百十八担。夫日本,近来既公认豆饼为肥料中之重要品,则大豆需额似不应缩小,大约日人知今东三省产豆异常丰作,虽已价值低贱,仍不免有观望跌落之心。所以本埠结冰,输出断绝后,日人之购买力又复惹起。近来由大连出口之豆,非常拥挤穷料,输出之总额将不止于弥补缺少之数,且料出口之合计,将倍徙于去年矣,是诚东三省前途之幸也。

由上数据可知,仅广东、汕头、厦门三地运出的就有豆饼约 36 万担、大豆约 117 万担、豆油 2 万笼。与前年的约 63.8 万担相比大幅减少。

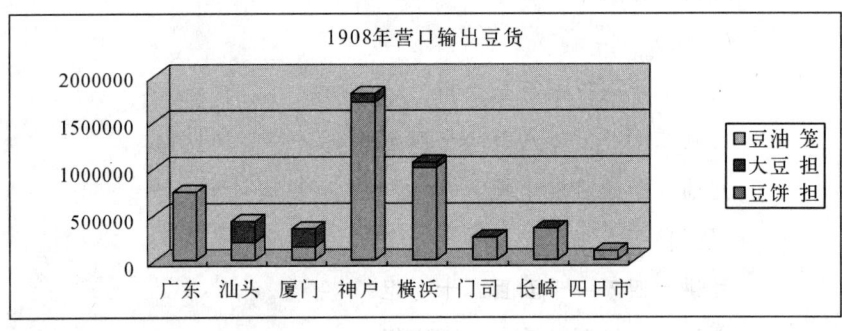

由上文论述可知东北、华北所产的大豆,豆饼和豆油通过沿海航运运向了江南、华南沿海地区。

3. 东北地区的豆制品交易情况

《盛京时报》第 37 号,1906 年 12 月 5 号,光绪三十二年十月二十日中有:

> ○锦州西海口、旧称油粮口岸。凡到口沙、鸟船均由锦城粮店,购买元豆,运往浙闽等省售买。今秋锦属豆糖歉收,价值太昂,每斗需洋一元三四角,比较常年加半倍之,谱所以南省商船,均闻风不进云。

沙船、鸟船驶入东北沿海的锦州西海口的码头,从锦城粮店收购大豆后再运到浙江福建等地。此种状况至少可以追溯到清代中期。管理山海关税务的申保在乾隆三十三(1768年)五月二十八日上呈的奏折中写道:

  山海关,水路畅通,商贾云集。①

表明众多商船驶向山海关的税口。乾隆五十四年(1789)十二月十四日嵩椿宜兴的奏折中有:

  ……分往锦州、岫岩、复州、金州、盖州、牛庄等六城所属各海口,确查去后……各该海口地方,官存出入商船挂号底簿内,细查得乾隆五十二年共到口船四千一百四十九只,五十三年共到口船三千三百七十八只,五十四年共到口船一千七百八十二只。今以五十四年船数较比上二年实系短少十分之六。……②

从驶抵山海关管辖下的锦州、岫岩、复州、金州、盖州、牛庄等六城的各港口的船只数量可知,乾隆五十二年(1787)有4149艘,乾隆五十三年(1788)3378艘,乾隆五十四年(1789)1782艘,增减的幅度虽然大,但是每年船只数量均逾千艘。

这些来船的目的当然是为了东北所产的大豆。嘉庆年间的《山海权关政便览》③第二卷,乾隆三十七年(1772)二月的奏文中记载了关于大豆运输数量的文字:

  查盛京各海口杂粮,向来查禁海运之年,惟黄豆大船准带二百石,小船准带一百石。也就是说,即使是禁止海运的年份也允许运输黄豆,标准是大船二百石,小船一百石。

乾隆四十年(1775)正月二十一日,大学士舒赫德在奏文中写道:

---

① 《宫中档乾隆朝奏折》第三十辑,第756页。
② 《宫中档乾隆朝奏折》第七十四辑。
③ 据东京大学东洋文化研究所藏本、钞本。

> ……再查奉天地方辽阔粮食充盈,而黄豆一项,除做酱磨腐之外,并无别用……①

即表明,沿海各地的来船所求购的黄豆除了做酱和豆腐外没有其他的用途了,主要是作为食材、饲料、肥料不可或缺的一种原料。

那么这些运往长江以南地区的豆货到底在何处生产又是如何集中到营口的呢?对此,可以参见《厦门日报》第321号,宣统元年正月二十九日,1909年2月19日《各省新闻》:

> 营商抵拒河饼(奉天)营埠输出品,向以豆饼为大宗,饼有地饼、河饼之别,营口本地制造者为地饼,由辽河上游运来者谓之河饼。近年来河饼日益增加颇于地饼,销场有碍,盖以价值较贱分量较重故也。

以上文字记载了从东北运出的豆饼的情况,从中可以了解到,豆饼分为营口当地制造的地饼和同营口连接的辽河上游制造的河饼两种。

根据清末日本在沈阳的日本领事馆的调查可获知更为详细的情况,以下稍作阐述。明治四十二年(1909)5月28日《辽河水运事件》第十一《水路运送上航下航的货物》部分中有:

> 对于自辽河水运输送的上航下航的货物,我们非常希望能够得到其详细的数据。然而是由没有统计观念的清人经手,故而今无法实施,只将特殊的一两种货物自各地向营口运输(下航船)的数值及运送至上游的杂货的数值提供如下。
>
> 在记录特殊物产之前,将下航、上航的货物种类列举如下。
> 下航货物(重要货物)
> 大豆(辽河一带地区)　　　　高粱(辽河一带地区)
> 豆粕(同)　　　　　　　　　豆油(同)
> 烧酒(同)　　　　　　　　　小麦(辽河上游地区)

---

① 《明清档案》A224-10,第5页。

粳米(同)　　　　　　　　　　牛骨(铁岭以北郑家屯居多)

马尾、牛尾、羊皮、毯子(自郑家屯法库门地区运出)、面域(天然曹达)(自郑家屯法库门地区运出)、麻薯(产自上流沿岸,自郑家屯通江口地区输出)

以上输出品中大豆是大宗。开河之时自各地运往营口的大豆的大致数量列举如下。

地名	输出量	备考
郑家屯	一万五千石	总量　三万二千石
通江口	十万石余	同　　十八万石
英守屯附近	五千余石	
铁岭	二十余万石	同　　四十余万石
柳柏松附近	五千余石	
三面船	十二万石	由法库门每次输出二十万石
马厂	三万石	新民屯总量二十余万石
老达房,卡利马,大荒地	一万石	
辽阳及附近	十万余石	总量二十万余石
长滩浑河一带	一万五千石	
其他辽河沿岸地区	二万余石	
合计	六十二万余石	

据说营口商人一般在每年开河之时,自辽河上游至营口,购入约一百万石左右的大豆,并将其囤积而后随意要价。实际上每年大豆的数量约为六十万石。

上航重要货物

上航的重要货物按产地来看,包括清朝产的和外国产的两类。清朝产的货物主要为丝绸类、支那木锦、盐等;外国产的货物主要有棉线、棉布、石油、杂货、砂糖、陶器、铁器、磷寸、洋蜡、天竺木绵、云齐、纸类等。由营口向北运输的货物的三分之二是走水路经辽河向上流各地运送的。以上的重要物品向上流地区运送的数量为多少无从得知,但每年在开河时自营口由民船上航运送的货物总价值不低于三百万圆,其中又以铁岭为首,三面船、通江口、辽阳、郑家屯、马场等地位居其后。①

即表明,从营口买卖的豆品主要是在辽河解冻到冰冻封河期间,经辽河流域完成运送的。

《大公报》(天津)第 7 号,光绪二十八年五月十八日,1902 年 6 月 23 日的报道《中外近事·东三省·豆价又涨》中有:

> 通江口,最近,停泊装载豆之船四千余艘,皆缘近日河水浅小,浅处踏水可过,现积货至三十余万石,饼、油、豆三项多不能运到营口,粮食价值因而又涨,计吉豆每石银五两六钱,豆饼十斤六两四钱,豆油每百斤八两五钱云。

如上所记,在位于辽河上游的通江口停滞了满载豆品的船只四千余艘,均无法驶入营口。因河水水位下降导致行进困难,致使豆品价格的暴涨。

尤其是航行于辽河流域到营口运送豆品的帆船。

《大公报》(天津)第 56 号,光绪二十八年七月初八日,1902 年 8 月 11 日《中外近事·东三省·豆船未到》中有:

> 上河漕船南下者甚少,现时营口所存豆货,寥寥无几。若再越旬日,不见豆船多至,埠内诸油坊,必有缺乏材料之虞。

在营口装载豆货驶入的槽船是将东北所产豆类向外运送的主要工具。每每漕船入港,营口便呈现空前繁盛景象。

《大公报》(天津)第 66 号,光绪二十八年七月十八日,1902 年 8 月 21 日《中外近事·东三省·货船纷至》中有:

---

① 《通商彙纂》明治四十一年(1908)第 18 号,第 57 页。

> 连日营口港内,由外河里河驶到货船,共有四千二百余艘,约计运到杂粮八万余石,大豆二十余万石云。

说明有 4200 余艘货船驶进营口港,随船装载的豆货达八万余石。据此笔者认为,该类货船每艘可承载 20 石左右,属小型内河货船。

天津《国闻报》第 34 号,光绪二十三年十一月初五日,1897 年 11 月 28 日《营口新闻》刊登了航行于辽河上关于将豆货运往营口的情况:

> 为民除害〇营河小船两项,一曰漕船,一曰牛船,共有七千余只之多,往来通江口、开原、铁岭、沈阳、辽阳等处,每岁来往约八九次,近处居民,多藉此为糊口计。

被称为槽船及牛船的船舶约有七千多只,每年自辽河上游起往返八九次。

《大公报》(天津)第 170 号,光绪二十八年十一月初四日,1902 年 12 月 3 日《中外近事·东三省·粮船纷至》中有:

> 十月二十一日前后等日,牛船由上河,贩运新粮,入港者千余艘,运载约共五万余石。如日内天气尚暖,并可再运粮云。

记载了五千余艘牛船装载了五万余石谷物由上流而下的事情,也表明牛船的承载量为每艘 50 石左右。

《通商汇纂》明治四十一年(1908)第 18 号刊载了铁岭日本领事馆分馆的报告——《铁岭船舶状况》,从中可知清末航行于辽河的帆船的情况。铁岭位于当时清朝的奉天府也就是现在的沈阳市东北部的辽河中游。明治四十一年 3 月 5 日的该份报告中记有:

> 上下航行于辽河流域的支那船只分为两种,一种称为漕船,另一种称为牛船。两者均为木造帆船,船底扁平。漕船船头船尾的宽度和船身宽度相差不大,看上去像是方舟。……漕船需船员五六名,承载量为二十石到一百石不等。牛船需船员四五名,承载量约

为二十石至八十石。①

航行于辽河流域的帆船为木造平底船,有槽船和牛船两种。槽船较牛船而言体型更大。在同份报告中还有:

> 辽河每年自旧历十月初封河,到翌年旧历三月初开河。在辽河流域可泊船的港口除马峰沟以外,还有营口、田庄台、小北河(以上营口界)、新民屯、亮冰塔、打连堡子(以上新民屯届)、郑家屯同江子(通江口)、英守屯(以上开元界)。询问营口客商得知,往来辽河一带的船舶总数为四千五百八十余艘,均是去年从营口海关领取了船票(船舶执照为一船一份),且没有船票的船舶不允许航行。又据当地的批发商称,光绪二十六年即铁道未开通之前,航行于辽河的船舶每年达万余艘,但火车投入使用之后,抢占了水运的利益,此外还因战争破坏船只,船主蒙受了不小的损失。……开河后出航之时,多数船只列成一队,首尾相连驶向营口。因而第一拨驶出港口的船被称为头帮船,紧随其后的第二拨、第三拨分别称作二帮船、三帮船。如去年一样,旧历三月开河后,驶向营口的头帮船达六百艘,其后自四月初因干旱不利于航行,滞留在马蜂沟的船舶达到一千五百艘,偶尔出航也只不过装载二三十石而已。到六月下旬,渐渐雨水丰富,可见二、三帮船出航,依次向南行驶。②

如上所述,辽河在农历的十月上旬到第二年的三月上旬,也就是阳历的十一月上旬至第二年四月上旬的将近六个月的时间里是冰封期,故而航行有困难。据记载在光绪二十六年(1900)北京到沈阳的京奉铁路开通之前,航行于辽河的船只达到一万多艘,而1908年之后减少到4500艘。

奉天《盛京时报》第169号,光绪三十三年四月初六日,1907年5月17日《东三省汇闻·营口》中有:

> 牛漕船进港调查 营埠堆积粮石,转运他口,惟恃里外两河牛

---

①②《通商彙纂》明治四十一年(1908)第18号,第68—69页。

漕船只之装运。自去岁辽河水浅,船只难以通行,兹虽雨足河水浚,
涨船只之数,仅两千有余,较比先年,减去大半。常时统计牛漕船一
万零八百余只,尚有未修理者,刻下营口销卸粮石,统计元豆类,以
及杂粮各项,不过七八万石之谱,均在北岸停泊,所有粮栈油房等
商,皆俟北信通到,方能收买云。

在营口码头的自辽河流域驶来装载豆货的牛船及漕船,因1907年降水
量减少导致的辽河水位下降之缘故,1907年5月仅有2000艘左右。平
时可达10800艘,而当时的状况是可以航行的只有四五千艘左右。

产自上游的大豆等豆货由航行于辽河流域的众多漕船、牛船等运往
营口,而后再从营口随由上海驶来的沙船运往江南地区。

4. 上海沙船航运业与豆货

对于上海的沙船航运业而言,从东北、华北地区运入的豆货是重要
的装载货物。至于怎样处理运往上海的豆货,上海市档案馆藏《清同治
年间豆行丰泰等七十六家行合环恳免捐事禀呈官府的文献》中有:

> 禀道宪为环租免捐事,窃奉市捐局宪谕,开奉官保爵抚宪札饬,将
> 前办京米各大业,一律举办市捐。自本年二月为始,查照京米数,每月
> 捐谕十成之二,由同年同月汇激,并饬传赴局,认捐等因,奉此,伏查豆
> 业所销油、豆、饼三种,以豆为大宗,抽取用金有限。从前豆业,通市共
> 有一百四五十家,今则大小不易六七十余家,缘沙船连年雍本停泊,不
> 开豆业之来源已绝,油坊被贼烧尽,复业无雏,豆业之去路,又无加以
> 捐款重叠。同治元年,捐领部帖,二年奉谕派捐京米、银米一万二千乙
> 百两,三年续照京米数,捐助军饷,彼时通市,尚有一百余家,蒙是力遵
> 捐,续激至上年十一月,甫经激竣迄今,未逾三月,商力溪……①

---

① 上海市档案馆藏:《清同治年间豆行丰泰等七十六家行合环恳免捐事禀呈官府的文稿》(编
号:397-1-27,一张;24.5(纵)×约55cm(横;因一端装订)1998年8月7日采集)。

由东北、华北沿海地区运往上海的豆类货物,与上海豆类加工业有着密切关系。上海豆类行业的重要业务包括销油(即从大豆中提取油类的制油业)、大豆加工及榨油后的豆粕、豆饼等。同治年以前,在上海从事豆类行业的商家有145家,至同治年间减少了60至70家。

此后在上海设立了管理豆货的专门豆业公所。复旦大学图书馆收藏的民国十三年(1924)八月的《上海豆业公所萃秀堂纪略》①作出了如下记载。在同书《市情之沿革》中有:

> 上海为海疆严邑,昔时浦江一带,登莱闽广巨舶,樯密于林,而尤以南帮号商,与北五帮号商之沙船、卫船从关东、山东运来豆子、饼、油为大宗生意。吾业行商,当买卖机关,分销各省,营业为市冠,以故上海通用银两,曰文三豆规元。当时著名号商有圆形银饼,每块银一两之制度。为宝纹之辅。前道光二十三年诏准西洋各国南五口通商,上海居五口之一,由是轮船渐分帆船之利,闽粤之舶逐减,迄今而绝迹,然海禁初开之始,沙卫船商之运输,尤未受影响也。迨咸丰八年北三口通商,营口烟台均在其列,关山东之商船,乃直接蒙其损矣。虽大势使然,而其来也,亦渐耳。以装运之船数比较,吾业关货一部分之生理,大有今昔之慨矣。相传道咸年间,南北号商之沙卫船,有多至二千余号,同治时尚有千余号,自光绪以来逐渐改少,今则一落千丈矣。然自沪宁津浦各路接轨交通以来,吾业各货之向恃海运者,易而为陆运矣。且轮舶纷驰,海运亦非不便利,故关货一部分之营业,虽有今昔之殊,而吾业之生计,则与时迁变,实未尝所有减色也。

以上描述了山东、福建、广东等船舶驶往上海时桅杆林立的盛况。这些船商因专做南洋或北洋买卖而有所区分,由专做北洋买卖的船舶将关东、山东等地的大豆、豆饼、豆油等运往上海,再由上海销往各地。然而五

---

① 《上海豆业公所萃秀堂纪略》(复旦大学图书馆502515),民国十三年八月。

口通商后,因外国船只参与装载运输豆货,使得这些帆船受到了极大的冲击。特别是之后上海与南京、天津间的铁路开通使得陆路运输更为便利。

关于上海公所创设的由来,在同书《公所之基址》中有:

> 上海豆业行商,由来旧矣。前清嘉庆十八年,奉本县知县颁发公斛,即今俗称庙斛(庙斛即铁皮公斛,大小与漕斛同)。谕令同业牙行,遵照制造,各备应用,以公买卖,由是同业公议,以所颁公斛保存公所,奉以为母,同业遵照制造行用之斛,按季会较,以照信守,相传至今,未尝改此准则也。
>
> 道光间邑庙之后园(即豫园)地址广大,阒无人居,年久失修,荒芜倾圮,东西房羽士不愿募捐修葺,邑令乃招商承修,谕令各业管理为公所会议之处,豆业行商承修正厅(即三穗堂)萃秀堂等处(后数年价买可乐轩万花楼址一部分)。及东园门游廊,超然亭,豆业公所,自此始也。

由此可以看出,上海豆业公所是在嘉庆十八年(1813)上海知县设立的判定法定计量单位公斛的地方为基础起步,逐渐在同行业中形成组织,最后至道光年间演变为在豫园的萃秀堂设立的豆业公所。建于萃秀堂的饼豆业建神尺堂碑上有钱塘孙元培所书的《城隍庙神尺堂记》:

> 道光二十三年,岁在癸卯十月,余来游上海,友人沈君梅坡,暨诸同人招饮于邑庙旁之萃秀堂。……系维上海为阜通货贿之区,其最饶衍者莫如豆,由沙船运诸辽左山东。江南北之民,倚以生活,磨之为油,压之为饼,屑之为菽乳,用宏而利溥,率取给于上海。其积贮贩卖之所,名之曰行,诸同人皆良贾□业于豆者也。……钱塘孙元培书。
>
>   饼豆业司月 张仁元 施元吉
>   经办司事   沈述庵 顾时庵 (以下略)①

---

① 上海博物馆图书资料室编:《上海碑刻资料选辑》,上海人民出版社,1980年6月,第281—282页。

可知道光二十三年（1843）出现豆业公所的先驱组织饼豆业的同业公会。饼豆业主要包括大豆榨油，将其所剩豆粕制成豆饼，或更进一步制成豆浆。

《上海豆业公所萃秀堂纪略》的《营业之状况》中有：

> 忆昔咸（丰）同（治）年间，沙（船）卫船来货，以豆子居多，豆饼次之，油少数焉。故同业牙行曰豆行，又称饼豆行，俗称关货行。以货皆从关东、山东来也。

这即是说，咸丰、同治年间从关东、山东等地通过沙船、卫船运来的豆类货物中，大豆数量最多，其次是豆饼，豆油数量较少。因专门加工这些大豆而出现了豆行，随之出现了豆饼行，又因装载货物的地名而产生了关货行等称谓。同书还写道：

> 当时豆行规模宏大，信用卓著，以能得号商之信任，能买号货为关键，因交货付价，有釐期二十天，提货后付给本票，尤关慎重。同业恪守信用，当与汇划钱庄本票同也。其时范围较小者曰小伙行，专买沙船耆民老大所带饼豆为事。号货须向豆行转让，迨光绪以还，豆行生理渐见衰减，凡关货行而兼做米麦杂粮者，颇多生色，小伙行亦然。彼衰而此振，普通行家至是多可购致号货，同行中始无阶级之可言矣。

由上述描述可知，豆行繁盛时期规模宏大，以至上海行业组织中最强有力的商人即是豆商。而其最大的贸易对象是被称为耆民、老大的运载豆货的沙船船主。豆商从这些耆民、老大的雇主船商处购入随船运至的豆货，再将其加工或是直接贩卖。但光绪年以后，豆类行业呈现衰退迹象，除豆货外，各类其他谷物买卖也逐渐增多。同书中也提及：

> 光绪中叶，沙船来货，转以豆油为多，故近称油豆饼业，以货之多寡为转移也。豆子豆饼油沙船运来者，近年固寥寥矣。若营口、大连遇有市价通转之时，则由轮船装申，其数或不亚于[日裏]时也。

且长江轮船,津浦宁沪火车,运来之豆子杂粮为数日增,同行之赖以维持,其在斯乎。

光绪中叶以后,因沙船运送的豆货中豆油数量最多而有油豆饼业的称呼。沙船向东北的运送量激减,轮船也承担向上海运输,又有长江航行的轮船运输,连接天津、南京、上海的铁路运输激增,豆业的从事者也不得不依靠此类运输。在该书中还有:

> 向章关货行入萃秀公所,米麦杂粮入仁谷公所,今则关货行皆兼做轮船杂粮,并入仁谷公所,而杂粮行亦带做关货,并入萃秀所,以是两公所之同行,多属二而一也。惟米行只做本埠发米轮船食米者,单入仁谷公所耳,近年来对外团体曰豆米业,职是意也。

即出现了经营豆货的萃秀公所和经营米麦杂粮的仁谷公所。

> 民国三年欧战开始,大连等出油豆洋销不动,市价大贬,秋间上海油豆定期交易,畅旺异常,乃不及数月,市价复涨,按序买卖,彼定此交,固无所损,而尝试卖空者,则倒闭频闻,以致酿成悔交揭价论折之风潮,同业代客买卖,首受其害,此四年春间事也。

> 同行经此困难,视期货为畏途,相戒弗做,久之,以双方期市买卖有利,因噎废食,似非得计,曾有贸易保证所之建设。

> 九年秋,实行组织上海杂粮油饼交易所,公议以豆米业萃秀、仁谷两公所同行为主体,公订章程,呈准政府及地方官厅立案。十年阴历正月开办,于是定期买卖,得保双方之安全,而同行期市佣金,增而且稳,亦一幸事焉。故附记之。

民国三年(1914),因第一次世界大战爆发,上海经营豆货的油豆市场也受到巨大冲击,市价混乱。之后民国九年(1920)秋,以经营豆货的萃秀公所和经营米麦杂粮的仁谷公所为中心,设立了上海杂粮油饼交易所。以下试从清末报纸中的记载来看关于沙船豆行装载情况。

《国闻报》第571号,光绪二十五年四月二十八日,1899年6月6日的报道中有：

> 营口新闻　漕船初见〇江浙两省承运漕粮之沙、宁等，向来到津府粮米卸通，领收三联单，及免税执照护照，回空转营，装载饼油豆诸货，旋南今届天津卸粮，系三月下旬，营地，于月之十三日，始见吴利发沙船一艘，据云头帮船共卸出沙船三十八只，因守候联单执照约须三十左近克一齐抵营，宁船大约亦在此时可到云。

继而在《国闻报》第573号，光绪二十五年五月初一日，1899年6月8日的报道中有：

> 营口新闻　漕船渐至〇天津运漕之沙、宁等船，将米卸通，回空来营，装载饼豆，四月十三，始见吴利发一船，曾记前报，嗣后叠见沈增茂、田义盛、沈裕茂、张福隆等数船，因未携带免税执照，皆需在营守候免单到来方可装货出口也。

即表明，天津来航的沙船、宁船卸下税粮之后，未装载货物即入营口，随后装载豆饼、豆油等豆货南下返航。往年旧历三月下旬这些船即可在营口出现，但光绪二十五年（1899）年四月十三日，1899年5月22日入港的吴利发沙船却为最先抵达的船只。关于吴利发沙船在上海南市靠岸的情况在《中外日报》第306号，光绪二十五年五月十八日，1899年6月25日的《本埠新闻·南市》中有相关描述：

> 沙船到埠〇前昨，南市……兴记号之吴利发沙船，均交清粮米，转至牛庄，……

兴记号的吴利发沙船，在天津卸下税粮后赴营口装载豆货，于6月24日左右从牛庄出发在上海南市靠岸。因牛庄与营口为同一地点，那么5月22日于营口入港的吴利发沙船在6月24日返回上海。包括在营口的滞留期间，总共34天。

吴利发沙船在上海卸下豆货之后再次北上。《中外日报》第389号、光绪二十五年八月十二日、1899年9月16日的《本埠新闻·南市》中有：

> 志沙船○昨日南市,兴记号到吴利发沙船,与慎记号之金德元及金泰昌三艘,均牛庄来。

记载了吴利发沙船于9月15日自牛庄归帆。最晚6月下旬从上海出发的吴利发沙船9月15日返回上海。上海、牛庄间的航程共计90余天。

《国闻报》第573号出现的出吴利发沙船以外的"沈增茂、田义盛、沈裕茂、张福隆"四艘船,这些船只均在《中外日报》的下列各份报纸中有所提及。

关于沈增茂、沈裕茂,《中外日报》第381号,光绪二十五年八月初四日,1899年9月8日的《本埠新闻·南市》中有:

> 纪沙船○上月杪沪南,镇康号到秋风头帮金万年沙船,由牛庄来。义大号到孙永兴沙船,与同康号之沈增茂、沈裕茂二沙船,陈丰记之金协裕,兴记号之金大昌沙船,均由牛庄来。昨日顺祥号到万年顺沙船,与张聚来沙船,及同康号之朱生泰,与奥沈合茂沙船,均牛庄来。

可以看出,同康号的沈增茂和沈裕茂两艘沙船都由牛庄返航。

《中外日报》第387号,光绪二十五年八月初十日,1899年9月14日的《本埠新闻·南市》中有:

> 志沙船○前日,各号到朱永泰沙船,与张福隆沙船,义大之金义泰,元记之朱万泰,丰记之朱源泰等沙船,均由牛庄来。广记之公正福沙船,由青口来。

记载了张福隆沙船于9月12日在南市靠岸。

另外《中外日报》第392号,光绪二十五年八月十五日,1899年9月19日的《本埠新闻·南市》中有:

> 货船抵埠○昨有由牛庄进口沙船三艘,计广盛号朱兴发,田义盛两船,莲记号之王德兴一艘,装满油豆各货来沪。

表明广盛号的田义盛沙船于9月18日在南市靠岸。田义盛船也满载豆油、豆货从牛庄、营口返航。

综上所述,清末的报纸新闻证实了上海南市的沙船从东北海港的营口、牛庄装载豆货后再返回上海这一事实,且该类事实不胜枚举。

5. 小结

如上文所述,东北、华北产的豆货不仅可以作为江南地区的食品,或是加工食品的素材,更可作为肥料,是农业生产的重要资源。

这也可以说是豆货中豆饼需求的一种形态。明治、大正时期日本的基础产业之一是养蚕制丝业即蚕丝业。为了发展蚕丝业,桑树作为蚕的食物必不可少,而培育优质桑树的重要肥料即是豆饼。关于豆饼的重要性,《盛京时报》第102号,光绪三十三年正月十六日,1907年2月28日的《东三省汇闻》中有:

> 大连　豆饼之腾踊　辽东报载,日本内地,需用豆饼,日益增加,盖以培养桑树之肥料,未有如豆饼之善也。人造之他种肥料,既不能与之相较,而磷酸肥料,虽甚形良善,用之颇有效力,然其性甚急,施之于桑,而桑或生他灾,惟豆饼性为温和,施之于桑适能,遂其滋殖长养之宜,有百益而无一损。是以内地豆饼之价,增至一片一圆六十钱,更有以二圆五十钱,购买者愈足,见豆饼之效果,较他为善矣。虫儿生育生丝之良否,有形无形之间,经实验家之认定,使各府县农会之桑业家,用肥料,皆以豆饼为最要。故本年之需用,顿增至百五万片,业家屡向饼店去催,故其价猛进,由一圆二十七八钱,长至三十钱矣。想再长至二十五钱,当不出数日间云。

这篇报道具体阐述了明治四十年(1907)间对于养蚕、制丝业而言,豆饼的重要性,它是栽培养蚕制丝业不可缺少的桑树的必要肥料。为了发展制丝业,必须增加产出作为原料的蚕茧,这样一来就必须要有蚕,而桑叶又是蚕不可或缺的饲料。为了培育出产桑叶的优质桑树,就必须有最合适的肥料。桑树的肥料中,人造磷酸称不上最好的肥料,最合适的肥料当属豆饼。因此,当时日本必须从豆饼产量高的中国东北海港大连直接进口。这段报道如实地叙述了当时的状况。

这种状况,在清代以上海为中心的长江河口一带十分普遍。因此豆货作为北货,从东北、华北沿海地区,由沙船定期运往长江河口以南的沿海地区。

(杨蕾　译)

第6章 清代沙船航运业与报关行

1. 绪言

清代,沙船自上海出港驶向目的地完成入港交易后返回港口,再返航驶进上海港,这一过程中至少须经过四次海关手续。笔者曾对清代的海外贸易船如何报关进行过论述。①

在清代的江苏省,即便是在内河航行的船舶也需要办理一般的海关手续,加藤繁博士曾指出,代理此等业务的船行已经出现。②

本章试就沙船的沿海贸易的场所,以及沙船在上海出港、入港时代为办理手续的报关行等进行论述。

2. 清代海船和出入港手续

乾隆《钦定大清会典》卷一六《户部·关税》记载:

---

① 松浦章:《清代海外貿易史の研究》,朋友書店,2002年1月,第二部第三編第二章《清代海関と中国海船》,第583—590页。
② 加藤繁:《清代福建江蘇の船行に就いて》,《史林》第14卷4号,1929年10月,《支那経済史考証》下卷,东洋文库,1952年3月,588册,第152页。

> 凡海舶贸易外洋者给之照，以稽察之，其出洋归港，皆凭照为信。因按其照税之，有藏匿奸匪，私带违禁之物者，论如法。①

出海关进行海上贸易的船只，必须在海关接受检查时出示"照"，同时规定在返航时也须出示"照"来证明，甚至对所装载货物的征税也基于"照"来执行。如果出现不法乘船或者是装载违法货物的情况，都要受到惩罚。

乾隆《钦定大清会典事例》卷四七《户部·关税上·江苏海关》记载：

> 凡商贩内地货物出洋，及贩外洋货物进口者，按斤匹个件连副双条把包娄，木按围板按块料税船料。每出洋课税一次，梁头一丈以外至二丈，每尺征银一两，二丈以外，每尺二两。贸易捕鱼船，每年征收二次，梁头一丈以内，每尺征银一钱五分，一丈以外每尺两钱二分五厘，折收分数。……山东、关东商船，并各口货税，均八折征收，优免分数。安南、关东、山东商船，均优免十分之一。……②

装载货物进行贸易的船只在出港和入港的时候均需根据装载货物的数量，以及船头宽度缴纳相应税金。

根据乾隆《钦定大清会典事例》卷四八《户部·关税下》禁令部分，雍正十三年（1735）的条款记载：

> 题准，山东青白二豆，素资江省民食，虽不在例禁之内，但沿海载运商船出入，理宜设法稽察，以杜偷卖。应令山东海口各州县卫，设立两聊印票。凡有豆船出口，将商客船户年貌籍贯、本船字号、梁头尺丈、二豆数目、出口月日，逐一填注票内，一给商船，一留该处，存案该船到此。由海关进口上税者，该关验明人船豆数，相符即于来票内填明到口日期，钤用关印，仍将船票交商进口，俟卖完回东，呈送原给衙门，验票察销。其由刘河收口者，亦令该关别设豆船印

---

① 影印文渊阁《四库全书》，上海古籍书店，第619册，第152页。
② 影印文渊阁《四库全书》，第621册，第478页。

票,发存口岸。俟豆船进口上税之时,即将印票验填进口日期,将山东来票截角,一并交与本商,回东呈缴。其有江南客商,在东买豆回省者,亦由山东给与印票,俟回省,将票缴存关口,一月汇移核销。仍令山东州县卫,每月将给过豆船票号造册,申请咨送江南稽查。江南关口,亦将每月到关验过豆数造册,申赍咨送山东,校对至前次。已经出口之船,下次出口船票内,令山东各州县卫照数开载,听江南海关体察前船曾否到省。如有未到,即开会确查嗣后山东豆船。倘无印票而载运出口及有匿票私卖,并与原票不符之处,一经察出,根究明确,将无印票而载运出口及匿票私卖者,船、豆皆入官,贩豆人等,照偷运米谷出样例治罪。其与原票不符者,果有私卖外洋事情,将船、豆亦皆入官,贩豆人等,亦照偷运米豆出洋例治罪。如无私卖外洋事情,或因出口之时,二豆数目未经核准,有与原数短少无多者,将贩豆之人照违制律杖一百,船、豆免其入官。如该管官不行详察,致有偷漏,私越情弊,别经发觉,照失察偷运米谷出洋例,罚俸一年。①

因产自山东的青、白两种豆子对于江南人而言是重要的食物,故被允许由海船运送,又因严禁走私贸易,所以对此贸易盘查十分严格。在各税口检查之际必须提示印票。在船只出税口时开具印票,一式两份,票上逐一记有装载豆货的船出港之际上的客船、船户的年龄、容貌、籍贯以及该船的字号、大小、装载豆货的数量、出港月日,一份交给商船,一份则由税口保管。进口时,税口官吏验证商船人员货物是否与所持印票上记载的内容相符,若相符则予以放行。

除此之外,对这些商船的沿海活动都有严格的规定,以下列举一二。光绪《钦定大清会典事例》卷六二九《兵部·绿营处分例·海禁一》中有:

[康熙]四十二年议准,出洋贸易商船,许用双桅,梁头不得过一

---

① 影印文渊阁《四库全书》,第 621 册,第 520—521 页。

丈八尺。如一丈八尺梁头,连两披水沟统算有三丈者,许用舵水八十人;一丈六七尺梁头,连两披水沟统算有二丈七八尺者,许用舵水七十人;一丈四五尺梁头,连两披水沟统算有二丈五六尺,许用舵水六十人。若舵水越数多带,或诡名顶替守口官弁盘查不出者,降三级调用。

康熙四十二年(1703)海洋航行的商船必须使用两根桅杆,还要根据船体尤其是船的宽度来限定承载船员的数量,只有满足以上条件才可以得到出港许可。规定船宽三丈的船限乘80人,宽两丈七八尺的船限乘70人,宽两丈五六尺的船限乘60人。

康熙五十九年(1720年)对造船时的手续进行了规定。同书中记载:

> [康熙]五十九年议准,出洋商船,初造时先报明海关监督并地方官。该地方官确访,果系殷实良民,取具澳甲里族各长并邻佑保结,方准成造,完日地方官亲验,梁头并无过限,舵水并无多带,取具船户不得租与匪人甘结,将船身烙号刊名,然后给照。照内将在船之人年貌籍贯,分析填明。及船户揽载开放时,海关监督将原报船身丈尺验明,取具舵水连环互结,客商姓名人数,载货前往某处情由,及开行日期,填入船照。

驶往外洋的商船在建造时首先要经过海关监督,并且需要向地方官报告。地方官需要证明是否为财产丰富的良民,以及得到与造船者同一籍贯的本族人或者里甲头领这类人物的保证。造船结束后地方官亲自检查确认身份是否准确,无误方可在船体上烙印上船号,颁发船照。船照上清楚地记载着船只所有者及其年龄、容貌和籍贯,该船在出港时海关监督会检查船体、货主及乘船人数、目的地、出港日期记入船照。

关于这些船照,从存留在日本的的记载来看,可以了解到由地方官颁发的船照为"印票",而海关监督发放的为"商照"和"商船照"。①

---

① 松浦章:《清代海外贸易史の研究》,第595页。

雍正元年(1723)规定必须在船体上标注船只所属省份。同书中记载：

> 雍正元年题准，出海商渔船，自船头起至鹿耳梁头止、大桅上截一半，各照省分油饰。江南用青油漆饰，白色钩字。浙江用白油漆饰，绿色钩字。福建用绿油漆饰，红色钩字。广东用红油漆饰，青色钩字。船头两披，刊该某省某州县某字某号字样。沿海汛口及巡哨官并，凡遇商渔船，验系照依各本省油饰刊刻字号者，即系民船，当即放行。如无油饰刊刻字号，即系匪船，拘留究讯。

雍正元年(1723)，采取了船体底色和文字不同色的方式进行标注。江南地区为蓝底白字，浙江地区为白底绿字，福建地区为绿底红字，广东地区为红底蓝字。以此将商船和渔船的船体区分开来，并标明登记号码。

此项在乾隆《大清会典》卷一五《兵部·海禁》中有所规定：

> 凡海船制造之禁，漆桅编号书船户姓名各异，其色江南青质白书，浙江白质绿书，福建绿质朱书，广东赤质青书，以照识别，以备口岸稽查。①

之后便传承下来。

后世的记载中，在英国领事报告《海关十年报》中的关于在福州地区中国民船的活动一文中也留下了记录。《Decennial Reports，1882-1891 Foochow(福州)》中有如下报告：

他们全部都在船体上涂抹了颜色，船体上有依据颜色识别的记号。而且各个船只采用涂装船体的独特造型，团体的戎克所在的地方一眼就可以判定。这些团体可以如下描述：

(1) 宁波戎克：黑色船体，又叫乌艚。

---

① 影印《四库全书》，第619册，第606页。

(2) 福建戎克：绿色船头，又叫绿头。

(3) 广东戎克：红色船头，又叫红头。

(4) 台湾戎克：白色船底，又叫白底。

……（中间省略）……

黑色的宁波戎克是在胶州、宁波和福州之间进行交易，一年之内航海三次，输入南京棉布、米、油，还有咸干鱼等，输出木材、纸、竹桶等。

绿色的福建戎克是在福州和北方的天津以南的地区之间航行，每年出海一次，主要输入纸、竹桶，输出水果、大豆、药材等。泉州戎克属于该团体，主要定期航行于福州与台湾之间，在各岛屿之间运送一般的杂货物品，返航时带回砂糖和盐。

红色的广东戎克有与绿色帆船相对的航路，有福州和北方之间运输贸易的有利条件，广东戎克胜过福建戎克。在这片水域，这些帆船的装备还有一些不为人知的特色，广东省沿海地区对当地的船只的需要有减少的倾向，这恐怕是由于当地蒸汽汽船的运输有所发展而导致的吧。

白色的台湾戎克航行于福州与台湾北部之间，把针叶树、木材运出来，再把米和砂糖引入进来。①

这里所描述的四类戎克之中，福建戎克船头的绿色，广东戎克的红色，与雍正元年（1723）规定趋于一致，那么可以说在那之后这种方法保持了150年以上。

3. 上海沙船和报关行

关于文化五年（嘉庆十三，1808）十一月二十七日漂流到土佐国（现在的高知县）安艺郡奈良志津（现在的室户市浮津，奈良市）关于漂流着

---

① *Decennial Reports*, 1882-91 *Foochow*, p.424.

的江南沙船在户部春行的《江南商话》①中有所记载。关于此船的漂流情况已经在本书的《清代江南沙船郁长发的航运经营》中做过相应论述。该船的船员的报告中，有如下记录：

> 叩禀
>
> 今郁长发船，七百七十二号，在于江南省苏州府太仓州崇明县船，今于李裕昌行保票往山东生利，于十三年十一月初六日放洋。不料西北大风，九天九息才到贵地。运凭贵国将军、大人洪恩大发才德有命。我国之运也，空手面见，无言可对。②

据同船船员的禀报，这艘船是中国江苏省太沧州崇明县的商船，船名为郁长发。

这份报告告诉我们，郁长发在出航时持有相当于保票的出航许可书，并欲前往山东。制作保票的是李裕昌行。这个李裕昌行的名字，在上海的记录中也有所提及。

在上海南市的泉漳会馆的旧址处有个刻有"苏松太兵备道为禁止牙行留难进出客船告示碑"的石碑。日期显示为道光二年（1822）八月十四日：

> 钦命江南分巡苏松太兵备道兼管海防水利驿盐事务加十级十次龚为示禁事，据福建商船户陈振盛、金源丰等呈称："切身等在籍给牌造驾商船，投治生理，装载棉花回闽，遵，例入港择牙报税，出港则具舱单请给牌。一月两潮，顺水行舟。讵近来税牙顾诚信、李裕昌、郑同兴把持私利，不遵古则，所有船牌投行乃自粘阄分派，客主莫悉，且久不报验，必汇十号方肯请验。各客船装货请验出口，而牙行搁不报矣。即报验挂发，又兜留牌照不交，必俟皆报皆发方敢给

---

① 松浦章编著：《文化五年土佐漂著江南商船郁長發資料》，《江戸時代漂着唐船資料集》四，関西大学出版部，1989年3月，《資料編》，第5页。
② 同上书，第8、36、55页。

附。一行未报则三行不举,一牌未出则众牌不交。……"①

作为税牙而出现的"顾诚信、李裕昌、郑同与"几个人名中的李裕昌,应该就是郁长发的船员的禀报称看到的李裕昌。郁长发船的报告写于嘉庆十三年(1808),而石碑的刻着道光二年(1822),相差15年,想必是不会有误了。

而且于道光七年(1827)建立在上海南市的萃秀堂的旧址上的"上海县为商行船集议关山东各口贸易规条告示碑"上也能看到李裕昌的名字。

奉宪永禁

调任江苏松江府上海县正堂加六级随带加二级记大功三次李,为谨陈积弊等事,奉署江南海关分巡苏松太道陈批前县详,据西胶登商人胡升恒等禀,商行船集议关山东各口贸易规条,环求勒石永遵缘由。蒙批:"据详已悉,仍饬取碑摹送查,此缴。规条册存。"等因,到县,奉此。合行录批转饬刊碑。为此西帮商人胡升恒、王永合、宋泰兴、范豫昌,胶帮商人孙丰聚、孙会隆、杨辉吉、傅德升、张裕记、陈义发,登帮商人初元丰、张永兴、柳同兴、张愉逞、李元兴、张复兴、陶长顺,文莱帮商人王元兴、赵恒和、刘聚德、杨常盛、陈德顺,诸城帮商人陈广盛、闵永盛,税行唐万丰、顾诚信、张鼎盛、李裕昌、万永昌、郑同兴、刘协丰、宋通裕等,即便遵照后开所议规条,刊勒石碑,坚立萃秀堂,永远遵守毋违。须至碑者。……②

此处作为税行的"唐万礼、顾诚信、张鼎盛、李裕昌、万永昌、郑同与、刘协礼、宋通裕"而被登载,同样能看到李裕昌的名字。以下资料可以看到顾诚信的名字。

在上海发行的报纸《字林沪报》中能看到顾诚信的名字。该报第

---

① 上海博物馆图书资料室编:《上海碑刻资料选辑》,上海人民出版社,1980年6月,第71页。
② 同上书,第72页。

1063号,1885年8月9日、光绪十一年六月二十九日的《招买沙船》的报道中这样写道:

> 特用府在任候补直隶州江苏松江府上海县正堂莫,为出示召变事:据号商鸿盛等,环控金源兴沙船主荣发祥等,盗卖载货豆饼等情,并准北洋电报局文,追荣发祥盗收水脚银两一案,经提到该船主荣发祥,讯明盗卖属实,锁押,限理节次,带比未缴到,秉呈鸿盛等,质讯。据荣发祥供称,愿将沙船推抵等供,除饬税行顾诚信估价具覆外,合行出示,召变为此示仰商人等,知悉所有因案,召变之金源兴沙船一只,尔等如愿承买,速赴顾诚信税行,照估价定价值,备齐呈缴,听后验收,以便将船牌,给执管业,毋观望自误,切切特示　光绪是一年六月廿六日示

可见有"税行顾诚信"的记载。距前文中提到的道光二年(1822)的碑文有64年的时间差。上海知县莫祥芝①将沙船号商鸿盛状告金源兴沙船船主荣发祥一案的处理结果公布于众。该案因北洋电报局的电报中称荣发祥等盗取了装载的货物豆货而起,进而牵扯出荣发祥等非法收受海运运输费水脚银一事。船主荣发祥在供述之时,出示了出自税行顾诚信的货物价值估价单,故而顾诚信也被调查。在对货物价值进行认定后,宣布不存在问题而结案。

由此可知,碑刻中的税牙及《字林沪报》新闻报道中出现的税行顾诚信,也做过代船主向海关进行船舶载货关税的代交业务。此类情况尚有若干,例如《字林沪报》第1382号中的《税行张口为之代理》、《中外日报》第684号的《托税行报关》及755号得《法税行》,还有《时报》第445号中也有《有赵同泰沙船满装沙布南货,拟报关出口》,这些都与在沙船出入港的税行及报关行有关联。笔者认为这里出现的顾诚信、李裕昌等,就

---

① 根据民国七年《上海县续志》卷一四《县属各官表》,莫祥芝于光绪二年到光绪八年担任上海知县,光绪十年到十三年再任。民国七年《上海县续志》,《中国地方志丛书,华中地方》第14号,第2册,第800—801页。

是此后与船舶出入之际相关的报关行。

那么报关行的业务又是怎样的呢？拟依据《支那经济全书》第7辑、第四编、第二节"报关行的业务"进行说明。

> 报关行的业务，因各港口的习惯不同，却也大同小异，并无明显差异，现将上海办理业务的要目列举如下。
>
> 一、向客商收取若干手续费办理。
>
> 二、为客商介绍汽船，代理办理装载卸货的手续，以及从甲地到乙地之间的通关手续的海运，其他与一切卸货、漕运相关的手续。
>
> 三、如果在内河航运其他地方即漕运没有汽船的时候，报关行提供民船雇佣，或者接受办理其他漕运。
>
> 四、为办理以上业务，在报关行要熟练英文，熟练掌握并使用税关及汽船公司的手续进行营业。
>
> 五、通过联络与漕运办理相关的汽船公司，汽船公司处在有力的地位上收取运费等，采取季度计算的方法，通常也与民船办理人即民船行保持联络。
>
> 六、为客商兑换税金运费。这种情况通常针对老主顾来办理，按季节计算，或者到达目的地按价格高低的差价计算。
>
> 七、对于手续费的收取是按货物的比例确定每次收取多少税关手续费。（以下省略）[1]

报关行是向客商收取手续费办理税关手续的业务。为客商办理汽船的协调、货物的装载手续，与运输相关的通关手续费及与此相关的事务性手续，还有其他的运输机构在必要的场合下办理安排部署业务的"以税关手续及漕运商行为营业内容的商贾"[2]。

上述的税行李裕昌也被认为是办理这种业务的商人。

---

[1]《支那经济全书》第七辑，东亚同文会编纂局，1908年8月，第262—263页。
[2] 同上书，第261页。

4. 小结

综上所述，本文指出沙船航运业务与在航行时助其办理通关手续、货物装卸等手续的、被称为"税牙"及"税行"的商人有所联系。这些残存的资料都以沙船航运为中心，不难想象它们与那些从上海出港及从上海入港的船舶之间的业务关系。

负责处理与船舶出入港手续相关业务的行业，大约就是之后在上海对外贸易繁盛之时出现的报关行，报关行的主要业务是代船主向海关交纳船运物资的关税，或者是从客商处收取手续费后为其代理海关手续；上海碑刻资料及《字林沪报》等处出现的"税牙"、"税行"，也应该是后来的"报关行"这一行业的前身，是自古以来存在在中国各港湾的船行的一种。然而，与此相关的详细史料有限，可作为今后的课题。

（杨蕾　译）

第 7 章 清代海运和沙船

1. 绪言

清朝沿袭明朝体制,利用大运河以漕运将漕粮自江南等长江流域运往北京。清中期的嘉庆年间(1796—1820),洪泽湖决堤,土沙流入运河,海运的必要性被提起,但终未实行。而道光四年(1824)因发生黄河决堤,于是转向讨论研究实施海运。在当时,黄河并不是像现在一样经过山东半岛北部流入渤海湾,而是在山东半岛以南汇入淮水。这次黄河决堤使土沙流入大运河,运输船在大运河的航行便遇到了困难。因此朝中有实施海运之议论,此后的道光六年(1826),海运得以实施。当时的安徽巡抚陶澍说:

> 现雇沙船千艘,三不像船数十,分两次装载,计可运米五百六十万石。①

雇佣沙船 1000 艘,浙江三不像船数十艘,分两次可运输 150 万—160 万石漕粮。对此,道光帝在上海设置了海运总局,在天津设置了海

---

① 《清史稿》卷一二二,《志》九七,《食货三·漕运》,中华书局本,第 13 册,第 3594 页。

运局。

此后,海运开始实施,根据道光六年八月二十七日的上谕档记载:

> 前据穆彰阿等奏,海运沙船共一千五百六十二只,计到天津,水次一千五百五十七只,又由江南、山东奏明,在洋失风事故船四只,又黄遇泰一船到津,难以预定等语。①

如上所述,运用沙船进行的海运开始了。从事海运的船只有1557艘,虽然由于海难事故等损失了5艘,但安全输送漕粮抵达天津的有1562艘。这1562艘船运输了江苏省163.3万余石的漕粮。②

在本章中,欲以《江苏海运全案》记录的《船册》为中心,分析道光六年用于海运的沙船的运用状况。

2. 清代海运的创始

关于海运过程的概况,可从记录了此后海运实施的记录——《浙江海运全案重编》同治六年(1867)马新贻的序文中得到了解:

> 海运起于元至元十九年,废于明永乐十三年。我朝康熙、嘉庆中廷,臣以河决,屡议海运,不果行。道光六年,江苏以高堰决,运道梗,创行海运,后一岁辄罢,而二十七年及咸丰初元乃复行之。然三次海运惟行之苏省,而浙省不与焉。浙之行海运,则自咸丰三年始。

清朝的海运,自道光六年(1826)实施一次之后,还有道光二十七年(1847)和咸丰元年(1851)两次,一共三次。这三次海运均是以江苏省为中心进行的,浙江省与之并无关联。雍正三年(1725),6406艘船通过大运河将319万石粮食从江南等地运到北京,这是规模最大的一次。一般

---

①《嘉庆道光两朝上谕档》第31册,第278页。
②《江苏海运全案·海运全案序》中有:"海船一千五百六十二号,装兑苏藩司所属四府一州,额漕正耗一百六十三万三千号三千余石。"

情况下,在一年之间,有200万石以上的漕粮由将近4000艘漕船经大运河被运至北京。① 道光六年以来的海运实际成果列表如下。

表1 清代后期海运实施状况

公元	年号	海运船舶	海运船舶数	海运内容
1825年	道光5	漕船	4700只	道光四年的漕粮,由大运河输送
1826年	道光6	沙船	1562只	道光五年江苏的漕粮,海运
1827年	道光7	漕船	3587只	道光六年的漕粮,由大运河输送
1848年	道光28	沙船	851只	
1852年	咸丰2	沙船	72只	咸丰元年的漕粮
1854年	咸丰4	沙船	982只	漕粮
1857年	咸丰7	漕运	1719只	漕粮 官民剥船(R17-0153)
1857年	咸丰7	沙船、洋船	925只	漕白粮
1858年	咸丰8	沙船	822只	咸丰七年的漕粮(R17-0271)
1868年	同治7	沙船	485只	江浙二省漕粮(R22-0640)
1869年	同治8	沙船	595只	同治七年的江浙江北漕粮(R22-0780)
1870年	同治9	沙船	670只	同治八年的江浙江北漕粮(R22-884)
1873年	同治12	沙船	604只	同治十一年的江浙漕粮(R22-1166)

---

① 松浦章:《清代大運河の航運について》,《関西大学東西学術研究所紀要》第34辑,第1—15页,2001年3月。

续 表

公元	年号	海运船舶	海运船舶数	海运内容
1874年	同治13	沙船	529只	同治十二年的江浙漕粮（R22-1391）
1887年	光绪13	沙船	272只	光绪十二年的苏浙二省漕粮
1888年	光绪14	沙船	266只	光绪十三年的苏浙二省漕粮（海运）
1889年	光绪15	沙船	254只	光绪十四年
1890年	光绪16	沙船	265只	光绪十五年
1892年	光绪18	沙船	217只	光绪十七年
1893年	光绪19	沙船	215只	光绪十八年
1894年	光绪20	沙船	200只	光绪十九年
1896年	光绪22	沙船、卫船	101只	光绪二十一年的江浙漕粮，由招商轮船代运
1899年	光绪25	沙船	208只	光绪二十四年（R24-0057）

【参考】中国第一历史档案馆所藏财政类缩微胶片R14、16、21-24、松浦章：《清代大运河の航运につうて》，《関西大学東西学術研究所紀要》第34辑，第1—15页，2001年3月。

关于海运中使用的船舶，《浙江海运全案重编》马新贻的序中有：

> 昔元时海运，有造船募丁之烦。今则以商船为军船，以商运为官运，至为简便。惟近年商贩利用洋船，中国之舟几废，今宁波蛋船、上海沙船存者无多，东卫等船南来亦少。

在元代，海运的形式是制造运输船，征募船员。到了清代，开始征用宁波的蛋船和上海的商船进行运输。但到了同治六年（1867），蛋船和沙船开始减少，而后南下的山东船和天津的卫船也开始减少。这是由于南京条约、天津条约增加了对外开放港口数量，外国船只开始侵夺中国沿海贸易，逐步促使中国帆船减少。

道光五年（1825）二月初五，道光帝诏谕：

> 上年江南高堰漫口,清水宣泄过多,高宝至清江浦一带河道节节浅阻,于本年重运漕船,大有妨碍。①

道光四年(1824)黄河决堤,从高宝到清江浦一带水路土沙堆积,漕运运输船的航行变得艰难,于是开始考虑由海运代替依靠大运河的漕运。道光帝说:

> 朕思江苏之苏、松、常、镇,浙江之杭、嘉、湖等府属滨临大海,商船装载货物驶至北洋,在山东、直隶、奉天各口岸卸运售卖,一岁中乘风开放,每每往来数次,似运动尚非必不可行。②

道光帝想利用航行在沿海地区的海上商船运输漕粮。他考虑征用隶属于江苏省的松江府、常州府、镇江府,浙江省的杭州府、嘉兴府、湖州府的船只。

对于这些征用对象的船舶,协办大学士英和认为:

> 闻上海沙船有三千号,大船可载三千石,小船可载千五百石,多系通州、海门土著富民所造,立有会馆,保载牙行,运货往来。③

上海沙船有3000艘之多,大型沙船可装载3000石,小型沙船可装载1500石,这些沙船多数由居住在长江河口附近的通州、海门的富民阶层所制造的,商人的会馆也设有相关的牙行等保证货物的装载运输。这些沙船一般情况下:

> 上海商船,以北行为放空,以南行为正载。海船装带南货不能满载,往往取草泥石块垫船。④

上海的商船在北上的时候一般并不能装满货物,返航的时候才有足够货物运回。由于北上的时候没有足够的货物可以装载,为了稳定船

---

① 《江苏海运全案》卷一《谕旨 章奏》,第1页上。
② 同上书,第1页下。
③ 同上书,第8页下—第9页上。
④ 同上书,第9页上。

速,通常使用草泥或者石块等堆积在船舱中以增加重量。

3. 清代海运和沙船

同治《上海县志》卷七《田赋上·海运》中有:

> 自[道光]五年冬,至六年六月初旬兑竣,共装沙、蛋各船一千五百六十二号,先后抵津交卸。风帆稳利,商情踊跃,上下称便。

自道光五年(1825)冬到道光六年六月初旬,共有 1562 艘沙船和蛋船被用于海运。关于海运中使用的沙船、蛋船的情况,同书中记载:

> 凡运米之船有四,一曰沙船,船商多隶江苏及本邑,惯行北洋。一曰蛋船,船商多由浙、宁来上贸易,能行南北洋。一曰卫船,船出直隶天津及山东东界贸易,南来,只行北洋。一曰三不象船,船出福建,与各船相似而不同故名,能行南北洋。

沙船为江苏省和上海县的船商所有,蛋船的船商多数是来自浙江省和宁波出身但居住在上海的人,卫船来自天津和山东,三不像船是福建的。

用沙船和蛋船进行海运的船舶的一览表可见于《江苏海运全案》卷一〇、卷一一中的《船册》上、下。下面列举道光六年(1826)用于海运的船舶名称:

道光五年

苏州府属

  长洲县派装漕粮船八十九只　　白粮船三只

  元和县派装漕粮船九十五只　　白粮船三只

  吴　县派装漕粮船五十六只　　白粮船三只

  吴江县派装漕粮船九十一只　　白粮船三只

  震泽县派装漕粮船九十二只　　白粮船三只

  常熟县派装漕粮船八十六只　　白粮船三只

  昭文县派装漕粮船六十四只　　白粮船三只

昆山县派装漕粮船七十八只　　白粮船二只

　　　新阳县派装漕粮船七十五只　　白粮船二只

松江府

　　　华亭县派装漕粮船三十八只　　白粮船三只

　　　奉贤县派装漕粮船四十二只　　白粮船一只

　　　娄　县派装漕粮船四十一只

　　　金山县派装漕粮船四十一只　　白粮船三只

　　　上海县派装漕粮船二十三只　　白粮船四只

　　　南汇县派装漕粮船三十四只　　白粮船四只

　　　青浦县派装漕粮船五十七只　　白粮船四只

　　　川沙厅派装漕粮船四只　　　　白粮船一只

常州府属

　　　武进县派装漕粮船四十二只　　白粮船三只

　　　阳湖县派装漕粮船四十四只　　白粮船三只

　　　无锡县派装漕粮船二十七只　　白粮船三只

　　　金匮县派装漕粮船二十八只　　白粮船三只

　　　江阴县派装漕粮船四十二只　　白粮船四只

　　　宜兴县派装漕粮船三十九只　　白粮船三只

　　　荆溪县派装漕粮船二十三只　　白粮船二只

镇江府属

　　　丹徒县派装漕粮船十二只

　　　丹阳县派装漕粮船二十九只

　　　金坛县派装漕粮船四十九只

　　　溧阳县派装漕粮船五十三只

太仓州属

　　　太仓州派装漕粮船四十九只　　白粮船二只

　　　镇洋县派装漕粮船四十只　　　白粮船二只

　　　嘉定县派装漕粮船五只　　　　白粮船二只

宝山县派装漕粮船二只　　　白粮船二只

以上船舶被用来向北京运送漕粮,达1562船次。这些船舶中,两次参与海运航海的有286艘,990艘参与过1次。共计1276艘船,进行了1562次海运。

关于这些沙船运送的粮食数量,直隶总督那彦成在道光六年十月二十四日的奏折中说:

　　再,本年江省海运漕粮一百五十万七千六百余石。①

即输送了1507600石。这样计算,每艘船可以输送粮食965石。

下面来看参与了两次海运的船舶郁同发的情况。在《江苏海运全案》卷一〇、卷一一的《船册》上、下中可以看到郁同发的名字。

表2　道光六年海运郁同发船航运表

卷/页/行	县名	号数	字号	船名	出港日期	到达天津日期	返回日期
100401	长洲	13	通	郁同发	206	229	410
118107	太仓	44	通	郁同发	516	601	804

注:卷/页项中100401指第10卷第4页第1行。关于出港日等日期的标注法,206代表2月6日。

关于郁同发到达天津的情况,申启贤道光六年三月初一的奏折中有:

　　于二月二十九日亥刻,接据天津镇总兵克什德、清河道陶樑、天津道郑祖琛会禀称,二月二十九日,接据水师营参将李心德报称,二月二十八日,探有苏州府长洲县第十三号郁同发沙船,装备运漕粮一只,驶抵天津所辖外洋洋面,当即率同各兵船,员弁迎护至拦江沙寄剥至二十九日早,乘潮引进天津海口等情。②

二月二十九日从天津传来的报告提到,二月二十八日郁同发的沙船

---

① 中国第一历史档案馆藏朱批奏折,财政类,MF14-2969。
② 中国第一历史档案馆藏朱批奏折,财政类,MF14-2688。

抵达天津所辖的外洋海面，在水师营的保护下，于二十九日早晨利用涨潮到达天津港。这里的日期与《江苏海运全案》卷一〇、卷一一《船册》中"到津日"栏中记录的"二月二十九日"一致。

道光六年三月初三天津镇总兵克什德的奏折中有：

> 据水师营参将李心德禀报：二十九日晚潮，又进苏州府商船一只。三月初一日，又进口苏州府商船五十四只。初二日，又进口苏州等商船二十七只。俱皆引进拦江沙海河内行走共计先后进口商船八十三只等情。①

如奏折所叙述，在此后三月一日、二日，沙船顺利进入天津港。之后，从《江苏海运全案》中可以看到继郁同发之后进入天津港的沙船的情况。从上海出港的船中，最早出港的日期是道光六年二月三日（1826年3月11日），最早到达天津的日期是二月二十九日（4月6日），三月一日（4月7日）陆续有船只到达天津。

表3 道光六年海运沙船航运表

卷/页/行	县名	号数	字号	船名	出港日期	到津日期	航行时间（天）	回南日期
100401	长洲	113	通	郁同发	206	229	24	410
116308	荆溪	108	上	徐德兴	203	301	28	413
112107	上海	107	上	沈长春	203	301	28	413
102801	吴江	101	太	单德泰	203	301	28	426
105401	昭文	101	宝	鲍协泰	203	301	28	429
102202	吴	113	上	王永吉	206	301	25	417
102110	吴	110	上	徐德盛	206	301	25	419
116006	宜兴	116	太	张永和	206	301	25	426

---

① 中国第一历史档案馆朱批奏折，财政类，MF 14-2696。

续表

卷/页/行	县名	号数	字号	船名	出港日期	到津日期	航行时间（天）	回南日期
117605	溧阳	129	赣	蒋源增	206	301	25	427
102812	吴江	112	太	沈德茂	206	301	25	427
116710	丹阳	110	镇洋	王永昌	206	301	25	503
103807	震泽	120	元	庄长春	210	301	21	409
104901	常熟	146	宝	马德盛	210	301	21	415
116711	丹阳	111	通	张元顺	210	301	21	426
114111	武进	121	太	葛恒茂	210	301	21	502
100308	长洲	108	宝	徐增盛	211	301	20	426
106813	新阳	125	上	王永兴	211	301	20	427
104611	常熟	111	宝	孙瑞和	211	301	20	501
114004	武进	104	通	崔寿春	215	301	16	501

以表中可知,郁同发是二月二十九日,即公历的4月6日到达天津的,三月一日,即公历4月7日,有18只船到达。这19只船中,航海日数最短的是崔寿春的16天,最长的是徐德兴、沈长春、单德泰、鲍协泰这4只船,都是28天。

按现在的中国沿海港口间的距离计算,天津和上海之间相距752海里①,约达1390千米。若按16天到28天的航行时间来计算,这些船只的航速是1.1—1.95节。若仅从这19只船来看,沙船的航行速度1—2节,即每小时1.8千米到3.7千米。

现将上述入天津港船只中有两次航行经历的郁其顺船航运经历列作下表。

---

① 《中国交通营运里程图》,人民交通出版社,1991年3月,第349页。

表 4 道光六年海运郁其顺船航运表

卷/页/行	县名	号数	字号	船名	出港日期	入港天津日期	航行时间（天）	返回日期
117103	金坛	118	崇	郁其顺	123（公历）301	303（公历）409	40	505（公历）610
103206	吴江	169	崇	郁其顺	603（公历）707	714（公历）817	42	916（公历）1016

郁其顺的船籍是崇明岛，道光六年正月二十三日（3月1日），作为金坛县118号船从上海出航，于三月三日（4月9日）抵达天津，五月五日（6月10日）回到上海。然后作为吴江县的169号船，离港向天津出发并于七月十四日（8月17日）抵达，然后于九月十六日（10月16日）回到上海。

下面是经历两次海运的30艘上海籍船只的列表。

表 5 道光六年海运上海籍沙船重复航运表

卷/页/行	县名	号数	字号	船名	出港日期	入港天津日期	返回日期
102202	吴	113	上	王永吉	206	301	417
118506	镇洋	124	上	王永吉	507	523	803
102601	吴	101	上	王永元	223	314	521
111714	金山	130	上	王永元	608	715	916
115910	宜兴	110	上	王永康	130	302	414
102401	吴	145	上	王永康	504	512	720
102408	吴	152	上	王永兴	519	602	804
106813	新阳	125	上	王永兴	211	301	427
101515	元和	169	上	王永春	607	626	824
112112	上海	112	上	王永春	130	309	502
105202	常熟	186	上	王永生	512	525	810
116001	宜兴	111	上	王永生	203	302	427

续表

卷/页/行	县名	号数	字号	船名	出港日期	入港天津日期	返回日期
116003	宜兴	113	上	王元吉	203	303	426
118111	太仓	148	上	王元吉	512	526	804
105702	昭文	148	上	王信隆	507	523	806
116002	宜兴	112	上	王信隆	203	302	421
107101	新阳	158	上	王增利	605	616	810
110608	奉贤	108	上	王增利	217	312	503
101603	元和	173	上	王贞泰	605	710	826
102201	吴	112	上	王贞泰	206	309	510
105107	常熟	180	上	葛永盛	516	604	803
118801	嘉定	101	上	葛永盛	223	314	429
103307	吴江	180	上	葛源利	608	708	915
116203	宜兴	103	上	葛源利	220	326	523
101708	元和	189	上	葛长珍	608	622	810
115904	宜兴	104	上	葛长珍	206	310	522
110210	华亭	125	上	周隆顺	419	429	703
116004	宜兴	114	上	周隆顺	206	302	405
106408	昆山	170	上	朱元顺	608	707	
115908	宜兴	108	上	朱元顺	206	314	519
105004	常熟	167	上	徐德兴	427	507	722
116308	荆溪	108	上	徐德兴	203	301	413
102110	吴	110	上	徐德盛	206	301	419
102403	吴	147	上	徐德盛	504	523	803
105701	昭文	147	上	徐德茂	504	512	722
116310	荆溪	110	上	徐德茂	203	303	417
116309	荆溪	109	上	徐德隆	202	302	413
118104	太仓	141	上	徐德隆	427	524	806

续 表

卷/页/行	县名	号数	字号	船名	出港日期	入港天津日期	返回日期
105616	昭文	145	上	沈恒春	512	525	824
112108	上海	108	上	沈恒春	129	304	416
104015	震泽	160	上	沈恒茂	603	717	920
116008	宜兴	118	上	沈恒茂	211	309	502
102111	吴	111	上	孙德兴	203	302	413
105003	常熟	166	上	孙德兴	427	505	720
102105	吴	105	上	张恒德	210	308	420
102404	吴	148	上	张恒德	512	523	804
115903	宜兴	103	上	张长义	206	312	508
118418	镇洋	118	上	赵长义	329	504	906
105803	昭文	159	上	张长庆	512	605	804
115902	宜兴	102	上	张长庆	203	309	426
113212	青浦	112	上	张德利	210	312	521
118515	镇洋	133	上	张德利	608	718	1004
110716	奉贤	131	上	彭恒隆	427	518	722
116311	荆溪	111	上	彭恒隆	206	302	415
110809	奉贤	142	上	杨元盛	609	712	916
114516	阳湖	127	上	杨元盛	203	317	521
111710	金山	126	上	杨元发	504	526	804
113804	川沙	104	上	杨元发	215	303	414
105409	昭文	109	上	陆长源	210	312	503
107009	新阳	153	上	陆长源	608	626	828

当时从事海运的上海县的船商王文瑞,因输送了三万数千石漕粮而得到了"赏给六品顶戴"的职衔。陶澍道光六年九月三十日的《海运案内急公商埠请加奖励折子》中有:

上海县船商王文瑞,慈溪县船商盛垣,该二商各载米三万数千石,应请赏给七品职衔。①

上海县船商王文瑞因运输三万数千石的漕粮而叙位。《上海王氏家谱》卷六《世章·皇清恩给七品衔王君家传》中有:

> 君讳文瑞,字南章,又字辑庭,江苏上海人,自祖考以来,勤俭治生,世守清德,君生一岁遭父丧,有兄文源才四岁,茕茕两孤,赖孀母张太君食贫守节,……又自造海船数十号,往来燕齐间懋迁,有无以义为利,生财有道,中岁遂成素封之家,……[道光]五年有司筹办海运,君以自置海船,充公用大府,复叙其劳,请加七品衔。……君卒道光乙未之岁,春秋七十有二。孤子寿康。……

王文瑞是上海人,他于道光乙未十五年(1835)72岁时去世。他生于乾隆二十八年(1763),他出生后不久,父亲便去世了,他和比他大3岁的兄长文源由母亲张氏抚养成人,他拥有船舶,在东北沿海和山东之间从事航运贸易,渐渐地形成了一定的资产,在中年时期成了无官无爵的财主。在他62岁的时候,因用自己有海船协助公用有功而授予七品衔。由上可知,王文瑞在道光六年参与海运是事实。参见本书第3编第2章第3、4节。

这些从事海运的沙船,在天津卸装之后的情况如何?从前述郁其顺沙船的例子来看,从上海到天津将近40天的航海日程,而从天津返回上海则需要更多的时间。这一点从上述表4中也可窥知一二。

从表4中可知,到达天津后至返回上海需要60多天。尽管在天津卸货也需要耗费时间,但返航比来航多花费近20天的时间。

这是由于从天津到上海的并不是直航,空船需要在东北沿海各港口装载豆类等带回上海,于是耗费了更多时间。

关于咸丰二年(1852)实施浙江省各府州县的派遣船只数,在《浙江海运全案初编》中有:

---

① 《陶云汀先生奏疏》,《续修四库全书》第四八九册,《史部·诏令奏议类》,第877页。

咸丰元年分……查各属漕白粮米，共计派装沙、卫、宁等船四一百十四只。……

运输咸丰元年漕粮之际，除使用部分沙船以外，也会使用天津的卫船和宁波的宁船。而关于咸丰二年的漕粮运输，各州县运输船的数量和名字被记录在案。现将各县船只数量为下表。

表6　咸丰年间海运漕粮船航运表

年	府　名	县　名	只　数
咸丰元年			沙船、卫船、宁船414
咸丰二年			430
咸丰二年			咸丰二年　明细
	杭州府	仁和县	18
		钱塘县	8
		海宁州	21
		富阳县	3
		余杭县	7
		临安县	2
		新城县	1
		於潜县	2
		昌化县	1
	嘉兴府	嘉兴县	47
		秀水县	42
		嘉善县	40
		海盐县	18
		平湖县	23
		石门县	24
		桐乡县	19

续 表

年	府 名	县 名	只 数
咸丰二年	湖州府	归安县	36
		乌程县	41
		长兴县	37
		德清县	28
		武康县	8
		安吉县	4

现将咸丰二年部分用于漕粮运输的430只漕粮船中，船籍是上海籍的"上字"船的航运详情列为下表。在表中，以各船从上海吴淞口的出港日期为顺序排列。装载两个县漕粮的船只有3只，故笔者认为拥有上海籍的沙船实际上有11只。

表7 咸丰年间海运上海籍漕粮船航运表

卷/页/行数	府名	县名	号数	字号	船名	出港吴淞口日期	天津入港日	备考
101912	嘉兴府	嘉善县	10	上字	马怡盛	204	325	
102710	嘉兴府	桐乡县	8	上字	王永兴	216	325	
102307	嘉兴府	平湖县	5	上字	王源泰	216	327	
102911	湖州府	归安县	9	上字	陈和泰	218	327	
102006	嘉兴府	嘉善县	24	上字	赵恒顺	304	325	长兴县附载
103412	湖州府	长兴县	10	上字	赵恒顺	304	325	嘉善县附载
102909	湖州府	归安县	7	上字	王吉泰	304	408	
101710	嘉兴府	秀水县	28	上字	甘永和	304	412	嘉善县附载
102008	嘉兴府	嘉善县	26	上字	甘永和	304	412	秀水县附载
102719	嘉兴府	桐乡县	17	上字	施元兴	304	417	
101411	嘉兴府	嘉兴县	29	上字	赵万泰	321	418	

续 表

卷/页/行数	府名	县名	号数	字号	船名	出港吴淞口日期	天津入港日	备考
103003	湖州府	归安县	21	上字	陈景禄	321	427	德清县附载
103607	湖州府	德清	5	上字	陈景禄	321	427	归安县附载
102216	嘉兴府	海盐县	14	上字	金和茂	411	506	

下面考察这些沙船在上海附近向天津输送漕粮之后，进行了怎样的航海活动。道光五(1825)年九月初二日陶澍的奏折中有：

> 每船准其八成载米，酌留二成搭载货物，并由海关查明免税放行，计数请豁税额，但不得过二成之数，其自关东运豆回南，仍照例谕税以重关课。①

被征用用于海运的沙船装载着占八成的政府货物和占两成的私人货物前往天津，两成的私人货物是不用缴纳关税的。但是返航时，在关东等地购入的带回江南的豆类一类还是需要一如既往地缴纳关税。从事漕粮运输的沙船在天津卸下货物之后，并不禁止他们去关东购入豆类。这样一来，很多的沙船从天津返航时都会赴往关东。

这种航运形式在海运之际被广泛实行。关于这一点，咸丰八年(1858)五月十一日庆祺倭仁景霖的奏折有：

> 署海城县知县张鼎铺禀报，没沟营口岸，先后见有运米漕船四十三只暂行停泊，称山东一带停泊各船，不下千只，连樯而来……向来漕船，应于天津卸米后，方准驶奉天海口卸卖货物，以杜迁延，为今之计……②

可见，从事海运的漕船，应在天津卸下货物之后，再去东北海港购入返航

---

① 中国第一历史档案馆朱批奏折，财政类，MF R14-2355。同文可见于《江苏海运全案》卷一，第66—67页表格。
② 中国第一历史档案馆朱批奏折，财政类，MF R17-0292-0293。

时的货物。

是年入港天津的沙船数目被记载于静嘉堂文库所收藏的《天津关海运漕粮免税清册》①中。现按月份将入港天津沙船数量整理为下表。

表8 咸丰八年三月—八月入港天津海运沙船数

咸丰八年三月十二日—二十九日	333只
四月初一日—十一日	79只
六月初十日—二十七日	67只
七月初一日—二十九日	557只
八月初三日—二十一日	50只
总计	1086只

从表中可知,在咸丰八年(1858)三月至八月之间,入港天津的沙船有1086只次。

据上海报纸《沪报》第29号,1882年6月19日,光绪八年五月初四报道《漕船回南》记载,光绪八年(1882)年从事海运的沙船在天津卸下漕粮后,驶往东北的海港:

> 江浙漕粮自沪运津者,除招商局轮船外,余皆封傭沙、宁船。兹闻自上字沈聚茂沙船一号先行进口后,刻已陆续而来。计江苏船二百十三号,浙省船八十三号,该船等卸米之后,已至牛庄一带装运豆饼、豆油、高粱酒等各货,来申销售。近日,南市油价大为减价,或系货多之故,亦未可知。又闻有装太仓州二号漕米孙恒顺沙船,在烟台外遭风飘去,舟中人及粮米等迄今尚无着落,查该船系沪上某号商所置,未知确否。

除上海县船籍的沈聚茂沙船之外,江苏船213只,浙江省船83只,自天津卸下货物后又赴东北牛庄购入豆饼和豆油、高粱酒等货物运回上海,并导致上海南市豆油价格下跌。

---

① 参见本书第3编第8章"咸丰八年入港天津沙船的货物"。

从上述事例可知,从事海运的沙船,自上海至天津时主要是运输政府的漕粮,返航时在东北海港购入江南地区需要的价格较高的豆货,这一航运形态是在实施海运之际进行的。

那么,因为海运而被征用的沙船,实际上是如何进行航运活动的呢?关于这点,在此以从光绪年间的记录出发进行考察。

上海报纸《字林沪报》第 524 号,1884 年 1 月 25 日,光绪九年十二月二十八日的《沙船苦况》中有:

> 本埠南市,各沙船盛时,皆不顾装载粮米,及其衰也,则争先恐,惟恐封船委员之挑剔矣。本届海运粮船,共计待验者,约有三百余号,业奉办饬委勘验封得船身坚固,可以装载无虞之万寿福,朱隆茂等八十号,于前日饬令各船,兑米依限,分别装载在案……

上海南市的沙船航运业经营在沙船航运盛行时,回避作为漕粮运输的海运。到了沙船航运业的衰退时,他们为求生计而积极参与运输漕粮的工作。在光绪九年末,等待进行漕粮运输的沙船就有 300 余艘。这些沙船中,负责海运的委员把船体坚固的船集中起来,其中有万寿福和朱隆茂等 80 艘。

那么光绪九年末的时候,船体坚固的万寿福和朱隆茂到底是进行怎样的航运呢?

早在道光五年(1825),朱隆茂的船名便见于记录了海运沙船名称的《江苏海运全方案》中。是书卷一〇《船册上》第 63 页第 8 行,中有太仓籍的朱隆茂船,运输昆山县的漕粮食,于五月二十九日开船,七月七日到达天津的记载,不过,这里的朱隆茂船恐怕是和《字林沪报》中所见朱隆茂船同名的其他船只。

相对于此,另一只朱隆茂船大概与《字林沪报》中的朱隆茂船是同一条船。《中外日报》第 484 号,1899 年 12 月 20 日,光绪二十五年十一月十八日的《本埠新闻·南市》中有:

> 沙船又到〇昨日,沪南各号之朱隆茂沙船,满装豆饼油货,由牛

庄来申。

由此可知,朱隆茂的沙船在牛庄装载豆类返回上海。

《中外日报》第700号,1900年7月31日,光绪二十六年七月六日的《本埠新闻·南市》中有:

> 沙船又到○连日南市……春同之朱隆茂,由牛庄来。

这里也可以看到作为春同号下属沙船的朱隆茂沙船从牛庄归来的情况。

《中外日报·本埠新闻·南市》中看到的两艘朱隆茂沙船,应与《字林沪报》中看到的朱隆茂沙船为同一艘船。如此看来,这条船自1884年1月到1900年7月进行航运,从事航运至少17年。

另外,万寿福沙船在《中外日报》,《本埠新闻·南市》中出现的频率比朱隆茂高。

《中外日报》第256号,1899年5月6日,光绪二十五年三月二十七日的《本埠新闻·南市》中有:

> 沙船到埠○昨日,……甡记号到万寿福,金恒生二沙船……均由牛庄来。……

甡记号的万寿福从牛庄归来,入港南市。

《中外日报》第610号,900年5月2日,光绪二十六年四月初四日的《本埠新闻·南市》中有:

> ·沙船又到○昨日,沪南到有……甡记号之万寿福沙船,由牛庄来,均于午前进口、至申停泊。

在这里,甡记号的万寿福沙船再次从牛庄归来。

《中外日报》第1014号,1901年6月10日,光绪二十七年四月二十四日的《本埠新闻·南市》中有:

> 沙船续到○前日南市……甡记号之金恒生、万寿福,均由牛庄来。……

甡记号的万寿福沙船从牛庄归来,入港上海南市。

《中外日报》第 1100 号,1901 年 9 月 4 日,光绪二十七年七月二十二日的《本埠新闻·南市》中有:

> 沙船续到〇连日南市,续到商船……甡记号之万寿福、金恒生,各号之田义盛,由牛庄来。……

这里也有甡记号的万寿福沙船从牛庄归来,入港上海南市的记录。

《中外日报》第 1335 号,1902 年 4 月 28 日,光绪二十八年三月二十一日的《本埠新闻·南市》中有:

> 沙船验到〇前昨两日,南市各商号之沙船,由牛庄装载油豆饼等货到沪者,计顺祥源号之沈裕寿,同康号之沈合茂,慎记号之钱增裕,庆安澜,甡记号之万寿福,镇康号之胡福兴。

4 月 26 日、27 日两天间,各商号的沙船从牛庄装载大豆油、大豆、豆饼等货物入港上海入南市,这些沙船中包括甡记号的万寿福沙船。

由此可知,在光绪九年(1884)末,排队等待海运的万寿福沙船是甡记号的专属沙船。单从《中外日报·本埠新闻·南市》的报道中看,甡记号保有万寿福和金恒生这 2 只沙船,并以此从事航运活动。

天津发行的报纸《国闻报》第 571 号,1899 年 6 月 6 日,光绪二十五年四月二十八日的《营口新闻》中有:

> 漕船初见〇江浙两省承运漕粮之沙、宁等船,向来到津府粮米卸通,领收三联单及免税执照护照,回空转营,装载饼油豆诸货旋南,今届天津卸粮,系三月下旬,营地,于月之十三日,始见吴利发沙船一艘,据云头帮,共卸出沙船三十八只,因守候联单执照约须三十左近克一齐抵营,宁船大约亦在此时可到云。

作为海运的第一团,入港天津的沙船吴利发船等 38 只。关于这个吴利发沙船,上海《中外日报》第 389 号,1899 年 9 月 16 日,光绪二十五年八月十二日的《本埠新闻·南市》中有:

> 志沙船〇昨日南市,兴记号到吴利发沙船,与慎记号之金德元及金泰昌三艘,均牛庄来。

兴记号的吴利发沙船从牛庄来,于1899年9月15日在南市靠岸。

吴利发沙船于光绪二十五年四月十三日(1899年5月22日)入港天津,在卸装漕粮之后,到东北海港牛庄靠港,并于9月15日回到上海南市。

《国闻报》第573号,1899年6月8日,光绪二十五年五月初一日的《营口新闻》中有:

> 漕船渐至〇天津运漕之沙、宁等船,将米卸通,回空来营,装载饼豆,四月十三,始见吴利发一船,曾纪前报。嗣后,垒见沈增茂、田义盛、沈裕茂、张福隆等数船,因未携带免税执照,皆须在营守候免单到来方可装货出口也。

吴利发沙船之后的沈增茂、田义盛、沈裕茂、张福隆沙船也向天津运输漕粮。关于这些沙船,《中外日报》第381号,1899年9月8日,光绪二十五年八月初四日的《本埠新闻·南市》中有:

> 纪沙船〇上月杪沪南,镇康号到秋风头帮金万年沙船,由牛庄来。义大号到孙永与沙船,与同康号之沈增茂,沈裕茂二沙船,陈丰记之金协裕,与记号之金大昌沙船,均由牛庄来。昨日顺祥号到万年顺沙船,与张聚来沙船,及同康号之朱生泰,与沈合茂沙船,均牛庄来。

沈增茂沙船和沈裕茂沙船属于上海南市的同康号,它们在天津卸载漕粮之后靠港牛庄,之后再返回南市。

《中外日报》第592号,1899年9月19日,光绪二十五年八月十五日《本埠新闻·南市》中有:

> 货船抵埠〇昨有由牛庄进口沙船三艘,计广盛号朱兴发、田义盛两船,莲记号之王德兴壹艘,满装油豆,各货来沪。

田义盛沙船是属于广盛号沙船,它也在天津卸载漕粮之后,停靠到牛庄,再满载着豆油、豆货等返航在上海南市入港。

《中外日报》第387号,1899年9月14日,光绪二十五年八月初十日的《本埠新闻·南市》中有:

> 志沙船〇前日,各号到朱永泰沙船,与张福隆沙船,义大之金义泰,元记之朱万泰,礼记之朱源泰等沙船,均由牛庄来。广记之公正福沙船,由青口来。

张福隆沙船所属商号名称不甚明了,但它们应该也是以南市作为起点的沙船。

从这些沙船的航运事例中可以得知,沙船被征用,用于海运。它们在天津卸载漕粮之后,前往东北海港装载上海等江南地区所需要的高价的豆类,再返回上海,这种航运活动是确实存在的。

4. 小结

道光六年(1826),从事海运的沙船达1562只次。其中,能够确认的在海运中被征用了两次航海活动的沙船有286只,另外的990只沙船则只参与了一次航海活动。由此可知,道光六年,至少共有1276只沙船进行了海运,可见"上海沙船有三千余号"[①]这个说法绝非夸大其辞。1562只次沙船海运,共运输了1507600石漕粮,平均每只次运输965余石。

而靠大运河输送的漕粮,在雍正三年(1725),漕船6406只次运输漕粮329万石,平均每只次运输498余石。在嘉庆三年(1798),漕船4528只次运输漕粮228万石,每只次运输504余石。[②] 由此可知,与大运河漕船一只次大约可运输500石漕粮相比,海运船每只次运输的漕粮是1.9

[①] 松浦章:《清代大運河の航運について》,《関西大学東西学術研究所紀要》第34辑,2001年3月,第1—15页。
[②] 同上。

倍以上,大体上接近2倍。

在道光年间以后的咸丰年间海运漕粮仍被进行,有关咸丰二年(1852)浙江海运,曾有如下记载:

> 咸丰二年浙抚黄奏准,由浙省协雇上海沙船,东省卫船,在上海受兑,赴津交卸。①

由此可知,在浙江省负责海运之际,上海的沙船与山东省的卫船一同从事了这项事业。

(杨蕾 译 董科 校)

---

① 光绪《嘉兴府志》卷二六《海运》,《中国地方志丛书·华中》第53号,成文出版社,第2册,第681页。

第 8 章　咸丰八年入港天津沙船的货物

1. 绪言

静嘉堂文库中藏有一本《天津关运漕粮免税清册》。① 此书是咸丰八年(1858)至咸丰九年正月,运载漕粮入天津港的沙船上装载的货物中,除漕粮以外的免税货物的账簿。

此书的封面和题签上标注的内容如下:

　　咸丰九年九月三十日收
　　翔九十六

如上所示,这是一本清朝政府于咸丰九年九月三十日(1859 年 10 月 25 日)所收的"清册"。其内容来看是咸丰八年三月十二日(1858 年 4 月 25 日)至八月二十一日(9 月 27 日)的 5 个月间,也就是 156 天里天津关入港沙船的记录,其中包括船户名、货物名及数量和免税额。

光绪二年(1876)清政府编撰的官本《钦定户部漕运全书》②卷九四的

---

① 《天津关海运漕粮免税清册》(静嘉堂文库　7750/1/58 59)。
② 光绪二年官撰官本《钦定户部漕运全书》(京都大学人文科学研究所　史・XIII・6・50)。

《海运事宜·沙船禁令》中有:

> 江浙二省及江北所属海运漕粮沙船,准令八成载米二成载货免于纳税……

也就是说,江苏、浙江省及长江以北所属的运载漕粮的沙船,其装载的货物中80％为漕粮,剩余的20％是个人的货物。此外,那20％的个人货物可以享受免税的优待措施。可想而知,这优待措施必定为沙船航运业主所用。

在此,我们不妨来看看这些沙船航运业主是否遵照官府的指令,除运送漕粮以外还利用免税的优待政策将各种商品从江南运往天津。

2. 关于咸丰八年的《天津关海运漕粮免税清册》

咸丰八年的《天津关海运漕粮免税清册》的内容有如下文(以下将货物数量记录中的"壹"转换为普通汉字的"一"):

> 二品衔巡视长芦盐政兼管天津关部
>
> 呈今将自咸丰八年正月十八日起至九年正月十七日止,所有江浙两省漕粮由起,
>
> 运津准其二成载货免税银两数目并船户姓名货物花色理合造具清册
>
> 呈送查核须至册者
>
>   计开
>
> 咸丰八年三月十二日
>
> 沙船金隆顺   白串布五千五百疋,每百疋六钱二分九四扣,共银三十三两六分
>
>   琉璃珠九百七十三斤,每斤一分,共银九两七钱三分
>
>   共免税银四十一两七钱九分

沙船马福来　洋布一千五百疋,每疋四分,共银六十两
　　　　　　羽毛纱二百四十身,每身三钱,共银七十二两
　　　　　　铜器七百八十六斤,每斤一分,共银七两八钱六分
　　　　　　共免税银一百三十九两八钱六分
沙船祝万寿　洋布一千一百疋,每疋四分,共银四十四两
　　　　　　冰糖六千一百六斤,每百斤三钱四分,共银二十
　　　　　　两七钱六分
　　　　　　共免税银六十四两七钱六分
沙船诸公顺　苏木六千七百八十二斤,每百斤五钱,共银三十
　　　　　　三两九钱一分
　　　　　　元肉六千二百斤,每十斤八分,共银四十九两六钱
　　　　　　共免税银八十三两五钱一分
……(中略)……
　　　　　　以上共免税银四万六千三百五十五两五钱
咸丰九年九月　　　　　长芦盐政兼管天津钞关宽　惠

以上内容是根据沙船的入港时间、船户名、漕粮以外的货物名、货物数量和税额以及免税额的顺序记录的。现将资料中记录的沙船数量整理如下:

咸丰八年三月十二日　　沙船　16艘
(1858)　　　十三日　　沙船　29艘
　　　　　　十四日　　沙船　21艘
　　　　　　十五日　　沙船　26艘
　　　　　　十六日　　沙船　30艘
　　　　　　十七日　　沙船　25艘
　　　　　　十八日　　沙船　24艘
　　　　　　十九日　　沙船　23艘
　　　　　　二十日　　沙船　20艘
　　　　　　二十一日　沙船　15艘

	二十二日	沙船	10 艘		
	二十三日	沙船	15 艘		
	二十四日	沙船	9 艘		
	二十五日	沙船	17 艘		
	二十六日	沙船	13 艘		
	二十七日	沙船	14 艘		
	二十八日	沙船	15 艘		
	二十九日	沙船	11 艘	三月小计	333 艘
四月	初一日	沙船	22 艘		
	初二日	沙船	18 艘		
	初三日	沙船	10 艘		
	初四日	沙船	5 艘		
	初七日	沙船	6 艘		
	初九日	沙船	7 艘		
	十一日	沙船	11 艘	四月小计	79 艘
六月	初十日	沙船	11 艘		
	十二日	沙船	11 艘		
	二十一日	沙船	11 艘		
	二十二日	沙船	7 艘		
	二十三日	沙船	10 艘		
	二十五日	沙船	6 艘		
	二十六日	沙船	5 艘		
	二十七日	沙船	6 艘	六月小计	67 艘
七月	初一日	沙船	12 艘		
	初二日	沙船	17 艘		
	初三日	沙船	29 艘		
	初四日	沙船	30 艘		
	初五日	沙船	26 艘		

	初六日	沙船	34艘		
	初七日	沙船	20艘		
	初八日	沙船	24艘		
	初九日	沙船	39艘		
	初十日	沙船	40艘		
	十一日	沙船	26艘		
	十二日	沙船	43艘		
	十三日	沙船	34艘		
	十四日	沙船	38艘		
	十五日	沙船	25艘		
	十六日	沙船	17艘		
	十七日	沙船	17艘		
	十八日	沙船	22艘		
	十九日	沙船	16艘		
	二十一日	沙船	12艘		
	二十二日	沙船	8艘		
	二十五日	沙船	19艘		
	二十六日	沙船	3艘		
	二十九日	沙船	6艘	七月小计	557艘
八月	初三日	沙船	3艘		
	初六日	沙船	3艘		
	初七日	沙船	5艘		
	十二日	沙船	6艘		
	十三日	沙船	4艘		
	十七日	沙船	13艘		
	二十日	沙船	8艘		
	二十一日	沙船	8艘	八月小计	50艘

总计:沙船 1086艘

据统计,沙船的数量为1086艘。以下围绕这1086艘沙船是如何运送漕粮而展开讨论。江苏巡抚赵德辙在咸丰八年二月二十七日的奏折中写道:

……今属苏松粮道朱钧前赴天津交兑,咸丰七年分海运漕粮程途较远往返需时,核计应造秋拨估饷之时尚未能竣事……①

根据以上内容可以得知咸丰七年的漕粮输送是从咸丰八年二月开始的。此外奏折中还提到,最初预定前往天津的沙船在天津河口附近沿海的拦江沙处搁浅。内容如下:

再江浙两省漕粮由海运赴天津应办一切事……据天津镇转,据海口各营呈报,拦江沙外驶到沙船一只,查系江南元和县船户金同盛装运江苏震泽县槽米一千石,随即妥为导引,于二月二十七日晚潮进口。该镇业已会同天津道径报户部,暨钦差查验大臣……②

以上内容说的是,江南元和县籍的船户金同盛利用沙船从江苏震泽县运载槽粮1000石前往天津。通过《天津关海运漕粮免税清册》可以得知这艘船于三月十八日入港的时间。根据《天津关海运漕粮免税清册》的记录:

沙船金同盛　夏布三千五百疋　每十疋一钱五分
　　　　　　共银五十二两五钱
　　　　　　官粉三千一十斤　每百斤一钱
　　　　　　共银三两一分
　　　　　　共免税银七十五两五钱一分

由此可知,沙船金同盛除运载漕粮1000石以外,船上还装载了夏布3500疋和官粉3010斤。据《咸丰上谕档》咸丰八年四月十三日的记载:

---

①② 中国第一历史档案馆藏朱批奏折,财政类,MF17R0251-0253。

354

军机大臣字寄

　　钦差工部尚书文、直隶总督谭、仓场侍郎崇、山东巡抚崇咸丰八年四月十三日奉上谕。前因夷船驶入海口炮台被占,谕令文彩等将未经进口沙船妥筹办理。并谕崇恩查明山东各海口,收泊米船设法起运。本日据文彩等奏称,江苏钮隆盛沙船一艘,于十一日进口被夷人将船掳去,抢去漕米九百余石。据该沙船耆民称,北上时见沙卫米船数百艘在山东石岛、俚岛一带停泊,未敢前进。著崇恩即派妥员,分赴各口查明停泊米船共有若干,应如何囤积仓廒。陆续由运河至通州,或俟天津事定再行,由海前进妥筹办理。并先饬令各海口文武,将停泊各船设法保护。无令稍有疏失后来船艘,并著知照勿径赴天津其直隶各小口。有无沙船停泊,著谭廷襄饬属详查。应如何设法运通,即著文彩妥为筹办。现在崇纶会同谭廷襄办理夷务、海运事宜。系文彩专司著仍驻津城俟,查验米石完竣再行来京。至未到米船如均在山东境内,天津无可查验俟。东省议定章程后,应否饬令江浙粮道前往山东各海口盘交米石之处,并著文彩、谭廷襄、崇纶、崇恩、届时酌办。将此由五百里各谕令知之,钦此。遵旨寄信前来。

咸丰八年的海运沙船遭遇外国船袭击,被抢夺的漕粮有 900 余石。此外,数百艘装运漕粮的船舶停靠在山东半岛上端附近的石岛或俚岛,处于无法前往天津的状态。

　　咸丰八年四月十六日文采上奏的奏折里也提到此事,内容引用如下:

　　　　……咸丰八年四月十四日承准军机大臣字寄十三日奉上谕。本日据文彩罗奏称,钮隆盛沙船被夷人将船掳去,抢去米九百余石。据耆民称北上时,见有米船数百艘在石岛、俚岛一带停泊,未敢前进。……①

---

① 中国第一历史档案馆藏朱批奏折,财政类,MF 17R0251-0283。

咸丰八年四月文采崇纶再次上奏,内容有如下:

> 再本届海运截至四月初八日止,江苏进口沙船三百三十五艘,米三十八万九千八百六十一石零。浙江进口沙船八十艘,米十二万九千六百九十七石零。共四百十五艘,共米五十一万九千五百五十八石零。共运通漕白米四十二万五千七百八十三石八升七合三勺,共用官民剥船二千百三十二艘。分作十八起拨运赴通,所有续到米船数目及转运情形,理合附片陈明谨奏。①

四月初八之时,从江苏省而来的沙船有 335 艘,运载的漕粮米为 38 万 9861 石。从浙江来的沙船共 80 艘,运载的漕粮米为 12 万 9697 石。两处的沙船合计 415 艘,输送的漕粮米为 51 万 9558 石。同一时间,通过大运河运输的漕粮白米为 42 万 5783 石 8 升 7 合 3 勺,共动用官民的运槽船 2132 艘。海运途径的船只平均每艘船运载量为 1252 石,而大运河途径的运槽船平均每艘的运载量是 200 石,相当于海船的 1/10。

咸丰八年七月十八日文彩的奏折内容如下:

> 再大沽协副将续报:截至七月初八日止,江苏进口商船一百七十艘,装米十九万四千石零。连前共船七百十六艘,共漕白米八十一万二千石零。浙江进口商船一百五十七艘,装米二十四万八百余石零。连前共船三百三艘,共漕白米四十四万五千石零。自上次奏报后,续用官民剥船五百九十九艘,共米十二万三百余石。先后分作三十五起剥运赴通,共用官民剥船四千一百二十八艘,共漕白米八十二万七千余石零。现在商船鳞集河干逐日验收,剥船不数转运已剳天津道通永道。派员催提回空星夜赴津以资接运……②

---

① 中国第一历史档案馆藏朱批奏折,财政类,MF 17R0251-0334。这份奏折被附在文采崇纶咸丰八年八月二十二日的奏折(17R0330-0333)之后,这恐怕是因为弄错了日期导致的。
② 中国第一历史档案馆藏朱批奏折,财政类,MF 17R0251-0320。

据天津可口的大沽协副将所续报,七月初八日从江苏往天津的商船有 170 艘,装载了漕粮米 19 万 4000 石。与之前的合计共 716 搜,共装载漕白米 81 万 2000 石。浙江而来的商船有 157 艘,装载漕粮米 24 万 800 余石。同之前的合计共 303 艘,漕粮白米 44 万 5000 石。另外大运河途径而来的官民运槽船有 599 艘,共载漕粮米 12 万 300 余石。先后共分 35 次,总计官民运漕船 4128 艘,运载的漕粮白米为 82 万 7000 余石。除此之外,陆续还将会有商船到达。

咸丰八年八月初三日文彩的奏折中有:

> 文彩崇纶跪奏,为海运商船安稳抵津报验收船米数目并现在筹办各情形,恭折仰祈圣鉴事:窃奴才于七月十八日片奏,续验米船米数目在案……截至七月二十五日止,苏省进口商船连前共七百五十二艘,共装米八十五万一千余石。浙省进口商船连前共三百二十艘,共装米四十六万三千余石。两省前后合算共漕白米一百三十万余石,统计南省起运米数已过十分之九。陆续各船均可安稳抵通……①

据奏折,七月二十五日从江苏省而来的商船有 752 艘,共载漕粮米 85 万 1000 余石。浙江省来得商船有 320 艘,载有漕粮米 46 万 3000 余石。至此为止江苏、浙江两省运送的漕粮白米共 130 万余石,超过江南方面漕粮运送总量的十分之九。

3.《天津关海运漕粮免税清册》中所见沙船的货物

在此将《天津关海运漕粮免税清册》中所有船只的入港时间、船名、货物归纳如下表:

---

① 中国第一历史档案馆藏朱批奏折,财政类,MF 17R0251-0328。

表1　咸丰八年(1858)天津入港沙船船户、货物一览

入港月日	船户名	货物名		
3月12日	金隆顺	白串	琉璃珠	
3月12日	马福来	羽毛纱	铜器	
3月12日	祝万寿	洋布	冰糖	
3月12日	诸公顺	苏木	元肉	
3月12日	郑泰源	冰糖		
3月12日	王永春	白平机布	洋布	
3月12日	施恒兴	白平机布	乌梅	
3月12日	徐复顺	女儿布	双丈布	
3月12日	德发顺	金扇	白纸扇	锡箔
3月12日	沈宏福	姜		
3月12日	张义茂	洋布	花布	
3月12日	金和盛	曹黄纸	五色笺	
3月12日	陆锦吉	春布	白串	姜
3月12日	徐福盛	印花平机布	白干机布	
3月12日	和长顺	粗篾		
3月12日	全福庆	冰糖	密饯	
3月13日	源顺	中青	针条	
3月13日	张福源	白平机布		
3月13日	奚恒生	色串布	密饯	
3月13日	应德大	洋布	苏木	
3月13日	奚恒康	罗纹布	胭脂饼	
3月13日	奚恒钰	姜		
3月13日	奚恒福	白串布	桔饼	
3月13日	张德春	斜纹布	桔子	
3月13日	奚永福	曹黄纸		
3月13日	宋隆泰	白串布	槟榔	

续表

入港月日	船户名	货　物　名	
3月13日	徐同春	洋布	毛长纸
3月13日	同发顺	银硃	元肉	?
3月13日	田永茂	江米	茶叶
3月13日	孙永安	洋布	大料
3月13日	方萃升	乌梅	籐黄
3月13日	金永来	烟	雨伞
3月13日	马发顺	洋布	
3月13日	杨源利	元连纸	榜纸
3月13日	孙义春	罗纹布	大腿
3月13日	沈隆发	搭连布	铜器
3月13日	王宏盛	白串布	草凉
3月13日	方元益	松糖	苏木	冰糖
3月13日	孙万庆	麒麟菜	鲜姜
3月13日	周恒福	白糖	倘连纸
3月13日	张义泰	白串布	羽毛缎
3月13日	王元寿	洋布	荸荠
3月13日	谢德昌	紫花平机布	胡椒
3月13日	张增福	胡椒	苏木
3月13日	孙福盛	木香	水胶
3月14日	庄利全	白串布	倘连纸
3月14日	沈恒洽	洋布	苏木
3月14日	孙德隆	棉连纸	表心纸
3月14日	杨新泰	羽毛纱	苎麻线	紫檀扇
3月14日	金永康	白串布	
3月14日	顾永寿	女儿布	元连纸
3月14日	沈长发	色飞花布	广蒲席

续 表

入港月日	船户名	货 物 名		
3月14日	朱德增	元连纸	白串布	
3月14日	彭天益	洋布	段折纸	
3月14日	施振昌	洋布	曹黄纸	
3月14日	胡福生	白平机布	表心纸	
3月14日	张大生	春布	白干机布	
3月14日	马聚盛	洋布	苏木	
3月14日	钮聚庆	铜器	烟	
3月14日	沈恒济	洋布	桔饼	
3月14日	金长增	白串布	花布手巾	煮酒
3月14日	李兴顺	罗纹布	元连纸	
3月14日	应德寿	洋布	杂药材	
3月14日	谢源隆	洋布	大料	紫菜
3月14日	金永泰	熟漆	荸荠	
3月14日	禄寿安	洋布	洋绒	
3月15日	陆介寿	白串布	乌梅	
3月15日	孙福兴	洋布	荸荠	
3月15日	孙义泰	搭连布		
3月15日	黄胜和	姜	雨伞	
3月15日	常长发	紫花平机布	石膏	
3月15日	王遇顺	白串布	花布手巾	
3月15日	奚恒生	洋布	薄荷	
3月15日	应德隆	洋布	苏木	
3月15日	金新太	元连纸	布手巾被面	
3月15日	金宝顺	毛边纸	粉连纸	
3月15日	庄茂盛	白串布	倘连纸	
3月15日	朱元发	洋布	小漂白布	

续 表

入港月日	船户名	货 物 名		
3月15日	金福盛	木香	中青	
3月15日	杨全顺	白串布	姜	
3月15日	彭寿增	洋布		
3月15日	包长利	白平机布	桐油	
3月15日	施宝兴	立机布	荸荠	
3月15日	吕合泰	元连纸	篦竹篾	
3月15日	钮聚盛	糖姜	橙丁	
3月15日	孙永发	白串布	方稿纸	
3月15日	金永和	白蜡	胡椒	
3月15日	王元祺	洋布	铜器	
3月15日	孙义盛	白串布	腐乳	
3月15日	孙福利	冰糖	官粉	
3月15日	孙生利	白干机布	川连纸	
3月15日	林增禄	洋布	桐油	
3月16日	张永茂	曹黄纸	榜纸	
3月16日	沈利贞	雨伞	草凉	倘连纸
3月16日	黄隆顺	洋布	棉花线	
3月16日	孙永隆	白平机布		
3月16日	张增利	洋布	石膏	
3月16日	钱洽利	藿香杂	锡箔	
3月16日	全宝发	白串布	荸荠	
3月16日	宋合泰	铜器		
3月16日	张万利	洋布		
3月16日	范永利	洋布	花布手巾	
3月16日	金增元	樟脑	大料	
3月16日	金长发	白串布	元连纸	

续表

入港月日	船户名	货 物 名		
3月16日	金臻福	洋布	白矾	
3月16日	奚恒增	白平机布	官粉	
3月16日	奚恒庆	白糖	锡器	
3月16日	张同顺	倘连纸	元连纸	
3月16日	奚恒义	洋布	白矾	
3月16日	朱永盛	洋布	羽毛缎	草凉
3月16日	方同益	白串布	苏木	
3月16日	吕德源	白串布	籚竹篾	
3月16日	包长发	白平机布	姜	
3月16日	杨永安	白夏布	洋布	
3月16日	周长盛	女儿布	腐乳	
3月16日	彭寿福	罗纹布	黄蒲席	
3月16日	孙協顺	毕机	洋布	曹黄纸
3月16日	金裕茂	洋布	元连纸	
3月16日	金永昌	麻布	姜	
3月16日	万福临	锡箔	宁柚袍料	
3月16日	沙聚盛	洋布	丁香	
3月16日	李元顺	胡椒	密饯	
3月17日	龚长泰	冰糖	锡箔	
3月17日	周大亨	棉连纸	锡箔	胡椒
3月17日	孙德茂	白串布	宋粗碗	
3月17日	方保益	苏木	洋布	紫菜
3月17日	陆介顺	白平机布	枝元肉	松香
3月17日	谢捷庆	白糖	乳香	青鱼肚
3月17日	张万兴	元连纸		
3月17日	何长增	绍酒	火腿	

续 表

入港月日	船户名	货物名		
3月17日	金利发	白串布	姜	
3月17日	沈元康	洋布	白矾	
3月17日	许同茂	白串布		
3月17日	陈益康	粉连纸	南红纸	姜黄
3月17日	董永祥	五色笺	色膘	
3月17日	蔡长福	黄丹	竹笺	松香
3月17日	金大茂	锡箔	白糖	黑铅
3月17日	童瑞骏	榜纸	银硃	大干张
3月17日	杨合发	洋布	元连纸	
3月17日	金永泰	锡箔	毛边纸	
3月17日	金万利	白串布	姜	
3月17日	沙顺源	曹黄纸	大竹竿	
3月17日	金永茂	贝母	白糖	籐黄
3月17日	金长盛	元连纸	表心纸	
3月17日	张长春	白平机布	姜	
3月17日	张增发	倘连纸	段折纸	
3月17日	徐福源	扛连纸	毛长纸	
3月18日	金咏兴	洋布	苏木	
3月18日	陈鼎兴	扛连纸	锡箔	
3月18日	金永康	樟脑	白糖	
3月18日	钱复兴	中青	排草	
3月18日	诸元寿	姜	芋荠	
3月18日	施翔发	胭脂饼	菊花	
3月18日	王利增	洋布	白串布	
3月18日	金茂来	冰糖	粉连纸	毛边纸
3月18日	盛吉祥	白平机布	元连纸	

续 表

入港月日	船户名	货 物 名		
3月18日	金源利	鱼膘	胡椒	苏木
3月18日	盛福裕	银硃	杂药材	
3月18日	陈福利	洋布	锡箔	
3月18日	姚祥泰	洋布	建莲	
3月18日	金福利	干笔	中墨	
3月18日	薛衡顺	洋布	姜黄	
3月18日	孙长顺	白串布	铜器	
3月18日	钱震亨	冰糖	锡箔	白糖
3月18日	陆源隆	白毛边纸	棉连纸	榜纸
3月18日	万年顺	麒麟菜	苏木	
3月18日	金生生	粉连纸	锡箔	南红纸
3月18日	金元生	碗儿锡	银硃	
3月18日	祥顺	中青	枝元肉	
3月18日	庄福兴	茶油		
3月18日	金同盛	大料	夏布	官粉
3月19日	陈源利	姜	花梨	
3月19日	潘和顺	洋布	大粉	
3月19日	苏祥隆	白糖	大料	煮酒
3月19日	金源恒	锡箔	姜黄	
3月19日	金恒盛	洋布	红糖	海菜
3月19日	俞仁祥	贝母	元连纸	鱼膘
3月19日	姚源利	粉连纸	红连纸	
3月19日	姚咏利	棉连纸	洋布	
3月19日	钮聚增	曹黄纸	元连纸	
3月19日	蒋永吉	排草	桂花油	
3月19日	方恒财	白串布	洋布	芸香

续 表

入港月日	船户名	货物名		
3月19日	李天寿	乌梅	草凉	榜纸
3月19日	薛长顺	洋布	元连纸	
3月19日	徐德春	乌菱	夏布	白糖
3月19日	童聚丰	红糖	羊肚	
3月19日	公大顺	洋布	檀香	
3月19日	金如荣	锡箔	白蜡	紫菜
3月19日	金茂顺	胡椒	白铜	
3月19日	董永安	苏木	红糖	松香
3月19日	陆天凝	中青	洋布	
3月19日	张吉盛	藿香	白串布	
3月19日	丁源利	胡椒	竹筷子	
3月19日	薛洪顺	洋布	姜黄	
3月20日	黄福安	白平机布	惠泉酒	
3月20日	虞长发	曹黄纸	元连纸	
3月20日	沈协仁	苏木	檀香	
3月20日	施源茂	洋布	簏竹篾	
3月20日	施同春	洋布	元连纸	
3月20日	李天益	白糖	红糖	绍酒
3月20日	万年利	粉连纸	毛边纸	乳香
3月20日	庄合顺	洋布	姜	
3月20日	张顺利	曹黄纸	洋布	
3月20日	武万太	中青	烟	
3月20日	张太茂	白串布	铜器	
3月20日	彭麟祥	洋布	腐乳	
3月20日	沙福源	洋布	籐线	
3月20日	夏长发	白串布	大粉	

续　表

入港月日	船户名	货　物　名		
3月20日	金洪元	白糖	苏木	碗儿锡
3月20日	常隆顺	洋布	铜器	
3月20日	郁隆顺	冰糖	乌梅	
3月20日	周源发	洋布	元连纸	
3月20日	姚同丰	锡箔	贝母	大干张
3月20日	金荣隆	白平机布	荸荠	
3月21日	谢源盛	苏木	丁香	红糖
3月21日	龚长兴	粉连纸	毛边纸	
3月21日	陈福泰	乳香	没药	
3月21日	叶长春	洋布	曹黄纸	
3月21日	孙同发	洋布	姜	
3月21日	杨元吉	白平机布	花布手巾	
3月21日	金瑞顺	红糖	杂药材	
3月21日	陆长顺	白串布		
3月21日	顾万盛	银硃	羽毛纱	中青
3月21日	刘兴泰	冰糖	罗纹布	
3月21日	张元茂	洋布	白串布	
3月21日	张德茂	姜		
3月21日	王遇春	姜	洋布	
3月21日	赵生泰	白串布	腐乳	
3月21日	万吉安	春布		
3月22日	郭万兴	洋布		
3月22日	崔源顺	苏木	姜	
3月22日	彭万禄	春布	荸荠	
3月22日	应德顺	洋布	粉连纸	
3月22日	金元福	洋布	铜器	

续表

入港月日	船户名	货 物 名		
3月22日	江源利	中青	夏布	羽毛缎
3月22日	金合利	洋布	中竹竿	
3月22日	谢源泰	胡椒	大料	苏木
3月22日	彭元兴	草凉		
3月22日	徐元福	洋布	大料	
3月23日	沈元增	洋布	白串布	
3月23日	张云顺	洋布	石膏	
3月23日	张万源	洋布	粉连纸	
3月23日	田恒顺	洋布	元连纸	
3月23日	孙鸿来	锡箔	大料	
3月23日	朱福茂	斜纹布	洋布	
3月23日	彭祥顺	苏木		
3月23日	宋恒盛	冰糖	苏木	
3月23日	孙大兴	白平机布	冰糖	
3月23日	万长太	棉连纸	毛边纸	
3月23日	彭元太	白串布	姜	
3月23日	金源顺	白糖	杂药材	
3月23日	田吉盛	胭脂饼	羽毛纱	
3月23日	柳万盛	中青	乌梅	
3月23日	蒋永利	夏布	烟	
3月24日	武源太	羽毛纱	红糖	
3月24日	陈万兴	洋布	胡椒	
3月24日	金福康	洋布	天鹅绒	干姜
3月24日	郑义发	排草	元肉	
3月24日	郑顺兴	洋布	白糖	
3月24日	高恒利	扛连纸		

续表

入港月日	船户名	货物名		
3月24日	彭合泰	洋布	宋粗碗	
3月24日	奚恒春	五色笺纸	绍酒	
3月24日	汤永禄	毛边纸	曹黄纸	
3月25日	金永裕	红糖	腐乳	
3月25日	孙义顺	麻布	白糖	
3月25日	丁永利	檀香	铜器	
3月25日	徐万春	洋布	苏木	
3月25日	杨永春	杂药材		
3月25日	年增利	洋布	川连纸	
3月25日	施大发	洋布	元连纸	姜
3月25日	孙永亨	苏木	锡箔	石膏
3月25日	应德春	红糖	檀香	姜
3月25日	王源泰	白串布	烟	
3月25日	彭恒寿	洋布	荸荠	
3月25日	万同盛	篾竹篾		
3月25日	夏长寿	绍酒	白平机布	
3月25日	顾鸿顺	表心纸		
3月25日	金恒利	茶		
3月25日	沈仁茂	白串布	槟榔	
3月25日	张福茂	白平机布	官粉	
3月26日	彭永骏	洋布	元肉	
3月26日	孙兴盛	红糖	碗儿锡	
3月26日	赵长元	洋布	粗宋碗	
3月26日	杨元泰	洋布	铜器	
3月26日	蒋聚福	粉连纸	榜纸	乌梅
3月26日	彭永发	中墨	洋布	

续 表

入港月日	船户名	货物名		
3月26日	朱永茂	洋布	白串布	
3月26日	金永祥	女儿布	大料	
3月26日	彭锡隆	锡箔	大粉	
3月26日	常长顺	白串布	柏油烛	
3月26日	蒋肇生	银硃	夏布	麒麟菜
3月26日	金广发	海蜇		
3月26日	孙寿福	洋布	木香	惠泉酒
3月27日	江源兴	乌梅	洋布	
3月27日	张祥茂	中青	元连纸	
3月27日	江源盛	橙丁	冰糖	
3月27日	江源发	建莲	姜	
3月27日	武和顺	表心纸	粉连纸	
3月27日	陈福茂	冰糖	苏木	
3月27日	胡茂顺	红糖	烟	
3月27日	蒋元亨	锡箔	白平机布	
3月27日	金骏兴	白蜡	黄丹	
3月27日	孙永祥	洋布	大料	
3月27日	刘元兴	白矾	姜	香覃
3月27日	费大昌	棉连纸	南红纸	紫菜
3月27日	郭万祥	羽毛纱	棉花线	
3月27日	董顺亨	元连纸	白矾	
3月28日	龚和顺	雨伞	中竹段	
3月28日	谢源泰	白串布	洋布	红糖
3月28日	金合意	锡箔	绍酒	白糖
3月28日	彭合隆	白串布	姜	
3月28日	马协泰	元连纸		

续 表

入港月日	船户名	货 物 名		
3月28日	庄恒益	洋布	姜	
3月28日	孙福全	洋布	白串布	
3月28日	黄德和	青鱼	中青	
3月28日	张万顺	松香	干笋	
3月28日	金瑞元	棉连纸	斜文布	银硃
3月28日	陈洽茂	洋布	川连纸	
3月28日	郭大隆	鸭蛋	胭脂饼	
3月28日	金泰顺	粉连纸	水银	惠泉酒
3月28日	盛福康	南红纸	色毛边纸	
3月28日	施履昌	冰糖	黄丹	
3月29日	武同发	白串布	木香	
3月29日	苏祥荣	锡箔	曹黄纸	
3月29日	盛裕骅	贝母	麒麟菜	毛边纸
3月29日	金永兴	苏木	锡箔	
3月29日	张协茂	姜		
3月29日	彭裕发	樟脑	洋布	
3月29日	陈合隆	橙丝	大粉	
3月29日	夏长福	元连纸		
3月29日	孙得顺	白矾		
3月29日	张全泰	烟	川连纸	
3月29日	全保堃	洋布	檀香	
4月1日	胡福泰	洋布	大粉	
4月1日	高万顺	圆眼		
4月1日	诸元泰	乌梅		
4月1日	董永利	洋肚菜	贝母	锡箔
4月1日	钱长元	紫菜	川连纸	

续 表

入港月日	船户名	货 物 名		
4月1日	江福隆	白平机布		
4月1日	庄福顺	元连纸	段折纸	
4月1日	姚生福	洋布	碗儿锡	苏木
4月1日	周旋福	洋布	杂药材	
4月1日	祝介年	洋布	姜	
4月1日	金生泰	洋布	白串布	
4月1日	曹永祥	石膏	苏木	
4月1日	安吉泰	白串布	草凉	
4月1日	余信泰	毛边纸	草黄纸	白蜡
4月1日	金长兴	海菜	胡椒	
4月1日	姚华丰	粉连纸	白糖	粗宋碗
4月1日	和协春	洋布	竹筷子	
4月1日	刘泰康	表心纸	棉连纸	锡箔
4月1日	盛泰焚	南红纸	榜纸	石菖蒲
4月1日	金祥发	白糖	红糖	苏木
4月1日	王恒盛	白串布	夏布	
4月1日	年增寿	元连纸		
4月2日	张裕福	洋布	松香	
4月2日	金福盛	天鹅绒	洋布	元连纸
4月2日	方恒大	白纸扇	白串布	
4月2日	苏祥丰	棉连纸	曹黄纸	红糖
4月2日	董豫亨	白矾	倘连纸	
4月2日	金永康	锡箔	粉连纸	表心纸
4月2日	方聚升	姜		
4月2日	彭又发	扛连纸	红糖	
4月2日	年增禄	洋布	粗宋碗	

续　表

入港月日	船户名	货　物　名		
4月2日	程增康	茶油	枳壳	
4月2日	陈景禄	中墨	白糖	洋布
4月2日	孙德利	白串布	桂花油	
4月2日	费元吉	五色笺纸	锡箔	
4月2日	孙元利	紫花平机布	荸荠	
4月2日	祝永年	段折纸	元连纸	表心纸
4月2日	万福来	锡箔	草凉	
4月2日	王春荣	乌金纸	白糖	绍酒
4月2日	孙禄昌	白平机布	斜文布	
4月3日	王义申	洋布	惠泉酒	
4月3日	张骏和	白串布	火腿	
4月3日	吕长发	苏木	冰糖	
4月3日	沈福源	洋布	白糖	粉连纸
4月3日	黄长利	中青	姜	
4月3日	沈洪泰	锡箔	冰糖	
4月3日	彭长庆	茶油	腌桂花	
4月3日	黄利泰	罗纹布	花布手巾	
4月3日	盛裕发	白糖	贝母	白矾
4月3日	盛泰安	棉连纸	锡箔	姜黄
4月4日	苏祥利	棉连纸	樟脑	画心纸
4月4日	朱茂生	洋布	宜兴壶	
4月4日	天德顺	白纸扇	胭脂饼	腌桂花
4月4日	郑顺发	洋布	元连纸	
4月4日	沈寿祥	乌梅	冰糖	
4月7日	金宝顺	洋布	姜	
4月7日	张福临	姜	苏木	

续 表

入港月日	船户名	货 物 名		
4月7日	盛裕庆	白蜡	松香	曹黄纸
4月7日	施长生	洋布	白串	
4月7日	徐长源	洋布	中青	
4月7日	金泰丰	锡箔	鱼胶	紫菜
4月9日	王元福	洋布	姜	
4月9日	郭万兴	洋布	白糖	
4月9日	费元寿	粉连纸	硼砂	贝母
4月9日	盛介福	锡箔	棉连纸	水银
4月9日	金福顺	洋布	元连纸	
4月9日	顾聚祥	洋布		
4月9日	顾启盛	圆眼	洋布	
4月10日	施大春	锡箔	洋布	白串布
4月10日	彭永康	洋布	苏木	中墨
4月10日	张长利	元连纸	曹黄纸	
4月10日	王德顺	洋布	黑铅	
4月10日	陈大发	白平机布		
4月10日	周万泰	白平机布		
4月10日	陆德来	姜	花布手巾	
4月10日	俞德利	桅太	柴木	
4月10日	徐长利	大料	中青	
4月10日	邵德茂	姜	石膏	
4月10日	金捷兴	锡箔	元肉	胡椒
6月10日	金吉利	粉连纸	白糖	
6月10日	费元祥	银硃	锡箔	草凉
6月10日	张元亨	洋布	海蜇	
6月10日	黄长顺	锡箔	官粉	

续 表

入港月日	船户名	货 物 名	
6月10日	张福隆	白串布	
6月10日	邢洪茂	苏木	花布手巾
6月10日	屠长发	锡箔	海蜇
6月10日	年增福	白串布	洋布
6月10日	钱洽福	洋布	冰糖
6月10日	钱合隆	白平机布	
6月10日	姚福隆	松香	粗籐
6月12日	金长源	洋布	夏布
6月12日	孙长利	洋布	铜器
6月12日	陆六顺	洋布	白串布
6月12日	金长泰	苏木	茶油
6月12日	魏成顺	笋干	鱼翅
6月12日	陈鸿兴	紫菜	南荸
6月12日	薛长兴	洋布	大阡张
6月12日	朱永隆	洋布	白串布
6月12日	薛增顺	姜黄	大料
6月12日	杨福泰	洋布	
6月12日	何万泰	茶油	白平机布
6月21日	张利泰	川连纸	砂仁
6月21日	丁永兴	洋布	夏布
6月21日	张茂泰	表心纸	搭连布
6月21日	季新泰	铜器	
6月21日	季亨泰	石膏	
6月21日	田发泰	洋布	栀子
6月21日	俞源利	姜	白串布
6月21日	俞增利	洋布	

续 表

入港月日	船户名	货 物 名		
6月21日	瑞兴顺	烟	冰糖	
6月21日	高同顺	洋布	白串布	
6月21日	郁长泰	白串布	南荠	
6月22日	钱万亿	洋布	苏木	
6月22日	丁裕源	夏布	鸭蛋	
6月22日	沈发利	洋布		
6月22日	年增盛	白串布	姜	
6月22日	沙聚源	竹火筒	帘竹篾	
6月22日	王洪太	竹扫帚		
6月22日	顾和成	洋布		
6月23日	永兴顺	洋布	中青	白串布
6月23日	王源通	古连纸		
6月23日	丰太顺	洋布	苏木	
6月23日	张福兴	白平机布		
6月23日	金福顺	桔饼	冰糖	
6月23日	福安顺	洋布	糖姜	
6月23日	李运泰	闽姜	橙丝	
6月23日	永兴庆	洋布	黑铅	
6月23日	朱永兴	洋布		
6月23日	同瑞顺	洋布	银硃	粗宋碗
6月25日	高通顺	洋布	粉连纸	
6月25日	高益顺	洋布	银硃	花梨算
6月25日	高增顺	洋布	毛边纸	
6月25日	万长顺	杂药材	酒	
6月25日	蒋福兴	紫菜	砂仁	中青
6月25日	万亿顺	密饯	中墨	洋布

续　表

入港月日	船户名	货　物　名		
6月26日	仁庆元	胡椒		
6月26日	周元亨	搭连布	羽毛纱	
6月26日	俞丰泰	锡箔	贝母	黄丹
6月26日	朱福顺	洋布	元连纸	
6月26日	柳永骏	段折纸		
6月27日	田顺兴	红糖	帘竹篾	
6月27日	张永利	桂花油	棉连纸	
6月27日	宋盛顺	表心纸	冰糖	
6月27日	沈履泰	夏布	绒布	
6月27日	聚盛泰	白糖		
6月27日	张源昌	姜	洋布	
7月1日	张义利	方稿纸		
7月1日	王福顺	橙丝	松香	
7月1日	王荣福	大粉	洋布	
7月1日	林锡茂	白串布		
7月1日	陈利福	锡箔	粉连纸	
7月1日	孙同泰	洋布		
7月1日	宋二顺兴	苏木	姜	
7月1日	玉泰顺	洋布	白串布	
7月1日	奚恒发	洋布	乌梅	
7月1日	姚复裕	白糖	松香	
7月1日	奚恒和	洋布	石膏	
7月1日	安永裕	花梨算	花梨筷子	
7月2日	施永发	白串布		
7月2日	金义发	薏仁来	柏油烛	
7月2日	沈裕盛	元连纸		

续　表

入港月日	船户名	货　物　名	
7月2日	张义兴	锡箔	曹黄纸
7月2日	张万增	棉连纸	
7月2日	朱禄顺	槟榔	苏木
7月2日	孙永吉	洋布	锡箔
7月2日	陈景福	白串布	石膏
7月2日	钮聚发	洋布	铜器
7月2日	方豫升	白串布	大料
7月2日	彭恒茂	白平机布	倘连纸
7月2日	施隆泰	洋布	
7月2日	万长兴	乌梅	鱼翅
7月2日	张新泰	姜	缎子
7月2日	陈长盛	洋布	大粉
7月2日	公和顺	闽姜	青梅
7月2日	张隆昌	苏木	
7月3日	陈利增	锡箔	
7月3日	永裕盛	毛边纸	鱼翅
7月3日	陆介禄	洋布	元连纸
7月3日	隆复昌	苏木	乌梅
7月3日	孙遐福	洋布	白矾
7月3日	钮聚福	白糖	
7月3日	王永兴	毛边纸	曹黄纸
7月3日	陆绥寿	洋布	白糖
7月3日	张源发	中青	干笔
7月3日	李义隆	锡箔	
7月3日	张增泰	姜	
7月3日	田永发	洋布	中墨

续　表

入港月日	船户名	货　物　名	
7月3日	施万兴	腐乳	
7月3日	洪福利	红糖	
7月3日	金永元	白平机布	菊花
7月3日	王永兴	洋布	花布手巾
7月3日	沈长源	洋布	白串布
7月3日	孙隆昌	樟脑	
7月3日	年增茂	洋布	白木
7月3日	沈长利	倘连纸	
7月3日	陆祥福	海岱菜	
7月3日	施翔丰	胡椒	永糖
7月3日	张长发	银硃	佛子柑
7月3日	胡恒泰	苏木	白平机布
7月3日	孙永康	白串布	绍酒
7月3日	金德增	方稿纸	
7月3日	金长增	洋绒	桂花油
7月3日	朱福顺	槟榔	蜜饯
7月3日	黄长生	洋布	
7月4日	朱利增	贝母	
7月4日	金长泰	洋布	
7月4日	金元庆	白平机布	宜兴壶
7月4日	金春利	姜	
7月4日	张祥太	元连纸	倘连纸
7月4日	彭福源	麒麟菜	棉连纸
7月4日	朱福春	冰糖	
7月4日	沈万泰	洋布	白串布
7月4日	孙王兴	大料	粗宋碗

续 表

入港月日	船户名	货　物　名	
7月4日	金宝利	苏木	石膏
7月4日	陈复昌	藕粉	川连纸
7月4日	万通源	锡箔	雨伞
7月4日	盛吉利	帘竹篾	竹筷子
7月4日	陈利财	洋布	小竹竿
7月4日	庄长顺	段折纸	榜纸
7月4日	年增发	白串布	
7月4日	钱德发	洋布	白平机布
7月4日	张协隆	洋布	草凉
7月4日	陈合顺	冰糖	
7月4日	奚恒龄	大料	
7月4日	兴源涌	洋布	蚊帐布
7月4日	义元利	洋布	铜器
7月4日	万和顺	姜	
7月4日	常盛发	白糖	黄丹
7月4日	高宝顺	洋布	芸香
7月4日	黄吉太	锡箔	
7月4日	张永茂	棉连纸	大粉
7月4日	彭永吉	洋布	
7月4日	双福顺	籐子	
7月4日	张兴顺	天鹅绒	棉花线
7月5日	章源茂	洋布	茶叶
7月5日	王元亨	姜	桂花油
7月5日	刘永庆	白串布	元连纸
7月5日	永和顺	粉连纸	蜜饯
7月5日	沙周盛	苏木	

续 表

入港月日	船户名	货 物 名	
7月5日	武同泰	洋布	大粉
7月5日	孙宝增	洋布	姜
7月5日	陈复庆	藕粉	洋布
7月5日	彭利福	锡箔	
7月5日	张源发	藿香	桂皮
7月5日	宋利太	姜	
7月5日	孙利贞	黑铅	大粉
7月5日	高源钱	锡箔	
7月5日	郁隆骏	苏木	姜
7月5日	张大昌	白串布	
7月5日	谭长泰	斜纹布	元连纸
7月5日	孙永兴	洋布	
7月5日	钱洽寿	石膏	
7月5日	蒋源裕	洋布	锡箔
7月5日	孙恒源	冰糖	
7月5日	郁恒顺	姜	白糖
7月5日	沈裕昌	洋布	棉花线
7月5日	孙益禄	官粉	
7月5日	潘龙顺	洋布	腐乳
7月5日	金德福	洋布	茶叶
7月5日	周同茂	白平机布	
7月6日	金万利	元连纸	
7月6日	利源顺	洋布	松香
7月6日	章天寿	斜纹布	
7月6日	朱利增	倘连纸	
7月6日	孙顺利	锡箔	

续 表

入港月日	船户名	货 物 名		
7月6日	金顺元	洋布	麒麟菜	
7月6日	沈裕生	白串布		
7月6日	郁隆泰	麻连布口袋		
7月6日	张隆泰	洋布	铜器	
7月6日	张长泰	川连纸	茶叶	
7月6日	高金通	槟榔	洋布	
7月6日	俞仁康	元连纸	女儿布	
7月6日	金恒发	白串布	铜器	
7月6日	韩聚利	松香	海菜	
7月6日	金协泰	苧麻		
7月6日	金长利	海蜇		
7月6日	彭合盛	锡箔	乳腐	
7月6日	张祥茂	洋布	笋干	花布手巾
7月6日	张同发	大料		
7月6日	邵德和	苏木		
7月6日	尹利泰	元连纸	姜	
7月6日	黄同泰	曹黄纸		
7月6日	鲍昌兴	苏木	姜	
7月6日	邵德发	洋布	表心纸	
7月6日	张盛顺	麒麟菜	洋布	
7月6日	施万兴	中青		
7月6日	金茂顺	洋布		
7月6日	陈恒顺	黑铅	姜	
7月6日	鲍洪兴	苏子油	茶油	
7月6日	陈延利	搭连布		
7月6日	陈永顺	钢条		

续 表

入港月日	船户名	货 物 名		
7月6日	张源发	洋布	腌桂花	
7月6日	朱隆茂	白串布	官粉	
7月6日	徐长泰	铜器	白串布	
7月7日	余仁干	胡椒	水银	白蜡
7月7日	盛福年	锡箔	苏木	
7月7日	费大荣	冰糖	粉连纸	段折纸
7月7日	鲍泰兴	川连纸	海蜇	
7月7日	金得元	棉连纸	元连纸	
7月7日	张永泰	洋布	薄荷	
7月7日	陈洪昌	粉连纸	毛边纸	
7月7日	司长增	洋绒	白串布	
7月7日	沈鸿盛	鱼翅		
7月7日	金保泰	铜器		
7月7日	陆全吉	大料	中墨	
7月7日	鲍世兴	藕粉	中青	
7月7日	张顺兴	锡箔		
7月7日	鲍义兴	榜纸	海粉	桂花油
7月7日	张庆泰	藿香	毕机	
7月7日	金裕泰	洋布		
7月7日	庄利顺	洋布	白串布	
7月7日	林益丰	海岱菜		
7月7日	张聚盛	元连纸		
7月7日	杨福祥	苏木	白糖	
7月8日	施翔泰	大粉		
7月8日	马禄顺	曹黄纸	锡箔	
7月8日	陈顺昌	棉连纸	毛边纸	

续 表

入港月日	船户名	货 物 名	
7月8日	孙恒康	洋布	
7月8日	章全茂	白串布	腌桂花
7月8日	朱永祥	铜器	疆蚕
7月8日	杨长和	白糖	
7月8日	王隆泰	夏布	
7月8日	金永顺	棉连纸	锡箔
7月8日	金春樊	碗儿锡	黄丹
7月8日	金长发	苏木	
7月8日	张增发	海岱菜	小茴香
7月8日	江源顺	锡箔	青鱼肚
7月8日	王怡增	硼砂	苏木
7月8日	邹长春	中青	
7月8日	赵清泰	洋布	川连纸
7月8日	金鸿顺	樟脑	胡椒
7月8日	葛大亨	毛长纸	方稿纸
7月8日	金益昌	银硃	白矾
7月8日	金洽昌	锡箔	菊花
7月8日	金和顺	黑铅	
7月8日	彭洪源	白平机布	
7月8日	朱永庆	胡椒	荔枝
7月8日	钱增裕	白糖	
7月9日	杨元生	蜜饯	姜
7月9日	朱协泰	中墨	
7月9日	彭彩禄	洋布	水胶
7月9日	张合茂	海蜇	
7月9日	李恒贞	锡箔	

续 表

入港月日	船户名	货 物 名		
7月9日	徐永和	洋布	元连纸	
7月9日	张同顺	倘连纸		
7月9日	陆德祥	白平机布	表心纸	
7月9日	孙协利	洋布	帘竹篾	
7月9日	金裕福	罗纹布	锡箔	
7月9日	赵万德	元连纸		
7月9日	王益泰	白平机布	红花	
7月9日	盛裕昌	粉连纸	白矾	
7月9日	金源源	锡箔	碗儿锡	
7月9日	盛裕生	棉连纸	贝母	
7月9日	万樊升	绍酒	槟榔	
7月9日	金祥麟	元连纸	白芷	
7月9日	黄胜泰	儿茶	靛花	
7月9日	许德顺	洋布		
7月9日	郑顺泰	斜纹布		
7月9日	常生发	铜器		
7月9日	张裕隆	夏布		
7月9日	张涌盛	倘连纸	川连纸	
7月9日	宋万盛	洋布		
7月9日	袁同盛	元连纸		
7月9日	徐长泰	元连纸		
7月9日	曲万兴	洋布		
7月9日	倪恒盛	元连纸		
7月9日	金瑞瀛	南红纸	银硃	白糖
7月9日	金永贞	大粉		
7月9日	金咸元	苏木	桂皮	

续表

入港月日	船户名	货物名	
7月9日	俞升泰	棉连纸	石膏
7月9日	钱萃吉	大料	
7月9日	苏祥年	粗白花碗	
7月9日	房源兴	水银	方稿纸
7月9日	金长泰	红糖	粗宋碗
7月9日	盛永昌	砂仁	菊花
7月9日	金洪来	白蜡	毛长纸
7月9日	金泰兴	乌木筷子	毛边纸
7月10日	常遇顺	元连纸	
7月10日	徐同庆	鸭蛋	
7月10日	金恒生	锡箔	姜
7月10日	金泰丰	小茴香	
7月10日	义永利	元连纸	
7月10日	周大椿	棉连纸	乳香
7月10日	金和顺	锡箔	松香
7月10日	李源震	胡椒	黑铅
7月10日	吴慈元	白糖	粗宋碗
7月10日	徐骏泰	苏木	黄丹
7月10日	费元龄	白矾	粗草纸
7月10日	金庆来	粉连纸	红连纸
7月10日	李源太	锡箔	竹叶
7月10日	金顺合	色粉连纸	倘连纸
7月10日	童联丰	段折纸	元连纸
7月10日	苏祥元	毛边纸	粗杂色笺纸
7月10日	费大丰	榜纸	儿茶
7月10日	谢永发	锡箔	碗儿锡

续　表

入港月日	船户名	货　物　名	
7月10日	李鼎丰	粗白花碗	
7月10日	房源盛	白蜡	樟脑
7月10日	费大得	元连纸	姜黄
7月10日	金大来	毛长纸	
7月10日	徐干丰	鱼膘	大料
7月10日	费元兴	苏木	白扁豆
7月10日	金干利	表心纸	炮章
7月10日	金樊昌	色毛边纸	方稿纸
7月10日	李天来	古连纸	曹黄纸
7月10日	盛裕福	粉连纸	白糖
7月10日	盛宝安	锡箔	松香
7月10日	金樊丰	红糖	川连纸
7月10日	俞咸泰	柏油	良姜
7月10日	金长顺	金银花	
7月10日	童孝丰	白矾	元连纸
7月10日	钱萃祥	簟线	
7月10日	金合和	麒麟菜	桂皮
7月10日	金萃来	紫菜	扛连纸
7月10日	费元宝	南扛纸	夹纸
7月10日	葛元椿	毛边纸	
7月10日	苏祥云	段折纸	毛长纸
7月10日	盛聚祥	棉连纸	
7月11日	盛洪福	锡箔	元连纸
7月11日	盛宝生	胡椒	苏木
7月11日	盛福骏	粉连纸	白矾
7月11日	王安吉	白糖	贝母

续 表

入港月日	船户名	货 物 名	
7月11日	董顺康	倘连纸	
7月11日	沈祥发	白串布	苔菜
7月11日	苏祥安	南红纸	扛连纸
7月11日	洪凝发	苏木	
7月11日	孙长兴	白平机布	
7月11日	盛泰骅	毛边纸	大料
7月11日	胡福盛	洋布	桂花油
7月11日	金利顺	松香	
7月11日	马宝盛	苏木	段折纸
7月11日	陈长顺	倘连纸	
7月11日	张义隆	洋布	
7月11日	金利泰	白串布	姜
7月11日	徐长源	川连纸	
7月11日	张顺兴	毕机	
7月11日	沈同泰	黑铅	
7月11日	金大顺	洋布	
7月11日	谢源顺	中青	薏仁米
7月11日	常大顺	曹黄纸	元连纸
7月11日	彭合顺	洋布	
7月11日	彭合茂	胡椒	小竹竿
7月11日	陆合庆	红糖	
7月11日	彭元泰	姜	表心纸
7月12日	金长兴	海岱菜	
7月12日	长吉顺	扛连纸	姜黄
7月12日	郁裕顺	红糖	
7月12日	张顺泰	粉连纸	桂花油

续表

入港月日	船户名	货物名		
7月12日	朱隆顺	锡箔		
7月12日	金同泰	胭脂饼	姜	
7月12日	金森盛	白糖	中青	
7月12日	张长顺	洋布	姜	
7月12日	张洪泰	扛连纸		
7月12日	鲍福兴	洋布	官粉	
7月12日	张盛泰	洋布	川连纸	
7月12日	徐同顺	乌梅		
7月12日	张永增	洋布	赤豆	
7月12日	周万泰	元连纸		
7月12日	王长茂	中青	方稿纸	
7月12日	陈合盛	锡箔		
7月12日	钱洽隆	洋布		
7月12日	金万祥	棉连纸	苏木	
7月12日	兴源盛	曹黄纸	草凉	
7月12日	谢恒源	毛边纸		
7月12日	丁源盛	碗儿锡		
7月12日	金宝泰	白平机布		
7月12日	孙八兴	粗宋碗	麒麟菜	
7月12日	于利泰	姜	倘连纸	
7月12日	沈干泰	海岱菜		
7月12日	杨福茂	白串布		
7月12日	全和顺	洋布		
7月12日	陈复顺	方稿纸	元连纸	
7月12日	钱万和	白串布		
7月12日	孙恒如	蜜饯	石膏	

续 表

入港月日	船户名	货 物 名	
7月12日	李永泰	土姜	倘连纸
7月12日	杨恒隆	荸荠	
7月12日	朱永吉	白串布	段折纸
7月12日	彭延兴	姜	
7月12日	翁德发	锡箔	
7月12日	木恒泰	冰糖	大粉
7月12日	金永福	洋布	
7月12日	沈有丰	苏木	
7月12日	李天祥	锡箔	胡椒
7月12日	金恒丰	粉连纸	
7月12日	金馥兴	棉连纸	洋布
7月12日	金增荣	藿香	樟脑
7月12日	瞿元贞	元连纸	
7月13日	盛福元	扛连纸	松香
7月13日	金瑞和	元连纸	
7月13日	盛瑞祥	表心纸	
7月13日	谢同泰	洋布	五色笺纸
7月13日	金元泰	粉连纸	黄丹
7月13日	潘万泰	姜	
7月13日	张裕昌	洋布	黑铅
7月13日	李源余	碗儿锡	大粉
7月13日	金泰和	棉连纸	姜
7月13日	彭发祥	石膏	
7月13日	李源吉	苏木	
7月13日	金庆安	段折纸	
7月13日	李天生	倘连纸	

续表

入港月日	船户名	货物名	
7月13日	陆源华	鱼膘	
7月13日	费元亨	白矾	毛长纸
7月13日	金永春	红糖	
7月13日	俞阜泰	锡箔	
7月13日	金永裕	元连纸	
7月13日	徐仁丰	夹纸	扛连纸
7月13日	金元裕	倘连纸	白矾
7月13日	金顺兴	锡箔	粉连纸
7月13日	万年福	海岱菜	
7月13日	盛裕干	白矾	
7月13日	葛恒荣	扛连纸	粗宋碗
7月13日	金恒裕	胡椒	杂药材
7月13日	何恒泰	海岱菜	
7月13日	金生福	姜	
7月13日	潘永泰	白平机布	
7月13日	顾立顺	南芧	
7月13日	陈隆盛	毛边纸	
7月13日	孙洪盛	乳腐	
7月13日	金长福	洋布	大料
7月13日	王吉太	芝麻	
7月13日	朱福兴	扛连纸	元肉
7月14日	杨元茂	姜	
7月14日	荣天福	粉连纸	
7月14日	常福昶	毛边纸	
7月14日	张恒盛	乳腐	
7月14日	张生福	姜	

续表

入港月日	船户名	货物名		
7月14日	王福利	倘连纸		
7月14日	金恒顺	毛长纸		
7月14日	费元福	白矾		
7月14日	金元泰	白串布		
7月14日	金丰元	元连纸		
7月14日	金庆荣	粗白花碗		
7月14日	王春和	棉连纸		
7月14日	王合顺	竹筷子		
7月14日	郑祥泰	段折纸		
7月14日	应德兴	乳腐		
7月14日	陈隆庆	洋布	鸭蛋	
7月14日	金大发	川连纸	姜	
7月14日	李宝顺	中竹扦		
7月14日	顾万顺	雨伞		
7月14日	张恒裕	帘竹篾		
7月14日	沈遐生	洋布	元连纸	
7月14日	张万源	苏木		
7月14日	苏祥生	绍酒	表心纸	
7月14日	林合兴	苏木		
7月14日	林吉顺	元肉		
7月14日	金龙泰	川连纸		
7月14日	林祥兴	洋布		
7月14日	周干裕	锡箔	夹纸	
7月14日	金裕兴	白矾		
7月14日	金长兴	粉连纸		
7月14日	缪周盛	方稿纸		

续表

入港月日	船户名	货 物 名	
7月14日	万年吉	锡箔	松香
7月14日	林锡元	石膏	
7月14日	金生顺	白串布	
7月14日	张永和	白糖	
7月14日	金荣泰	大粉	
7月14日	宋盛昌	紫菜	南荠
7月14日	徐万泰	棉连纸	锡箔
7月15日	庄源顺	元连纸	
7月15日	龚坤盛	草凉	
7月15日	薛裕增	大粉	
7月15日	吴永盛	川连纸	
7月15日	孙茂盛	苏木	乌梅
7月15日	彭裕庆	洋布	灯草
7月15日	庄恒福	白串布	
7月15日	王怡祥	松糖	
7月15日	金永福	洋布	
7月15日	张永泰	方稿纸	熟铁器
7月15日	胡福源	洋布	
7月15日	国义兴	毛长纸	姜
7月15日	孙恒春	白平机布	
7月15日	仁兴春	桂花油	海蜇
7月15日	朱元生	白矾	中竹竿
7月15日	马奕盛	洋布	
7月15日	王发昌	苏木	
7月15日	庄大发	白串布	元连纸
7月15日	王长顺	胡椒	

续　表

入港月日	船户名	货　物　名	
7月15日	林锡昌	绍酒	乳腐
7月15日	吕长利	洋布	夏布
7月15日	鲍源兴	姜	帘竹篾
7月15日	彭遐福	丁香	粗籐
7月15日	孙兴泰	海岱菜	曹黄纸
7月15日	姜恒发	方稿纸	
7月16日	盛景福	锡箔	元连纸
7月16日	陆万年	姜	
7月16日	陆长顺	大粉	冰糖
7月16日	徐洪泰	黑铅	
7月16日	谢源增	荔枝	洋布
7月16日	陈永利	姜	
7月16日	童宝丰	红糖	倘连纸
7月16日	徐正昌	毛边纸	粉连纸
7月16日	孙元发	胡椒	菊花
7月16日	万樊干	段折纸	干笋
7月16日	朱福昌	麦冬杂干	
7月16日	孙万源	棉连纸	粗宋碗
7月16日	王春如	白糖	杂药材
7月16日	盛协福	扛连纸	
7月16日	张万裕	桂花油	粗草纸
7月16日	瞿元亨	锡箔	松香
7月16日	张裕兴	洋布	
7月17日	孙长兴	洋布	方稿纸
7月17日	钱萃恒	白串布	
7月17日	张德昌	大料	官粉

续　表

入港月日	船户名	货　物　名		
7月17日	张增顺	扛连纸		
7月17日	公永盛	洋布	白糖	
7月17日	全福盛	姜		
7月17日	陈聚寿	冰糖	洋布	
7月17日	林顺兴	松香		
7月17日	孙元丰	海岱菜		
7月17日	白冯源	元连纸		
7月17日	孙合兴	苏木	白糖	
7月17日	彭增发	白土子		
7月17日	吴永泰	烟叶		
7月17日	朱义发	烟叶		
7月17日	金宝发	洋布		
7月17日	金长隆	锡箔	棉连纸	表心纸
7月17日	陆裕凝	琉璃珠	川连纸	
7月18日	徐德顺	洋布	海蜇	
7月18日	谢源发	苏木		
7月18日	常利顺	粗宋碗		
7月18日	张万兴	姜		
7月18日	张源茂	红糖		
7月18日	应德庆	洋布	元连纸	
7月18日	徐盛昌	洋布	大料	
7月18日	孙正顺	倘连纸		
7月18日	姚天泰	干笋	海岱菜	
7月18日	淳于德裕	冰糖		
7月18日	黄福生	海岱菜		
7月18日	姚景泰	锡箔		

第8章 咸丰八年入港天津沙船的货物

续 表

入港月日	船户名	货 物 名		
7月18日	林利盛	竹扫帚		
7月18日	姚源兴	毛长纸		
7月18日	王恒昌	表心纸		
7月18日	林正兴	姜		
7月18日	李福兴	苎麻		
7月18日	常福隆	宜兴壶		
7月18日	王春芳	棉连纸	元连纸	
7月18日	陆万泰	白糖		
7月18日	杨泰兴	苏木		
7月18日	孙盛泰	簾		
7月19日	张庆顺	姜	烟	
7月19日	林仁兴	姜		
7月19日	孙全泰	海蜇		
7月19日	郭万顺	洋布		
7月19日	盛宝泰	表心纸	粉连纸	
7月19日	恒合泰	桅木段	檀木枝	
7月19日	陈同发	茶油		
7月19日	金宝来	扛连纸	元连纸	
7月19日	苏祥庆	白矾	大料	
7月19日	王德发	元连纸		
7月19日	蒋元发	川连纸		
7月19日	唐馥泰	倘连纸		
7月19日	曲宝兴	黑铅		
7月19日	金元昌	锡箔	松糖	
7月19日	林德兴	荔枝		
7月19日	张福隆	帘竹篾		

续 表

入港月日	船户名	货 物 名	
7月21日	柴立兴	鱼翅	
7月21日	金长顺	白平机布	
7月21日	胡福兴	铜器	
7月21日	万宏源	姜	锡箔
7月21日	陶发泰	檀木段	
7月21日	陆遂顺	黑铅	洋布
7月21日	潘同顺	桐油	
7月21日	鲍长兴	苏木	
7月21日	金来盛	扛连纸	胡椒
7月21日	彭长茂	粗簾	
7月21日	金福兴	桂花酱	锡箔
7月21日	陈福昌	白矾	乌梅
7月22日	田隆兴	荔枝	
7月22日	周履顺	大千张	倘连纸
7月22日	施洪泰	毛边纸	
7月22日	金吉庆	黑铅	段折纸
7月22日	金万盛	洋布	小竹竿
7月22日	孙恒泰	帘竹篾	
7月22日	屠长利	薄荷	
7月22日	赵兴泰	方稿纸	茶油
7月25日	陈同泰	扛连纸	粉连纸
7月25日	汤恒元	杂药材6500斤	川连纸
7月25日	张永顺	苏木	
7月25日	翁德顺	洋布	白干土2500斤
7月25日	徐长利	表心纸	桅木段
7月25日	蒋恒协	洋布	元连纸

续 表

入港月日	船户名	货 物 名	
7月25日	徐长兴	倘连纸	
7月25日	朱永生	冰糖	色䌷
7月25日	金洪盛	洋布	黑铅
7月25日	陈恒盛	大料	绍酒
7月25日	金祥和	锡箔	曹黄纸
7月25日	孙安泰	洋布	乳腐
7月25日	黄干利	冰糖	籐线
7月25日	和福盛	粗籐	
7月25日	鞠增顺	毛边纸	
7月25日	宋福盛	麒麟菜	松香
7月25日	曲义兴	粗宋碗	
7月25日	彭长泰	良姜	粗杂色笺纸
7月25日	王恒禄	洋布	姜
7月26日	钱洽元	锡箔	冰糖
7月26日	沈源顺	粗宋碗	洋布
7月26日	孙炎龄	姜	
7月29日	施发顺	洋布	白干土4500斤
7月29日	王恒兴	檀木枝	麒麟菜
7月29日	施元兴	洋布	黑铅
7月29日	金恒凝	白串布	荸荠
7月29日	陈同源	洋布	帘竹篾
7月29日	赵益泰	洋布	粗宋碗
8月3日	财源盛	扛连纸	
8月3日	施仁利	麒麟菜	
8月3日	龚合利	乌木	花梨茶盘
8月6日	王太兴	大粉	白平机布

续　表

入港月日	船户名	货　物　名		
8月6日	余德太	洋布	粗笺纸	
8月6日	邱聚发	海粉	元连纸	
8月7日	广长兴	锡箔		
8月7日	于福泰	白平机布		
8月7日	姚增泰	洋布	苏木	
8月7日	柳长发	姜		
8月7日	张新泰	白串布	菊花	
8月12日	郑聚发	麒麟菜		
8月12日	杨盛兴	苏木	倘连纸	
8月12日	宋长顺	洋布	［无法判读］	
8月12日	鲜涌泰	［无法判读］	川连纸	乳腐
8月12日	张利顺	洋布		
8月12日	金生茂	铜器	胡椒	
8月13日	苏宝昌	苏木		
8月13日	张恒顺	洋布	倘连纸	
8月13日	杨鸿太	元连纸	锡箔	
8月13日	张隆裕	烟		
8月17日	徐德源	乌梅		
8月17日	徐恒源	洋布	元连纸	
8月17日	万胜泰	川连纸	元连纸	
8月17日	张骏源	白串布		
8月17日	万长源	洋布	表心纸	
8月17日	徐同诚	曹黄纸	枝元肉	
8月17日	郭万泰	洋布	竹筷子	
8月17日	隆德茂	白平机布		
8月17日	刘长兴	洋布		

续　表

入港月日	船户名	货　物　名	
8月17日	袁万顺	洋布	白平机布
8月17日	郭增源	[无法判读]	
8月17日	蒋源隆	[无法判读]	
8月17日	程万源	锡箔	毛边纸
8月20日	王恒利	洋布	干笋
8月20日	蒋源盛	[无法判读]	[无法判读]
8月20日	陆合兴	乌木	麒麟菜
8月20日	陈国泰	白平机布	
8月20日	于洪泰	桂花油	
8月20日	朱元昌	洋布	川连纸
8月20日	郭云德	白平机布	海蜇
8月20日	陈长顺	白平机布	
8月21日	万和源	洋布	元连纸
8月21日	刘长盛	苧荠	夏布
8月21日	于二兴	[无法判读]	
8月21日	金长兴	[无法判读]	
8月21日	朱福顺	洋布	白平机布
8月21日	陈福顺	曹黄纸	
8月21日	张隆昌	洋布	锡箔
8月21日	王龙顺	洋布	[无法判读]
		免税总额	46755.5

这份《天津关海运漕粮免税清册》中,三月十二日和十三日两日间入港的45艘船所运载的货物有如下37种:

白串布、色串布、罗纹布、斜纹布、女儿布、双犬布、花布手巾、春布、夏布、洋布、羽毛纱、白平机布、印花平机布、大料江米、茶叶、冰糖、苏木、元肉、枝元肉、铜器、乌梅、乌木、五色笺纸、毛边纸、曹黄

399

纸、毛长纸、元连纸、川连纸、表心纸、金扇、白纸扇、锡箔、姜、琉璃珠、粗籐、籐黄、蜜饯、槟榔、桔子、中青、烟、雨伞、针条、荸荠、海蜇、桂花油、麒麟菜、竹筷子。

从以上货物中，我们不难看出其数量最多的是布类产品。

相对于此，从天津入港的汽船装载的又是何种货物？我们不妨看看1898年8月至9月的《国闻报》第278号中8月8日的报道：《本埠新闻·南来各货》：

> 日昨海晏轮船运到磁器一千五百余件，洋布二十件，茶箱二千余箱，土布五件，什货二百三十五件。

之后的《国闻报》第289号、第291号、第296号、第300号、第308号、第310号、第314号、第315号的《本埠新闻·南来各货》也有从上海往天津的汽船所装载货物的记载。在此将报道中的货物名罗列如下：

> 磁器、洋布、茶箱、土布、什货、南纸、赤白糖、紫铜、银器、纸顶、洋皂、铁皮、洋烛、洋纱、神纸、马料、灯草、杂货、铁、煤油、海带、铁条、茶叶、海货、贡川纸、各色南纸、双连布、各色绸绫、银子、玉石、烟土、面巾、马口铁、纸烟、钢皮、钢丝、信石、皮蛋、洋烛、铁丝、东铜、洋钟、香菌、洋针、黄泥、铁管子、桂树、桐油、铁器、木头、红糖、白糖、冰糖、木枝、广木、纸头、铅粉、胡椒、洋火、烟丝、籐器、竹筷、巴是油、扎条铁、元铁仲、铜砖、铁钧、硼砂、樟脑、煤油、红皮槁、䌷货栏杆、铁条、铅条、铜片、土粉、面粉糖包、洋灰、铁条、钢箱、双连洋布、四连洋布、䌷子、栏干、砖茶、棕绳、青铅、松花、纸头、纸头、纸边、窑货、锞箱、银子、白蜡、松香水、铜管、铁管、铜条、木料、刀砂、钉桶、铁器、铁条铁板、松木板、军火、洋琴、皮槁、洋货、纸头、绸货、棉纱、杂铁、皮槁大梢、䌷子、花栏干、女帽、洋钟、洋线袋、纸头、竹片、棕绳、皮油、麻皮、面巾、大吉、窑货。

这些货物相较于之前沙船装载的货物，我们不难发现汽船装载的货物中有许多铁条、马口铁、钢皮、钢丝、铁丝、扎条铁、元铁仲、铜砖、铁钧、铜管、铁管、铁管子、铜条、铁器、铁条铁板、钢铁之类的钢铁制品。

此外，纤维类织品中有洋布、双连洋布、四连洋布、洋纱、土布、双连布、各色绸绫、棉纱等，比沙船装载的种类更多。

汽船装载的货物中有许多像洋布、洋烛、洋针这类冠以"洋"字的货物。

汽船装载的纸类货物有神纸、纸顶、贡川纸、各色南纸、纸头、纸头、纸边等，与沙船装载的纸类货物差别较大。

4. 小结

前面提到的利用沙船从江南地区往天津、北京运输货物具有何种意义，这似乎从大运河运输的实际情况中可以得出答案。那么让我们看看乾隆五十一年(1786)九月二十四日征瑞的奏折。内容如下：

> 查南省货物为京城民间日用所必需。而粮船所带有江浙之货，有江广之货，江浙之布疋、丝线等物。尚有客商自行贩载惟江西、湖广之竹木、磁器、纸油等物，全赖粮船携带。①

奏折中明确提到京城北京的民间日常必需品都是从江南各地利用漕粮船所运送的。江苏、浙江、江西、湖北、湖南的货物，特别是江苏、浙江的棉布、绢丝、绢织品，还有江西、湖北、湖南的竹木制品、磁器、纸类、油等都是通过漕粮船运送的。到了清朝后期，一部分利用大运河为输送途径的漕粮船被同样作为运输所用的沙船所替代。至于装载的货物，我想在近代工业制品出现之前是没有多大变化的。

(王亦铮　译)

---

① 《宫中档乾隆朝奏折》，第 61 辑，台北故宫博物院，1987 年 5 月，第 604 页。

第9章 清代东北与上海沙船航运业

1. 绪言

光绪三十三年(1907)正月李维清写的《上海乡土志》第一百五十课《沙船》中有：

> 本邑地处海疆,操航业者甚夥。通商以前俱用商船,以其形似沙鱼,故有此名。浦滨舳舻衔接,帆樯如栉。由南载往花布之类曰南货,由北载来豆饼之类曰北货。当时本邑富商均以此而获利。①

沙船由上海往北上装载的货物中,特别是棉布等称为南货。正如加藤繁博士的研究中所指出的那样,棉布是利用沙船往东北地方运送的。②

清末时期的上海镇,对于沿海贸易流通的商品分为南货和北货。具体可见同治《上海县志》卷一《风俗》。由南装载而去的棉布类称为南货,

---

① 《上海滩与上海人丛书》,《上海小志 上海乡土志 夷患备尝记》,上海古籍出版社,1989年5月,第107页。
② 加藤繁:《康熙乾隆時代に於ける満洲と支那本土との通商について》,《北亞細亞學報》二,1943年12月,《支那経済史考証》下卷,東洋文庫,1952年3月,第613页。

从北装载而来的豆饼类称为北货。① 换句话说,南货的代表是棉布,而北货的代表为豆饼之类的豆货。

那么在东北地区是如何看待上海地方所谓的南货呢?作为参考我们不妨看看《国闻报》第 32 号,1897 年 11 月 26 日也就是光绪二十三年年一月初三日的《营口新闻》中的报道。从中我们可以从中得知关于清末东北海港营口的南货流通状况:

> 南货减价〇奉省现银甚少,各铺户全赖接待,放期以资接济。现因各大宪禁止放期,两处省会人心虚怯,所有南货运至营口者俱不能畅,为销售以致花布、糖、纸等莫不落价。船商人等亏耗血本既不待言,而各项税捐亦因之日行减色。闻各货如大尺布照上海来本,每件须亏银六两。海笺纸照福建来本,每块须亏银三钱零。红糖照闽粤本,每百斤须亏银五钱。洋棉纱线由上海运至营口,每件亦亏银七两零。此外各物无不减价,行商坐贾均软懋迁之道,将日穷而不可为也。

从报道中可知,清末的盛京省现银不足,从南方运载而来的货物无处销售,因此南货的价格下跌得厉害。在此我们也可以了解到南货的代表性商品是花布、糖和纸,也就是棉布、砂糖和纸。棉布的代表是从上海运送而来的大尺布,笺纸是福建而来,砂糖是福建和广东的物产。

本章将主要谈到的是,从以上海为中心的长江河口附近,前往东北沿海诸港的沙船中运载的南货代表物——棉布。

2. 沙船航运中上海产棉布的销路

光绪二年(1876)葛元煦写的《沪游杂记》卷二《花布》中有:

> 松沪土产以棉花为大宗,村庄妇女咸织小布为养赡计。每日黎

---

① 同治《上海县志》卷一《风俗》中有:"由南载往花布之类,曰南货。由北载来饼豆之类,曰北货。"

明,乡人担花挈布入市,投行者踵相接也。交冬棉花尤盛,行栈收买,堆积如山。①

如上所述,松江的上海土产中棉花为大宗,乡村的妇女以织布为生。

光绪三十三年(1907)李维清编的《上海乡土志》第四十二课《物产·花布》中有:

> 棉花纱布乃邑产之大宗。布之种类不一,曰扣布、曰希布、曰标布、曰小布、曰紫花布、曰高丽布、曰斜纹布、曰正文布亦曰斗文布,其名各殊,乡民赖之以度日。然近年来洋布盛行,土布滞销,可见利源外溢也。②

如内容所示,上海的名产之一是棉布,其种类多样。

民国七年(1918)《上海县续志》卷八《物产·布之属》中,对于上海生产的棉布种类有东稀、西稀、套布、白生、龙稀、芦纹布、柳条布、格子布、云青布、高丽布、高丽巾、斗文布等的记载。关于这些棉布的销路,其记载内容如下:

> 东稀,……四乡均有出品,……其销于东三省者,……其余分销各省及南洋群岛,均染色为多。
>
> 西稀,又名清水布,……出西南各乡,……销东三省、直隶、山东等处,均本色。近年亦有染色销广东者。
>
> 套布,……出本邑东南各乡,……销东三省及北京、山东、浙西等处。
>
> 白生,又名小标。出洋泾、高行、张家桥、东沟等处。……出销东三省、山东等处。
>
> 龙稀,……出龙华镇左近,……均销本埠布店门庄,其后销路逐年递减。

---

① 《沪游杂记 淞南梦影录 沪有梦影》,上海古籍出版社,1989年5月,第29页。
② 《上海小志 上海乡土志 夷患者备蒙记》,上海古籍出版社,1989年5月,第76—77页。

芦纹布,出塘弯闵行左近各乡村,……销苏、杭、徽州等处。五六年前本埠亦通行,近年已逐渐减少矣。

柳条布,……出处与芦纹布同,销本埠。

格子布,……出处销处同柳条布。

云青布,……出销处亦同柳条布。

高丽布,……出洋泾、金家、张家桥等处,……销广东为大宗。

高丽巾,……本埠及隣近各省闽、粤、山东等处均有销路。

斗纹布,……销本埠及闽、浙等处。

如记载的那样,东稀、西稀、套布、白生、龙稀、芦纹布、柳条布、格子布、云清布、高丽布、高丽巾、斗纹布等的土布都是在上海近郊区域生产的。这些上海产的棉布是上海的代表性产品,而且在全国各地都有销路。特别是沿海航运极其便利的东北地区、直隶、山东、江苏、浙江、福建、广东,都是重要的销售地区。

《国闻报》第43号,1897年12月7日,光绪二十三年十一月十四日的《营口新闻》中有:

停弁布足○大尺布又名沙布,系苏省通州及海门两属所出。近年沙船商人装运到营,计每件布二千五百尺,本银约三十两。今岁七八月间,每布一千尺售银十二两四钱。现在骤然落价,计九两左右,核计亏耗血本每件银七两零,合众商计之耗银十万两零。兹众商公同会议,明春沙船一律停办沙布,如有别处托为代运者亦概不答,允违者议罚云云。细询其故,盖每年冬月布价必涨,商人皆沾微利而归。今年沙布出货较多又不尽售,而众沙船依旧纷纷装载来北。不料市面冷落,皆以货色稍次为嫌,所由亏本,如此之巨也。

据新闻内容,在东北具有口碑的棉布有大尺布和沙布。这些棉布是经由长江河口地区的沙船商人之手而带到营口的,不难想象其称之为沙布的缘由是,这些棉布是通过沙船运载到营口的。而大尺布从名字就能看出其长而大的特点,在上海地区"套"也有着长而大的意思,因此大尺布应该也称为套布。之前引用的资料提到"套布，……出本邑东南各乡，……销东三省及北京、山东、浙西等处"，所以《国闻报》第 43 号的记事让我们明确知道，套布在东三省是有销路的。

从上海方面出航的沙船运载棉布赴营口、牛庄的记事在《国闻报》中亦可见到。

《国闻报》第 312 号，1898 年 9 月 11 日，光绪二十四年七月二十六日的《奉天新闻》中有：

> 布油落价〇各种土布由沙船运至牛庄计数颇巨，各船即以所入布货之价装运豆油回申。每岁自春徂秋，往来船只络绎不断。现因东三省布价渐落，布商大半亏耗，所装运者不多，以致街上所积豆油不下七八万篓，专望沙船装载。今帆樯寂寂，存油者因此者忙，油价步步跌落。六月下旬每百斤犹值银六两，今则五两三钱尚五问焉者，观其大势恐其价有落无涨也。

根据报道的内容，沙船前往牛庄时所装载的货物为布货，而返航时装载的是豆货，亦即是说沙船装载豆货返回上海。但是光绪二十四年（1898）前后，东北的布货价格下跌，以至于布货商大半亏损。所以沙船装运布货的变少，因此归航时装载的豆货数量也受到影响而减少。

《国闻报》第 330 号，1898 年 9 月 29 日，光绪二十四年八月十四日的《营口新闻》中有：

> 棉花价落〇营口行销棉花来自上海，今年来货较少。如入机器一路价长，每百斤银十六两有奇，小机器十六两。近因上海、通州等处棉花收成颇佳，由是逐渐落价。近日大机器十二两八钱，小机器十二两五钱云。

据内容，营口的棉花价格下跌，因此进货到营口的棉花数量也相对减少。但最近棉花收成较好，之前因棉花运载减少而价格爆腾的大机器由每百斤 16 两多下跌到 12 两 8 钱，而小机器由 16 两下跌到 12 两 5 钱。总体的价格下跌了 20%。

《国闻报》第464号，1899年2月19日，光绪二十五年正月初十日的《营口新闻》中有：

> 存布数目○通州所产之大布，东三省一年之中能销五六万件。刻下吉黑二省积货无多，各城赁统计不过五千件，惟营街尚有存货万件，系通海布客自运讬赵水如少尹经售者。闻开陈以前，此货定能销罄也。

长江河口的通州产大布以往在东北三省每年的消费达到五六万件，而如今吉林、黑龙江两省的大布存货量已不足五千件，只有营口的存货还保持在一万件以上。

《国闻报》第471号，1899年2月26日，光绪二十五年正月十七日的《营口新闻》中有：

> 布货滞销○大尺布产自江南通州、海门厅，去年布客由上海运到者计数二万余件。冬季销路大滞，存货颇多。窃思辽阳、沈阳、吉林长春、双城、宾州、呼兰、绥化各府厅州等城镇向销此布，近闻积货甚属寥寥。一经天时和暖，各路商贩定当争先就道矣。

在东北受到好评的大尺布的产地是江南的通州、海门厅等处，上年运往上海的大尺布达2万余件，其销售的地区有辽阳、沈阳、吉林长春、双城、宾州、呼兰、绥化等城市。

如上所述，上海产的棉布具有广大的市场，东北地区的棉布都是由沙船从上海运往的。

于天津发行的报纸《国闻报》第1号，1897年10月26日，光绪二十三年十月初一日中有：

> 营口新闻 民船进出口减数○营口为东三省水道咽咽，商舶咸集帆樯林立。从前民船，每岁进口约计二千余艘，有时多至三千以外。中外通称以来，轮船渐多民船渐少，上年计到八百号。

位在东北水道咽喉之地的营口，聚集了沿海各地而来的商船，一眼望去帆船的桅杆树立如林。以前每年来往民船有二千艘以上,多的时候高达三千艘。但是口岸开放之后外国汽船增多,民船出入营口的数量剧减,到了光绪二十二年(1896)民船数量已减少到八百艘。

以营口为首的也就是如今的辽宁省沿海的海港有许多上海而来的沙船来往于此。上海刊行的报纸《中外日报》第88号,1898年11月12日,光绪二十四年九月二十九日中有如下报道:

> 本埠新闻　南市　花布走运〇迩来本埠花布装往营口者皆获厚利。昨有南市各号接得北信,因将冰冻,故各号将花布三万包有奇,于日内装轮船运往销售。

据报道内容,上海南市的棉布经由沙船运往营口贩卖获利丰厚。但前一日接东北方面的联络,营口附近的海港因寒而结冰,所以南市各店的棉布共三万包由汽船运送往营口。上海南市是清代后期沙船航运业的中心地,从上海往东北运送棉布,返航时运载大豆产品而归。①

从报道中可以明确得知,沿海航运的沙船对上海棉布在东北的流通起着很大的作用,正如沙船对于汪宽也的祥泰布号也起着非常重要的作用。

根据15岁就已经在祥泰布号工作的周茂升在1912年的口述,在他进布号工作之时祥泰布号已是开设了60多年的老店了。祥泰布号开设的启动资本是制钱80万钱和银500元,但周茂生入店工作之时已成为棉布业最大的企业。当时祥泰布号拥有职工120多名,光绪二十二年和二十三年(1896,1897)的营业额有150万—160万两,一年贩卖的棉布数量高达400万匹。但是日俄战争之后,祥泰布号的也逐渐地衰退了。②

---

① 松浦章:《晚清期上海・南市の沙船航運業》,《関西大学文学論集》,第46卷第1号,1996年9月。
② 《江南土布史》,第254—255页。

3. 东北地区的豆货出港

《盛京时报》第 37 号,1906 年 12 月 5 日,光绪三十二年十月二十日的报道如下:

> ○锦州西海口旧称油粮口岸,凡到口沙、鸟等船均由锦城粮店购买元豆运往浙、闽等省售卖。今秋锦属豆糖歉收价值太昂,每斗需洋一元三四角,比较常年加半倍之谱,所以南省商船均闻风不进云。

如记事内容,位处东北沿海的锦州的西海口码头,常有沙船和鸟船前来购买锦城粮店的元豆运往浙江、福建。

如此景况至少可以追溯到清代中期。乾隆三十三(1768)年五月二十八日管理山海关税务的申保的奏折中有:

> 伏念山海关系水陆通衢,商贾云集。①

据奏折内容,可以得知山海关的税口有众多的商船来航于此。

乾隆五十四年(1789)十二月十四日嵩椿宜兴的奏折内容有:

> ……分往锦州、岫岩、复州、金州、盖州、牛庄等六城所属各海口确查去后……各该海口地方官存出入商船挂号底簿,内细查的乾隆五十二年共到口船四千一百四十九只,五十三年共到口船三千三百七十八只,五十四年共到口船一千七百八十二只。今以五十四年船数较比上二年实系短少十分之六。②

奏折中提到,来航山海关管辖下的锦州、岫岩、复州、金州、盖州、牛庄等六城港口的船只,乾隆五十二年(1787)有 4149 艘,乾隆五十三年(1788)是 3378 艘,乾隆五十四年(1789)为 1782 艘。来航船只增减的幅

---

①《宫中档乾隆朝奏折》,第 30 辑,第 756 页。
②《宫中档乾隆朝奏折》,第 74 辑。

度虽然很大,但每年还有数千上百艘的船只往来。

这些船只来航的目的当然是为了购买东北产的豆货。嘉庆年间的《山海权关政便览》①卷二《豆额》中记载的乾隆三十七年(1772)年二月的中有:

> 查盛京各海口杂粮,向来查禁海运之年,惟黄豆大船准带二百石,小船准带一百石。

据奏文内容,海禁之时运送黄豆的船只,大船装黄豆二百石,小船装载百石是在许可范围之内的。

乾隆四十年(1775)正月二十一日大学士舒赫德上奏的奏文中有:

> ……再查奉天地方辽阔粮食充盈,而黄豆一项除做酱磨腐之外,并无别用……②

沿海各地来航的船只所购买的黄豆除制作酱油、豆腐等之外并无其他用途,主要是作为食料、饲料和肥料。那么运送到长江河口以南地区的豆货是从何处而来,在福建南部的厦门刊行的《厦门日报》第 321 号,宣统元年正月二十九日,1909 年 2 月 19 日的《各省新闻》中有所提及:

> 营商抵拒河饼 (奉天) 营埠输出品向以豆饼为大宗,饼有地饼、河饼之别。营口本地制造者为地饼,由辽河上游运来者谓之河饼。近年来河饼日益增加颇于地饼,销场有碍盖以价值较贱分量较重故也。……

这是东北出口豆饼的相关报道。从报道中可以得知,豆饼有营口生产的地饼和与营口交接的辽河上流区域生产的河饼两个种类。

根据清末日本在沈阳的帝国领事馆的调查,我们可以更详细的了解到豆饼相关之事,在此将明治四十二年(1909)五月二十八日的《辽河水运事情》第十一《水路运送上航下航货物》的内容引用如下:

---

① 东京大学东洋文化研究所藏本。
②《明清档案》,A224-10,第 5 页。

对于利用辽河水运进行输送到上航下航货物的详细的数据是我们最想了解的,而且是那些通过没有统计观念的清人之手运送出去的货物。现今将出示这些从各地运送往营口(下航船)的特殊货物的数量,以及输送到上流的杂货的数量。

特殊物产记录之前将下航与上航的货物种类列举如下:

下航货物(重要货物)

  大豆(辽河一带) 高粱(辽河一带)
  豆粕(同) 豆油(同)
  烧酒(同) 小麦(辽河上游)
  粳米(同) 牛骨(铁岭以北郑家屯居多)

马尾、牛尾、羊皮、毯子(从郑家屯法库门输出)、面域(自然苏打)(从郑家屯法库门地方输出)、麻烟(上流沿岸产从郑家屯通江口输出)

以上输出的货物中最大宗的为大豆,如今将开河中各地往营口输出的概数罗列如下。

地 名	输出数	备考
郑家屯	一万五千石	全集高 三万二千石
通江口	十万石余	同 十八万石
英守屯附近	五千余石	
铁 岭	二十余万石	同 四十余万石
柳柏松附近	五千余石	
三面船	十二万石	从法库门每二十万石输出
马 厂	三万石	新民屯全集高二十余万石
老达房、卡力马、大荒地	一万石	
辽阳及附近	十万余石	全集高二十万余石
长滩混河一带	一万五千石	
其他辽河沿岸地方	二万余石	
合计	六十二万余石	

> 营口商人普遍说每年开河中，从辽河上游输送营口的大豆约百万石，并以这为基础预计大豆的购买及出售。实际上每年只有六十万石左右。
>
> 上航重要货物
>
> 上航重要货物分为清国产和外国产，清国产的重要货物是绸缎类、木棉、盐类，外国产品主要是棉线、棉布、石油、杂货、砂糖、陶器、铁器、燐寸、洋蜡、天竺木棉、云斋、纸类等。从水路辽河往上流各地输送的货物总金额将近营口输送往北地的三分之二。从重要品往上流地方输送的数量可以得知，每年营口由开河中民船运送上航的货物金额总计约三百万元。其中最多的地方是铁岭，其次是三面船、通江口、辽阳、郑家屯、马厂等地。①

据以上内容，在营口贩卖的豆货主要是从辽河流域的地区，在辽河水解冻到结冰这段时期进行输送的。

《大公报》(天津)第 7 号，光绪二十八年五月十八日，1902 年 6 月 23 日的报道《中外近事·东三省·豆价又涨》中有：

> 通江口近日停泊装载豆谷之船四千余艘，皆缘近日河水浅小，浅处踏水可过。现积货至三十余万石，饼油豆三项多不能运到营口，粮食价值因而又涨，计吉豆每石银五两六钱，豆饼十斤六两四钱，豆油每百斤八两五钱云。

据报道内容，辽河上游停泊了 4000 多艘在通江口装载了豆货的船舶，无法前往营口。因为水位太低而导致船无法前行，因此豆货的价格暴涨。

总而言之，从辽河流域输送豆货往营口都是利用航行在辽河流域的帆船。

《大公报》(天津)第 56 号，光绪二十八年七月初八日，1902 年 8 月 11 日的报道《中外近事·东三省·豆船未到》中有：

---

① 《通商汇纂》，明治四十二年(1909)第 42 号，第 34—35 页。

> 上河槽船南下者甚少，现时营口所存豆货寥寥无几。若再越旬日不见豆船多至，埠内诸油坊必有欠乏材料之虞。

据报道可知，漕船是往营口运送东北地区出产的豆货的重要运输手段，因这些船的来航使营口显得非常繁荣。

《大公报》（天津）第66号，光绪二十八年七月十八日，1902年8月21日的报道《中外近事·东三省·货船纷至》中有：

> 连日营口港内由外河里河驶到货船共有四千二百余艘，约计运到杂粮八万余石、元豆二十余万石云。

营口港内有4200多艘的货船运载8万余石豆货而来。平均每艘船的装载量是20石，应该是小型的内河航行船。

于天津刊行的《国闻报》第34号，光绪二十三年十一月初五日，1897年11月28日的《营口新闻》中有于辽河运载豆货往营口的船舶的相关报道，内容如下：

> 为民除害〇营河小船两项，一曰漕船，一曰牛船。共有七千余只之多往来通江口、开原、铁岭、沈阳、辽宁等处，每岁往来约八九次。近处居民多借此为糊口计。

据报道内容，有称为漕船和牛船的船舶共7000余艘，每年八九次从辽河上游往来营口。

《大公报》（天津）第170号，光绪二十八年十一月初四日，1902年12月3日的报道《中外近事·东三省·粮船纷至》中有：

> 十月二十一日前后等日，牛船由上河贩运新粮入港者千余只，运载约共五万余石。如日内天气尚暖，并可再运粮谷云。

如内容所示，有千艘牛船从上流装载5万余石的谷物而至。

据《通商汇纂》明治四十一年（1908）第18号中收录的铁岭帝国总领事馆分馆的报告《铁岭船舶状况》，可以得知清末辽河航行的帆船的情况。铁岭在清代属奉天府，具体位置是现在沈阳市的东北方的辽河流域中段。明治四十一年年三月五日的这份报告中有如下内容：

> 航行于辽河之中的中国船有两种，一种是漕船，另一种称牛船。无论哪种都是木造帆船且船底扁平。但是漕船船舻之长与船身之宽无大差别，一眼看上去像箱船。……漕船的船员需要五六名，装载量为二十石至百石，牛船的船员只需四五名，装载量是二十石至八十石之间。①

报告中提到，辽河航行的帆船有槽船和牛船之称的木造平底船，漕船较牛船大。这份报告中还提到：

> 辽河例年旧历十月初旬封河，翌年旧历三月初旬开河。辽河一带的停靠船只的除了马蜂沟以外，有营口、田庄台、小北河（以上属营口地界）、新民屯、亮冰塔、打连堡子（以上新民屯界）、郑家屯同江子（通江口）、英守屯（以上是开原地界）。据营口客商说，辽河一带往来的船舶数量，去年营口海关发行的船票（船票是一船一票）有四千五百八十余个，只有获得船票之后船才能航行，也就是说同河航行的船只总数是四千五百八十余艘。又从当地的船屋那听说，光绪二十六年也就是铁道尚未开通之前，来往于辽河的船只每年约一万多艘。今年汽车运输开通之后与水运争利，不能用于战争的船只又遭到破坏，船主们蒙受了巨大的损失。……开河之后多数的船只整编成一队出航，舳舻相接地驶向营口。所以第一出航的船称为头帮船，第二次第三次的称为二帮船和三帮船。去年旧三月开河以后，头帮船赶赴营口之时船只总数达六百艘，其后四月处旬的第二波因河水干旱，停滞在马蜂沟的船只达千五百艘。偶尔出航的船只也只能装载二十二三石。六月下旬降雨渐多，二三帮船出航可见。②

如报告所述，辽河的结冰期是旧历的十月初旬到翌年的三月初旬，

---

① 《通商汇纂》，明治四十一年（1908）第 18 号，第 57 页。
② 同上书，第 68—69 页。

差不多是新历的 11 月初到翌年的 4 月初有将近 6 个月,所以这一时期船只的航行是困难的。光绪二十六年(1900),北京到奉天的京奉铁道开通之前于辽河航行的船只有 1 万艘以上,但 1908 年左右已减少到 4500 多艘。

于奉天刊行的《盛京时报》第 169 号,光绪三十三年四月初六日,1907 年 5 月 17 日的《东三省汇闻·营口》中有:

> 牛漕船入港之调查　营埠堆积粮石转运他口,惟恃里外两河牛漕船只之装运。自去岁辽河水浅船只难以通行,兹虽雨足河水骏,涨船只之数仅二千有余,较比先年减去大半。常时统计牛漕船一万零八百余只,现在仅剩四五千只,尚有未修理者。刻下营口销卸粮石,统计元豆类以及杂粮各项不过七八万石之谱,均在北岸停泊。所有粮栈油房等商,皆俟北信通道方能收买云。

据报道内容,从辽河流域装载豆货前往营口埠头的牛船、漕船,1907 年因降雨量少而辽河的水位不足,当年 5 月仅 2000 余艘。平常的情况下应有 10800 余艘,现在可以进行航运的船只仅剩 4000—5000 艘。

营口的大豆是通过辽河流域的漕船和牛船,将辽河上游产的大豆等豆货运送到营口,再由从上海到营口的沙船将豆货运送到江南。

4. 小结

如上所述,明清时代以上海为中心的地域生产的衣服原料的棉布已达世界最高水准。这些棉布在上海称之为土布,满足了众多人的需求。中国东北部是棉布的销路之一。大部分的棉布是由上海的沙船运送到东北地区。

关于上海沙船运送棉布等布货前往东北的船载状况,和从东北归航之际豆货的装载相关的交易的形态,《国闻报》第 312 号,1898 年 9 月 11 日,光绪二十四年七月二十六日《奉天新闻》的报道中有所提及:

　　　　各种土布由沙船运至牛庄，计数颇巨。各船即以所入布货之价装运豆油回申。每岁自春徂秋，往来船只络绎不断。

据内容所述，牛庄入港沙船前往时装载的货物和返航时装载的货物的交易形态是，前往牛庄时运送的是布货，而返航时从牛庄运载布货回上海。

　　综上所述，上海沙船前往北洋时装载的货物是南货的代表性产品，也就是以上海为中心的地区所生产的棉布。

（王亦铮　译）

第 10 章　清末上海与山东的大豆帆船贸易

1. 绪言

长江口与中国北部沿海的贸易曾推动了 17 世纪下半叶以来上海的发展。① 平底海船——沙船航行于上海与渤海湾沿岸的东北沿海、辽东半岛之间,大豆贸易曾支配着这些地区的沿海贸易。

上海沙船所承担的大豆贸易不仅仅局限于与东北沿海之间的交易,与山东沿海之间利用帆船的贸易也十分发达。这一点可以从 1850 年（道光三十年）以后在上海刊行的英文报纸中可以看出,"THE NORTH-CHINA HERALD" No. 30, FEBUARY 22, 1851 中有题为 'JUNK TRADE' 的报道：

> Between Shanhae & Shantung(North) there is a large Junk trade, which monthly consists in bringing Peas, Beans, and Oil Cakes from Shantung to Shanghae. The Junks are almost entirely owned in Shanghae and neighbourhood. Few owners in Shantung.

---

① 参见松浦章《清代上海沙船航運業史の研究》,关西大学出版部,2004 年 11 月。

There are probably not less than 1,500 vessels of various sizes' employed in this trade. The Largest owner is in Shanghae(Sing Yuh)and he is reported to have about 60 Junks. They vary in size from about 600 piculs to 1,200 piculs barthen, the size of each being invariably painted on the Junk's quarter, along with the name of the place to which she belongs①.

上海与北部的山东省之间通过大型的戎克船进行贸易。每月有大量的花生、大豆和豆饼从山东运往上海。大多数的戎克船属于上海及其附近的人所有，少数为山东省的人所有。从事这类贸易的主要是各种大型船只，约有1500只以上。据报道，拥有戎克船最多的所有者(Sing Yuh)住在上海，拥有约60只帆船。这些船大约有600担到1200担的运载能力。戎克船上涂着其所有者的姓名。

本文将利用在上海刊行的报纸《中外日报》等资料具体分析上海和山东之间的沙船航运情况。

2. 清代江南和山东的帆船航运

航行于东亚海域的中国帆船，从清代康熙三十九年十二月二十日(1701年1月26日)到同治元年九月十九日(1862年11月10日)的约160年间，曾有60余次漂流到琉球国。② 其中21次，集中发生于乾隆十四年(1749)末，达总次数1/3，其原因可以通过《历代宝案》来分析。有关乾隆十四年漂着船的记载都收录于《历代宝案》的第二集卷三〇和卷三一中。③ 这21次中国船漂流至琉球国的事件，日期较明确的有10件，集

---

① "THE NORTH-CHINA HERALD"No. 30, FEBUARY 22,1851, p119. JUNK TRADE.
② 参见松浦章《18—19世纪における　南西諸島漂着中国帆船より見た清代航運業の一側面》，《関西大学東西学術研究所紀要》第16辑。
③ 沖縄県立図書館史料編纂室編《歴代宝案》校订本第4册，沖縄県教育委員会，1993年3月，第559—589页。沖縄県立図書館史料編纂室編《歴代宝案》校订本第5册，沖縄県教育委員会，1993年3月，第1—65页。

中于该年十一月十五日到十九日，尤其是十一月十八日这一天发生了4件。有17件发生在山东半岛的近海，并且有5件还记载了详细的地名，都在山东半岛的胶州冲。但相同时期，漂着到朝鲜半岛的中国帆船的情况却不是很明确。①

如上，乾隆十四年十一月十五日到十九日间，航行于山东半岛南部沿海的商船遭遇西北风，顺风漂流到琉球群岛。与此类似，这一年共有21次中国帆船漂流到琉球群岛的情况发生。其中有属于江南常熟县的，根据《历代宝案》第二集卷三一记载：

> 据大岛地方官报称，旧年十一月二十九日，海船壹只，漂到本地。其船户瞿张顺等口称，张顺等壹拾叁名，系江南苏州府商人，本年十一月初七日山东开船，欲往江南苏州府刘河贸易，行到洋中，陡遭飓风，十二日到胶州，十八日胶州开船，不意洋中忽遇暴风，失舵断桅，二十九日漂到大岛地方。②（中略）

计开人数

　　常熟县船户瞿张顺　　舵工张本官　水手王日新　王六官

　马八官　沉三官　王四官　阮七官　　客人白瑞临　连文山

杨书六　顾介眉

　　以上共计十二名

　　　计开货数

　一豆一百七十五包　　一铁钉十二包计六百九十三　一铜锣一面　一箱子二个

　　一铁箍大小三十九斤　一坛子二个　一铺盖十三个　一衣包五包　一水线一条

　　一帽盒五个　一水桶五个　一铅锤一个　一水柜一口　一铁

---

① 参见松浦章《李朝時代における漂着中国船の一資料》,《関西大学東西学術研究所紀要》第15辑。
② 沖縄県立図書館史料編纂室編《歴代宝案》校订本第5册,沖縄県教育委員会,1993年3月,第60页。

锚三口　　一笆斗二个
　　　　一棕绳二条　一针盘箱一个　一铜瓢二把　一铁锅二口　一米三包①

　　这艘常熟船从山东搭载175包大豆，出港后于乾隆十四年十一月十八日在胶州冲遭遇暴风，二十九日漂着到琉球国的大岛。船上有常熟县的船户瞿张顺及其他12人，包括乘客白瑞临等4人。有关该船的航运经营情况和客人的搭船情况，《历代宝案》没有中没有任何记载。②

　　有关这艘船的具体情况可以参见其他史料，如琉球的中国语"官话"教本《白姓官话》。此书收藏于日本的天理图书馆，在其记录中没有明确的纪年，但是根据《历代宝案》的内容，可以判断其中包含了这艘常熟船遭难漂流的乾隆十四年以及次年的事情。《白姓官话》的内容最开始从"老兄，贵处是那里人"的提问及"弟是山东人"的回答开始，采取问答的方式记载，卷末还添加了有关船户瞿张顺的申请书。

　　《白姓官话》的开头部分是这样写的：

　　　　问　老兄，贵处是那里人？　　答　弟是山东人。
　　　　问　山东那一府那一县？　　　答　是登州府莱阳县。
　　　　问　老兄尊姓？　　　　　　　答　弟贱姓白。
　　　　问　尊讳？　　　　　　　　　答　贱名世云。
　　　　问　尊号？　　　　　　　　　答　贱字瑞临。
　　　　问　宝舟是何处的船？　　　　答　是江南苏州府常熟县的。
　　　　问　兄是山东的人，怎么在他船上？
　　　　答　因他的船在弟敝处做买卖。弟雇他的船载几坦豆子，要到江南去卖，故此在他船上。
　　　　问　兄们是几时在那里开船呢？

---

① 冲绳県立図書館史料編纂室編《歷代宝案》校订本第5册，沖绳県教育委員会，1993年3月，第62—63页。
② 参见平和彦《近世彦美诸岛漂着中国人和朝鲜人的护送》，《南岛》第3册。

>答　是旧年(乾隆十四、1750年)十二月十八日。在本省胶州地方开洋的。

最初发问的是琉球久米府18岁的通事郑世道(字民仪),回答者是前文提到的船客白瑞临。他本是山东登州府莱阳县人,姓白,名世云,字瑞临。根据他的回答可以看出,该船属于江南苏州府常熟县,被问到为何山东人乘上江南船的时候,他的回答是为了从事商业经营,雇用了来到山东的江南船,搭载"豆子"贩卖到江南地区。白世云雇用的船正是前文资料中提到的瞿张顺的船。这是一则江南常熟的船只航行到山东,而被山东人所雇用,搭载175包大豆运往江南进行贩卖的事件。根据《白姓官话》白世云的回答,乾隆十四年十二月十八日该船从胶州出发,二月二十九日漂着到琉球的大岛。但《历代宝案》记载的漂着事件发生于十一月,而且,《白姓官话》卷末瞿张顺的申请书中这样写道:"具呈难人瞿张顺等,……人于去岁十一月二十九日,漂至贵国属地大岛之内,蒙该地……",因此,两史料相印证,漂流事件发生的时间为十一月应该是没错的。

还有一些关于江南商船漂着到日本的记录。安政二年(咸丰五年,1855年)正月十日,一艘中国船漂着到日本九州的宫崎县沿海:

>大清国江南苏州府太仓崇明县之宋福盛,三百四拾四番之商船,装货于石岛,昨年十一月十九日同所出帆,二十四日夜逢难风,船上破损多,其后西风持续,别无他法,漂流于洋中……

记载的是属于中国江南苏州府太仓崇明县宋福盛的三百四十四号商船。该船从山东半岛东端的石岛出发,快回到江南的时候漂着到日本,向日方请求食品和用于帆船帆布的木棉,以及修理损坏的船体。

该船搭乘19人,船全长约十丈一尺五寸,船幅一丈八尺六寸,长宽比例约为5.5,整个船体应该是细长的平底型海船。①

安政二年五月十一日另外一艘船也漂着到日本宫崎县的沿海地区。

---

① 松浦章:《清代上海沙船航運業史の研究》,関西大学出版部,2004年11月,第33页。

> ……五月十一日唐船壹艘漂着,询问之下,江南即墨县之内佐太寿之商船,由即墨县搭载货物至苏州府,渡海逢难风,去十二月廿八日漂至只斋岛。

如上,佐太寿船是属于即墨县的商船,清代的山东半岛即墨县其地域包括今天的青岛市。该船曾和江南地区进行贸易。从即墨出港后先漂着到日本四国地区的高知湾湾口,然后再靠自身的动力航行至"日向国",也就是今天的宫崎县沿海。

清代的胶州就是因为和江苏、安徽、江西、浙江、福建等地有频繁的商船往来而发展起来的。①

山东巡抚岳瑞浚在雍正十二年(1734)八月初八的奏折中这样写道:

> ……惟东省豆货,为江省民食所资,由海贩运,……再查豆船一项,由东省贩运江南者尚少。惟江南贩货来东,发卖之后,即买青白二豆,带回江省者,拾居陆、柒,此项船只,系江省。②

可见,到山东的江南商船中,有百分之六十到七十是进行豆类采购的。前文所提到的常熟县瞿张顺的商船,也是受雇于山东莱阳的商人白瑞临,从山东往江南地区运送豆类的,即白氏作为货主雇佣并亲自搭乘船户瞿氏的船只从事运输活动,这从一个侧面说明了清末沙船在江南和山东之间航运业的形态。

3. 依靠沙船所进行的上海和山东间的大豆贸易

(1) 上海《时务日报》、《中外日报》中所见沙船航运报道

通过清末的记录,可以看出清代江南和山东之间的帆船贸易一直持续进行。1898 年 5 月 5 日也就是光绪二十四年闰三月十五日,《时务日报》在上海创刊,三个月后停刊,之后《中外日报》发行。两报都对上海南

---

① 道光《胶州志》卷三九。
②《宫中档雍正朝奏折》第 23 辑,台北故宫博物院,1979 年 9 月,第 377—378 页。

市沿岸的沙船情况进行了报道,记录了山东的胶州、女姑、乳山口、泊儿、石岛、里岛、烟台、莱阳、文登与上海南市之间的沙船航运形态。①

《时务日报》第 2 号,1898 年 5 月 6 日(光绪二十四年闰三月十六日),题为《本埠新闻·南市·访事人》中,提到"前日南市共到沙船五艘,牛庄三号、石岛一号、莱阳一号",有 5 只沙船从北部沿海抵达南市,从出发地看,来自辽宁牛庄的有 3 只,来自山东石岛的 1 只,来自山东莱阳的 1 只。该报第 3 号,同年 5 月 7 日的《本埠新闻·南市·访事人》中,提到"十五日进口牛庄船三号……石岛船一号,名公福利"也记录了山东石岛出发的船只到达南市的情况,这艘船名为公福利。

《时务日报》第 45 号,1898 年 6 月 18 日(光绪二十四年四月三十日)的《本埠新闻·南市》中这样写道:

> 昨日,共到沙船十一号,钱增裕、孙永兴、金鸿增、金大庆、张叙孙、孙长祥六号由牛庄来,程叙泉、金义泉二号由青口来,金叙源由良乡来,陈广盛由胶州来,蔡源成由文登来。

阳历 6 月 17 日有 11 只沙船在南市沿江靠岸。从东北地区牛庄来的 6 只,从江苏省东北部的青口来的 2 只、良乡的 1 只、山东胶州的 1 只、文登的 1 只。

该报第 53 号,6 月 26 日(五月初八)的《本埠新闻·南市》中有:

> 沙船到数○前昨,共到沙船六艘……傅利泰、叶增盛、叶福盛、均由夹仓来。……金万和由莱阳来。

山东半岛西南部的日照县夹仓出发的 4 只沙船、莱阳出发的 1 只沙船驶达南市。该报第 65 号,7 月 8 日(五月二十日)的《本埠新闻·南市》中有:

> 沙船到数○前昨日,共到沙船三艘,公福利由文登来,金鸿泰由

---

① 松浦章:《清代上海沙船航運業史の研究》资料编,第 351—404 页。

牛庄来,丁长源由夹仓来。

从山东半岛东北部沿海的文登出发的 1 只沙船、夹仓出发的 1 只沙船到达南市附近。

该报 66 号,7 月 9 日(五月二十一日)的《本埠新闻·南市》中有:

> 沙船到数〇昨日,共到沙船八艘……金同庆由里岛来。……高万顺、叶茂盛二号由夹仓来,金同福由石岛来。

以上的报道提到从山东半岛的里岛出发的 1 只、夹仓出发的 2 只、石岛出发的 1 只,共 4 只沙船从山东到达南市。

该报 68 号,7 月 11 日(五月二十三日)的《本埠新闻·南市》中有:

> 沙船到数〇前昨,共到沙船十二艘……徐正源、金裕盛由泊儿来。王济泰、沈恒济由里岛来。

到达南市的 12 只沙船中,从山东半岛西南部诸城县泊儿镇出发的有 2 只、里岛出发的有 2 只。该报第 73 号,7 月 16 日(五月二十八日)的《本埠新闻·南市》中有:

> 沙船到数〇前日,到……金顺发由泊儿来,叶鸿发由夹岛来。
> 昨日……朱义发由泊儿来。

7 月 14 日,分别从泊儿、夹仓出发的商船各 1 只驶达南市。15 日,泊儿出发的 1 只驶达南市。该报第 80 号,7 月 23 日(六月初五日)的《本埠新闻·南市》中有:

> 沙船到数〇前昨,共到沙船五艘……吉顺兴、杨福禄二号由文登来。……王顺兴由夹仓来。

该报道记录了文登的 2 只、夹仓的 1 只商船到达南市。该报 88 号,7 月 31 日(六月十三日)的《本埠新闻·南市》中有:

> 沙船到埠〇昨日,共到沙船九艘……徐正源由莱阳来。

莱阳始发的沙船 1 只到达南市。《时务日报》改名为《中外日报》后继续发行,仍然继续登载《本埠新闻·南市》的栏目,记录到达南市的沙船的情况。

《中外日报》第121号,12月15日(十一月初三日)的该栏中提到胶州始发的金德隆沙船驶达南市。

> 沙船到沪○上月二十九日,沪南到有胶州沙船金德隆一艘。……

《中外日报》第136号,12月30日(十一月十八日)的《本埠新闻·南市》中有:

> 沙船续到○昨日,南市又到各号之金同庆沙船由里岛来,金万和由莱阳来,叶永盛由胶州来,以上三船均装来豆油、花生油等物。

山东半岛东端的里岛出发的金同庆沙船、莱阳始发的金万和沙船、胶州始发的叶永盛沙船到达南市,各船都搭载大豆油和花生油。

《中外日报》第137号,12月31日(十一月十九日)的《本埠新闻·南市》中有:

> 货船到埠○南市各号续到沙船,……裕成号蔡恒宝沙船由胶州湾来,均系装载花生油、醃肉等物,今届五谷除米谷外,余均歉收,故价均昂贵,绿豆尤为飞涨,未至半月,走涨价银一两。

裕成号蔡恒宝沙船从胶州湾驶来南市,搭载花生油和腌肉。

《中外日报》第151号,1898年1月14日(光绪二十四年十二月初三日)的《本埠新闻·南市》中有:

> 运米扣留○南市沈长茂沙船,前日出口时被江海大关查得,装有白米一百石并稻草一百数十担,询系开往胶州,当即将船扣留禀明关道蔡观册察核夺。

南市的沈长茂沙船在上海的江海关接受检查并出港,搭载白米100石和稻草100多担驶往胶州。

《中外日报》第161号,1月23日(十二月十二日)的《本埠新闻·南市》中有：

> 沙船到埠○昨日,到徐馥顺沙船由夹仓来,金义太沙船由胶州来,朱长顺沙船由良乡来,以上三艘,均协泰号所装云。

这是一则表明沙船和商号之间关系的事例。三艘搭载上海南市沙船商号协泰号的货物,其中,徐馥顺沙船从夹仓出发,金义太沙船从胶州出发,到达南市。

《中外日报》第162号,1月25日(十二月十四日)的《本埠新闻·南市》中有：

> 沙船到埠○昨日,裕昌号到有蒋鸿顺、王源利、金韩顺沙船三艘均由胶州来。……

同样地,南市的沙船商号裕昌号的3只沙船从胶州驶来南市。《中外日报》第190号,3月1日(光绪二十五年正月二十日)的《本埠新闻·南市》中有：

> 沙船到埠○前昨两日,沪南陆吉号到金万利沙船由乳口来。……又到陈恒盛沙船由胶州来,各号到金复泰沙船由莱阳来,所装均饼豆油醃猪等货。

陆吉号的金万利沙船,从山东半岛东南部的海阳县乳山口出发驶达南市。陈恒盛沙船从胶州、金复泰沙船从莱阳,运载豆饼、大豆油、腌猪肉等到达南市。

《中外日报》第224号,4月4日(二月二十四日)的《本埠新闻·南市》中有：

> 沙船到埠○前昨两日,……金长生沙船由莱阳来,同丰号朱义发、王济泰两沙船均由泊儿来,裕昌号到吴永利沙船由胶州来。

金长生沙船从莱阳出发,同丰号的朱义发沙船和王济泰沙船从山东西南部的诸城县泊儿镇出发,裕昌号的吴永利沙船从胶州出发,驶达南市。

《中外日报》第547号,2月28日(正月二十九日)的《本埠新闻·南市》中有：

> 记沙船近情〇沪南沙船号商,自轮船盛行以来,生意逐渐减色,沙船亦因之减少。去年十二月,开办冬漕粮米以来,各沙船之具揽承装者,只有六十余号,旋经海运沪局总办张子虞太守孙述亭、太守会办高彦冲、司马会同厅县将各沙船查验,查得船内坚固,堪以承运。只有五十二号,共派装各属漕米十三万六千八十八石零,分别派装,将次斋全,一俟各属解米完全,即常分批放洋,其余粮米,揆交据商局轮船装运,以资快速云。

表1　1898—1902年到达上海南市沙船只数

公元	1898年	1899年	1900年	1901年	1902年
1月		29只	10只	48只	(33)
2月		45只	30只	39只	(30)
3月		46只	40只	25只	0
4月		49只	54只	90只	23只
5月	(21)	59只	39只	89只	0
6月	18只	/	61只	114只	0
7月	62只	/	107只	75只	0
8月	(2)	(7)	12只	20只	
9月	0	37只	0	18只	
10月	0	24只	10只	(8)	
11月	2只	34只	48只	30只	
12月	28只	39只	65只	100只	
合计	(133)	(369)	476只	(656)	(86)

注:"/"为整月资料缺失,无法确认。
"()"因该月资料中有部分缺失,( )内数字为据现存资料可确认的船舶数。

如上,这一时期的沙船航运开始面临巨大的障碍,这就是19世纪开始航行于中国沿海的轮船,也就是汽船,无论是从搭载量还是时刻的准确率上,都是沙船所无法比拟的。从事从江南到天津粮食漕运的沙船商号只有60余个,而因船体坚固而从事漕粮运输的沙船只有52只。

(2) 上海和山东间的沙船大豆贸易

根据《时务日报》和《中外日报》刊登的报道,将在上海南市靠岸的沙船只数做成以下表2。从其中可以准确把握沙船只数的1900年(光绪二十六年)入手,分析沙船的航运情况。

表2 1900年上海南市沙船商号所有船舶·航海地

商 号	所有只数	航海数	主要航行地(航海数)
协 泰	47只	58航	青口(34)夹仓(14)莱阳(5)
晋 德	21	24	沙河(7)石岛(4)牛庄(3)
广 记	19	29	青口(23)夹仓(6)
诚 记	16	19	夹仓(10)青口(4)胶州(4)
同 康	13	18	牛庄(15)
恒 记	13	16	夹仓(13)青口(2)
永 记	11	16	夹仓(13)牛庄(2)
益 顺	10	17	泊儿(14)
叙 源	10	12	青口(5)石岛(3)沙河(2)
裕 昌	9	11	胶州(9)
慎 记	8	18	牛庄(16)
顺 兴	8	18	青口(8)
蚨 来	7	15	夹仓(13)
泰 升	7	10	里岛(8)石岛(2)
裕 兴	7	9	青口(8)
萃 丰	7	8	青口(4)夹仓(3)
聚 兴	6	8	青口(8)

续表

商　号	所有只数	航海数	主要航行地(航海数)
聚　源	6	7	石岛(2)洋河(2)
同顺永	6	6	文登(4)
德源泰	5	7	夹仓(7)
陈丰记	4	9	牛庄(7)
兴　记	4	7	牛庄(7)
顺　记	4	5	牛庄(5)
六吉号	4	5	文登(2)
裕　成	4	4	文登(2)石岛(2)
和　泰	4	4	青口(4)
谦　记	3	10	泊儿(10)
镇　康	3	6	牛庄(6)
广　盛	3	6	牛庄(4)
义　利	3	3	良乡(2)

[注]该表只统计拥有沙船3只以上的商号

从《中外日报》刊登出的情况看，总共476艘沙船到达南市，由各自所归属的商号来分析，商号归属较明确的有62家。这62家商号中，拥有2只以上沙船的有38家。拥有5只以上沙船的有20家，10只以上的有9家。协泰号以拥有47只沙船，成为沙船所有最多的商号，其次是晋德号21只、广记号19只、诚记号16只。

1900年一年间，拥有沙船数量最多的协泰号利用47只沙船进行了58次航海。其目的地有接近60%是江苏省东北部的赣榆县青口镇，其次就是山东半岛西南部的日照县夹仓。可见，协泰号沙船航行的目的地集中于山东半岛西南部和江苏省东北部，专门经营以青口为中心的区域。

与此相对，利用21艘沙船每年进行24次航海的晋德号，有7次航海在辽东半岛南部的沙河,3次在辽东辽河河口附近的牛庄。从晋德号沙船42％的航行目的地为辽东地区可以看出,该商号主要经营辽东地区的沙船航运。

此外,同样经营辽东地区航运的,还有拥有13艘沙船、每年进行18次航海的同康号,其中15次也就是相当于83.3％的航行目的地为牛庄。拥有8艘沙船、每年进行18次航海的慎记号也经营着辽东的航线。

慎记号的18次航海中,有16次也就是88.9％的航行是到达牛庄的。其他航行目的地为牛庄的商号及航海次数为:陈丰记(拥有4艘沙船)9次航海中的7次(77.7％)、兴记号(拥有4艘沙船)7次航海的全部、顺记号(拥有4艘沙船)5次航海的全部、镇康号(拥有3艘沙船)6次航海的全部、广盛号(拥有3艘沙船)6次航海中的4次。可以看出,慎记号、同康号、陈丰记、兴记号、顺记号、镇康号等是专门经营牛庄航线的沙船航运船行。

表3　1900年上海南市沙船商号与山东航运

商　号	所有只数	航海数	主要航行地(航海数)
协　泰	47	58航	青口(34)夹仓(14)莱阳(5)
晋　德	21	24	沙河(7)石岛(4)牛庄(3)
广　记	19	29	青口(23)夹仓(6)
诚　记	16	19	夹仓(10)青口(4)胶州(4)
恒　记	13	16	夹仓(13)青口(2)
永　记	11	16	夹仓(13)牛庄(2)
益　顺	10	17	泊儿(14)
叙　源	10	12	青口(5)石岛(3)沙河(2)
裕　昌	9	11	胶州(9)
蚨　来	7	15	夹仓(13)
泰　升	7	10	里岛(8)石岛(2)
萃　丰	7	8	青口(4)夹仓(3)

续 表

商 号	所有只数	航海数	主要航行地(航海数)
聚 源	6	7	石岛(2)洋河(2)
同顺永	6	6	文登(4)
德源泰	5	7	夹仓(7)
六吉号	4	5	文登(2)
裕 成	4	4	文登(2)石岛(2)
谦 记	3	10	泊儿(10)

[注]该表只统计拥有沙船3只以上的商号

虽然有个别不太明确的,但还是可以统计出1898年5月到1899年4月间到达上海南市的沙船约有302只,1898年5月6日到1899年5月5日一年间从山东到上海南市的沙船有107只。按照地名区分,夹仓29只、莱阳17只、泊儿16只、胶州10只、石岛9只、文登8只、女姑6只、里岛5只、岐山4只、乳口3只。其中,除了莱阳和文登,几乎都属于山东半岛的东端到南部沿海及江苏省附近的地区。

本段将分析1900年与山东地区进行贸易的南市沙船商号的情况。航海数量最多的协泰号其58航行中有14次到夹仓、5次到莱阳,与山东的交易占到32.8%。拥有19只沙船的诚记号其19次航海中10次到夹仓、4次到胶州,与山东的交易高达73.7%。拥有13只沙船的恒记号其16次航海中13次到夹仓,占81.3%。拥有13只沙船的永记号其16次航海中13次到夹仓,同样也占81.3%。拥有10只沙船的益顺号17次航海中14次到达山东的泊儿,占82.4%。拥有9只沙船的裕昌号11次航海中9次到达胶州,占81.8%。拥有7只沙船的蚨来号15次航海中13次到达夹仓,占86.7%。拥有7只沙船的泰升号10次航海中8次到里岛、2次到石岛,所有航行都是以与山东半岛东部的交易为目的。此外,拥有5只沙船的德源泰号7次航海全部到夹仓,拥有3只沙船的谦记10次航海全部到达泊儿。

因此可以看出,当时存在着专门从事和山东半岛之间的贸易的沙船业者。

本书还记载了有关江南沙船的情况。1908年(明治四十一年)东亚同文会支那(中国——译者)经济调查部所编辑了名为《青岛的民船》①的资料,是关于当时来航青岛的帆船的调查记录。

> 来自江苏省诸港的沙船分大、中、小三种。
>
> 大型沙船来自于上海由此入港,载重二千六百担,乘员二十名,价格约一万弗左右,一般输入棉花,空船回程。
>
> 中型沙船载重一千五百担,乘员十五名左右,从盐城海州(江苏北部)输入棉花、胡麻等,输出果实和蔬菜类。
>
> 小型沙船载重六百余担,乘员六名左右,从青口、海州如皋等地输入胡桃、胡麻、谷类,秋季输出果实和蔬菜类,其他季节一般空船回程。
>
> 沙船的构造奇特,其船底是平面的。这些适合江苏沿岸沙洲多、吃水深的船舶,主要的考虑是防止搁浅。这是沙船名称的由来。

如上,这些被称作沙船的船舶来自于江苏省诸港,分大、中、小三种。最大的沙船来自于上海,载重2600担,乘员20名,价值约10000$左右,搭载棉花来航,返航时不搭载货物。中型沙船载重1500担,乘员15名左右,从盐城、海州搭载棉花、胡麻来航,回程搭载果实和蔬菜类。小型沙船载重600余担,乘员6名左右,从青口、海州、如皋等地运来胡桃、胡麻、谷类等,秋季运回果实和蔬菜等。

有关来航到胶州湾的江南沙船,可参见民国十七年(1928)的《胶州志》之交通志、航运部分。

> 沙船　江苏境内之船多属于此,概属平底,是其构造之特征。分大中小三级,大级者往来上海,容量约二千五六百担,船员二十人

---

① 《支那経済報告書》第11号(明治四十一年10月15日),《明治後期産業発達資料》第304卷,竜渓書舎,第13—18页。

内外,装来之货物多为棉花。空船开回为常。中级者容量一千五百担,船员二十人。大都内盐城、海州,装载棉花、芝麻进口。归程则载洋广杂货火柴豆油出口。小级者六百担左右,船员六名上下。由青口、海州装胡桃、芝麻、谷类进口。秋季则装水果,出口其余季节无货则空船开回。

如上,从江南驶来的平底海船,分大、中、小三类,大型沙船可搭载2500—2600担,中型沙船1500担,小型600担左右。多数从江苏省东北的青口、海州,也就是现在的连云港附近来航,多搭载胡桃、芝麻和谷类,归航时搭载杂货类、火柴、豆油等。

(3) 上海的沙船航运业和豆业

对于上海的沙船航运业来说,由东北和华北地区输送而来的豆类货物是其重要的搭载货物。关于豆货运送到上海后的经营问题,上海市档案馆所藏的《清同治年间豆行丰泰等七十六家行合环肯免捐事禀呈官府的文稿》中有如下记载:

> 伏查豆业所销油、豆、饼三种以豆为大宗,抽取用金有限,从前豆业通市共有一百四五十家,今则大小不易六七十余家,绿沙船连年雉本停泊不开,豆业之来源已绝……①

东北和华北沿海地区的豆货运到上海,与上海的大豆加工业发展息息相关。上海豆业所的主要业务有制油业、大豆加工业以及经营榨油后的豆粕、豆饼。同治年之前在上海经营这些业务的业户有145家,同治年间减少到六七十家。

其后,在上海设立了专门经营豆货的豆业公所。以下是民国十三年(1924)八月《上海豆业公所萃秀堂纪略》②的记录。

---

① 上海市档案馆所藏:《清同治年间豆行丰泰等七十六家行合环肯免捐事禀呈官府的文稿》(史料号:397-1-27)。
②《上海豆业公所萃秀堂纪略》,复旦大学图书馆502515,民国十三年八月。

433

> 上海为海疆严邑，昔时浦江一带，登莱闽广巨舶柱密于林，而尤以南帮号商与北五帮号商之沙船、卫船，从关东、山东运来豆子、饼、油为大宗生意。吾业行商，当买壳机关，分销各省，营业为市冠，以故上海通用银两，曰文三豆规元。当时著名号商有圆形银饼，每块银壹两之制度，为宝纹之辅。前道光二十三年诏准西洋各国南五口通商，上海居五口之一，由是轮船渐分帆船之利，闽粤之舶逐减，迄今而绝迹，然海禁初开之始，沙卫船商之运输，犹未受影响也。

这一段描述了山东、福建、广东的帆船来航上海，其帆柱密如树林的繁荣景象。这些船商分为专门经营南洋业务和专门经营北洋业务两部分。专门经营北洋业务的船舶从关东和山东载来大豆、豆饼、豆油等，再从上海贩卖到其他地方。但是五口通商以后，由于外国船只也开始运送豆货，使这些帆船经营者受到极大的打击。随着上海到南京、天津铁道的开通，陆上运输也变得方便起来，也成为对帆船航运的另一打击。

《上海豆业公所萃秀堂纪略》中的《公所之基址》对上海公所的创设原因进行了介绍。

> 上海豆业行商，由来旧矣。前清嘉庆十八年，奉本县知县颁发公斛，即今俗称庙斛（庙斛即铁皮公斛，大小与漕斛同）……道光间邑庙之后园（即豫园）地址广大，……豆业行商承修正厅（即三穗堂）萃秀堂等处（后数年价买可乐轩万花楼址一部分）。及东园门游廊，超然亭，豆业公所，自此始也。

上海豆业公所从嘉庆十八年（1813）上海之嫌颁发公斛开始，同业者间的组织化逐渐形成。道光年间在豫园萃秀堂设立了豆业公所。由钱塘孙元培所写的萃秀堂饼豆业建神尺堂碑上有"城隍庙神尺堂记"，这样写道：

> 道光二十三年，岁在癸卯十月，余来游上海，友人沉君梅坡，暨诸同人招饮于邑庙旁之萃秀堂。……系维上海为阜通货贿之区，其最饶衍者莫如豆，由沙船运诸辽左山东，江南北之民倚以生活，磨之

为油，压之为饼，屑之为菽乳，用宏而利溥，率取给于上海。其积贮贩卖之所名之曰行，诸同人皆良贾□业于豆者也。……钱塘孙元培书。

饼豆业司月　　张仁元　施元吉

经办司事　　　沉述庵　顾时庵　（以下略）①

可以看出，道光二十三年（1843）建立的同业组合是豆业公所的前身。所谓饼豆业指经营大豆榨油，榨粕做成豆饼，继而制造豆乳。此外，《上海豆业公所萃秀堂纪略》中的《营业之状况》（16页下—18页上）中有：

忆昔咸（丰）同（治）年间，沙（船）卫船来货，以豆子居多，豆饼次之，油少数焉。故同业牙行曰豆行，又称饼豆行。俗称关货行，以货皆从关东、山东来也。

咸丰、同治年间，运用沙船、卫船从关东和山东运来的豆货中，大豆的数量最多，其次是豆饼，豆油最少。豆行则是从事这些大豆加工的专门业者的组合，名称上，或从加工关系而来，被称为饼豆行，或从驶来船舶的地名而来，称为关货行。同一则资料中还写道：

当时豆行规模宏大，信用卓著，以能得号商之信任，能买号货为关键。因交货付价，有鏖期二十天，提货后付给本票，尤关慎重，同业恪守信用，当与汇划钱庄本票同也。其时范围较小者曰小伙行，专买沙船耆民老大所带饼豆为事。号货须向豆行转让，迨光绪以还，豆行生理渐见衰减，凡关货行而兼做米麦杂粮者，颇多生色，小伙行亦然。彼衰而此振，普通行家至是多可购致号货，同行中始无阶级之可言矣。

鼎盛时期的豆行规模巨大，在上海的商业组织中成为最大最有实力

---

① 上海博物馆图书资料室编：《上海碑刻资料选辑》，上海人民出版社，1980年6月，第281—282页。

的商人组织。其经营的最大对象是从事豆货运载的被称为民　或老大的沙船船主。从这些人手中或者从雇用民、老大的船商手中,购入搭载而来的豆货,进行加工,直接贩卖大豆或者贩卖其加工品。但光绪年间以后,豆行逐渐衰退,开始不仅仅经营豆货,还经营各类谷物。同资料还写道:

> 光绪中叶,沙船来货,转以豆油为多,故近称油豆饼业。以货之多寡为转移也。豆子豆饼油沙船运来者,近年固寥寥矣。若营口、大连遇有市价通转之时,则由轮船装申其数或不亚于曩时也。且长江轮船,津浦宁沪火车,运来之豆子杂粮为数日增,同行之赖以维持,其在斯乎。

光绪中叶以后,搭载而来的豆货中,豆油数量增大,因此渐渐被称为油豆饼业。由于依靠沙船从东北运输而来的货物急剧减少,至上海的运输逐渐被汽船取代,加上航行于长江的汽船增多以及连接天津、南京、上海铁道的开通,依靠汽船和铁路的运输急剧增长。这些从事传统豆业运输的商行也渐渐失去了存在的价值。

4. 小结

上文论述了在清末上海经济发展中,沙船航运业所做出的巨大贡献。对此,1874年2月12日(同治十二年十二月二十六日)的《申报》第553号中,有一篇题为《论上海今昔事》的报道:

> 上海一区,于未通商以前,人尚俭朴,俗不繁华。……彼时沙卫等船,帆樯林立,几数千号。其船之业主,虽非尽系上海之人,而上海人之为船主者已将过半。沙卫等船,每艘价值亦须数千金。若有千艘,则有数百万之富矣。东南各省货物由上海运往他处,北至奉天、直隶、山东。南至闽、广东,至日本、琉球等国。其余他处,回货又复运还上海,每岁往返水脚已可致富,况尚有自行贩卖者乎。故

上海从前之殷富,虽未大着(著)声名,而其实在几能甲于东南各县也。……自通商之后,夹板船与沙卫等船减色矣。火轮船行,而沙卫等船更失业矣。如今沙卫等船,不过二三百艘而已。昔之富户,今皆贫人,而一切日用日趋繁华,至贸易诸事,皆为他处人所侵夺。……

如上,上海的沙船航运业以长江口以北海域的航运见长,除了经营与东北沿海的海运,还和山东半岛有很密切的航运关系。通过《时务日报》及《中外日报》等报刊,可以清楚地看到上海的沙船曾来往于长江口和山东的胶州、女姑、乳山口、泊儿、石岛、里岛、烟台、莱阳、文登等港口之间。

(杨蕾 译)

第11章　清末英商佣船金万利沙船的航运活动

1. 绪言

光绪三十三年(1907)正月序,李维清著《上海乡土志》,第百五十课《沙船》中有:

> 本邑地处海疆,操航业者甚夥。通商以前,俱用沙船,以其形似沙鱼,故有此名。浦滨舳舻衔接,帆樯如栉。由南载往花布之类,曰南货。北载来饼豆之类,曰北货。当时本邑富商,均以此而获利。①

在1842年之前,即《南京条约》尚未缔约,五口尚未开放通商时代的上海,装载江南产的棉布等南货赴东北地沿海,并于归航之际装载大豆、豆饼等北货返回上海的沙船航运业,是上海的重要产业,数量众多的商船由上海的船商们运营。

但是,到了清末,外国商人进出中国,并开始以轮船从事航运活动。他们将大量大豆和豆饼在短时间内由东北的营口运往上海,沙船航运业

---

① 《上海滩与上海人丛书》,《上海小志·上海乡土志·夷患备尝记》,上海古籍出版社,1989年5月,第107页。

的市场份额被轮船所夺,航运业务减少,因此沙船业日渐衰退。①

在清末沙船航运业衰退的时期,有一只沙船受外国人雇佣从事航运。1904年8月,正值日俄黄海大战后日军封锁附近海域之际,执行封锁任务的日本军舰在检查过往船只时拘押了一艘沙船。有关这一事件的报道,提示了有沙船受外国人雇佣的史实。

在本章中,将以上述报道为线索,探究在沙船航运业困难之际,为求活路而选择受雇于外国商人的这艘名为金万利的沙船的航运活动。

2. 遭遇日本军舰检查并被拘押的金万利沙船

有沙船受外国商人雇佣的史实,见于刊载于报纸的日军临时检查时所捕获沙船的乘员的诉状。沙船被日军拘押的事件发生于1904年12月,报道见报于1905年5月7日上海各家报纸。上海大报《申报》第11512号,1905年5月7日,光绪三十一年四月四日的报道《会讯日兵强捕沙船案》中有:

> 昨日十点钟,英副领事德为门君莅廨,会同谳员屠兴之司马,讯问英商丰茂洋行之金万利沙船于上年十一月间,在威海卫石岛地方为日本兵船捕去一案。该行主人台惟延担文律师带同沙船老大并威海卫分行司事等人至案。担文律师传讯张子莲供:"在金万利船上为老大,载肥皂至海威卫。于上年西历十二月十二号到威后,复由该处丰茂分行嘱令装杂货赴烟台。十八号由威开船,途遇西北风甚猛,船中水手被风吹入海中,不能往烟台,遂顺风驶赴上海。惟风势未减,吹去篷档四个,不得已于二十四号晚驶至石岛地方,次早进口抛锚停泊后,即亲赴威海卫行中报知,嘱回船候示。第二日天明始回石岛,船已不见。查知有挂日本旗号之兵轮驶进石岛,强将船

---

① 参见本书第3编第1章"清代上海沙船航运业的展开",终章"清代上海南市沙船航运业的变质"。

拖去。"吴季新供:"在威海卫丰茂分行为写字,上年西历十二月,金万利船驶抵威海卫卸货物后装载杂货至烟台。该船于十八号驶出。"威海卫德副领事问:"何等杂货?"吴称:"茶叶、牛奶、火腿、肥皂、猪油、牛肉、洋葱、糖豆等物。"又问:"可知日本船名否?"答称:"船名为布遮,没未能看出。"又问:"该船中有无军器?"答称:"无。"张子莲又供:"据石岛回来之洋人言,日本船来夺时以刀枪恐吓,水手不敢与争,且船中只有耆民二副在船,现在各水手不知去向。"中西官将各供格对无讹,即行退堂,听候核办。

英商丰茂洋行的金万利沙船在光绪三十一年十一月于位于山东半岛东南端的石岛地方被日本军舰拘押,英国副领事德为门(Bertie Twymann①)于1905年5月6日10时就此事接受诉讼。

上海发行的《中外日报》第2419号,1905年5月7日,光绪三十一年四月初四日《本埠新闻·英租界》中亦有题为《会讯沙船被拘案》②的报道。除此之外,上海《新闻报》第437号,1905年5月7日,光绪三十一年四月四日《本埠新闻·营廨审案》③,《时报》第325号,1905年5月7日,

---

① 黄光域:《近代中国专名翻译词典》,四川人民出版社,2001年12月,第688页。
② 《中外日报》第2419号,1905年5月7日,光绪三十一年四月初四日《本埠新闻·英租界》中有:"会讯沙船被拘案○英商丰茂洋人控有自置之金万利沙船一只被日本旗号之船拖去,请传讯夺查弁等情。经屠太守会同英德副领事提讯,张子连供,在船为老大,去年历十月间在沪装肥皂等送至海威卫分行交收后,吴先生嘱装牛奶猪油等货回申。船行石岛左近,西北风甚大。水手落水,一人不知去向。不得已,进石岛口停泊上岸,知照分行。迨回时见,船已被日本洋旗号之船拖去,上有两人。请察吴子新供令装牛奶等货赴上海,并无军械。洋人回始知船被拖去,因他用布遮盖,不知船户何人。太守商之德君判,一并退去,候查明再夺。"
③ 《新闻报》第437号,1905年5月7日,光绪三十一年四月四日《本埠新闻》中有:"营廨会审案○英商丰茂洋行控有金万利沙船,装运本行杂货驶赴烟台,因避风停泊石岛,被挂日本旗之轮船拖去一案,昨日讞员屠司马会同英德副领事质讯。张子莲供,在金万利沙船为舵工,此次在威海卫装丰茂茶叶、牛奶、猪油等货出口。因西北风甚大,将篷打坏,并有水手一名落水身死,不得已避人石岛停泊,被东洋人将船拖去是实。吴子新供,在威海卫丰茂分行写字,金万利沙船到威后确令装运牛奶等物,并无军械,被挂日本旗之船拖去,惟不知船名。中西官判一并退,候查明核夺。"

光绪三十一年四月四日《本埠新闻·英界·日舰拘船讯供》①亦报道了此事。以上诸报道，内容虽有若干差异，但总而言之，均叙述了一艘名为金万利的沙船被在运输途中被拘押，相关人员就此事英国领事及中国官员诉讼这一事件。有三份报纸报道了金万利沙船被拘押时的详情。《申报》第11518号，1905年5月13日，光绪三十一年四月十日的报道《会讯英商控日兵轮强捕沙船案》中有：

> 昨晨，英副领事德为门君临廨，会同屠司马覆讯英商金万利船被日兵船捕去一案。原告律师担文，又将是船之耆民彭玉田传案补讯。彭供去年十一月初六日装皮皂至威海分行交卸后，行内命装杂货到烟台。于十二日闻船颇遇大风，大篷折坏，一人落水，任船漂泊。至十五号晚，船至石岛立即抛锚。明日船上诸伙均至威海报信，船中仅存小的等看船。十七日早突有日本旗号之兵船驶至船傍，船中人各持枪炮跳上船来喊称查货。当将小的等赶逐上岸，领臾又见来有舢板船数只将船上之货搬去，装满各船。又将小的船上铁锚取起，连船拖去。当时小的等无船可回，亦至分行报信。中西谕令翻译将草供年与彭姓听对无差，令彭签字候照会日本总领事查明何船，再行会讯。

同一事件亦为《时报》第331号，1905年5月13日，光绪三十一年四

---

① 《时报》第325号，1905年5月7日，光绪三十一年四月四日《本埠新闻·英界》中有："日舰拘船案讯供〇英商丰茂洋行之金万利沙船，因去年十一月间，装货至威海卫分行，驶至石岛洋面，被日舰拘去一案，昨晨十点钟，英德副领事莅廨，会同谳员屠太守讯问原告供词。丰茂行主台维延担文律师为原告代表，先据金万利老大张子莲供称，去冬由上海装载肥皂至威海卫分行交货，后复由威海卫装载杂货赴烟台，途遇大风，乃拟折而回沪。行至石岛地方，即抛锚暂避，我即因事上岸。翌晨回至泊船处，船已不见，询之附近人，云称被日舰拘去等语。质威海卫分行执事吴季新，所供与张子莲大略相符。德君问张曰：'日舰是何名号？'答称：'为篷布所掩，未见。'德君又问曰：'舰有何军器？'答称：'据逃回之水手等云，拘船时，日人用刀枪恐吓，不敢与较，遂被拘去。'德君又问：'杂货究系何物？'答称：'系茶叶、牛奶、火腿之属。'德君将各供词、随讯随录毕，会商屠谳员，订期复讯。"

月十日《本埠新闻·英租界·再讯日舰拘案》①报道。稍后的《中外日报》第 2432 号,1905 年 5 月 20 日,光绪三十一年四月十七日《本埠新闻·英租界·补录沙船耆民供词》②亦对此事作报道。根据相当于金万利沙船船头的耆民彭玉山的供述,沙船被日本军舰拘押时情况是:光绪三十年十一月初六日,即 1904 年 12 月 12 日,金万利沙船驶向威海卫。沙船此行的目的是靠岸烟台,卸下所载英国商行丰茂洋行委托运输的白砂糖以及牛奶。沙船出港后,于十一月十二日,即 12 月 18 日,因遭遇大风,于山东半岛东南端的石岛附近避难。十一月十六日,即 12 月 22 日,日本军舰突然出现,针对日方的询问,沙船回答了运载货物以及航行方向。但是日方未加采信,令金万利沙船乘员上岸,并扣押拖走了这艘沙船。金万利沙船的乘员等人历尽艰难,才得乘轮船返回上海,并向英国领事诉说了自己的遭遇。

那么,金万利沙船是因何遭遇日本军舰的呢？金万利沙船遭遇日本军舰的位置是山东半岛东南端的石岛附近,是海域在日俄战争时期黄海

---

① 《时报》第 331 号,1905 年 5 月 13 日,光绪三十一年四月十日《本埠新闻·英界》中有:"再讯日舰拘案○英商丰茂洋行之金万利沙船,于去年十一月间在石岛地方被日舰拘去一案,由担文律师控请中西官会讯各情,已纪本月初四日本报。昨日英副领事德为门君于十点钟时,莅廨会同谳员屠太守,复讯担文律师,带同翻译张君小塘赴案,声称今日本律师将金万利沙船之耆民彭玉田带案请讯。彭供,去年十一月初六,由沪装运肥皂至威海卫丰茂分行交卸后,复由分行嘱令装载杂货,于是月十二日由威海卫至烟台。讵中途忽遇大风,将篷引去,晚漂至石岛,只得抛锚。翌日由老大张子莲起岸,赴威海卫分行送信,船内只留小的等四人看守。迨张于十七日驰回石岛,而金万利已被日舰拖去。余供与前堂张子莲及吴季新等供词大略相同。讯毕,由张君少塘复将彭所供各词宣读一过,德君讯彭所录各供与尔所供各词是否相符。彭称俱符无讹,德君命彭于供词上签字。彭签字毕,中西官始退堂,复至公堂会讯捕房所解各项案。"

② 《中外日报》第 2432 号,1905 年 5 月 20 日,光绪三十一年四月十七日《本埠新闻·英租界》中有:"补录沙船耆民供词○英商金万利沙船被日本兵轮拘去,并英公廨会讯,各情曾志前报。兹又抄得前日会讯时该船耆民彭玉山供词如下 据供去年十一月初六日,本船驶至威海卫,当有英商丰茂洋行雇装白糖牛乳等物赴烟台交卸,于十二日出口。不料途中忽遇大风,本船不能支持,随风漂荡,旋至石岛地方暂避。十六日,突有日本兵轮驶近,有武弁人等上船查看,并问所载何货,运往何处。我等直言回答,日弁不信,尽将船员驱逐上岸,架刀于小的颈,逼令说出究往何处。小的以实往烟台对,旋被将船拖去。船员共二十人内有一人落水,其余诸人历尽艰辛,一路求乞至威海卫告知英商,始得附轮来沪云。"

海战战场附近。在金万利沙船遭遇日本军舰的1904年12月22日的4个月之前,即明治三十七年(1904)8月10日,日俄两国海军在黄海海域交战,日本海军驱逐了俄国海军军舰,这场海战被称为黄海海战。此后的明治三十八年(1905)5月27日,在对马海峡的日本海海战中,东乡平八郎率领的日本海军击溃了俄国波罗的海舰队。① 由于在黄海海域日俄海军曾有交战,故日本海军对俄国方面的动作十分敏感。黄海海战之后,俄国舰队的一部分蛰伏于旅顺港中,尝试进行持久战。日本海军十分惧怕俄军获得补给。日本海军认为:

> 敌粮食弹药渐缺,频赌重赏,招募走私船只,因此中立国轮船及戎克(junk)等冒险密航者不鲜。②

日本海军为了截断俄国的补给线,严密地监视可能援助俄军的中立国轮船和中国帆船。日本海军还认为,应当密切监视援俄船只的行动并加以取缔:

> 另外,向渤海湾及山东高角方面分派监视舰,对走私船只勤加监视和缉拿。③

由此可知,日军不仅在旅顺近海严密警戒,而且加强了对自包含渤海湾至山东半岛以及辽东半岛尖端的老铁山高角的海域的监视。金万利沙船应是在日本军舰执行切断俄方补给的海上监视任务时遭遇日舰的。

金万利沙船的雇主是英商丰茂洋行。据中国社会科学院近代史研究所黄光域编《近代中国专名翻译词典》,outts, Geo, D. 与 Coutts & Co. 与 Hueber & Co. 以及 The Industrial Export(China)Co., Ltd. 四行均使用丰茂洋行的名号。④ 但该书中就此名号未加详细考证。另外,民

---

① 真锅重忠:《日露旅顺海戦史》,吉川弘文館,1985年12月。
② 軍司令部:《明治三十七八年海戦史》,内閣印刷局朝陽會,1934年8月,第355页。
③ 《明治三十七八年海戦史》,第355页。
④ 黄光域:《近代中国专名翻译词典》,四川人民出版社,2001年12月,第93、168、174页。

国九年(1920)《上海商业名录目录》中收录了唯一一家丰茂洋行：

  丰茂洋行 Industrial Missions Deport 英租界南京路Ａ二一号①

这家"丰茂洋行"在上海英租界南海路拥有办公地点，所以金万利沙船的雇主很可能就是这家丰茂洋行——Industrial Missions Deport。

3. 金万利沙船的航运活动

那么，受雇于英国商人的金万利沙船在被英国人雇佣之前曾从事怎样的航运活动呢？下面叙述《中外日报·本埠新闻·南市》中记载的金万利沙船的航运活动。

金万利沙船的名字初见于《中外日报》第190号，1899年3月1日，光绪二十五年正月二十日《本埠新闻·南市》中有：

  沙船到埠〇前昨两日沪南陆吉号到金万利沙船，由乳口来……所装均饼豆油腌猪等货。

上海南市陆吉号金万利沙船自乳口来，将豆饼、油以及腌猪肉等货物运至南市。这里的乳口，应是指位于山东半岛东南部的登州府海阳县的乳山口。②另外，《中外日报》第271号，1899年5月21日，光绪二十五年四月十二日《本埠新闻·南市》中有：

  沙船已到〇前昨沪南……六吉号到金万利沙船，由洋河来。谦记号到徐正源沙船，由泊儿来。

在这条新闻中，金万利沙船作为六吉号的沙船，从洋河归来，入港上海南市。上面提到，在《中外日报》第190号中曾有陆吉号出现。虽然陆吉号

---

① 《上海商业名录目录》，商务印书馆，1920年4月初版，第99—100页。
② 《海关常关地址道里表》，中华民国税务处，1913年4月，第13页(上)中有："乳山口分关 海阳县乳山口 距正关(东海关正关烟台)二百里，县治五十里。"

与六吉号的标记方式有出入,但想必是同一家商号。金万利沙船出港的洋河,应是位于青岛西北,自西向东流入胶州湾的洋河。

《中外日报》第464号,1899年11月30日,光绪二十五年十月二十八日《本埠新闻·南市》中有:

> 沙船到埠〇昨日南市……益昌号之金万利沙船,均由牛庄来。

这次,金万利沙船作为益昌号的沙船从牛庄归来,入港上海南市。牛庄是东北辽河河口的港口,因此金万利沙船此行装载的货物应是东北产的大豆、豆饼等豆货。

《中外日报》第581号,1900年4月3日,光绪二十六年三月初四日《本埠新闻·南市》中有:

> 沙船又到〇前昨两日南市到有沙船五艘计……永记之金万利由夹仓来。……均满装油豆饼货,先后进口,至申停泊。

永记号的金万利沙船自夹仓来,靠岸南市。此次金万利沙船装载的也是豆油、豆饼等豆货。夹仓指位于山东半岛西南部的沂州府辖下的夹仓镇。①

《中外日报》第623号,1900年5月15日,光绪二十六年四月十七日《本埠新闻·南市》中有:

> 沙船又到〇南市……各号之金万利、兴元记号之张恒顺由牛庄来。……均于前昨两日,先后抵沪。

金万利沙船归自牛庄,此次航行的雇主不明。《中外日报》第666号,1900年6月27日,光绪二十六年六月一日《本埠新闻·南市》中有:

> 沙船又到〇前昨南市……各号之金万利沙船由牛庄来。

---

① 《海关常关地址道里表》12页(下)。乾隆《山东通志》(景印四库全书,第540册)卷二〇《海疆志·口岸》中有"夹仓口"(第368页),同书,冲汛中有:"夹仓口可容船二十只,回避望海石"(第372页)。由此可知,夹仓口是可供20只帆船停泊的小港。光绪《日照县志》卷一《疆域》中有:"夹仓口则避望海石"(《中国方志丛书·华北地方》第366号,第1册,第81页)。

金万利沙船归自牛庄,此次航行的雇主亦不明。《中外日报》第 623 号至第 666 号之间计 44 日,金万利沙船在这 44 日之间在上海南市与牛庄之间往返一次,其中包括停泊时间。参考现在的海上距离,营口至上海有 750 海里①,约合 1390 公里,往返距离近 2800 公里。若不考虑船只停泊时间,是船一日航行约 64 公里,时速为 2.7 公里。

《中外日报》第 680 号,1900 年 7 月 11 日,光绪二十六年六月十五日《本埠新闻·南市》中有:

> 沙船又到○前昨南市,裕兴号之金万利沙船与协泰号之金发顺、广记号之公增福,均由青口来。……

金万利沙船作为裕兴号的沙船自青口归南市。青口指江苏省海州赣榆县青口镇,是位于现在连云港市附近的古老港口市镇。② 自 6 月 27 日的《中外日报》至 7 月 11 日的第 680 号之间的 15 天,金万利沙船在南市至青口之间往返一次。现在上海至连云港之间的海上距离为 383 海里③,往返一次约合 1400 余公里。若忽略停泊时间进行计算,金万利沙船这次航海的时速约为 3.9 公里。

《中外日报》第 692 号,1900 年 7 月 23 日,光绪二十六年六月二十七日《本埠新闻·南市》中有:

> 沙船又到○前昨两日,南市顺永号之金万利沙船与裕成之吴福兴,均由文登来。……

顺永号的金万利沙船此番归自山东省文登县。《中外日报》第 680 号发行于 7 月 11 日,第 692 号发行于 7 月 23 日,此间 13 日,金万利沙船往返于上海南市与山东省文登之间一次。文登县的海口有威海卫,所以此次

---

① 《中国交通英运里程图》,人民交通出版社,1991 年 3 月,第 349 页。
② 《嘉庆直隶海州志》卷一四中有:"青口镇,东滨海,南范家口,距城十二里,烟家万家,商贾辐辏";"惟青口为殷阜。山东、山西、江南诸贾贸迁于此,海沭士民,所需食货,取给焉"(《中国方志丛书·华中地方》第 35 册,第 280 页)。
③ 《中国交通营运里程图》,第 349 页。

航行应是航向威海卫。威海卫与上海之间的距离为 485 海里①，往返约合 1900 公里。关于文登县的物产，《文登县志》中有：

> 棉花是明季尚种草棉作布，今全仰给江南。以豆饼往，易棉包来。海商交易，此为常货。②

文登县在明代种棉织布，但至于清末，棉布全靠江南供给。在输入棉布的同时，文登通过海路向江南输出豆饼。金万利沙船此行应是将棉布运往文登后，载豆饼返回上海南市的。

此后，金万利沙船的记录消失了一段时间，直至 11 月。《中外日报》第 821 号，1900 年 11 月 29 日，光绪二十六年十月八日《本埠新闻·南市》中有：

> 沙船又到〇南市各商号，月初续到之沙船，计……金万利与裕昌之缪发泰，均自胶州来。

金万利沙船自胶州归南市。胶州在青岛附近，距上海 404 海里。③《中外日报》第 864 号，1901 年 1 月 11 日，光绪二十六年十一月二十一日《本埠新闻·南市》中有：

> 沙船又到〇日前南市所到沙船，计……六吉之金祥顺，吉裕之金万利、徐同顺，均由莱阳来。……

金万利沙船作为吉裕商号的沙船，从山东的莱阳返航，入港南市。莱阳属山东半岛中部的登州府，在乾隆时代有何家口一港为人所知。④莱阳生产的豆类种类丰富，民国《莱阳县志》卷二之六《实业·物产》中有：

---

① ③《中国交通营运里程图》，第 349 页。
② 光绪二十三年修，民国二十二年《文登县志》，《中国方志丛书·华北地方》第 368 号，第 4 册，第 1183 页。
④ 乾隆《山东通志》卷二〇《口岸》中有："莱阳县何家口，县南九十里。"（第 369 页）在莱阳县，五龙河入海的丁字港沿岸附近有若干港口（民国《莱阳县志》卷二之六《航路》，《中国方志丛书·华北地方》第五七号），第 2 册，第 580 页）。

>豆种类繁多,名亦不一。……青豆、黄豆、黑豆皆可榨油成饼,豇豆、绿豆、豌豆、小豆皆可制粉。①

金万利沙船自莱阳运至南市的货物应是豆货。《中外日报》第1024号,1901年6月20日,光绪二十七年五月五日《本埠新闻·南市》中有:

>沙船续到〇月初至昨,南市商号续到沙船,……陆吉号之金万利由乳口来,广盛等号之田义盛由牛庄来。

金万利沙船作为陆吉商号的沙船归自山东乳口。《中外日报》第1054号,1901年7月20日,光绪二十七年六月五日《本埠新闻·南市》中有:

>沙船续到〇月初南市,所到沙船计……金万利,与永春号之全长春、孙万福,均由莱阳来,泰升号之金元利由里岛来。

金万利沙船在《中外日报》第1024号上出现后的30天后的7月20日由莱阳归来。《中外日报》第1196号,1901年12月10日,光绪二十七年十月三十日《本埠新闻·南市》中有:

>沙船续到〇南市昨到沙船,计……萃丰号之金万利、凌长兴,……由夹仓来。……生大号之金源泰由洋河来。……

金万利沙船这次作为萃丰号的沙船归自山东夹仓。《中外日报》第1202号,1901年12月16日,光绪二十七年十一月初六日《本埠新闻·南市》中有:

>沙船续到〇南市商号,月初至昨所到沙船,计……各号之金万利,万盛号之金合顺,由洋河来。……

金万利沙船从洋河返航,入港上海南市。《中外日报》第1244号,

---

① 民国《莱阳县志》卷二之六《实业·物产》,第624页。

1902年1月27日,光绪二十七年十二月十八日《本埠新闻·南市》中有:

> 沙船又到○南市各商号续到沙船,计……德大号之金万利、周乾顺,协泰号之万福利,匡合顺,三兴号之任长增,由青口来。……

此次金万利作为德大商号的沙船,自江苏赣榆县青口返航,入港南市。德大号经营棉布,亦经营沙船航运业。①

此后一年间,金万利沙船不见于记录。《中外日报》第1634号,第二张,1903年3月3日,光绪二十九年二月初五日《本埠新闻·南市》中有:

> 邀集会议○前日南市泰润、恒盛两豆麦行邀集同业各执事,在花衣街生泰米豆行内会议,不许同业与协泰商号往来买货。各执事因事关大众,未曾允诺而散。闻此次会议之故,因协泰号之商船金万利由牛庄载货到沪,将豆饼售张泰润,延至十余日并不提货者,舵向催反遭斥辱。因此号生片请各商船号主会商以后,不将关货售与泰润及出头助辱之恒盛二行。

南市的麦豆行泰润行与恒盛行召集了同业人员在花衣街的生泰米豆行举行会议,禁止协泰商号参与豆货交易。协泰号用金万利沙船自牛庄运输豆货至上海南市,向泰润号出售。

以上是金万利沙船被英国商行雇佣之前的航运活动记录。将之列为下表1。

表1 金万利沙船的航运活动表

号数	刊载年月日	商 号	航海路径	航行日数	载 货
190	1899年3月1日	陆吉号	乳口→上海		饼豆腌猪
271	1899年5月21日	六吉号	洋河→上海	123日	
464	1899年11月30日	益昌号	牛庄→上海	193日	油豆饼

---

① 松浦章:《徽商汪宽也と上海棉布》,《関西大学博物館紀要》第7号,2001年3月,第21—31页。

续　表

号数	刊载年月日	商　号	航海路径	航行日数	载　货
581	1900年4月3日	永记号	夹仓→上海	124日	
623	1900年5月15日		牛庄→上海	43日	
666	1900年6月27日		牛庄→上海	44日	
680	1900年7月11日	裕兴号	青口→上海	15日	
692	1900年7月23日	顺永号	文登→上海	13日	
821	1900年11月29日		胶州→上海	109日	
864	1901年1月11日	吉裕号	莱阳→上海	43日	
1024	1901年6月20日	陆吉号	乳口→上海	161日	
1054	1901年7月20日		莱阳→上海	31日	
1196	1901年12月10日	萃丰号	夹仓→上海	150日	
1202	1901年12月16日		洋河→上海	6日	
1244	1902年1月27日	德大号	青口→上海	43日	
1634	1903年3月3日	协泰号	牛庄→上海		
2419	1905年5月7日	英商丰茂洋行	上海→威海卫		肥皂
2432	1905年5月20日	英商丰茂洋行	上海→烟台		白糖牛乳

（表中数据出自《中外日报·本埠新闻》《南市》及《英租界》栏。号数为《中外日报》的号数及发行年月日，航行日数栏中载该船两次见报之间的间隔天数，包含往复途中航海天数以及在靠港地、上海南市等停泊的时间。）

4. 小结

金万利沙船从事航运的时期，是沙船业经营环境恶化的时代。据《中外日报》第2418号，1905年5月6日，光绪三十一年四月初三日《本埠新闻·南市》的记载，南市的沙船金永泰、朱源泰等自上海载南货赴北洋交易，获利颇丰，但返航之际却未载货物，以空船返回。① 为何空载返航？据《中外日报》第2426号，1905年5月14日，光绪三十一年四月十

---

① 《中外日报》第2418号，1905年5月6日，光绪三十一年四月初三日《本埠新闻·南市》中有："沙船将回○南市各商号之沙船金永泰、朱源泰等，前经在沪装载南货至北售卖，颇能获利，惟北货贩运来南，以市价不合，拟于日内放空来南云。"

一日《本埠新闻·南市》的记载,金永泰、朱源泰沙船由于牛庄物价高腾,未采购货物便启程返航。① 由此可知在 20 世纪之初,沙船航运业的经营环境急剧恶化。即便自上海向东北运输货物,并在返航之际将北货运至上海,也没有获得丰厚利润的机会。其结果,如《中外日报》第 2639 号第二张,1905 年 12 月 13 日,光绪三十一年十一月十七日《本埠新闻·南市》中所载《沙船号主亏倒逃逸》②的情况出现,南市有着悠久历史的老字号陈丰记沙船商号破产,留下十余万两的负债,号主陈紫侯跑路。可见 1905 年时,沙船航运业经营之困。

金万利沙船在沙船航运业经营恶化的大环境下活动,它的航行活动可见于 1899 年至 1905 年的 6 年之间。在这段时间中,金万利沙船受雇于陆吉号(六吉号)、益昌号、永记、裕兴号、顺永号、吉裕号、萃丰号、德大号、协泰号、英商丰茂洋行,这些雇主中 9 家为商号,1 家为洋行。由此可知,金万利沙船并不属于特定的沙船航运业者,它应该是沙船船户自主经营的船只,以单只沙船靠收取运费营业。

由此可知,船户自主运营的金万利沙船,在进行运营时采用自行寻找雇主,获取运费这样的典型的经营方法进行运营。因此,它也为外国商人雇佣,航行于轮船航行困难的地区,或是轮船航行频度较低的港口与南市之间,以此维持经营。

(董科 译)

---

① 《中外日报》第 2426 号,1905 年 5 月 14 日,光绪三十一年四月十一日《本埠新闻·南市》中有:"沙船装油到沪〇南市各商号之沈裕茂、朱源泰等各沙船自装货赴牛庄销去,后因该处牛油价值不合贩沪销售,故皆空驶回沪。间有装者亦未满千篓,幸别口小篓油价尚轻,颇合贩卖,故前昨等日各船到沪,油价藉此逐贱。"

② 《中外日报》第 2639 号第二张,1905 年 12 月 13 日,光绪三十一年十一月十七日《本埠新闻·南市》中有:"沙船号主亏倒逃逸〇南市陈丰记沙船号亏欠各家往来银十余万两,号主陈紫侯逃逸无踪,昨由北市南顺泰号主投报总工程局,请即提追。"

第 12 章 上海南市的商船会馆

1. 绪言

上海南市是重要的商业中心。这一点可从上海发行的报纸《字林沪报》第 921 号,1885 年 3 月 20 日,光绪十一年二月初四日的报道《论沪南市近日市面》中看得很清楚:

> 本埠南市,华商聚会之所在也。码头鳞次,铺户栉比。大小行号,咸籍沙宁诸船为转运,恃米麦油豆为大宗。……

南市是中国商人集中的重要市场,邻接南市的黄浦江上有数量众多的埠头,大小商船、专营店密集,经由沙船和宁船等商船运至的米、麦、油、豆的交易频繁。另外,《字林沪报》第 1005 号,1885 年 6 月 12 日,光绪十一年四月三十日的报道《论沙船望运之切》中有:

> 沪上分南北两市,南市则本帮各聚焉。大宗贸易实恃沙船,至于近日,而沙船不可恃矣。沙船不可恃,而沪商之资,为硕果晨星者,要仍在是,非恃沙船之贸易也。

可见,南市的基础产业是沙船航运业。《字林沪报》第 1940 号,1888

年1月15日,光绪十三年十二月初三日的报道《论经商先官择业》中有:

> 天下之民,分为四业,而商居士农工之下。……今日上海哄然,为通商总汇。间阎栉比,廛肆鳞次,人生日用所需之物,入市求之无弗备,亦可称官山府海,中国第一热闹埠头矣。然而以操业论,则南北两市颇觉不同。南市之巨擘,曰钱庄也,花栈也,米麦行也,沙船号业,绸布油铁竹木药材也。

在南市,经营金融的钱庄,经营棉花的花栈,经营米麦的米麦行,以及沙船航运业是主要的大型产业。另外,在这里也有经营丝织品、油、铁、竹木材、药材的商店。《字林沪报》第2050号,1888年5月11日,光绪十四年四月初一日的报道《沪南筑路答问》中有:

> 淞滨客问于赖哆子曰:"沪南沿浦,新有兴马路之议。曾闻之乎?"曰:"闻之。"曰:"不识。"……凡百贸易,萃于南市。南市之商家,推沙船为巨擘。最盛时,多至二三千艘。帆樯所至,货物流通,若油豆饼诸项,由此进口。

可见,南市的经济活动中心是沙船航运业。由于沙船航运业的发达,南市的商业被活动被经由沙船,搬运至南市岸上的豆货激活。

在上海南市这个地方,曾存在过沙船航运业者的会馆——商船会馆。现在,这个会馆的遗址仍在南市存在。在往时,它是一个隆盛至极的会馆。这一点可从曾经造访这个会馆的浙江省桐乡县人沈宝禾的《忍默恕退之斋日记》中得知。咸丰五年(1855)十二月十二日,沈宝禾与上海县知县等当权官吏会面,除此之外还面会了郁泰峰、经芳洲、郭邕庵、王叔彝、王仁伯等当地的有力士绅。这些士绅,均是从事沙船航运业的人。同月二十五日,沈宝禾赴商船会馆,并记录了当时有名的商船业者。① 他写下的咸丰五年当时的《上海商船二十四家名单》中有:

---

① 沈宝禾:《忍默恕退之斋日记》,《清代日记汇抄》,上海人民出版社,1982年4月,第239—240页。

一　王永盛　桐村　咸瓜街　二　郁森盛　泰峰　乔家滨　三　沈生义　晚香　新马滨　四　王公和　仁伯　逮香谐　新马滨　五　彭宝泰　施相公弄北首福隆油麻店弄　六　奥恒顺　恒丰号　王家码头　七　孙丰记　孙丰号　大码头丰盛行　郎家桥　八　诸长茂　王家码头　九　蒋宏泰　海珊　王家码头　十　李久大　也亭　王家码头　十一　王春记　二如　叔汇　王家码头　十二　郭万年　凼庵　小东门里洋行街路　万丰号　十三　经正记　芳洲　药局弄同仁堂　十四　陆生记　兰亭　王家码头　十五　萧星记　棣香　绿生　屠家湾　十六　陈有德　芝芳　南仓街　十七　严同春　王家码头　十八　严天泰　王家码头　十九　杨同吉　王家码头　二十　蒋勤泰　王家码头北首启盛内　二十一　沈大源　太平码头　二十二　瞿德春　施相公弄北首　二十三　陈文献　会馆间壁　二十四　张炳槎　织云　陆家滨①

从这份名单中可见咸丰五年时 24 家上海商船，即沙船航运业者的名字。这些沙船航运业者应该都是归属于商船会馆的。

在上海，南市和北市的称呼产生于 1861 年之后。太平天国时代，清军镇压占据上海县城的小刀会叛乱。此时，协助清军进行镇压的法国将其租界沿黄浦江扩展至十六铺。那时开始，自十六铺至租界的地段被称为北市，而十六铺及小东门以南之地被称为南市。②

商船会馆位于南市的会馆路。此会馆往时情况留有照片（参见第 459 页照片 2）。③ 这一点可从照片中会馆的拱形入口之上的"商船会馆"四个字中得知。时至今日，"商船会馆"四个文字已经不复存在，但是拱形的入口处仍然被保存了下来，这将在后面的部分中叙述。下面，将参考现今的照片，叙述商船会馆的历史。

---

① 《清代日记汇抄》，第 240 页。
② 郑祖安：《上海地名小志》，上海社会科学院出版社，1988 年 10 月，第 18 页。
③ 《商船会馆址》，《老上海》，上海教育出版社，1998 年 12 月，第 47 页。这样的照片同样被收录在上海博物馆图书资料室编《上海碑刻资料选辑》（上海人民出版社，1980 年 6 月）中。

2. 上海沙船航运业的繁荣

清代前期以后，上海的巨商中，鲜有依靠农业形成巨额财富的。大富翁们拥有大小数十只船舶，并将这些船舶派往东北沿海地区，运输大豆、大豆油、豆饼、酒等物资运赴上海。这些船舶每年航行 3 至 4 次，这样的航运活动造就了上海的豪商（王韬著《瀛壖杂志》卷一）。

《北华捷报》（*North China Herald*）第 30 号，1851 年 2 月 22 日刊载的《戎克贸易》中有：

> 上海与山东之间有规模巨大的戎克贸易。每月，豆、碗豆、油粕等货物自山东被运输至上海。这些戎克几乎全为上海及其近郊居民拥有，仅有一部分的拥有者为山东居民。因从事这种贸易而被雇佣的各种船只至少有 1500 只，据报道，居住在上海最大的船舶所有者 Sing yuh 拥有约 60 只船舶。

由此可知上海与华北沿海地区之间以豆货为中心的沿海贸易繁荣的情况。关于上海豪商拥有的船舶，民国二十四年（1935）年刊《上海县志》卷一一《交通·航》中有：

> 吾沪帆船行驶北洋者，曰沙船，曰卫船。①

可知由长江口向北航行的帆船中，在上海附近有沙船和卫船两种。关于沙船，该书夹注中有：

> 专走牛庄、天津等埠。道咸以前，邑人业此者多至巨富。同治以来，业日衰败，船日减少。②

可见沙船专门从事与牛庄和天津等埠头之间的贸易。在道光、咸丰年间之前，上海从事沙船航运业的人多成了巨富。但是同治以后，这一

---

① 民国二十四年《上海县志》卷一一，《中国地方志集成　上海府县志辑》（四），上海书店，第 197 页。
② 同上书，第 197 页。

航运业日益衰退,沙船的数量亦日益减少。沙船主要进出辽牛庄与天津,其最盛时期为道光、咸丰年间以前,即 19 世纪中期以前。但是到了 19 世纪后半的同治年间以降,沙船航运经营开始衰落。

这种被称为沙船的平底帆船在清代前期之后的活跃,与上海的产业构造有着密切的关系。上海经济繁荣的一大推动因素在于豆货。《上海碑刻资料选辑》中有:

> 由沙船运诸辽左山东,江南北之民,倚以生活。磨之为油,压之为饼,屑之为菽乳,用宏而利薄,率取给于上海。①

自东北和山东方面经由沙船运至江南地区的大豆被用于制作豆油、豆饼、菽乳等产品,为上海地区带来了巨大利益。支撑这些产业的,正是将上海近郊所必需的大豆自其他地域运输而至的帆船,即沙船。而沙船所有者等建设的会馆正是商船会馆。商船会馆建在现在被称为上海市南市区的地方。南市区位于黄浦江左岸,是上海自古以来商业发达的地区。

民国初期,姚公鹤在《上海闲话》中写道:

> 上海南市之有市面,则以上海滨江带海,有天然之交通。海通以前,内地之输送与外海之贸迁,自元、明以来,即以上海为商务上之一大枢纽。②

可知上海南市临黄浦江,与外海之间的交通极为便利,因此很早便作为商业区得到发展。元明时代以来,是上海商业的中心。在南市交易的货物有米、麦、杂谷、油、豆、竹、木、药材等,经营这些商品的商店在南市云集。③ 旧时的南市区域在今天仍是上海重要的商业区。

在南市地区,除了商船会馆,还建有数量众多的商人会馆,这一点可

---

① 《上海碑刻资料选辑》,1980 年,第 282 页。
② 姚公鹤:《上海闲话》,上海古籍出版社,1989 年 5 月,第 66 页。
③ 《上海闲话》,上海古籍出版社,第 67 页。

从《上海碑刻资料选辑》中窥知。

3. 商船会馆的设立

关于商船会馆设立之经纬,可从《上海碑刻资料选辑》所收《重修商船会馆碑记》与民国《上海县续志》卷三《建置下·会馆公所·商船会馆》的记载中得知。《重修商船会馆碑记》中有:

> 吾邑商船会馆,崇奉天后圣母,其大殿戏台创建于康熙五十四年,洎乾隆二十九年,重加修葺。添造南北两厅,……嘉庆十九年,锡金同人铸钟鼎、崇明同人建两面看楼。后于道光二十四年,众号商建造拜厅、钟鼓楼及后厅内台等所,盖极缔造之巨观矣。于是会馆事务,悉归号商经理。……斯馆于同治元年,西兵驻防于此。撤防后,制造局又僦居于内。阅五年迁出,殿厅圮毁。七年,众号商集资兴修。……至光绪十六年庚寅七月,飓风大作,戏台头亭渗漏,估匠重修,……十七年辛卯三月,复筹款修理大殿与南北两厅、钟鼓楼、南北看楼及后墙等处。……十八年壬辰九月,更易戏台新梁……①

另外,《上海县续志》卷三《建置下·会馆公所·商船会馆》中记录了商船会馆最初情形:

> 商船会馆在马家厂。康熙五十四年,沙船众商公建崇奉天后。乾隆二十九年,重修大殿戏台,添建南北两厅。嘉庆十九年,建两面看楼。道光二十四年,建拜厅钟鼓楼及后厅南台,并铸钟鼎。同治元年,借驻西兵。撤防后,制造局僦居于内阅。五年,迁出殿适圮毁。七年,重修。光绪十七年,飓风损戏台重修。十七、十八两年,继续大修天后宫,未改建时,有司岁祀于此举行。②

---

① 《上海碑刻资料选辑》,第196—197页。
② 民国七年刊《上海县续志》(一),成文出版社,第249页。

由此可知，商船会馆的基础，始于康熙五十四年(1715)的大殿戏台之建设，后于乾隆二十九年重修时增设了南北各厅，会馆的基本形状自此成立。

关于商船会馆此后的发展，据《重修商船会馆碑记》与《上海县续志》等资料中可知，嘉庆十九年(1814)建设了两座看楼；道光二十四年建设了拜厅、钟鼓楼、后厅、南台等设施；同治元年(1862)外国军队驻屯商船会馆，在外国撤军后，制造局被安置于此，直至同治五年(1866)。制造局移出之后，商船会馆的殿厅损毁，于同治七年(1868)进行了重修。其后，在光绪十六年的台风中，戏台被损坏，其后进行了重修。光绪十七(1891)、十八(1892)两年，对天后宫进行大修。以上便是商船会馆建设经纬之概略。

商船会馆旧址于 1987 年 11 月被上海市人民政府指定为上海市文物保护单位。（照片 1）

照片 1　商船会馆碑(1990 年 7 月摄影)

第 12 章 上海南市的商船会馆

据《上海县续志》,商船会馆设于马家厂,即现的是会馆码头街的尽头处,面向会馆街。在商船会馆前的用地上建有一幢三层建筑,与会馆相邻。《上海碑刻资料选辑》中刊载的照片(照片 2),可令人回想现在的商船会馆(照片 3)的往昔风采。现在,旧时商船会馆的大院中已有其他建筑物存在,所以很难精准确定当时会馆内建筑物的配置情况,不过,屋顶仍保留了旧时的状况(照片 4)。

照片 2 旧时的商船会馆

照片 3 近年的商船会馆入口(1990 年摄影)

照片 4 商船会馆正殿屋顶部分(1990 年 7 月摄影)

会馆内部的一部分，现在被作为纺织工厂使用，屋顶的装饰（照片4）与地砖的纹样（照片5）向人们诉说着当年商船会馆的繁华景象。

照片5 商船会馆正殿地砖（1990年7月摄影）
各地砖的四隅可见代表吉祥的蝙蝠纹样

道光年间以后，上海沙船航运业主巨商郁家成为商船会馆主要会员之一。以沙船航运业起家的郁润桂是活跃于嘉庆年间至道光年间的沙船业主，他拥有70余只沙船，雇佣人员多达2000余人，是一个巨商。

郁润桂的长子郁彭年号竹泉，在商人同行之间被称为郁森盛的他，是道光年间上海沙船业具有代表性的巨商。道光十七年（1837）三月在上海县城陆神庙建设戏台时，他提供了巨额资金。郁润桂的次子郁松年号泰峰，咸丰八年（1858）时，他至少拥有50余只沙船，乃是一大豪商。比起船商的身份，作为《宜稼堂丛书》发行者和藏书家的郁松年更为人所知。①

---

① 参见本书第3编第2章。

东北沿海地区与华北沿海地区的豆货——大豆、豆油、豆饼,通过沙船被运输至上海,被用作食物及肥料等用途。带动豆货相关产业繁荣的是沙船业。鸦片战争以后,清朝针对外国船的进出发布了"豆禁",禁止其运输东北地方的豆货等物品,但是却不禁止中国国内船只运送这些物品,沙船业由此得以存续。但是到了同治元年(1862),"豆禁"被解除,曾经无比繁荣的沙船业遭受了严重打击。

商船会馆由上海船商有组织地运营,是道光二十四年(1844)以后开始的。《重修商船会馆碑记》中有:

> 后于道光二十四年,众号商建造拜厅、钟鼓楼及后厅内台等所,盖极缔造之巨观矣。于是会馆事务,悉归号商经理。初延石琢堂先生主理馆务,厥后递请张兰亭、陆春晖、沈雒宜、吴沐庄、金侍香、周心宇、金梅岭、沈晓沧、江馨山、沈庆甫、郁正卿、朱佩韩、潘子楼诸君,今则余(王宗寿)承乏其间。①

道光二十四年(1844)以后,商船众号选出商船会馆的经理,从初任至光绪十八年(1892)王宗寿就任,共有15人。每人的任期应为3余年左右,在这份名单中可见郁正卿的名字。从《上海郁氏家谱》关于郁正卿的记录中可知,郁正卿是郁彭年的次子。他是郁森盛沙船商号的一员。②

沙船会馆为了维持沙船航运,曾积极从事漕粮运输。《申报》第2679号、第2680号,光绪六年九月十一、十二日,1880年10月14、15日刊载的《商船会馆公禀苏松太兵备道稿九月初六日呈》中有:

> 禀为积困难苏沥□求详恩施保恭事。窃商船承运漕运粮,自同治十一年,分拨轮运米数递增,商等前经禀事直爵督李批示,嗣后沙宁东卫各船,统运江浙漕粮,以一百万石为率,余则拨归轮运等。谕通行在案,无如轮船之运米数有加,无如商船之米数有缩无盈。上

---

① 《上海碑刻资料选辑》,第196—197页。
② 参见本书第3编第2章。

年商等各船,仅得派装漕粮四十余万石,核与 宪批一百万石之数,渐不及半。米数既少,水脚随短,致行本修舱等费,动形支绌。而大宪又以库款不足于原定,运脚每石提扣银三是当米数递减之际,复有提扣脚银之举。商船之困苦艰危,真属不及堪殚述第念商船为海沪本根,咸丰军兴以来,助饷有捐,大营有捐。其余捐款林立,无不取给商船。商船等力,苟能逮原,未敢吝惜脂膏,乃自外洋输胰进口,商业日就萧条。现惟存三百余艘,所奉承运漕粮米额颇多,藉领水脚修舱等银资补救,而稍留旧产。伏读同治五年十二月内阁奉谕旨,海运借资商船,往返动逾半年,费用较增,每多赔累,自应优加体恤,以广招徕,仰见 皇恩浩荡,钦感莫名。若如此,频年减派,恐非 圣朝优恤商船之至意。商等固知,分拨输运仪,为招商大局起见,但查,广商吴南皋等,禀请集资购买轮船,雇承海运之初,奉 前爵督宪曾批示,承运海漕,在沙船为常业,非万不得已,未使遽作改图,并云运漕,先尽沙船,所以恤疲商,而念旧谊。又查,招商局绅朱其昂等,禀轮船装运漕粮,花名价目,奉 前署宪张批示,总不得逾十万石之数,以免沙卫向隅是商船承运粮数,久为大宗。若如此,轮船递增,商船递减,更恐非前大宪恤疲念旧,俾免向隅之本怀,至运脚银数,向系每石四钱九折扣给。同治五年,商等以困难承运禀求详加蒙增给一钱五分,作为终费,全行免扣。其原给之四钱免扣,免扣三分,仅扣一分,作为海运公费。当经 前爵督宪曾批准定案,乃上年提扣运脚银,每石三分是已免者依然,不免岂定案者,不足为据。虽奉有库款,稍充或可另示体恤之谕。然库款关键,全省未必争此锱铢,商船逐渐凋零,能无需此涓滴,转瞬冬漕开运,如仍照旧照提扣行验等费,势尚束手,惟有闻乞 宪恩矜鉴,本届漕粮,多派米数,旧扣运脚,仍复定章,遂商船一线生櫕,即培海沪一分元气,则商等莫不共戴 皇仁并铭 宪德无涯矣。禀 厅 县宪,求即申详外,合亟沥情环叩 大人,轸念商船艰苦实在情形,非多派运米,全给脚银,无由苏息,准据详请 抚 藩 粮宪,逾核恩施,以苏积困,

而保商业感激上禀。乙

由上可知,光绪六年九月初六日,1880年10月9日,商船会馆向苏松太兵备道提交呈报。光绪六年当时的苏松太兵备道,是自光绪四年至八年在任的刘瑞芬。①

沙船航运业者行会受清政府委托,参加了同治五年自长江河口向天津的海上漕运活动,其运输量高达100万石。但是,到了光绪六年(1880)前后,运输额激减至40万石。其最大原因是沙船等帆船运输,被设有引擎的轮船即蒸汽船替代。上文是商船航运业者希望得到官方帮助,以改善商船航运业现状的禀报文。

商船会馆设有相当于馆主的负责人——董事。初期的馆主、董事名可由《重修商船会馆碑》得知,其后的董事的名字可,散见于《字林沪报》和《中外日报》。详见下表:

表1　商船会馆　馆主、董事

公　历	中　国　历	馆主　董事	出　典
	嘉庆、道光	石琢堂	《重修商船会馆碑》
	道光	张兰亭	《重修商船会馆碑》
		陆春晖	《重修商船会馆碑》
		沈锥宜	《重修商船会馆碑》
		吴沐庄	《重修商船会馆碑》
		金侍香	《重修商船会馆碑》
		周心宇	《重修商船会馆碑》
		金梅岑	《重修商船会馆碑》
		沈晓沧	《重修商船会馆碑》
		江声山	《重修商船会馆碑》

---

① 民国七年《上海县续志》,《中国地方志丛书·华中地方》第14号第2册,第793页。

续 表

公 历	中 国 历	馆主 董事	出 典
		郁彭年	《上海郁氏家谱》卷2
1868年	同治七年	沈庆甫	《重修商船会馆碑》
1868年	同治七年	郁正卿	《重修商船会馆碑》
		朱佩韩	《重修商船会馆碑》
		潘子楼	《重修商船会馆碑》
1883年	光绪九年	朱孝廉	《字林沪报》第287号
1887年	光绪十三年	朱鼎起	《字林沪报》第1894号
1892年	光绪十八年	王宗寿	《重修商船会馆碑》
1899年	光绪二十五年	陈 悟	《中外日报》第314、1210号
1902	光绪二十七年	陈子侯	《中外日报》第1326号
1907年	光绪三十三年	李宗祐	《上海县续志》卷10

《重修商船会馆碑》中有：

> 后于道光二十四年，众商号造拜厅……于是会馆事务，悉归号商经理。初延石琢堂先生主理事务。①

道光二十四年(1844)，商船会馆的事务开始由沙船号主等管理。在此之前，主理商船会馆馆务的是石琢堂，即石韫玉。《国朝耆献类征初编》卷一九五中收录的陶澍撰《石韫玉传》中有：

> 公讳韫玉，字执如，号琢堂，祖籍丹阳，系出宋曼卿先生后。国初，自丹阳迁吴县，至公已四世。②

可知石琢堂是石韫玉的号。他祖籍江苏省镇江府下属的丹阳县，在清初迁至苏州府吴县，至他时已经四代。石韫玉乾隆五十五年(1790)中进士，成为翰林院修撰，嘉庆三年(1798)成为四川的重庆府知府，在嘉庆五

---

① 《上海碑刻资料选辑》，第196页。
② 《国朝耆献类征初编》，江苏广陵古籍刻印社，1990年8月，第10册，第250页。

年(1800)白莲教叛乱之际防守重庆有功。他于嘉庆二十一年(1816):

> 归主苏州紫阳讲席,并修《苏州府志》里居。……道光十七年五月五日,无疾卒于经史巷里第,年八十有二。①

可知他在回到故乡江苏吴县后,成为紫阳书院的讲席,并参加了《苏州府志》的修撰工作②,于道光十七年(1837)亡故,卒年八十二岁。从石韫玉的经历来看,他担任商船会馆馆主的时间应始自嘉庆二十一年(1816)回乡之际,终于道光十七年(1837)亡故之时。

石韫玉还曾代江浙督抚上奏海运事宜。这便是收录于其著作集《独学庐三稿》卷三,札子中的嘉庆十六年(1811)闰三月二十六日的上奏文《代江浙督抚议覆海运札子》。奏文中有:

> 查苏省商贾出海,皆系平底沙船。现松江、太仓一带,所有沙船百只,每船仅可装米四五百石,即尽数募雇装米,仍属有限无益。③

在嘉庆十六年(1811)当时,长江口附近有可用作运输的沙船100只左右,而且其载重为400至500石之间。这一情况到了嘉庆末道光初有所改变——那时在长江口的沙船增加为2000只至3000只,而且载重多为1000石左右。

以上是首任董事石韫玉时的情况。同治七年(1867)时的董事郁正卿,是郁彭年的次子,名郁熙绳。

商船会馆在清末创设了小学。民国七年《上海县续志》卷三《建置下·会馆公所·商船会馆》中有:

> 光绪三十三年,复附商船小学校。④

可知商船会馆的小学是在光绪三十三年(1907)设置的。另外,《上海县

---

① 《国朝耆献类征初编》,第10册,第251页。
② 石韫玉参加修撰的《苏州府志》是道光四年(1824)刻本。
③ 上海图书馆藏《独学庐三稿》卷三,第18页。
④ 民国七年《上海县续志》卷三,《中国地方志丛书·华中地方》,第14号,第1册,第250页。

续志》卷一〇《学校中·初等小学堂·附录·两等小学堂》中有：

> 商船小学堂在马甲厂商船会馆。光绪三十三年正月，会馆董事李厚祐等，筹款创设初等小学。宣统二年，增设高等。经常费会馆担任。①

光绪三十三年(1907)正月，商船小学堂被设置在商船会馆之内，宣统二年(1910)增设了高等小学校，其运营经费由商船会馆提供。

4. 小结

综上所述，上海南市的商船会馆自清代前期至末期，是承担了作为上海经济发展的基础的作用的帆船、沙船业等航运业繁荣的象征性存在。但是，伴随着近代航运业的发展，商船会馆也变成了历史的遗迹。

尽管现在连接南市埠头的街道已被中山南路这条巨大的马路切断，但是路的尽头黄浦江西岸处，自北向南，有新码头街、竹行码头街、王家码头街、公义码头街、利川码头街、赖义码头街、会馆码头街、丰记码头街、油车码头街等街道存在。② 这些码头街的名字，应是由来于本书《清代上海沙船航运业各号系谱》一章中叙述的与沙船航运业者有密切关系的商号。例如王家码头街、利川码头街、丰记码头街以及连接商船会馆与黄浦江左岸的会馆码头街等，其名皆源于沙船业经营者。数量众多的沙船从这些埠头出发，前往中国东北沿海、山东沿海、天津等地的各个港口。位于这些码头街的中心位置的，应当就是商船会馆。

虽然商船会馆遗迹在1987年11月被指定为上海市文物保护单位，但是在此之前建设在会馆中的的工厂和民居仍占据着会馆的庭院。在此，期望在今后能对为清代中后期上海经济发展作出巨大贡献的商船航运业的中心地——商船会馆遗迹进行整理与修复。

---

① 民国七年《上海县续志》卷一〇，《中国地方志丛书·华中地方》，第14号，第2册，第603页。
② 上海市测绘院编制：《上海生活地图册》，上海科学技术出版社，1998年第1版，1999年1月第2次印刷，第41页；中国地图出版社、中华地图学社编制：《上海市实用地图册》，中华地图学社，2004年3月，第43页。

第 12 章　上海南市的商船会馆

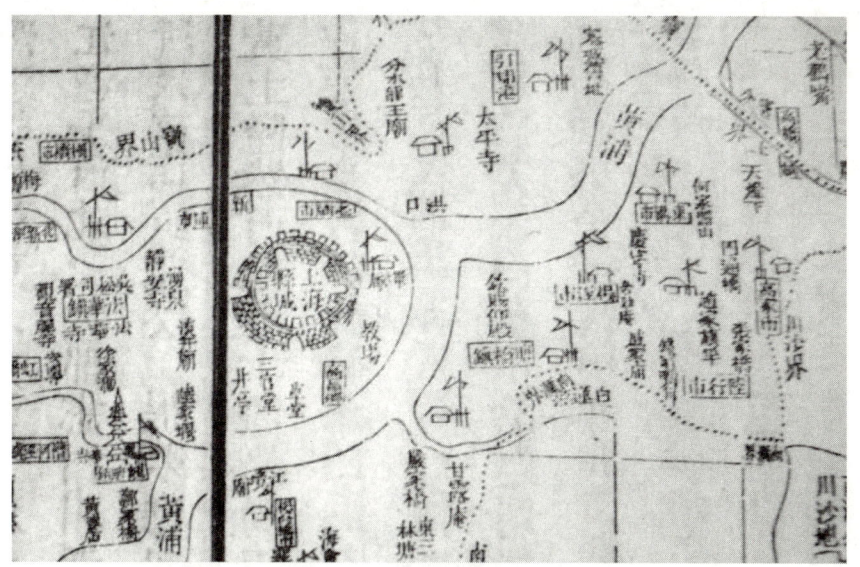

图 1　嘉庆《上海县志》

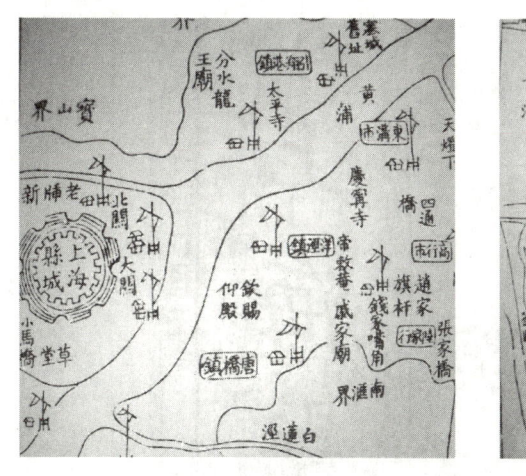
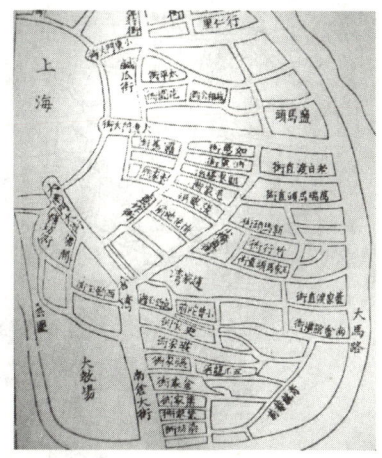

图 2　同治《上海县志》

右边的地图右侧的"大马路"左边可见"南会馆横街"的街名

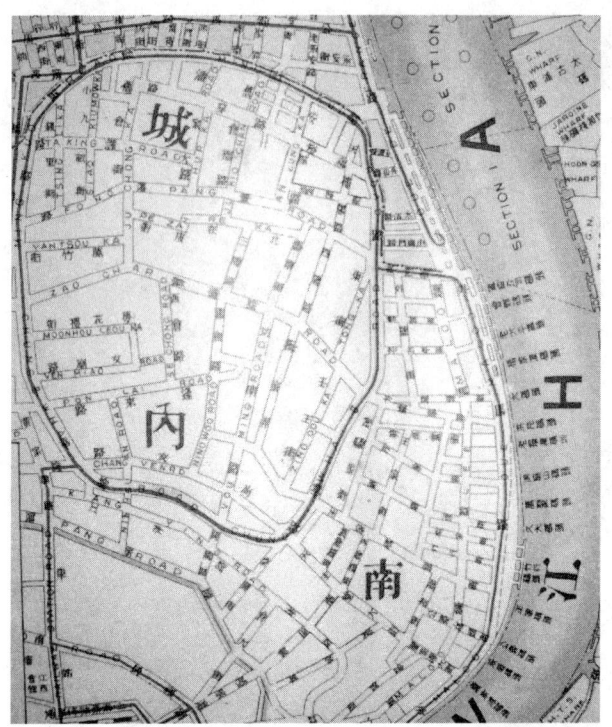

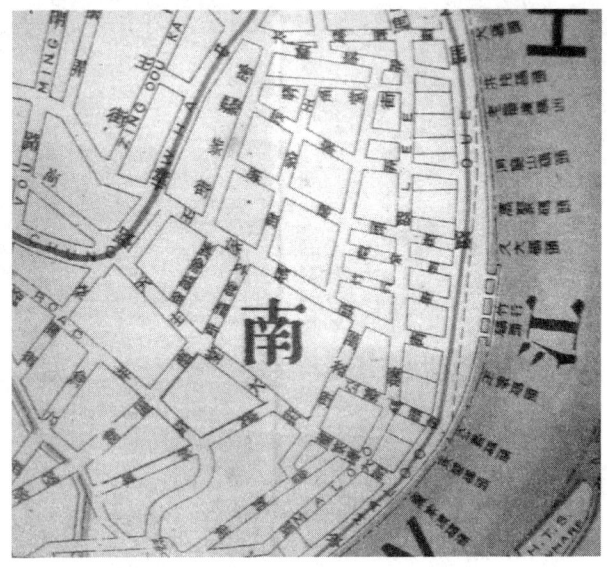

图 3　1925 年前后的上海地图

第12章 上海南市的商船会馆

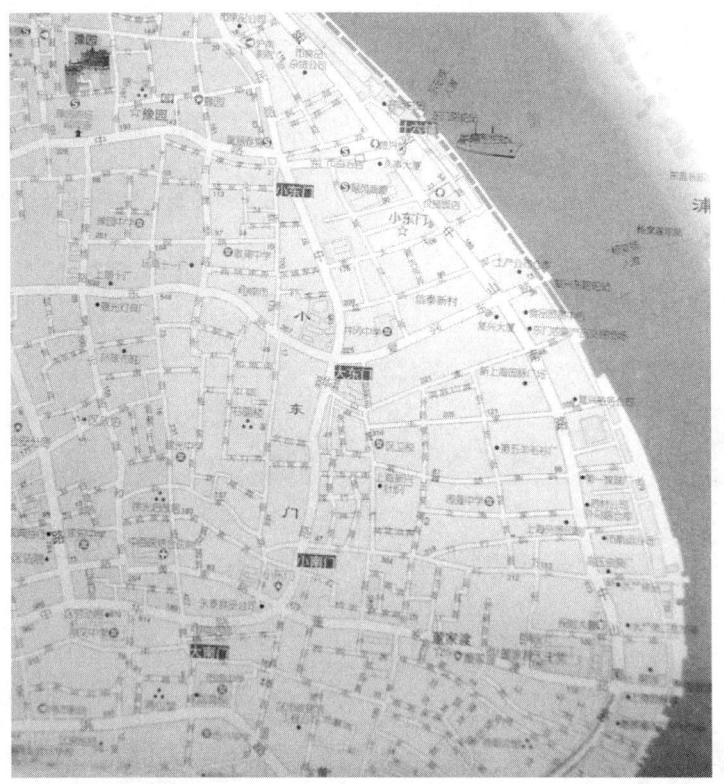

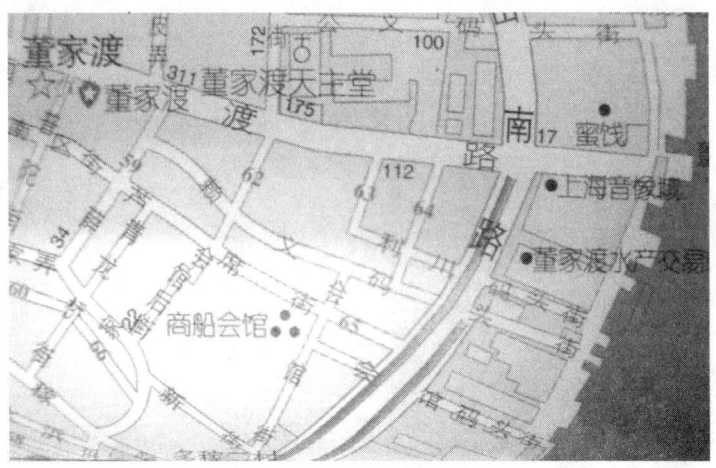

图4 《上海市地图集》编纂委员会:《上海市地图集》,上海科学技术出版社,1997年12月,第144页。

以下为2001年12月拍摄的照片。

照片6

照片7

照片8

照片9

第12章　上海南市的商船会馆

照片10

照片11

照片12　从会馆码头街看商船会馆旧址　正面是商船会馆

（董科　译）

终章　清代上海南市沙船航运业的变质

1. 绪言

前面各章中已提及清代东北海港因来自江南方面沿海船只而热闹繁盛的情况。清末的报纸中有如下报道。刊行于天津的《国闻报》第 873 号,1900 年 4 月 13 日,光绪二十六年三月十四日,《营口新闻·冰解船来》中有:

> 营河冰凌于二月二十五日开解,二十八日进船。惟天气尚寒,至三月三日,冰块犹未消尽。自二月二十八日至三月初三日,此六日中已到轮船三十只、沙船三十一只、宁波船七只、山东船十余只、直隶船十余只,市面尤见闹热矣。

光绪二十六年二月二十五日(1900 年 3 月 25 日),营口港冰封开始融化,3 天之后各路船只便迫不及待地进入该港。此后的 6 天中,共有 30 只轮船、7 只宁波船、10 余只山东船、10 余只直隶船以及 31 只沙船入港。另外,刊行于奉天(现沈阳)的《盛京时报》第 37 号,1906 年 12 月 5 日,光绪三十二年十月二十日的《东三省汇闻》中有:

锦州西海口旧称油粮口岸,凡到口沙、鸟等船均由锦城粮店购买元豆运往浙、闽等省售卖。今秋锦属豆糖歉收,价值太昂,每斗需洋一元三四角,比较常年加半倍之谱。所以南省商船均闻风不进云。

江南的沙船与福建鸟船来到锦州西海口(即天桥厂①),将豆货运输至江南福建方面。20世纪之初,江南的沙船积极参与了连接东北海港的航运活动。

那么,在此前100年的嘉庆年间,沙船进出东北海港的情况以及活动于东北江南之间的沙船数量又是怎样的呢?北京中国第一历史档案馆中收藏的清单《锦州牛庄等属征收税银清单》②记录了于嘉庆年间(1796—1820)来到东北沿海船舶情况,它是了解这一时代的东北沿海船舶航运情况的重要史料。这份清单虽是整理嘉庆年间的数据而列成的,但是清单中数据的具体年代不甚明了。不过,通过这份清单可以得知包括现在的辽宁沿海海域的全部海港的入港船舶数。当时,从锦州的天桥厂、小马蹄沟开始,到牛庄、盖州、岫岩、复州、金州二十数港的名称在清单上均有记录,而入港船舶的种类被略记为"沙"、"鸟"、"卫"、"东"几种。"沙"是自江南航行至东北的沙船的略称,"鸟"是福建及华南沿海等地来到东北的鸟船的略称。而"卫"可能是指来自天津的卫船,天津过去被称为天津卫,所以天津船在当时可能被称为卫船。"东"可能是山东的略称,东船可能是来自山东的船舶。这些船舶中,可以在所有港口看到身影的是沙船。入港各港的船舶总数达3000只以上,其中大部分应当是来自长江口附近的沙船。具体记录表明,有大量的沙船和福建鸟船来到锦州天桥厂以及牛庄口。

到了清末,情况为之一变。《宫中档咸丰朝奏折》第二十五辑所收咸

---

① 松浦章:《清代における沿岸贸易について—帆船と商品流通—》,小野和子编《明清时代の政治と社会》,京都大学人文科学研究所,1983年3月,第617页。
② 中国第一历史档案馆藏《清代朱批奏折》,《财政类·关税》,嘉庆朝0371-012。

丰十年(1860)六月十四日刘崐的奏折中有：

> 臣奉旨前往奉天，稽查海口税务。……沿海税务，以山海关为总汇。凡奉天沿海水陆各口岸，皆系该监督经管，……所收牛庄口钱粮十四万一千余两，天桥厂口一万二千余两，锦州口约一千余两，盖州口约二千余两，金州口约四千余两，大关一万六千余两，九门口约一千余两，义院口约二百余两，以上共计银十七万七千余两……①

在税额方面，牛庄几乎占80%，锦州、天桥厂、锦州口3处合计不过仅为7.3%。从嘉庆年间的船只数与咸丰年间的税额之比例差别之中，我们可以知道在半个世纪后的咸丰年间，牛庄口的地位压倒了其他港口。

在本章中的以下部分，将叙述来航这些港口的沙船的情况。

表1　嘉庆时代入港锦州牛庄等属海口船舶数(年代不明)

海口	船舶种类	船舶数	
		本年	前一年
锦州	天桥厂 小马蹄沟	沙鸟卫	1365只 (41.5%)	1090只 (31.5%)
牛庄	没沟营 耿隆屯	沙鸟卫	728只 (22.2%)	1053只 (30.5%)
盖州	连云岛 红旗沟 大孤山 青堆子	沙鸟卫东	147只 (4.5%)	163只 (4.7%)
岫岩	尖山子 英那河 鲍家马头 小沙河	沙东	570只 (17.3%)	620只 (17.9%)

---

① 台北故宫博物院文献馆藏《宫中档咸丰朝奏折》，第38册，第861—862页。

续 表

海 口	船舶种类	船 舶 数	
		本年	前一年
复州	娘娘宫 五湖嘴 皮子窝 青山台	沙鸟卫东	114只 (3.4%)	136只 (3.9%)
金州	金厂 石槽 红崖 和尚岛	沙鸟卫	362只 (11.0%)	395只 (11.5%)
	合计	3286只(100%)	3457只(100%)

2. 上海沙船航运业的展开

连接江南地区与东北地区、华北沿海的沙船活动到了清朝康熙年代以后变得极为活跃。沙船从上海等地域装载江南生产的棉布、棉花与日用杂货进出渤海海域。

《北华捷报》(*The North-China Herald*) No. 30, Feb. 22, 1851(咸丰元年)的《戎克贸易》中有:

> 上海与山东(北部)之间,有大型戎克在进行贸易。每月均从山东向上海输送豆、豌豆、油渣等货物。这些戎克几乎均为上海或其近郊居民所有,仅有一小部分戎克的所有者为山东居民。被这种贸易雇佣的戎克至少有1500只。上海最大的船舶所有者是Sing yuh,据报告称他拥有60只戎克。这些船舶是样式各异,载重量约为6000担至1200担。各型戎克通常在侧面至船尾部标记有船所属的地名。

这条报道提到戎克大部分应当是沙船。

同治六年(1867)二月八日的《华商置买洋船》中有:"闻从前沙船盛

时几至三千余号,今仅存四五百号。"①另外,在同治十二年(1873)出版的《救时揭要》中,郑观应在题为《论中国轮船进止大略》的文章中写道:"上海沙船盛时五千号,今只五百号。"②相传在沙船航运业最兴盛的时期,临黄浦江的上海城市的港口中,有3000—5000只沙船。但是到了同治年间,这一数字减少为400—500只左右。这些沙船将东北地区生产的大豆制品运往江南地区,对江南的经济活动产生了很大影响。这些豆货中,一部分作为民众的粮食被消费,其余部分也被民众灵活地用作制作豆腐、豆油的原料,豆饼则被作为土地的肥料,参与到江南地区的生产活动之中。在东北、华北生产的大豆、谷物的大量运输过程中,沙船是重要的运输工具。③ 在过去,上海近郊有许多从事沙船航运业的商人。

沙船以上海为中心,一年约向东北方面航行四次。而以福建为中心的鸟船在航运经营中一般每年航行一次。④

活跃于道光至咸丰年间的沙船船主之一郁松年,一家三代均从事沙船航运业,其父、兄弟、子均是大船主。据说郁松年在事业的巅峰时期拥有50—60只沙船,雇佣了2000名包括船员在内的沙船航运相关工作人员。⑤

通过民间力量铸造银质货币,在中国货币史上值得大书特写的事情。这一事业始于咸丰年间在上海铸造洋式银币。当时铸造银币的商

---

① 《海防档》甲,《购买船码(三)》,"中央研究院"近代史研究所,1957年9月,第861页。
② 《郑观应集》上册,上海人民出版社,1982年9月,第54页。
③ 加藤繁:《康熙乾隆時代に於ける満洲と支那本土との通商についいて》,《北亜細亜学報》第2辑,1943年12月,《支那経済史考証》下卷,財団法人東洋文庫,1952年3月。足立啓二:《大豆粕流通と清代の商業的農業》,《東洋史研究》第37卷第3号,1978年12月。松浦章:《清代江南船商と沿海航運》,《関西大学文学論集》第34卷第3、4号合并号,1985年3月。杜黎:《鸦片战争前上海航运业的发展》,《学术月刊》第88期,1964年4月。萧国亮:《沙船贸易的发展与上海商业的繁荣》,《社会科学》,1981年第4期。有关沿海贸易研究的论文主要如下:郭松义:《清代国内的海运贸易》,《清史论丛》,第四辑,1982年12月。松浦章:《清代における沿岸貿易について—帆船と商品流通—》,小野和子編《明清時代の政治と文化》京都大学人文科学研究所刊,1983年3月。刘素芬:《清朝中叶北洋的海运》,《中国海洋发展史论文集(四)》,1991年3月。
④ 参见松浦章《清代江南船商と沿海航運》,《関西大学文学論集》第34卷第3、4号合并号,1985年3月。
⑤ 松浦章:《清代末期の沙船業について》,《関西大学文学論集》第39卷第3号,1990年。

人有三家:王永盛、郁森盛、经正记。① 他们都是经营沙船航运业的大船主。②

从事沙船航运业的商人在上海的经济活动中拥有巨大的影响力。

郁家的松年(泰峰)以经营沙船而得到的巨大经济实力为基础,搜集收藏了众多宋版、元版等版本的贵重书籍,其中的一部分作为《宜稼堂丛书》出版。他们去世后,藏书被卖,其中一部分为清末藏书家陆心源购得。众所周知,陆心源的旧藏书大部分被收藏在日本静嘉堂文库中,文库藏书之中现在还能看到郁泰峰的旧藏书。③

在清代中期最为兴盛的沙船航运业,在近代运输交通机关——轮船出现之后受到了严重的打击。由于清朝的政策,从东北地区向江南地区运输大豆,一直优先使用沙船这种帆船航运。随着以英国为首的外国势力运营的海上航运业进出大陆沿海,沙船在大豆运输上的地位渐渐被外国轮船夺走,帆船航运业走向衰落。④

光绪二十五年(1899)四月初二日德寿的奏折反映了沙船业衰落的典型情况:

> 沪关常税向赖沙船转运,进口以油、豆、饼为大宗,出口以上棉花布匹为大宗。⑤

---

① 彭信威:《中国货币史》,上海人民出版社,1958年11月第1版,1988年8月第3次印刷,图版100,第791页。
② 《清代日记汇抄》,上海人民出版社,1982年4月,第239—241页。
③ MATSUURA, Akira; Yu Sung-nien and His Rare Book Collection, *THE GEST LIBRARY JOURNAL*, Vol. IV, No. 2, Princeton University, winter, 1991.
④ 吕实强:《中国早期的轮船经营》,"中央研究院"近代史研究所,1962年6月,第5—148页。萧国亮:《外国资本入侵与上海沙船业的衰落》,《社会科学》,上海社会科学院,1983年第1期(1月),第48—51页。萧国亮:《清代上海沙船业资本主义萌芽的历史考察》,《中国资本主义萌芽问题论文集》,江苏人民出版社,1983年4月,第419—453页。聂宝璋编:《中国近代航运史资料 第一辑 一八四〇——一八九五》下册,上海人民出版社,1983年11月,第1313—1318页。汪敬虞:《十九世纪西方资本主义对中国的经济侵略》,北京人民出版社,1983年12月,267—278页。朱梦华:《上海的沙船业》,《上海地方资料》(三),上海人民出版社,1984年7月,第63—69页。樊百川:《中国轮船航运业的兴起》,四川人民出版社,1985年10月,第177—184页。
⑤ 中国第一历史档案馆藏朱批奏折(关税类)。

江海关的常税多寡,取决于沙船自华北、东北地区运至的豆油、豆饼以及从江南地区运向华北等地区的棉花及棉布产生的税金之多寡。但是,沙船业因欧美等地轮船进出中国大陆而遭到巨大打击。德寿在奏折中接着写道:"自火轮夹板洋船畅行,沙船之利为其所夺。"①如奏折中所说,曾在沿海水域发挥了巨大运输能力的沙船因蒸汽轮船等进出沿海水域,逐渐失去了原有地位。

但是,至今为止的研究中,并未将沙船航运业运营的具体情况讨论得足够充分。这是与沙船航运相关的资料极少这一现实造成的。不过,19世纪末至20世纪初在上海发行的报纸可以为我们填补资料空白。在本章中,笔者欲以在上海发行的《中外日报》等为主,探究上海沙船航运业的具体情况。

3. 1900年上海南市的沙船航运业

(1)《中外日报》与沙船航运史料

记录19世纪末上海沙船航运的资料有《时务日报》与《中外日报》中《本埠新闻·南市》部分。南市位于旧上海县城以南的黄浦江沿岸地区,相当于现在的黄浦区南浦大桥的浦西地域董家渡的位置。

上海南市、北市的称呼产生于1861年以后。自太平天国时代协助清军镇压小刀会之乱的法军将租界沿黄浦江岸扩张至十六铺一带时开始,被收入租界的地段被称为北市,而小东门以南的地方则开始被称为南市。②

1898年(光绪二十四年)5月5日,《实务日报》③在上海创刊。这份报纸的第2号,1898年5月6日,光绪二十四年闰三月十六日的《本埠新闻·南市访事人》中可看到如下记录:

---

① 中国第一历史档案馆藏朱批奏折(关税类)。
② 郑祖安:《上海地名小志》,上海社会科学院出版社,1988年10月,第18页。
③ 中国社会科学院近代史研究所图书馆所藏本。

> 前日,南市共到沙船五艘,牛庄三号,石岛一号,莱阳一号。

在《时务时报》中,使用了昨日和前日的表现,前日即 5 月 4 日。这一天有 5 只沙船在上海南市入港,其中 3 只来自东北的牛庄,另外 2 只分别来自山东半岛东端的石岛和半岛中南部的莱阳。

关于上海的南市,于 1904 年 6 月 12 日在上海创刊的《时报》第 6 号,1904 年 6 月 17 日,光绪三十年五月初四日《商务·豆油涨价》中有:

> 豆油为本埠南市一大市面,每年出入甚巨。而其来路要,以牛牛为最多而涌。

从这段描述中不难得知,上海南市作为从东北牛庄等地运输而至的大豆制品、豆油的市场,具有重要的地位。另外,民国七年(1918)《上海县续志》卷一《风俗》中也有"中外未通商以前,南市以豆业为领袖"的记述,南市曾作为来自东北、华北地区的大豆的交易市场繁荣一时。

《时报》第 12 号,1904 年 6 月 23 日,光绪三十五年五月初十日《商务·沪南商情》中有:

> 油豆米麦一业,本埠南市十六铺棚内,以至董家渡连接高昌庙一带,铺户林立,若大若小,共有七十余家。其中与广帮、汕头、厦门、营口、牛庄等处生意最大。为豆市街之泰润、裕丰、裕发源;鸿升码头之德大、洽顺、慎裕丰;关前大码头之裕昌、元和、穗泰等九家资本最富,每年出入甚巨。(下略)

从上海南市的十六铺到董家渡、高昌庙一带,七十余家主营大豆制品、米麦的商铺林立。这些商铺与华南地区的广东、汕头、厦门与华北地区的营口、牛庄等地的交易最盛。在光绪三十年当时,营业实绩最大者,有豆市街的泰润、裕丰、裕发源;鸿升码头的德大、洽愿、慎裕丰;关前大码头的裕昌、元和、穗泰九家。南市是依托沿海航运而繁荣的。

《时务时报》第 3 号以后,记有入港南市的沙船船名。《时务时报》于同年 8 月 17 日改名为《中外时报》,《中外时报》第 4 号《本埠新闻·南市》①中有：

> 沙船到埠○昨日到邵长源、庆安澜沙船二号均由牛庄来。

从这条记录至1902年4月，《本埠新闻·南市》中可见沙船入港的记录。1902年4月之后，《中外时报》各号在附纸中刊载有《本埠新闻·南市》，但是附纸的保存状况不佳，仅有部分能够辨认。现将沙船入港南市相关记录以年月之别整理为下表（表2）。

表2 《中外日报》《本埠新闻·南市》记载入港沙船数量

公历	1898年	1899年	1900年	1901年	1902年
1月		29只	10只	48只	(33)
2月		45只	30只	39只	(30)
3月		46只	40只	25只	0
4月		49只	54只	90只	23只
5月	24只	59只	39只	89只	0
6月	18只	54只	61只	114只	0
7月	62只	85只	107只	75只	0
8月	(2)	(7)	12只	20只	
9月	0	37只	0	18只	
10月	0	24只	10只	(8)	
11月	2只	34只	48只	30只	
12月	28只	39只	65只	100只	
合计	(133)	508只	476只	(656)	(86)

注：空白为报纸全月欠，未确认。
()为该月欠号较多，仅表示能够从报纸确认的船只数量。

(2) 1899年到达上海南市到的沙船

1899年的《中外日报》，《本埠新闻·南市》中记录的到达上海南市的

---

① 中国社会科学院近代史研究所图书馆所藏本。

沙船高达 500 余只。派遣这些沙船的商号中,记有商名的有 60 余号。

表 3-1　1899 年上海南市主要沙船商号之航运状况

商号	航行次数	沙船只数	主要航运地
协泰	33	29	青口、夹仓、莱阳、胶州、牛庄
同康	31	14	牛庄、皮子河、岐山
慎记	25	7	牛庄
和泰	21	15	青口
晋德	16	15	青口、沙河、石岛、文登、牛庄
广记	14	11	青口、夹仓
永记	14	11	夹仓
蚨来	13	10	夹仓
裕昌	11	8	青口、夹仓
泰升	11	11	里岛、石岛、洋河、文登
莲记	10	6	牛庄、皮子河
镇康	10	3	牛庄
广盛	9	2	石岛、牛庄
益顺	9	6	夹仓、泊儿
合计	227	148	

从表 3-1 中可知,派出船只最多的是协泰号。《中外日报·本埠新闻·南市》的记录中,协泰船只在 1899 年进行了 33 次航行,其中 29 只沙船的名字被明确记载。协泰船只在是年往牛庄方向的航行有 4 次,其余航程应是从事针对青口、夹仓、胶州、莱阳、文登这些苏东北及山东半岛沿海方面港口的航运。

另外,同康号航行了 31 次。同康号使用 14 只沙船,往皮子河、岐山各航行一次,其余 29 次均从事牛庄方面的航运。慎记有 25 次航行。慎记使用 7 只沙船,仅运营牛庄与南市之间的航运。作为慎记沙船航运的一个例子,可举钱裕增的沙船航运的事例(见本章表 6)。另外,和泰号航行 21 次,和泰的 15 只沙船几乎全部从事与苏东北沿海的交易。

晋德号航行 16 次,它使用 15 只沙船,前往山东半岛沿海港口青口、沙河、石岛、文登等地,也派船前往牛庄。广记航行 14 次。广记以 11 只沙船,从事航程较近的青口与夹仓之间的航海。同样航行 14 次的永记,应当是专门从事夹仓方向航运的商号。航行 11 次的有裕昌号和泰升号,裕昌号以 8 只沙船从事南市与青口、胶州之间的航运。泰升号以 11 只沙船,从事以洋河、里岛、石岛、文登等山东半岛东部港口为主的交易。

航行 10 次的有莲记号与镇康号。莲记号使用 6 只沙船从事与牛庄、皮子河的交易,这两个地方均是东北沿海的港口。另外,镇康号使用 3 只沙船,其航行方向均为牛庄。在此欲讨论镇康号的航运详情。从表 3-2 可知,镇康号以胡福兴沙船与金万年沙船这 2 只船进行了 9 次航海。其中金万年沙船在 4 月初到靠岸上海南市以来,又于 5 月、7 月、9 月、11 月出海,1 年之间航行了 5 次。胡福兴也于 2 月、4 月、6 月、8 月出行,若将一字之差的胡裕兴的航行算在其中,亦有 5 次航行。由此可知,沙船在上海南市与牛庄之间 1 年可以航行 5 次。

表 3-2　镇康号沙船航运业 1899 年中航运状况

号数	月日	商号	沙船名		来航地	
177	2.16	镇康	胡福兴	1	牛庄	①
228	4.08	镇康	金万年	①	牛庄	1
243	4.23	镇康	胡福兴	2	牛庄	②
266	5.16	镇康	金万年	②	牛庄	2
297	6.16	镇康	胡福兴	3	牛庄	③
320	7.09	镇康	金万年	③	牛庄	3
357	8.15	镇康	胡福兴	4	牛庄	④
381	9.08	镇康	金万年	④	牛庄	4　秋风头帮
426	10.23	镇康	胡裕兴		牛庄	
439	11.05	镇康	金万年	⑤	牛庄	5

出典:号数表示《中外日报》的号数,月日为刊载月日。

(3) 1900年到达上海南市到的沙船

1900年到达南市的沙船总数上升至476只。分析这476只沙船的商号后可知,号名明确的有62家,其中拥有2只以上沙船的有38家。

表4-1 1900年上海南市沙船商号所有船舶、航行目的地

商 号	所有只数	航行次数	主要航行目的地 (航行次数)
协 泰	47	58	青口(34)夹仓(14)莱阳(5)
晋 德	21	24	沙河(7)石岛(4)牛庄(3)
广 记	19	29	青口(23)夹仓(6)
诚 记	16	19	夹仓(10)青口(4)胶州(4)
同 康	13	18	牛庄(15)
恒 记	13	16	夹仓(13)青口(2)
永 记	11	16	夹仓(13)牛庄(2)
益 顺	10	17	泊儿(14)
叙 源	10	12	青口(5)石岛(3)沙河(2)
裕 昌	9	11	胶州(9)
慎 记	8	18	牛庄(16)
顺 兴	8	18	青口(8)
蚨 来	7	15	夹仓(13)
泰 升	7	10	里岛(9)石岛(2)
裕 兴	7	9	青口(8)
萃 丰	7	8	青口(4)夹仓(3)
聚 兴	6	8	青口(8)
聚 源	6	7	石岛(2)洋河(2)
同顺永	6	6	文登(4)
德源泰	5	7	夹仓(7)
陈丰记	4	9	牛庄(7)

续 表

商　号	所有只数	航行次数	主要航行目的地　（航行次数）
兴　记	4	7	牛庄(7)
顺　记	4	5	牛庄(5)
六吉号	4	5	文登(2)
裕　成	4	4	文登(2)石岛(2)
和　泰	4	4	青口(4)
谦　记	3	10	泊儿(10)
镇　康	3	6	牛庄(6)
广　盛	3	6	牛庄(4)
义　利	3	3	良乡(2)

（注）本表仅列记了拥有3只以上沙船的商号。

拥有5只以上沙船的商号有20家，拥有10只以上的有9家。最大的沙船持有者是拥有沙船47只的协泰号，以下依次为拥有21只沙船的晋德号以及拥有16只沙船的诚记。

最大的沙船所有者协泰号在1900年间，以47只沙船航行58次，其目的地有将近60％为附近的青口。青口是指江苏东北赣榆县下的青口镇。航行目的地第二位的是山东半岛西部日照县的夹仓。由于协泰号的沙船的航行目的地集中在山东半岛西部至江苏省东北部之间，故可以说协泰号是以专营青口为中心的地域的沙船业者。

那么，拥有21只沙船、航行24次的晋得号的情况又如何呢？晋德号的7次航行目的地为辽东半岛南部的沙河，3次航行的目的地为辽河河口附近的牛庄。晋德号的沙船航行中，有42％航行目的地为辽东，所以它应当是以对辽东地区航运业务为主业的沙船商号。

除晋德号之外，还有其他沙船业者将主要注意力集中在辽东。它们是拥有13只沙船，进行18次航海，其中83.3％亦即15次航海的目的地为牛庄的同康号；拥有8只沙船、进行18次航海的慎记号，有88.9％即16次航海的目的地为牛庄。除此之外，还有拥有4只沙船，年内航海9

次,77.7%即7次航海目的地为牛庄的陈丰记;拥有4只沙船、全年7次航行均航往牛庄的顺记号;拥有3只沙船、全年6次航海均航往牛庄的镇康号以及拥有3只沙船,全年6次航海中4次驶向牛庄的广盛号。可以说,在这些商号中,慎记号、同康号、陈丰记、兴记号、顺记号、镇康号等是以专营牛庄航线为主业的沙船航运业经营者。

表4-2 1900年沙船航运地比例表

航运地	船舶数	航行比率
牛庄	131只	27.4%
青口	106只	22.2%
夹仓	88只	18.4%
泊儿	27只	5.6%
莱阳	15只	3.1%
岐山	15只	3.1%
石岛	15只	3.1%
397只/478只		83.3%

表5 1900年沙船航运实绩表

表5-1 ◎一年四次航海的沙船名

沙船名、商号、航海事迹(《中外日报》1900年记载日、公历日期、出航地)

沙船名	商号	航海事绩			
庆安烂	慎记号	2.6(牛庄)	4.17(牛庄)	6.3(牛庄)	8.30(岐山)
王济泰	益顺号	2.6(泊儿)	4.30(泊儿)	7.4(泊儿)	12.6(泊儿)
金顺发	谦记号	2.6(泊儿)	5.23(泊儿)	7.23(泊儿)	12.14(泊儿)
金福顺	广记号	2.3(青口)	4.25(青口)	6.24(青口)	7.31(青口)
丁同源	广记号	2.13(青口)	5.7(青口)	7.2(青口)	12.6(青口)
金永年	慎记号	4.23(牛庄)	6.18(牛庄)	8.18(牛庄)	12.23(岐山)
金协裕	陈丰记	4.30(牛庄)	6.18(牛庄)	10.3(岐山)	12.23(牛庄)

表 5-2　◎一年航行三次的沙船名

沙船名　商号　航海事迹（《中外日报》1900 年记载日、公历日期、出航地）

沙船名	商号	航	海	事	绩
徐合兴	恒记号	1.22（夹仓）		7.2（夹仓）	12.27（夹仓）
丁长源	虹来号	2.6（夹仓）		3.23（夹仓）	6.3（夹仓）
徐正源	谦记号	2.6（泊儿）		4.25（泊儿）	6.27（泊儿）
金裕盛	益顺号	2.6（泊儿）		5.23（泊儿）	7.23（泊儿）
金永顺	永记号	3.13（夹仓）		5.27（夹仓）	12.23（夹仓）
丁复源	虹来号	3.19（夹仓）		7.2（夹仓）	12.9（夹仓）
金同发	谦记号	3.26（泊儿）		6.10（泊儿）	12.7（泊儿）
陈福顺	协福顺	3.30（夹仓）		5.15（青口）	12.2（青口）
公增福	广记号	4.3（青口）		5.27（青口）	7.11（青口）
钱增裕	慎记号	4.15（牛庄）		6.1（牛庄）	7.23（牛庄）
沈合茂	同康号	4.17（牛庄）		6.1（牛庄）	8.9（牛庄）
金万年	镇康号	4.23（牛庄）		6.18（牛庄）	11.16（岐山）
朱源泰	陈丰记	4.30（牛庄）		7.4（牛庄）	12.23（岐山）
王同兴	协泰号	7.24（夹仓）		10.12（夹仓）	11.6（夹仓）
戎恒大	裕昌号	10.12（胶州）		11.6（胶州）	12.27（胶州）

从表中可知，在经营沙船航运业时，由上海至东北或山东方面的航行，一年间的最大次数似乎是 4 次，但是一年航海 5 次的例子也存在，这一点可从慎记沙船商号钱增裕沙船的航运事例中得知。下面进行分析。

在此欲列举在《时务日报》可看到船名，并且在《中外日报·本埠新闻·南市》的记录中看到踪影的钱增裕沙船的例子，说明沙船航运的情况。钱增裕沙船的名字最早出现在《时务时报》第 45 号，1898 年 6 月 18 日记录中归航的 11 只沙船中。在此试将此后的航海事例制作为如下一览表：

487

表6 慎记沙船商号钱增裕沙船航海事例

刊载月日	刊载报纸号数	天数	备考
1898年6月18日	《时务日报》第45号		自牛庄归来
1899年2月16日	《中外日报》第177号		自牛庄归来
6月4日	同第285号	109	自牛庄归来
8月1日	同343号	59	自牛庄归来
9月28日	同401号	59	自牛庄归来
12月5日	同469号	69	自牛庄归来
1900年4月15日	同593号	132	自牛庄归来
6月1日	同640号	48	自牛庄归来
7月18日	同687号		有来电称自牛庄归来
7月23日	同692号	53	自牛庄归来
10月7日	同768号		向烟台出帆
1901年5月2日	同975号		自牛庄归来
6月28日	同1032号		有来电称自牛庄归来
9月4日	同1100号	156	自牛庄归来
12月23日	同1209号		自牛庄返航途中遭遇海难
1902年1月4日	同1221号		漂流至福州石坡海面
4月28日	同1335号		自牛庄归来

从上表中可知,钱增裕的沙船,在这个航海事例中一贯作为慎记的沙船被记录。因此,可认为此船为慎记沙船商号的专有沙船。这艘船的航海目的,是往返于上海南市与东北牛庄之间的航线。下面列举最适合分析其航海状况的1899年的航行记录。这一年,这条船5次自牛庄归来。1900年6月以后,由于义和团运动爆发,种种要素均关系到航海的顺利,因此航行的次数亦有所变动。1899年6月至1900年6月的一年之间,共有6次航行。不过表中的航行日数,是加上于上海南市、牛庄货物装卸的时间、在牛庄停的留时间,以及在上海南市卸货后为下一次出航做准备时间后的日数。即便考虑到这些限制,这些钱增裕沙船仍能为

我们提供一些有趣的事实。如今,牛庄附近的营口至上海之间的航线长度为 750 海里①,约 1390 km 完成在这一航线上的往返,在加上上述航海过程中的货物装卸与准备时间后,最少需要 48 天。如果不考虑船舶的停船时间等,钱增裕沙船的航速为 1.3 节②,即 2.4 km/h。年初的 100 余日,由于东北海港冻结不能靠岸,故两次航行之间的日数也有所增加。除此之外,此船大致以 50—60 日往返一次的日程进行航运。从这里也能看出,沙船在每个年度中最多可以往返上海南市与牛庄之间 5 次。关于慎记号,1911 年仍然存在的《时报》第 2630 号,1911 年 10 月 10 日,宣统三年八月十九日《琐闻·南市》项中有:

> 私拨庄银 慎记沙船号执事任伯寅投裁判所控商船会馆前,该号所开永大皮蛋作执事郭秉兆,私拨庄银一千六百六十六两,洋银一千零六十六元。今号中收帐之际,迭次催理,竟然延约避不见面。请追一案汤裁判研讯,供认此款陆续积欠,一时无力归楚判交保限一月理清。

慎记沙船号的执事,向司法部门控告同商号在会馆前开始的皮蛋厂的执事挪用 1666 两白银与洋银 1066 两之事。从这则报道中可知,慎记号沙船商号在 1911 年时仍然存在,且拥有皮蛋厂。

关于沙船如此频繁地往来于上海与东北沿海的原因,《中外时报》第 665 号,1900 年 6 月 26 日《本埠新闻·南市》中《沙船照行》项中有:

> 南市各口号商之沙船,近因牛庄各口风声不靖,且牛豆油饼豆等货疲软不堪,故拟暂缓出口以观动静。

对于上海南市来说,牛庄是重要的货物输入地。此地货物不仅对南市,

---

① 《中国交通营运里程图》,人民交通出版社,1991 年 3 月,第 349 页。
② 钱增裕沙船的速度测算方法如下:设上海南市与牛庄之间的距离为 750 海里,在其间航行需要 480 天。750×2(往返)÷48(天数)÷24(一天的小时数)= 1.30208(节),1 海里约为 1.852 km,故速度约为 2.4 km/h。若以 59 日计算,则此船航速为 1.06 节,即 1.96 km/h。若以 69 日计算,则航速为 0.91 节,约等于 1.6 km/h。

且对上海经济也有巨大影响。

沙船不仅面向东北进行交易,也被用作海运。中国第一历史档案馆藏奏折中,可见从江浙两省运输漕粮,在天津寄港的沙船数量。

表7 入港天津海运沙船数

道光六年	1826	1500余只
咸丰三年	1853	982只
六年	1856	925只
同治六年	1867	485只
七年	1868	595只
八年	1869	670只
十一年	1872	604只
十二年	1873	529只
光绪十二年	1886	272只
十三年	1887	266只
十四年	1888	254只
十五年	1889	265只
十七年	1891	217只
十八年	1892	215只
十九年	1893	200只
二一年	1895	招商轮船代运
二四年	1898	208只

(注)道光六年数据为江苏4府1州的漕粮,表中数据来源于中国第一历史档案馆藏宫中朱批奏折,财政类·关税项档案

从上表中可清楚看到道光年间以后沙船航运减少的事实。究其原因,不仅是由于欧美轮船的进出,而且政治形势的变化也给沙船航运业带来巨大打击。

《中外时报》第704号,1900年8月4日《本埠新闻·南市》中可见以下报道:

> 沙船停放○本埠各商号之沙船,向走山东、牛庄等口者,现下只有进口,竟无出口。盖闻北省匪警所有山东、牛庄各口岸,均有团民踪迹,以故,无敢往者。

义和团运动带来的政治混乱的影响波及到山东省与牛庄的贸易港。有船只自北洋返回上海,却鲜有船只愿意冒险前往北洋。

东北沿海的问题,并非仅是中国国内问题。《时报》第9号,1904年6月20日,光绪三十年五月七日《商务·航运艰滞》项中有:

> 牛庄豆油,自日俄开战后,各船户不敢放洋,以致来货甚少,本埠油价有增无减。

通过沙船从牛庄向上海南市运输东北产大豆、大豆油、豆饼等货物的沙船商户等,由于畏惧日俄开战的危险,不敢令船只出港。由于东北产大豆制品进货的中断,其价格上涨。无论是国内还是国外的问题,在渤海、黄海海域上的海上安全非常重要。

光绪三十一年(1905)正月至十二月入港上海南市的沙船出发地一览表见下表(表8)。

表8 光绪三十一年(1905)沪南油市进口油豆船表(只数)

光绪三一年	牛庄	青口	莱阳	夹仓	沙河	岐山	泊儿	洋河	石岛	里岛	西府	胶州	女姑	乳山	文敦	皮子河	合计
正月	0	2	0	2	0	0	1	0	0	0	0	0	0	1	0	0	6
二月	0	18	1	15	0	2	3	0	0	0	0	1	0	1	0	41
三月	0	26	10	4	0	4	12	0	0	0	0	0	0	0	0	0	56
四月	28	31	2	5	0	8	1	2	0	0	3	0	0	0	0	0	80
五月	16	34	5	68	5	5	11	0	0	0	1	0	0	0	0	0	145
六月	12	31	1	45	3	4	21	3	2	3	0	0	0	0	0	0	124
七月	3	8	4	4	2	0	3	0	0	0	0	0	0	0	0	0	25
八月	8	3	4	4	0	3	0	0	0	0	0	0	0	0	0	0	22
九月	5	9	6	11	0	0	0	0	0	0	0	0	0	0	0	0	31

续 表

光绪三一年	牛庄	青口	莱阳	夹仓	沙河	岐山	泊儿	洋河	石岛	里岛	西府	胶州	女姑	乳山	文教	皮子河	合计
十月	22	24	3	23	0	3	1	1	0	0	0	3	2	0	0	0	82
十一月	11	15	4	12	0	4	6	2	0	0	0	1	1	0	0	0	56
十二月	0	20	2	23	0	1	7	0	1	0	2	1	0	1	1	0	60
合计	105	221	38	219	8	35	63	11	4	3	6	7	4	1	2	1	728

(本表参考了《时报》、《时报·商务栏·油豆市·沪南油市进口油豆船表》。)

光绪三十一年(1905)有728船次回航上海的沙船航运。其中从江苏省东北部沿海的赣榆县青口镇归航的船只数量最多,达221船次。其次是位于青口镇东北方向的山东省西南沿海的日照县夹仓镇,共219船次。归自东北海港牛庄的船次数虽然仅为以上两地的一半,但远多于其他地域。

对沙船不利的倾向,可从下表中得知。表中统计了自宣统二年四月初一日(1910年5月9日)至宣统三年三月三十日(1911年4月28日)这1年之间《时报》商务栏《油豆市》中所见入港上海南市的沙船数量。

表9-1 宣统二年四月至宣统三年三月入港上海南市沙船、轮船月别数

年　　月	沙　船[油豆船]		轮　船
宣统二年四月	21只	12.5%	
五月	8只	4.7%	
六月	9只	5.4%	
七月	3只	1.8%	
八月	2只	1.2%	
九月	4只	2.4%	
十月	43只	25.6%	2只
十一月	32只	19.6%	10只

续　表

年　　月	沙　船[油豆船]		轮　船
十二月	13 只	7.7%	6 只
宣统三年正月	31 只	18.5%	9 只
二月	0 只		11 只
三月	2 只	1.2%	13 只
合　　计	168 只	100%	51 只

从表中可知,沙船航运的运行次数剧减,并可看到轮船的进出。另外,从表 9-2 的数据中可知,与 1900 年自牛庄归来的沙船数量超过归自青口沙船数量的情况不同(参见表 4-2),10 年后的宣统二年、三年归自青口的沙船数远超自牛庄归来的沙船数量。

此时,沙船主要承担近距离运输,这样的情况,恐怕是在上海至牛庄这条远距离航线上进行大量运输时,轮船这一近代运输工具表现出的优势造成的。

4. 小结

康熙、雍正、乾隆、嘉庆、道光时期发展壮大的上海沙船航运业对江南地区的经济产生了巨大影响。关于其情况,《字林沪报》第 785 号,1884 年 10 月 28 日,光绪十年九月初十日《论沙船苦况大碍市面》的开头部分如实地描述道:

> 泰西未通以前,沪上贸易素称繁盛,民居亦多富饶。而其繁盛富饶之故,由于沙卫各船贩运南北货物,往返数千里,咸转输于上海一隅。沙船盛而豆、米、油、麦、土布、南货各业皆盛,而沙船之转输、贩运益日出不穷,是固相为维系者也。当其时,浦江帆樯相接,往来如梭。船之利于行者,岁每五六次,其不利于行者亦三四次,无瘪港之船。瘪港者言无本经营,其船干搁于浦江也。

表9-2 宣统二年四月至宣统三年三月入港上海南市沙船、轮船出港地别次数

年号	沙船 归自何地											轮船 归自何地					
	营口	牛庄	夹仓	泊儿	莱阳	沙河	洋河	岐山	胶州	两向	合计	天津	大连	汉口	胶州	牛庄	合计
宣统2年4月	2	5		2	3	1	3				16						
宣统2年5月	3	1				4					8						
宣统2年6月	3	2	1				1	1			8						
宣统2年7月	2				1						3						
宣统2年8月		2									2						
宣统2年9月	1		1						1		3						
宣统2年10月	11	11									22	1	1				2
宣统2年11月	16	7					1				24		6	2	1		9
宣统2年12月	13										13		4	1			5
宣统3年1月	13	1	7	5	2			1		2	31		5	2			7
宣统3年2月												1	4	6			11
宣统3年3月	2										2		4	6		2	12
合计	66	29	9	7	6	5	5	2	1	2	132	2	24	17	1	2	46
	50%	22%	6.80%	5%	4.50%	3.80%	3.80%	1.50%	0.80%	1.50%	100%	4%	52%	37%	2.20%	4.30%	100%

可见上海在开港之前贸易繁荣,沙船、卫船等船舶在沿海海域积极活动。沙船航运活动兴盛,经营由沙船运至的豆货的商家,以及经营向外输送货物的商家的活动均十分活跃。因此,在邻接上海现成的黄浦江,各种船只帆樯相接,往来如梭。有些船只每年要进行多达5—6次航行活动。但是,至于清末,由于大型轮船进出沿海与政治上的种种问题,上海沙船航运商被逼入绝境。

上海《字林沪报》第205号,1883年1月11日,光绪八年十二月初三日的报道中有:

> 号商亏倒〇南市商船字号,向推张公和、巨顺亨为巨擘。前年张公和倒闭,巨顺亨遂首屈一指。查该号为陈藻春昆季二人所开,分各东西两号。本月初一日下午,巨顺亨西号忽然倒闭,共亏银十有余万。闻号主陈雨香业已挽人调处,但西号仅有商船十余只,所值不过六成左右,以致钱市银折,今日陡然涨至一两。查本埠于三日之中连倒二巨号,计银七十余万两。沪上市面,竟至于此,殊堪浩叹。

光绪七年(1882),老字号张公和沙船商号倒闭,紧接着老字号巨顺亨的倒闭见报。巨顺亨商号是陈藻春兄弟二人开设的沙船商号,分为东西二号。其中巨顺亨西号突然在光绪八年十二月初一日,1882年1月9日下午因负债十万余两而倒闭。关于巨顺亨东号,光绪十八年(1983)《重修商船会馆碑》中有:"巨顺亨东号捐助豆规银百两"[1],由此可确认它在西号倒闭后仍然继续存在。《字林沪报》1519号,1886年11月13日,光绪十二年十月十八日的报道《商船失事》中有:

> 沪南巨顺亨船号内之万吉祥沙船,于本月初二日满载花布及南货等物扬帆出口,拟赴牛庄等处销售。方行使两日,突遇飓风,堕于童子口地方,抛锚避险。在船耆舵水手等,意谓业已收口,不妨就

---

[1] 上海博物馆图书资料室:《上海碑刻资料选辑》,上海人民出版社,1980年6月,第200页。

寝。不料风势愈大,竟将锚链吹断,该船飘荡而船中人未觉……

到了1886年,巨顺亨号的万吉祥沙船仍在航运,由此可知这里的巨顺亨号是巨顺亨东号。

回头来看巨顺亨西号。当时该号号主为陈雨香,仅拥有十数只沙船,这些沙船的价值仅为其负债的六成左右。光绪七年十二月初一日至初三日,上海连倒两家沙船商号,共负债70余万两,由此可见当时上海市况之混乱。

另外,The North-China Herald and Supreme Court & Consular Gazette,1883年1月17日(光绪八年十二月九日)的报道中有:

> 作为沙船的船舶所有者,运营沙船事业百年以上之久的老字号商户Chu Sen Hun(巨顺亨)商号,在上周二(1月9日,十二月一日)倒闭。据说同商号负债大致20万两,而其资产——沙船的价值仅及负债的60%。究其破产的原因,全是因为蒸汽轮船进出中国水域,导致沙船贸易情况恶化。(与债权人的)和解,结果终究会在(同商号与)债权人之间进行,但是预计很难达成一致。

这里的Chu Sen Hun商号明显指巨顺亨西号,其负债额在这里被估算为20万两。

除此之外,上海最大的中文报纸《申报》第3504号,1883年1月30日,光绪八年十二月二十二日开咱的《总论本年上海市面情形》中评论上海市经济活动的部分中有以下报道:

> 巨盛亨沙船号家倒至十有余万。

在这里亦将巨(盛)顺亨的负债额看作10万余两。同报道还有关于是年上海破产商家的总负债:

> 本年各行倒帐约有一百五十万左右两,本年本埠倒帐之情形也。

亦即是说,光绪八年(1883)上海破产的商家负债总额达150余万两,巨顺亨商号背负占上海全体破产商家的近一成的巨额负债倒闭。从这个比例中大致可窥知沙船航运业在当时上海经济中所占比例。

进入1880年代,曾盛极一时的沙船航运业开始出现经营困难。前述上海《字林沪报》第785号,1884年10月28日,光绪十年九月初十日的《论沙船苦况大碍市面》中有:

> 泰西未通以前,沪上贸易素称繁盛,民居亦多富饶。而其繁盛富饶之故,由于沙卫各船贩运南北货物,往返数千里,咸转输于上海一隅。沙船盛而豆、米、油、麦、土布、南货各业皆盛,而沙船之转输、贩运益日出不穷,是固相为维系者也。当其时,浦江帆樯相接,往来如梭。船之利于行者,岁每五六次,其不利于行者亦三四次,无瘪港之船。瘪港者言无本经营,其船干搁于浦江也。沙船号家声势赫赫,船主以下莫不兴高采烈,气象峥嵘。而其时,各业亦皆兴旺,乡民之来城诚购货者,莫不腰缠百贯,肩荷重挑,此真所谓熙熙攘攘之时也。自西入通商后,夹板行而沙船之利夺,自火轮行而沙船之利夺。非但沙船之利夺,即豆、米、油、麦、土布、南货各项贸易,皆不得多霑沾利益,于是北市兴而南市圮如是者,已非一日矣。时至于今,如前赫赫之船号,故者无存,新者无起,稍有资本者,欲望转机,依旧放棹,而年年亏折,终归于尽。其无本之船,或由有本之号代写,但收水脚而不预盈。……夫浦江中常泊之船不下五六百号,而今年验取装之船,每岁不过二百号,犹且苦乐不均,同隅者辙痛恨夫招商局启致被挤于轮船。沙船之苦如此,南浦市面安得不衰?然此犹历年之情形,而今日则更有甚者。诚以两年以来,倒闭之行栈过多……

在这里,叙述了沙船航运过去的盛况至今日经营困难的经纬,同时也叙述了沙船航运业不振波及到其他相关产业的情况。

另外,《申报》第5487号,1888年7月20日,光绪十四年六月十二日第1版上所载报道《论沙船转机》明确指出沙船航运业转折点到来:

> 轮船未行之前,船之行于海者有三:闽广海船名龙骨,底圆面

497

高,下有大木三段贴于船底,一遇浅沙,龙骨陷于沙中,风潮不顺,便有疏虞。浙江海船名蛋船,又名三不像。虽过沙,然船身太重,不敢贴近浅处。但江南海船名沙船,其式最良,其法最善,船底平阔,沙面可行可泊,稍搁无碍。常由沙港以至淮安,贩蟹为业。沙港者,沙间之深沟也,是以沙脉浅深最为娴熟。①

轮船航行以前,在中国沿海部有三种最有代表性的海船。其一是福建广东沿海的海船,船底有龙骨,船底圆船首高,所以在浅海易陷于淤积的泥沙中,航行困难。另一种是被称为蛋船或三不像的浙江海船。这种船虽然可以航行于淤积泥沙较多的海域,但是由于船体较重,不能接近离海岸较近的浅水处。最后是江南海船——沙船,它最适合航行在沙洲较多的海域,如淮安这样水深很浅的海域也能够航行,适合用于蟹类捕捞作业。同文中还有:

> 道光六年黄河断流,河运中阻。疆臣奏请试行海运,议者以沙船式良法善,遂有但雇江南沙船,足可敷用之说。水脚既轻,耗费又省,计稳时速,较胜河运。□中堂力主是议,乃由沪上雇用沙船,由大洋往关东,顺风扬,一岁数次,更番□失,为驶得宜,于是海运粮米,以沙船为有大功。而沙船之利,亦倍蓰于往日。故当时以沙船为恒产者,蒸蒸日上,获利无算。有富至百十万者,或问其富,不曰田亩,不曰庐舍,不曰店铺,而以沙船对迨。②(□为不明文字)

道光六年,黄河断流,经大运河由江南往北京的漕粮运输发生困难,固有海运之议。究其理由,乃海运较大运河河运,不仅运输成本低而且运输速度快。在上海雇用沙船往东北方向,若得顺风,每年能航行数次,而沙船业者也能通过运输漕粮获得收益。航运业者中,出现了保有110万两财产的人。其财富非来源自农业、旅馆业、商业,乃来自沙船航运业。同文接着写道:

---

①②《申报》第33册,第135页。

夫粤寇落平,通商开埠,始设招商局,专行轮船。夫轮船飞驶电掣,一瞬千里,履风涛如平地,视海洋如衽席。其计之稳,时之速,水脚之轻,耗费之省尤过沙船。遂用轮船分载粮米,而一切海道,商货亦皆为轮船所揽载,沙船之利大损。十余年来,江浙两省海运粮米,沙船与轮船并载粮米,卸载之后至牛庄载运油豆饼等货,其利息甚微,有不敷水脚而遂至亏本者,盖沙船之不振也久矣。乃不谓时势之迁流,人事之丕变,至今日而竟有转机也。①

平定太平天国之乱后,清朝开港对外贸易,并设立招商局,轮船航运活动开始变得繁盛。轮船运输能力强,且运输速度快,远胜于沙船。因此在政府御用米的运输中,轮船取代了沙船的地位。另外,沙船在天津卸下漕粮之后,赴东北牛庄载大豆等豆货返航江南,其所得利益甚少,因此沙船行业一蹶不振。

图1 光绪十年(1884)《申江胜景图》上卷,《商轮进口》

① 《申报》第33册,第135页。

在这样的情况下,从事沙船航运商号不断破产。

上海《中外日报》第 13 号,1898 年 8 月 29 日,光绪二十四年七月十三日《本埠新闻·南市》中有:

> 沙船号亏倒○南市丰记码头巨丰顺沙船号系陈姓所开,已有二十余年,近来不知何故,忽然于前日倒产闭,计共亏欠各庄银六万余金。现该号主倩人向各庄理说,情愿以三折归还,余者酌期拔清等语。各庄因吃亏甚巨,俱不肯应允,故尚未了结。未知能免涉讼否。

以上海南市丰记码头为根据地的巨丰顺沙船号是陈姓人家开设的,已经营二十余年,由此可知它是同治年间至光绪初期开设的沙船商号。是号背负 6 万余两负债倒闭。3 天之后,南市外咸瓜街周裕丰装船好亦步巨丰顺之后尘倒闭。《中外日报》第 16 号,1898 年 9 月 1 日,光绪二十四年 7 月 16 日《本埠新闻·南市》中有:

> 装船号亏倒○南市外咸瓜街周裕丰装船号,近因亏欠各款无可支持,前晚该号主谋甲忽然避至吴淞,后由各庄及津帮闻信至该号细查账目,计共亏欠各庄银一万四千金,又欠天津帮各号银三万余金。经各欠户探得某甲去向,立即差人追至吴淞寻见,一同回号,不知若何了结云。

周裕丰装船号是从事沙船登船舶货物装卸等工作的运输业者,破产时欠钱庄 1.4 万两,天津帮各店 3 万余两,总负债近 5 万两。可认为,周裕丰装船号的破产,也是受到沙船航运业衰退的结果。

1899 年,以 4 只沙船在上海南市与牛庄、营口之间进行了 5 次航海,1900 年以所有的 4 只沙船在以牛庄为中心运营航运业的陈丰记也不能避免破产的厄运。关于其破产的报道可见于《中外日报》第 2639 号,1905 年 12 月 13 日的《本埠新闻·南市》栏。

> 沙船号主亏倒逃逸○南市陈丰记沙船号,亏欠各家往来银十余万两,号主陈紫侯逃逸无踪。昨由北市南顺泰号主投报总工程局,

请即提追。

沙船航运业者陈丰记的主任陈紫侯留下 10 余万两借款逃亡。陈丰记沙船号的名称可见于建于上海南市商船会馆的光绪十八年(1892)《重修商船会馆碑》中"众商号"部分,是一家老字号沙船航运业者。[①] 陈丰记沙船号的破产,如实地反映了上海沙船航运业经营极为困难的情况。

以上,以船舶漂流史料和上海 19 世纪末发行的《中外日报》等报纸的报道,具体地解明了清代康熙年间以降至清代末期为止,在上海以航运活动为中心,在经济界拥有过巨大势力的沙船航运业者的情况。可以说,在各条沙船的航海日志情况不明的现状下,虽然仅有 4 年左右的记录,但《中外日报》《本埠新闻·南市》中刊载的沙船航运相关报道为研究沙船航运活动提供了重要的史料。

(董科 译)

[①]《上海碑刻资料选辑》,上海人民出版社,1980 年 6 月,第 201 页。

资料篇 《海运南漕议》等

解　说

　　解说:本资料为收录于齐学裘编《见闻续笔》卷二的《海运南漕议》以及其他资料。《海运南漕议》的作者是齐学裘的父亲齐彦槐,曾被收录于《皇朝经世文编》卷四八《户政·漕运下》。然而,《皇朝经世文编》中并未收录《乙酉二月奉委赴上海查办海运事宜通禀各宪稿》及之后的各篇文稿。齐彦槐是安徽婺源人(现在的江西省婺源。位于景德镇以东,安徽黄山市的西南方向,浙江衢州市西北方向),嘉庆十四年(1809)己巳恩科第二甲第十三位进士。①

　　《见闻续笔》一书,于光绪二年(1876)由天空海阔之居刊行,传世数量有限。② 在日本,只有东京大学东洋文化研究所有藏。现在,它被收入《续修四库全书》中(《续修四库全书》第1181册,子部,杂家类,第379—604页),使用变得较为方便。鉴于书中和沙船有关的资料,是较早的关于沙船航运业的最为重要的史料,故将之录入于下。

---

① 《明清进士题名碑录索引》,上海古籍出版社,1980年2月,第2766页。
② 《東京大學東洋文化研究漢籍分類目録》,汲古書院,1981年3月,合册订正缩印版,第638页。

《见闻续笔》卷二

海运南漕议

驳海运之说者三：一曰洋氛方警，适资盗粮；二曰重洋深阻，漂没不时；三曰粮艘须别造，柁水须另招，事非旦夕，费更不赀。然三者皆可无虑也。出吴淞口迤南，由浙及闽粤皆为南洋；迤北，由通海、山东、直隶及关东皆为北洋。南洋多主矶岛，水深浪巨，非鸟船不行；北洋多沙碛，水浅礁硬，非沙船不行。小鸟船亦吃水丈余，沙船大者□吃水四五尺，洋氛在闽粤皆坐鸟船，断不能越吴淞而北以争南粮也。沙船聚于上海，约三千五六百号。其船大者载官斛三千石，小者千五六百石。船主皆崇明、通州、海门、南汇、宝山上海土著之富民，每造一船须银七八千两。其多者至一主有船四五十号，故名曰船商。自康熙二十四年开海禁，关东豆麦每年至上海者千余万石；而布茶各南货至山东直隶关东者，亦由沙船载而北行。沙船有会馆，立董事以总之。问其每岁漂没之数，总不过百分之一。今南粮□运河每年失风，殆数倍于此。上海人视江宁、清江为远路，而关东则每岁四五至，殊不介意，水线、风信，熟如指掌。关东、天津之信，由海船寄至无虚日，此不得以元明之已事为说也。秦、汉、唐漕粟入关，未尝言官艘，唯刘晏传有宽估之说，谅亦杂雇民船。国家除南粮外，百货皆由采办。采办者官与民为市也，且□岁有采买米粮，以民船运通之事，而山东、江南拨船皆由雇佣。是雇船，未尝非政体也。取其便适无他患，何必官艘哉？沙船以北为放空，南行为正载。凡客商在关东立庄者，上海皆有店。有保载牙人，在上海店内写载，先给水脚，合官斛每石不过五百余文。船中主事者名耆老，持行票、店信放至关东装货，并无客夥押载，从不闻有欺骗。又沙船顺带南货不能满载，皆在吴淞口挖草泥压船。今若于冬底传集船商，明白晓谕，无论其船赴天津、赴关东，皆先载南粮至七分，其余准带南货至天津，卸于拨船。每南粮一石给水脚银五钱，上载时每石加耗米三升，卸载时以九五折收合。计南粮三百五十万石，不过费水脚百七八十万两，曾不及漕项十之三四。而陆续开行，二月初江浙之粮即可抵淀。往返三次，全漕入仓矣。船商以放空之船反得重价，而官费之省者无数，一举而众善备焉。先期咨会浙江提镇哨招宝、钱陈；江南提镇哨大、小洋山，会于马迹；山东镇臣哨成山十岛，会于鹰游门，以资弹压护送。而淀津有拨船数千号，足敷过载。由淀津抵通二百里无粮艘阻滞，挽行顺速，惟装卸及发水脚之时，若任吏胥克扣需索，则船商或畏怯不前耳。然悉心筹划，专意于此一节，亦非甚难之事也，谨议。

乙酉二月奉委赴上海查办海运事宜通禀各宪稿

敬禀者，卑职接奉宪札，钦奉谕旨，饬筹海运一事。兹查前任金匮齐令在浦时，曾经陈及海运可行。除　奏明饬委齐令、会同吴丞查办外，钦遵谕旨，指饬事理，一一熟筹，悉心计议，以凭会核、奏办等。因卑职等遵即会同细加查访。据商牙等称，向来各处沙船往来上海者，本有三千余号。近年商贾利微，脚价太贱，船商无力修舱，以致朽坏者居多。自今宽大、坚固沙船，通计不过一千二三百号。正月半后揽载，四散开行。现在停泊浦江未开之船，顷于二月廿六日查勘，除装四五百石、不能远涉重洋之小船不计外，其自八九百石至一千二三百石之大中两号沙船，实只有八十余只。数日以来，每日进口少则七八只，多至二十余只不等。据闻三月以后，船到渐多。弗查二三四年号簿，三月四月分每月进口大小沙船，少则五六百只，多至七八百只不等。合计两月所到之船，约共有一千五六百只。内除小船居半，其大中两号沙船总可有七八百只。历查三载，约略相同。则本年三四两月所到沙船，比照此数应可无虞缺乏，而五月后到船亦多，如粮艘来迟，尚可雇佣。此外又有闽省鸟船，大于沙船一倍，大者能装三千石，小者能装一千六百石。须于五六月间始到，到时约有四五十号，然不能知其必来。惟此千数内外之沙船，皆从关东装载豆货回南，总在上海交卸，其来可必至。往返次数，初无一定，自正月开行，可以四次三次；三月初旬开行，犹可两次；至四五月只能一次矣。缘七月以后西北风多，不能出洋也。夫次数多则船数亦从而多，次数少则船数亦从而少。本年海运开行，算来总须春末夏初，只可单行一次。若浙省诸帮全数渡黄，只剩江广粮艘筹办海运，以每年所到船数计之，当可敷载。倘浙省帮船亦须海运，应请飞咨浙抚，宪将宁波所有弹船、三不像船一律封雇，移送吴淞口受兑，否则上海沙船恐不敷用也。惟是非常之原，黎民所惧。现在苏松太道详定脚价七钱，已属从优鼓舞，而各处船户犹未免观望不前者，一则畏交代之难，二则畏守候之苦。自非明定章程，不能祛其疑惑。卑职等悉心筹议，本年随船耗米及州县津贴，业已给与军船，万难退出。惟有饬令旗丁、押、运一手经理，以专责成。船户但管驾船，米石装卸应与无涉。进口之后，随雇随开；到津之时，随卸随放，使其无所畏难，必能踊跃应雇。仅就管见所及，开具数条，上呈钧览，伏惟鉴察。

一沙船自三月以后进口渐多。除小船不能远涉重洋，仍听揽载客货，开行以通商贾外，其大中两号沙船及弹船、三不像船，一律封雇备用。但守候太久，未免苦累，聚泊过多，亦恐滋事。应请俟江广帮船到京口后，不拘一帮两帮，即便饬知受兑随时开行，以免拥挤留滞。至沙船受米，船主在上海者，应令船主具结。在他处者，即由耆船具结报税，牙行加具报结。

一沙船只能到吴淞口，自吴淞口以上至长江沙多水浅，不能前进。而江广帮船篷高面阔，亦难驶入内河，应令停泊京江一带，雇船驳运。查有崇明百号米船可装四五百石至七八百石不等，每船牵算装米七百石，驳运一次即可装米七万石；又有无锡湖船约百余只，大小与崇明米船相等；又江阴、靖江、通州、海门、镇江、扬州等处江船，常从长江揽载，船数多寡难定，约装六七百石者居多。此三项船只，雇令赴京口装米，由长江径至吴淞口，兑上沙船，往来驳运，似较小船由内河驳运稍为省便，且免州县到处提船纷纷骚扰。

一漕粮兑上沙船，饬令旂丁，押、载一手经理，以专责成。每一旂丁许带二人帮同照应，其卸去之粮艘，即令头工、舵工照管归次。查头、舵皆有家眷，旂丁如带家眷者，饬同头、舵家眷，一并归次，不得带上沙船。归次后水手人等，即令各船遣散，毋许逗留滋事。至各帮运粮千总、弹压旂丁，亦应在船押运。

一沙船水脚银两，应请交苏松太道当堂给发。其驳船脚费，应由雇备该处州县领银给发取具。沙船、驳船全领结状，以免胥吏克扣。

一沙船赴津，向带茶布薑果等物，或代客带，或船户自带，所带本属无多，每船除七分装米外，应请照军船之例，略带货物，免其报税，以示体恤。至各船商享国家乐利百数十年，无不情殷报效。其船数较多、踊跃急公者，可否奏明，量予议叙，伏候宪裁。

一沙船在内洋，尚可衔尾行驶，一出大洋，船有大小，帆有高低，同时开行之船，收口先后有参差数日者。沙船到津，应请咨会仓场总督，随到随卸，不必守候帮齐。俾得迅往关东，揽载豆货回南。非惟免船户苦累，亦使货物流通，无碍闾阎食用。

一沙船出洋，猝遇飓风搁浅，抛弃货物，至船浮而止，名曰松舱。遍询豆商，此等情事，秋冬之交容或有之，春夏二运最为平稳。但风云不测，亦难保其必无。设遇此等，饬令耆船协同旂丁，于沿海州县营讯呈报，验明确实应请免其赔偿。

一沙船自上海赴津，经历江南、山东、直隶地界，上海开船由宝山、崇明至佘山，系内洋；自佘山往东北至山东之石岛；又东北至里岛；又西至成山，过威海子母岛庙岛等处；直赴天津之王瓜盖皆系大洋。方今洋面肃清，自可无虞盗贼，但漕粮经过，理合整肃军容。

应请　奏明

饬下江南、山东、直隶提镇，饬委水师员弁出洋会哨，以昭慎重。

禀复魏元煜制军稿

昨奉钧函，询及海运一事。究竟可行与否，即须切实禀复，等因仰见。大人慎重漕运，计出万全之至，意曷胜钦服。卑职于海运一事，究心有年。自二月中旬，接奉宪札，抄示廷寄。奏委查办以来，逗留上洋四十余日，广谘博采，益得其详，窃以为海运之在今日，其可行者有四，其无不可行者有三，而其不可不行者有五。谨就管见所及，一一为大人陈之：昔邱琼山虑海道不就，拟募渔户造船，往返十余次，以寻元人故道。今开海禁百三十余年，滨海居民以船为业，往来天津，熟习有素，一可行也；昔人拟于昆山、太仓起厂造船，毋论所费不赀，且船经官造，率虚器不堪用。今上海沙船自千石以上至三千石者，约不下一千二三百只，约计每船装米一千石。往返两次，即可装米二百四十五万石。照英协揆所奏起运米数，正耗敷载有余，二可行也；旗丁运粮，犹有偷减之弊，沙船船商皆系上海崇明等处土著富民，出入重洋，无处侵漏，向来关东豆货往来，并无客夥押载，从未闻有欺骗，何况漕粮一交沙船，更不必委员押运，三可行也；本年海运公和帮费已给旗丁，不能不另筹款项，明年海运，即以旗丁出运所领漕赠各款，及各州县津贴旗丁之项，作为沙船剥船脚费，无烦动帑，四可行也；或疑其不可行者则曰盗贼，不知向来匪徒出没，总在南洋，盖南洋多山，易于藏匿，北洋无山可据，南洋之船尖底龙骨一入北洋，沙线不熟，时虞阻浅。是以从前洋氛未靖之时，浙省商船赴北运货，皆进上海口，在苏销售，此匪船不过江南之明证。方今海面肃清，南洋亦无盗贼，何况北洋？此无不可行者一也；或又疑其不可行者则曰风涛，不知遭风搁浅、斫桅松舱，事诚有之，然不过千百中之一二，且率在秋冬之间，春夏二运从无此事。试思大号沙船，造价盈万，中号亦需数千，而载豆一次，豆价总值银五六千两，商人以财为命，利害之见最明，如果出洋辄遭漂溺，谁肯以巨万之贷轻于尝试？此无不可行者二也；或又疑其不可行者则曰霉变，夫军船由运河到通，动经数月，米色霉黯，统由热蒸积久所致。

沙船抵津不过旬日，为时甚暂，何有霉变之虞？若谓盐水盐风最能坏米，不知沙船舱有夹底，去船底甚高，船之两旁皆有水槽，下有水眼。水从槽入，即从眼出，舱中从不沾潮。如果水能入舱，豆之为物，见水胀发，船舱便当迸裂矣。且茉莉、珠兰等花，质最柔脆，京师所值，皆由沙船载往。露置船顶之花，不畏盐风；深藏船舱中之米，反畏盐风？万无此理，此无不可行者三也；然使运道畅通，粮艘无碍，固可不行。今则运河受病已深，节节皆形淤塞，明岁正宜挑浚，难筹挽运，此不可不行者一也；然使仓储充裕，陈陈相因，犹可不行，今则畿辅户口殷繁，天庚正供。断难一岁迟缓，此不可不行者二也；驳运、陆运，流弊多端，不特远近骚然，抑且靡费无算，此不可不行者三也；且漕弊已极，军船水手猖獗无忌，暂行海运以杀其势，实为远虑，此不可不行者四也；京国咽喉，惟资一线，岂惟河梗可虑，而人事亦可忧。前明王宗沐云海运如富人造屋，别开旁门，以备不虞。未雨绸缪，所当早计，此不可不为者五也；夫集事固在于谋，而成事必在于断。此时毅然定计，一切章程、札商，奏定算来已近漕时。若稍迁延，又恐无及。卑职现奉藩司面谕，将所有应办事宜悉心计议，俟斟酌定时，即缮写呈览。兹将海运可行及不可不行之故。先行禀复，然非恃大人知遇之深，亦不敢尽言如此，伏惟鉴察，幸甚。

《见闻续笔》卷三

先大夫梅丽公文钞三首

对张师诚中丞札询本年江广漕米海运各条四月续奏　廷寄后

问 运价是否仍按前议，每石曹平纹银七钱？能否先给一半，□先给八成？或须全给？如何给发可免胥吏克扣？

答 查沙船脚价，前委员何士祁禀称，据税牙唐万丰等云往年关东装豆极贵之时，每石二两四钱；极贱之时，每石八钱；适中之时，每石一两四钱。关石多苏石一倍，适中时价，酌给七钱，此苏松太道每石曹平纹银七钱之价所由定也。殊不知关斛一石，合苏斛二石四斗二升，脚价一两四钱。系六八串，合制钱九百五十二文；以二石四斗二升除之，每苏斛一石，合制钱三百九十四文，折实曹平纹银三钱三分七厘。苏斛一石，又大于漕斛五升，以漕斛计之，每石曹纹三钱二分一厘，此适中之价也。前议曹纹七钱，大于市价不止加倍，且三月初旬沙船若非运粮，尚可贸易两次，予以倍价，犹可解说，今则虽不运粮，亦止能揽载一次，似无庸加倍给价。应请宪台出示晓谕，价仍原议七钱，照上海豆规六八串钱给发。每漕斛一石，合制钱四百七十六文，折实曹平纹银四钱零八厘，已比适中之价较大。至豆商雇定沙船，即时全给脚价，运粮水脚，亦应全给。其银应交上海道当堂给发，可免胥吏克扣。

问 每石应准折耗若干？每船准带货物若干？如何取具互保各结？应令何人出具领运米数清单？承认、交代，是否仍须原运丁牙督押？一手交通能否即令行商具保、耆舵出具承揽？倘有偷盗及捏报遭风等弊，如何追偿究治？

答 查漕运则例随船作耗之米，每石或一斗六升，或二斗七升，总以路之远近定耗之多寡。本年耗米已全给旂丁，不能退出，故须令旂丁押运。所有蚀耗，应旂丁认赔，与沙船无涉。若明年海运，耗米贴与沙船，所有蚀耗自可责沙船赔补，并不必旂丁押运矣。沙船受兑，自应出具领运米数清单。船商在上海者，应令船商具结；在他处者，即令耆舵具结，报税牙行，加具保结。船商皆殷实之家，重洋无侵漏之地，关东豆货往来，每年数百万石，并无客夥押载，从未闻有欺骗，何况漕粮？偷盗一层，固可无虑。然必将舱门钉固，加贴印花，一则慎重收藏，二则易于交卸。再大号沙船，造价盈万，中号亦须数千，而桅价居船价之半，故向来松松舱以斫桅为验。况有旂丁在船，遭风岂能捏报？至沙船带货，不过茶布花果之类，所带本属无多。大约一船，七分装粮，其余三分应准耆民、旂丁分半带货，免其报税，以示体恤，似不必拘以成例。

问　船商承办急公应如何酌给职衔，使之感奋？耆舵承运妥协，应否酌加奖赏，以示招徕？

答　查上年台米赴津，商人皆赏给职衔。若仿照此例，奏请议叙，赏衔加绶，船商自益加感激，至耆舵水手，系船商所雇，自有工食。如承运妥协，止须赏给银牌，足示鼓励。惟船抵淀津，随卸随放，给舆执照，俾得遄往关东，装豆回南。不至在北守冻，则船户无不踊跃矣。

问　麻袋能否不用？抑仍必需？应如何分限赶办？

答　查沙船装载豆麦，皆散贮舱中，从无麻袋。即曰粮用袋，亦止备起驳、挑运之用。一上粮艘，仍然散贮，并不用袋。缘船中易于发热，散贮则气头只在浮面一层。若用麻袋，一经发热，全袋皆坏。豆粮艘到通，动经数月，米色霉变，总由热蒸积久所致。沙船抵津，不过旬日，为时甚暂，何有霉变之虞？若谓盐水、盐风最能坏物，沙船装豆，舱用夹底，去船底甚高。船之两旁，皆有水槽，下有水眼，水从槽入，即从眼出，舱中从不粘潮。如果水能入舱，豆之为物，见水即发，船舱便当胀裂矣。风从天来，岂有盐味？若海风果咸，则茉莉珠兰等花，吹之合萎。船顶露置之花，不畏盐风。米粮藏贮舱中，舱门封固，反畏盐风乎？此皆税牙造作语言，明知百万麻袋，急切无从措办，故意刁难，不知果有盐水盐风，亦非麻袋所能隔避。多少一项，为费不赀，应请删除，以免糜帑。

问　沙船现有若干？能先运若干？现已将及夏至，何时尚可放洋，何时断不可行？计至何时约得沙船若干？其可运米若干？

答　沙船现有若干，须委员到上海查明，方知确数。现在已过芒种，将及夏至。南风司令，正好开洋。小暑以后，南风更大，自上海抵津，只须七日。或谓六月不能行驶，此又欺人之谈。所谓六月不能行驶者，乃自北而南之船。上海俗语谓之守夏冻，夫自北而南之船，至不能动，则自南而北之船，稳妥速利，不问可知。一交立秋，西北风起，便难出运。至八月又有南风,谓之桂花风,亦可行驶,然总不如五六两月之稳当。故头办海运,须及□时,□再一徘徊,便无及矣。计至何时可得沙船若干,固难逆料。前在上海即查递年沙船进口号簿,道光二年五月分进口沙船,共五百卅六只。三年五月分,共七百十五只。四年五月分,共八百五十四只。六月以后,尚有进口之船,约不下三四百只。但彼时沙船,随到随放,三月出口之船,五月即可进口。本年三月以后大中两号沙船,封雇者约不下五百余只,四月初旬始行放出。此五百余只之船,皆须在关东守夏,不能回南。故知本年五月进口之船,必不能如往岁之多。然以大数一千二三百号计之,自四月二十五日起,截至六月十五日止,约仍可得五六百只。每只通算载米一千二三百石,总可载六七十万石。加之蜑船、三不像船,若得百只,约可装二十万石。再加福建鸟船数十只,约可装十余万石。自今赶办,凡进口之船,自千石以上者,一律封雇。江广漕米,庶几尚可数载。

问 计需经费若干?所运系别省漕粮,其经费是否由苏先垫?既垫之后,是否由该省筹画或于旗丁得项内追缴或另请动项,均由该省筹定。解还苏省,归款苏藩。库贮之数,是否足敷经费,抑须另筹?

答 查前议每石曹平纹银七钱,米百万石便需银七十万两。又麻袋十二万两,驳船脚费约十万两,席片骑钉一万四千两,再加夫役人等各项杂用不下万两。计米百万,约需银九十四五万两。若七钱之价照上海豆市六八串钱折实曹平纹银四钱零八厘,则沙船脚价,可省银二十九万二千两。麻袋不用,可省银十二万两,计米百万只须银五十余万两。此项原系别省漕粮,但既由江苏筹运,则经费自应由苏先垫。上海道库存贮挑浚吴淞江银三十万两,现在水利暂缓兴修,此款即可借用。各帮存公银两,饬令解交,其余不敷银两,应由苏藩库垫用。除存公银两外,所有经费,应请奏明作正开销,垫用款项,应由该省解还归款。

问 内河驳船,大半已赴清江,能否再雇?如何给价?抑即将浙省最后尾帮折回京口,直至吴淞过载。

答 现在内河驳船大半已赴清江,无船可雇。再饬州县封雇船只,势必货船皆押令卸载。胥役恣行需索,骚扰不堪。查有崇明百号米船,可装四五百石至七八百石不等,往来长江,熟习沙线。不拘现有多少,一概封留。再进口小号沙船,均能装五六百石,即可雇其剥运。其或不习沙线,可先用毛竹数十根,上标旗帜,向小新港及扁担洲等浅处,遍插筌影,俾知开避。且有崇明米船以一领十,自可行驶。此二种船,由江剥运,再无锡湖船,亦可载三四百石至六七百石不等,约有百余号。其船由内河驳运,从京口受米,运至吴淞口兑上沙船。每石酌给价曹平纹银八分,应出示定价,委员明雇,不经胥役之手。踊跃应募者必多,其中号沙船情愿自雇熟习沙线舵工驶至京口受兑。应照剥船水脚每石加二分给之,省一剥运,更为简便。至大号沙船,自吴淞口以上,沙多水浅,行驶维艰;守风候潮,恐致迟误。惟有停泊吴淞口等候受兑,此皆主江广诸帮而言也。若能将浙省尾帮折回京口,直至吴淞口过载,则剥船皆可不用。但高宝一带,河面不宽,江广帮船,在浙帮之后中流塞断,恐难退回,不如使江广帮船,退至京口为便。

问　米经海运,如弁丁须押运赴津,其船令何人管驾归次?水手如何安顿?旗丁得项,是否能追?应如何酬给每名应给若干?

答　运船以旗丁管米,头工舵工管船。旗丁押运赴津,其船即令头舵管驾归次。纤夫水手皆系临时雇觅,并非长雇之人,归次后饬令各船赍发遣散,毋许逗留滋事。嘉庆二十年,江浙因旱停运;道光四年,因水停运。各州县皆如此办法,帮船在次,俱各安静。亦未见散去水手滋生事端。至旗丁所得津贴,陆续动用,万不能追。头舵人等自有行粮月粮,足资饭食,亦不必更议酬给。

问　官兵难于护送,应否咨会山东直隶会哨以联声势。

答　查向来匪徒出没,总在南洋。盖南洋多山,易于藏匿;北洋无山可据,且其所乘之船,底尖而有龙骨,一入北洋,管船追捕,陷入沙中,寸步不能移徙。是以从前洋氛未靖之时,浙省商船赴北运货,皆进上海口,在苏发售,此匪船不过江南之明证也。方今寰海肃清,即南洋亦无盗贼,何况北洋?官兵护送一层,固可不必。但漕粮经过,理宜整肃军容。咨会山东、直隶提镇,饬委弁兵,出洋巡哨,国家体制攸关,似不可少。

代拟海运奏稿

陶云汀中丞命作

奏为漕河不能兼顾,江苏近海州县,漕粮宜暂行海运。先议简要章程数条,以顺商情,以储国计,仰祈

圣鉴事窃惟　国家自开中运河以来,粮艘衔尾北上,已百数十年。一旦改由海运,不特漕运章程皆须更变,而以国计攸关之粮米,试之深险不测之波涛。物议人情,自多惧惑,前此督漕诸臣,所以徘徊不决者,其意皆在于此。

臣等恭膺简命,初莅江南,海运情形,素未深悉。委员查访,广谘博采,近得其详。据闻沙船出洋,不畏深而畏浅,不畏风而畏礁。元明之时,海道不熟,以致触礁搁浅失事者多。本朝自康熙二十四年开海禁,滨海居民以船为业,贸易关东、天津,一岁之间,三四往返,水线风信,熟如指掌。至于沙船之坚固可用,船商之殷实可靠,北洋之盗贼无虞,春夏之风涛较稳,悉与协办大学士英所奏大概相同。第思天庚正□,关系紧要。如果河流顺轨,粮艘依限抵通,而必妄议更张,诚为喜事;若漕运既未便迟延,河道又多形淤塞,而必执前人攻驳海运之说,坐使河漕两误,亦非臣子公忠体国之所为。臣等察看河道情形,虽现在湖水蓄至八尺有余,但淮南运道全淤,挑浚之工,既不可复缓;清口河身高垫,刷沙之利,亦难以遽收。再四思维,明年非暂行海运,别无他策。惟是非常之原,黎民所

惧；趋避之习，商贾尤深。自非明定章程，不足以破其疑心，而策之趋事。谨就管见所及，敬为我皇上陈之。

一江苏近海州县新旧漕粮，应如协办大学士英所奏，全征本色，由沙船海运抵津也。苏藩司所属，苏、松、当镇、太，四府一州，距海口较近，新旧正耗约有一百五六十万石。查上海沙船底册，除小船不计外，其大中两号沙船，自千石以上至两千石者，不下一千三、四百号。通计每船装米一千二百石，已可敷载。但受运漕粮，必须挑选实在坚固之船，方保无误。万一沙船数或不足，此外仍有浙江、宁波之蜑船、三不像船，往来关东、天津，熟习沙线，与沙船无异。其船比沙船较大，每岁进上海口者，约有二百余号。咨会浙江抚臣封雇移送备用，一运抵津，可期敷载不误矣。

一沙船水脚，拟仍照前议，每石曹纹银七钱，而以正耗并计也。沙船水脚中价，原不过四五钱之间，但此就客货满载而言。若受运漕粮，恐防搁浅松舱，只可七折装载。仅予中价，未免太少。且每石七钱，前经苏松太道龚丽正出示晓谕，前抚臣张据以入奏，尽人皆知，遽行议减，似不足以取信。今拟水脚仍照每石七钱，米则正耗并计。照□仓红斛以一石二斗五升为一石，合漕斛每石五钱六分。虽比中价较，然海运初行，似宜稍为从优，以示招徕鼓舞。至此项银两，即将每年旂丁出运所领赠贴各款，并州县津贴旂丁之项，凑合已属有余，不另开销帑项。惟是沙船向来承载客货，水脚皆当下全给，一则船商殷实，可无侵蚀之虞；二则沙船出洋，藉为修舱之费。所有沙船脚价，应请于受兑之时，全数给发，则商情益加踊跃矣。

一交米应责成沙船耆民，不必旂丁押运也。军船旂丁，不谙海性，使之押运，固属无益。势必仍向州县需索津贴，糜费滋多。设有蚀耗，耆民旂丁互相推诿，尤属不成事体。自应饬令沙船交米，以专责成。即剥船亦由州县另行雇备，不必用粮艘剥运。但旂丁运粮，向有随船作耗之米，每石一斗三升、一斗五升不等。沙船自上海抵津，至迟不及一月，不比军船之旷日持久，折耗自必无多。今拟每石予以耗米一斗，应可无虞缺乏。其所余三升五升零数耗米，饬令州县易银，以作北瀍驳运之费。至委员押运一层，自为慎重漕粮起见。但沙船出洋，不能如内河衔尾前进，或先或后,无从照应。且非海洋素习之人,一上沙船,头目昏眩,饮食呕吐,无能为役。抑恐以官威相迫,舵水不能自由,转滋贻误。今拟各府监兑,派委南北二员,一员常川、临仓慎选米色;一员由陆赴津,照应交卸。其一路漕粮经行地方,咨会江南、山东、直隶提镇,领率水师员弁,梭织巡防,更番会哨,足资弹压护送矣。

一沙船到津交卸,应限以时日,以免经纪花户人等留难需索也。沙船受兑漕粮,他无所畏,惟畏交米一事。一则恐守候稽迟,误关东豆泛;二则恐经纪人等,藉端需索,赔累不堪。应请敕下直隶督臣,将天津仓厫,先行修理完固。沙船进口,预备纤夫牵挽,停泊东门外。监量过驳,运至北仓,暂时收贮,陆续转运赴通。则沙船可以随到随兑,随卸随开,不致守候驳船,致稽时日。至经纪、吏役需索诸弊,嘉庆年间,曾经马履泰、隆泌先后奏明,请旨饬禁。本年四月协办大学士英奏请分出仓场侍郎一人,并钦派户部堂官一人,同驻天津,有弊立惩,其法最善。惟是一二大臣,势难逐处稽察,应请添派科道数员,赴津监兑。查验米色,以样米为凭;监量米数,以平斛为准;进口出口以十日为期。并饬蔡一太道,每船给发印照一张,仿照各关商税亲填档册之例。□该船商亲填到津。及卸载日期,其照印□户部堂官处呈缴。核验有无稽留情弊,如经纪、吏役人等勒索使费,许将确数亲填照内,以凭照例惩办,庶弊实可塞,而商船无所畏惧矣。

以上数条,实为海运初行,商情畏葸,不得不破除成格,俾知有利之可趋;杜绝弊端,使其无害之可避。至于急公踊跃者之如何奖励,收藏不慎者之如何议赔,带货免税如何限之不得多装,搁浅遭风如何使之不敢捏报,脚价防吏胥之克扣,米色严州县之责成,以及调剂旂丁、安顿水手之一切应办事宜,臣等当与司道悉心筹画,总期上不糜帑,中不累官,下不病民,以抑副我皇上宵旰忧劳、畴咨□切之至意。臣等愚昧之见,是否有当,伏乞训示施行。谨奏。

复林少穆廉访书

少穆先生廉访阁下,接奉手书,猥以彦槐所呈尤?旱诸诗,及金邑捐赈录,为尚有可取。嘉许过当,至不敢承。复承谕及前书劝民买米之说,反复推求,必得一当。仰见大君子虚怀善诱,乐取人善之盛心,而忧国如家,爱民若子,益为苍生幸也。今岁水灾,为江苏数十年来所未有。民间之苦,较甲戌之旱为尤甚。荒政之办,固不待言。顾近来州县办灾,类有三法:一曰饬市平价,二曰谕民平粜,三曰禁米出境而已。愚窃以为此三法者,皆非法也。物价之低昂,视乎物产之多寡。当米谷充足之时,虽有奸商百计□□,求增一分之价而不得;及米谷匮乏之日,虽有贤吏多方劝导,求减一分之价而不能。理有固然,无足怪者。州县一勒市平价,势必强者搬运,弱者深藏,而外来之商闻声而却步,其患将至于无米。宋王□所谓物价不特甚贵为害,而甚贱亦为害者,此也。常平之设,所以平市价也。然限于功令,粜三存七,其数无几。距城远者不能为升勺之米而来,贫民之沾惠者盖寡。而当平粜仓谷之时,市□之米,必闭而不出。岂惟不出,且勾通奸胥蠹役,设法以入之。故仓谷粜毕,而市价复昂。社仓设于各乡,所以济常平也。而迩来社仓经理不得其人,大都有名无实。一邑之中有义仓者甚少,而义仓但赡本族,不及旁人。若殷实有田之家,终岁之计,皆在于米。遇米价贵,虑无不早粜者。而欲责其买米平粜,此正来教所云。除官办之外,虽荐绅有不愿为者矣。至于禁米出境,尤非通达治体者所宜言。春秋之世,列国兵争,而葵邱之盟,犹曰无遏粜。况今天下一家,又近在封疆数百里之内。一遇荒歉,遂使商贾不通,穷乡绝食,如之何其可也?且一县禁米出境,所以断米去路也。不知县县禁米出境,即所以绝米来路。一县之米,终不足一县之食。禁之出境,亦复何益?徒授胥役索诈之柄,开奸民抢夺之端。故愚以为此三法者,皆非法也。夫州县亲民之官,既不能转移风气,使民务勤俭、少讼狱,耕三余一,多所蓄积于平时,而临事筹之,亦当为数月久远之谋,不可作目前苟且之计。再四思维,计惟有劝民买米一策,犹可彼善于此。辱承垂问,敬为阁下陈之。夫利之所在,趋者必多。凶年饥岁,百货不行,惟米粮贸迁,其利可操券而得。而富民所以不敢远出者,盖畏关津迟留,需索之苦,城邑乡镇堵截抢夺之虞耳。今使采买三千石以上者,中丞予之执照;一千石以上者，监司予之执照，愿往者十有三四矣。典商一岁之息，多不过一分四厘，今使采买一次，除资本运费之外，予以典商半岁之息，愿往者十有七八矣。或一人而请一照，或数人共请一照，随请随给，不使稍有时日之需。照内注明某县采办平粜米商某某，约买米若干石，以免弊露。采买已毕，饬取所在州县回照，载明米石米价实数，以杜浮欺。米一到县，即将两照呈缴，报明脚费，官为核算，无异加息七厘。视与市厘时价相去几何，而斟酌增减。即传集米牙，分散城乡各铺户。铺户兑价而后受米，其销卖也子息三厘。或同时所到之米，买地不同，价有参差，以适中者为率。或同地所买之米，买时不同，价有贵贱，则后至者量加。官为随时出示，定价外来之米，卖与铺户者，照铺户入价，不得以其异商而减少；本地之米，卖与散户者，照铺户出价，不得以其豪右而增多。惟请照采买之米，立簿稽核，不得运贩他方。外来之米，去留听其自便，如此则市价平而人心亦平矣。一人采买获利，继起采买者必多。而采买之家，挟赀重往，源源不绝。一石之银，可收数石之米，则地方之粮食自充商贩之事，兼得惠济之名。则富民之捐赈亦乐，此彦槐□者在金邑办灾，劝民买米之大略也。愚昧之见，是否有当，伏惟鉴察。至宋悦研先生所云，吴下米舟，来者颇多，欲仿长中丞抚吴故事，借帑截买，平粜后归款。此固非常之恩，从三郡一州二十八县之灾黎，未必皆能遍及。然多此数十万米于民间，终有益无损。惟事归官办，不能不经胥役之手，是在区画尽善耳。附呈拙诗二首，伏乞教定，诸惟为国，珍重不宣。

《续修四库全书　子部　杂家类》

（艾磊　录入、标点）

后　记

　　清代,在长江口附近水域和海域活动最频繁的船只是平底型海船——"沙船"。而沙船航运业的中心地带,是地处苏州河与黄浦江相交之处,旧上海县城之东,黄浦江西岸的上海南市附近。在那里,曾有沙船航运业主们设立的"商船会馆"。在当时的上海,商船便是沙船的意思,然而时至今日,这一点早已被人们忘却。沙船的航运活动从清代延续至民国初年,但是这种航运活动对当时的人们来说,与我们现在生活中常见的事情一样,是司空见惯的事情,所以,并没有很多关于沙船航运的记录留存至今。与此不同的是,对"锁国"时代的日本而言,沙船等中国船只的到来却是一件大事。这是由于这些异国船只来自对当时日本而言最重要的外国——中国,且这些船只与日本的"大和船"形态差异巨大。正因如此,当时的日本人趣味盎然地记录了这些船只的情况,使它们的风姿得以留存于历史的长河之中。

　　本书便是一部总结了沙船航运活动的著作。本书的原书,是 2004 年由关西大学出版部出版的《清代上海沙船航運業史の研究》。2010 年,在关西大学攻读博士学位的杨蕾、王亦铮、董科对这部著作的内容产生了极大兴趣,并有意将之译成中文出版。董科联系了江苏人民出版社编辑部,负责协调整个翻译工作。目前由我指导,且对航运史有很深关心的两位博士研究生——杨蕾、王亦铮，与董科合作翻译完成了本书。

在这次出版的中文版中，有若干与 2004 年出版的原书内容相左之处，希望各位读者理解。具体为：在第 3 编中，加入了 2004 年以后在中国的学术研讨会上发表过的 2 篇论文，构成了新的两章。另外，删除原书中约占全书 1/3 篇幅的资料编，并加入齐学裘编《见闻续笔》中收录的与沙船航运相关的重要史料。艾磊帮助我将这份史料输入电脑。

想到在不久的将来，这部由我这个外国人写的关于中国的研究成果，将与中国的读者阅读，这令人欣喜万分。在最后，谨向为本书的出版提供机会的江苏人民出版社的刘东先生、府建明先生、王保顶先生，为本书出版付出辛劳的各位编辑，以及本书的译者（资料整理者）杨蕾、王亦铮、董科、艾磊表示感谢。

期望本书的出版，能够带动沙船航运领域研究取得新的进展。

敬希各位读者指正。

松浦章　记

2012 年 1 月 27 日

附　录
触手皆珍构宏篇——松浦章《清代上海沙船航运业史的研究》述评

范金民

日本关西大学文学部教授松浦章先生，致力于清代海外贸易史和上海沙船航运史的研究，二十多年来，发表了一系列相关论文，两年多前出版了填补空白性的专著《清代海外贸易史的研究》（朋友书店，2002 年），今又推出另一部集大成式的专著《清代上海沙船航运业史的研究》，作为关西大学东西学术研究所研究丛刊第 25 种，由关西大学出版部于 2004 年 11 月出版，全书 16 开本，565 页。两书堪为分别论述清代对外贸易和沙船沿海航运的姊妹篇。

沙船航运，在江南地区与其他沿海地区以及海外交往史上发挥了不可或缺的作用。元代和明初朝廷大规模海运漕粮北上，均依赖沙船运输。明中后期沿海走私贸易兴盛，沙船航海极为活跃。清代康熙二十三年（1684）开海设关后，沿海贸易和对外贸易进入新的发展阶段，嘉庆、道光年间，从上海启航，往返于北洋航线的沙船，常年在三千余艘左右，沿海交通成为有别于运河和长江的另一重要大通道，沿海贸易在江南经济的对外联系中发挥着日甚一日的重要作用，沙船字号也是当时上海最具实力的商业资本。

对于在江南经济和中国航海史上发挥过如此重要作用的沙船航运业，长期以来不断有人作出过有益的探讨，举其重要者，如中国学者田汝康、周世德、杜黎、萧国亮、郭松义、朱梦华和辛元欧等,日本学者加藤繁、上野康贵和大庭脩等①,都不乏真知灼见,但所有既有成果,主要集中在沙船的型制船式、沙船航运规模、沙船航运与资本主义萌芽的关系三个方面,而远没有揭示出沙船航运业的全貌,更不知沙船航运主的实态。松浦章二十多年来的论著,特别是新近推出的这一—《清代上海沙船航运业史的研究》(以下简称《沙船研究》),又为沙船航运业的研究作出了新的努力和贡献。

《沙船研究》全书由序说、正文3编17章和终章以及资料编构成。具体篇章结构如下。序说:清代沙船航运业研究的课题。第1编:清代沙船航运业的萌芽,其中第1章,清代以前平底海船的航运;第2章,清代沙船的航运和船员;第3章,清代江南船商与沿海航运。第2编:清代江南沙船的航海轨迹,其中第1章,清代江南沙船和长崎贸易;第2章,清代江南沙船郁长发的航海记录——江南商船漂流日本;第3章,清代江南沙船的航运记录——江南商船漂流琉球;第4章清代江南沙船的航运记录——江南商船漂流朝鲜。第3编:清代上海沙船航运业的展开,其中第1章,清代上海沙船航运业的展开;第2章,清代上海沙船航运业者的系谱;第3章,清代上海沙船航运业和钱庄业;第4章,清代上海沙船航运业和南货:上海棉布的流通;第5章,清代上海沙船的北货:豆货;第6章,清代沙船航运业和报关行;第7章,清代海运和沙船;第8章,咸

---

① 田汝康:《十七世纪至十九世纪中叶中国帆船在东南亚航运和商业上的地位》,《历史研究》1956年第8期;《再论十七世纪至十九世纪中叶中国帆船业的发展》,《历史研究》1957年第12期。周世德:《中国沙船考略》,《科学史集刊》第5期,1963年4月。杜黎:《鸦片战争前上海航运业的发展》,《学术月刊》1964年第4期。萧国亮:《沙船贸易的发展与上海商业的繁荣》,《社会科学》1981年第4期;《清代上海沙船业资本主义萌芽的历史考察》,南京大学历史系明清史研究室编《中国资本主义萌芽问题论文集》,江苏人民出版社,1983年;《外国资本入侵与上海沙船业的衰落》,《社会科学》1989年第1期。郭松义:《清代国内的海运贸易》,《清史论丛》第4辑,1982年12月。朱梦华:《上海的沙船业》,《上海地方史资料》三,上海社会科学院出版社,1984年7月。辛元欧:《上海沙船》,上海书店,2004年。加藤繁:《支那经济史概说》,弘文堂书房,1944年。上野康贵:《清代江苏的沙船について》,《铃木俊教授还历记念东洋史论丛》,1964年。大庭脩:《平户松浦史料博物馆藏〈唐船之图〉について—江户时代に来航した中国商船の资料》,《关西大学东西学术研究所纪要》第5辑,1972年3月。

丰八年天津入港沙船的货物;第9章,清末英商佣船金万利沙船的航运活动;第10章,上海南市的商船会馆。终章:清代上海南市沙船航运业的变质。

《沙船研究》序说回顾介绍了迄今为止学界有关沙船的型制、沙船与航运业的关系的研究状况,提出了清代沙船航运业研究的相关课题。第一编概要介绍了中国平底海船的活动,特别是沙船在元代海运漕粮和明代海防中的作用,考察了清代沙船海运业兴盛的具体内容。第二编运用了中国商船漂流的大量史料,考察了17至20世纪沙船前往日本、琉球和朝鲜的航运活动。第三编考察了沙船航运业主的事绩,探讨了沙船航运业与钱庄业、报关行的关系,论述了沙船南北往来运输的棉布、豆、豆饼、豆油等商品种类数量等;评价了沙船运输在清代海运漕粮中的地位作用;以咸丰八年天津入港沙船的货物和英商雇船金万利沙船的活动为实例,揭示了沙船沿海运输的实态;以上海南市商船会馆为中心,描述了沙船字号的活动样态。终章则以当时发行的中外文报纸特别是上海发行的《中外日报》等为基本材料,论述了19世纪末到20世纪初沙船航运活动的变化。全书搜集材料之宏富,谋篇立意之新颖,考察范围之广泛,论述内容之具体,在同类课题研究中可谓无出其右。全书具有如下几个鲜明的特点。

一是取材途径宽广,挖掘出了大量罕见的珍贵资料。有关上海沙船航运业的既有研究,其资料来源主要是志书政书、文集笔记、造船海运专书和少量档案等,进入上世纪90年代以来,可以说殊少见有新资料被利用。《沙船研究》独辟蹊径,又取宏用广,原有材料来源以外,更广及沙船漂流档案、同业文书、家谱记载、中外文报纸等各个方面;中国所藏文献以外,更广及日本、琉球和韩国等地所藏;中文记录以外,更兼及日文、英文等。作者披沙拣金,贡献给学界的材料,至少有:政书如《清会典》、《会典事例》和档案如《历代宝案》、《清代中琉关系档案续编》、《宫中档》、《海防档》、硃批奏折、《咸丰上谕档》中的有关内容;沙船漂流记录如记录日本文化五年(清嘉庆十三年,公元1808年)崇明商船郁长发船漂到日本土佐的记录《土佐国群书类从·江南商话》(日本国会图书馆藏)、《土佐乡土志料》(高知县立图书馆藏)卷一所收《文化五年江南船》、《江南商船之图》、《江南人尺迹》、《笔语杂录》、《漂船笔语》(日本宫内厅书陵部藏)、《江南船应对书上》(日本高知市民图书馆藏),1935 年《土佐史谈》所载《文化五年土佐漂着船关系记录》等,漂流到朝鲜的朝鲜王国政务记录《同文汇考》和《备边司誊录·各司誊录》中的《问情别单》(韩国文教部、国史编纂委员会编纂,1981 年 11 月逐次出版);其他沙船航运和沙船号主情形的材料如《白性官话》(日本天理图书馆藏)和《送舟周录》(日本国会图书馆藏)等;家谱中如《上海郁氏家谱》、《上海葛氏家谱》、《驿亭经氏宗谱》、《上海王氏家谱》、《续修王氏家谱》等有关沙船字号主的材料;沙船航业等同业材料如《本会(绮藻堂布业公所)供应清朝官家布匹及处理同业纠纷等县府的往来文书》、《上海市豆行米行商业同业公会·清同治年间豆行丰泰等七十六家行合环恳免捐事禀呈官府的文稿》(上海市档案馆藏)、《上海豆业公所萃秀堂纪略》(复旦大学图书馆藏)、《上海钱业公所章程》(上海图书馆藏)、《上海市钱业同业公会入会同会录》(上海图书馆藏)等;漕粮海运记载如《天津关海运漕粮免税清册》(日本静嘉堂文库藏),文集如《山海榷关政便览》(日本东京大学东洋文化研究所藏)、陈文述《颐道堂文钞·海运续议》、王庆勋《诒安全集》(上海图书馆藏)、王寿康《自鸣稿》(上海图书馆藏)、青浦县贡生高培源《海运备采》(日本静嘉堂文库藏)等;日文记录如《华夷变态》、《长崎志》、《长崎志续编》、《长崎实录大成》、《续长崎实录大成》;日文调查资料如上海东亚同文书院《清国商业惯习及金融事情》、《通商汇纂》、《支那经济全书》第四编等;散藏在各地的中外文报纸如《北华捷报》、《时务日报》、《中外日报》、《国闻报》、《申报》、《闽报》、《厦门日报》、《盛京时报》、《大公报》(天津)中相关报道。上述文献或材料,或本不为人所知,或前此未见人利用,或虽知其名而一般人无缘睹见,绝大部分都是极为重要的新资料,弥足珍贵,对于相关探讨有着特别的史料价值。涉猎如此广泛,搜罗如此宏富,在一本专著中贡献出如此丰富详瞻的新材料,可以说在近年的同类研究中是罕见的。没有板凳甘坐十年冷的执著精神,没有"竭泽而渔"、"上穷碧落下黄泉"的坚持不懈,很难想象能够达到如此境界。时下的不少论著(包括英文著述),材料来路不正不广,观其价值不新不细,很多只是大路货或用烂用熟了的基本材料,却动辄被人褒为材料丰富、资料翔实,准诸《沙船研究》,相距真不可以道里计。可以不夸张地说,单凭搜集和利用的新材料,《沙船研究》就具有极为重要的学术价值。

二是奠基在如此丰厚的新颖细实的资料之上,《沙船研究》大大地开拓了研究事项。这又体现在两个方面。

一是对于沙船航运活动的细化研究。如前所述,既有研究几乎从未涉及到沙船航运业者的具体情形,其具体活动样态如何,人们殊少概念。这使得既有的成果有船而少人,看不到历史活动者创造历史的过程。作者筚路蓝缕,从失事沙船的漂流资料入手,从《同文汇考》、《长崎志》、《历代宝案》等日本、琉球方面的记载中,搜集了自康熙到同治年间漂流到朝鲜半岛、日本列岛、西南诸岛等地的江南商船的 130 个事例,列成表格,列明年代、商船所属地区、船主或船户姓名、乘船人数、目的地;统计出分地区分年代江南商船的漂流率;考察江南船商的航运经营实态,包括船主、船名,船主拥有沙船的数量,经营商品种类与数量,活动线路及范围,经营形式如租赁运输型、交易型,以及上海至长崎的实际所用时间等。作者从日本一侧史料《华夷变态》中辑录了 41 则到达长崎的沙船记录,得出结论:沙船型制是平底海船,上海长崎之间的航行日数在 6—10 天之间,乘员自 30—50 人。作者更以郁长发的航海记录作为个案研究江南沙船航运业的经营实态,从珍藏在日本各图书馆的《土佐国群书类从·江南商话》、《文化五年江南船》、《江南商船之图》、《江南人尺迹》、《漂船笔语》、《江南船应对书上》和《文化五年土佐漂着船关系记录》等,第一次揭示了郁长发船的经营形态,如所载商品,船主情形,船主字号规模,各船船名,沙船规格,船照号码,船员状况如姓名、年纪、外貌、来自何地,郁长发船活动情形等。毫无疑问,在前此的研究中,我们看不到如此具体的有关江南航运业者的活动情形。

另一是对于沙船字号的实态研究。沙船字号经营世家的状况,长期以来是人们关注的内容,既有研究对张(元隆)、朱、王、沈、郁氏等有过简单介绍,论者喜欢引用康熙后期上海张元隆立意置船百条的笼统说法,但沙船字号的规模到底有多大?其具体活动样相如何?沙船字号主的行状若何?似都未能说明。对于船主拥有的船数,清道光时的包世臣在《中衢一勺》中和王韬在《瀛壖杂志》中均提到过,但只说大户有船三五十号,或最豪者一家有海舶大小数十艘,而未言哪家大户。《沙船研究》由《送舟周录》所载,得知蒋炳船多达21只,并有具体船名;由《问情别单》及其他材料,知道沙船号主郁泰峰有船多达50余只,嘉庆、道光年间的郁润桂更有沙船70余只,雇用二千余人。又利用《中外日报》的报道等,增加了葛氏、经氏经正记、陈氏陈丰记等沙船字号世家。对陈氏和朱氏等沙船主,《中外日报》几乎是长时期跟踪报道,有关活动特别详细,《沙船研究》列表表示。其中对上海沙船字号世家郁氏的考述特别翔实。作者依据朝鲜王国收藏的漂流的一手记录嘉庆二十二年至光绪四年间的九份《问情别单》所载,与上海碑刻、地方志书、文人笔记、郁氏家谱等综合考证,弄清了郁氏的有关情形乃至其交游、藏书、发行银币等活动,尤其是揭示了作为航业代表而使用郁森盛号开展活动的郁润桂和其长子郁彭年、次子郁松年泰峰等显赫字号主的具体活动。作者又从《问情别单》中提供的大量信息,叙述了出航所需税票手续,商品种类价格;度量衡,银钱比价及其前后变化;沙船使用年代,沙船所用木料质地;船主与船员关系,船主拥有船只数量,船户船工利润分配;舵工水手详情甚至家庭状况,指出这"是解明沙船航运经营的重要资料,类似西洋诸国各船舶的航海日志那样的资料,中国商船特别是帆船情形极少记录的现状,就弥足珍贵"。在此基础上,作者对郁氏及其他沙船字号主的事迹予以评论,指出郁氏航运业兴盛时直至其衰退期,保有数十只沙船,尽力于上海与华北、东北地域之间的航运事业,其蓄积的财富的一部分,由郁泰年精心搜集古籍,其收集的重要古籍的一部分现在还残留在东京的静嘉堂文库,而沙船航运业者的王永盛商号、郁森盛商号、经正记商号等以其号名铸造银币,为清末的上海经济作出了贡献。作者更颇有见地地指出,要考察18世纪初期至20世纪初期200年间的上海历史,不能无视沙船航运业的活动。作者还将船商的发展与江南经济联系起来,指出清代江南经济的发展,与江南船商的兴盛同时,由于江南经济的发展,带来了船商的隆盛。《沙船研究》有关上海沙船字号主的如此详实的考证,展示出来的上海沙船字号主的面貌,可能是该书最为精彩和最为突出的成果。凭借这些成果,结合全书其他部分的有关论述,我们可以清楚知道清代上海沙船字号主的具体航海贸易活动和前后兴衰轨迹,上海沙船字号的面貌就更为清晰,清前期上海史特别是航运业史的内容就更加充实丰满起来,江南经济史从而也增加了重要的篇章。

三是细化或匡补了既有研究。这体现在各个方面。

如清代上海沙船到底有多少,文献笼统而言有二三千艘,今人也人言言殊。根据档案中《锦州牛庄等属征收税银清单》所载,《沙船研究》明确指出,嘉庆时各地前往东北的船只多达三千艘,其中主要是来自长江口附近的沙船,给人以明确的时代和数量概念。

如沙船的有关问题,一向是造船史界颇多兴致的问题。关于沙船型制特别是其长宽比例,是造船史界一直探讨的课题,但很少用具体材料来证明。《沙船研究》依据松江府青浦县贡生高培源《海运备采》所载,清楚地复原了沙船的长宽尺寸、载重量,并与失事沙船的具体尺寸作比较,对照唐船图与南京船图,精确地确定了沙船的形状。如果能够弄清沙船的使用年数,就可以计算航运成本。时人均称沙船可用十年,甚至称一年不用即朽坏。作者通过《问情别单》中船员的回答,知道该船造于何年,可以推算其运营有长达二十余年者;又根据晚清《北华捷报》和《中外日报》的报道,可知沙船实际运营年数一般都在十年以上。沙船的造价,一向说不清楚。作者引用《上海王氏家谱》中所载称王文瑞道光十二年时建造张原发沙船一只,"计一应工料建本银九千三百八十八两",可知沙船实际造价;记"十四、十九两年进坞修费共一千五百十七两",可知沙船维修年及维修费用。又引用《北华捷报》的较详细的报道,说上海最大的船主有船 60 艘,大船装载 6000 石,造价每石需银 7 两,所以一艘大船要用上海海关银 7000 两。这些结论,要比前此的研究给人更明晰的认识。

如沙船运输的商品,论者都知道南布北豆(饼、油),但具体商品种类及其价格,并不清楚。《沙船研究》设有《咸丰八年天津入港沙船的货物》专章,利用《天津关海运漕粮免税清册》所载,考察了当年沙船搭载的具体商品及其价格等,更列成表格反映日期、船户名、装载商品名称。因为这是由于按定章免税而被记录在册的,所以由此我们又可以清楚地了解其时海运漕粮搭载商品的具体操作情形。

如沙船航运业与其他行业的关系。沙船航业靠钱庄抠注资本,钱庄靠放贷沙船运输获取厚利,一向为人论述。作者以上海钱业同会录和《申报》、《中外日报》等资料,具体考察严同春沙船商号,并据《中外日报》所载列表示明;又以《字林沪报》、《中外日报》等所载考察李也亭久大沙船商号。沙船航运号与棉布业的关系是又一重要关系,盖因沙船北运货物以棉布为最大宗商品,前此的研究可见于徐新吾先生主编的《江南土布史》,书中提到了祥泰布号的情形。《沙船研究》以《中外日报》所载,首次考察德大号布行经营沙船业运输的详细情形,更列表示明。对沙船航运业与报关行,《沙船研究》考察了具体的税行税牙及纳税手续等,得出结论认为,从上海的碑刻资料和《字林沪报》等所见的"税牙"、"税行",是后来被称为"报关行"行业的成立的先驱,是古代中国各港湾业已存在的船行的一种。这种结论是能够成立的,我们只要看看清前期作为江海关分关太仓刘家港的纳税情形,就可以印证这一点。《沙船研究》的所有上述研究,都深化并推进了相关课题的研究。

如上海南市的商船会馆。这是一个实力雄厚,成立较早,而又不同于同时期上海其他地域会馆的商人同业会馆,在上海航运史上和工商团体史上都有着重要地位的一个组织。《沙船研究》考察郁氏等沙船号主在商船会馆中的活动,考证苏州人石韫玉主持商船会馆事务的具体时间等,均甚为精当。

如沙船航运业在清代漕粮海运中的作用。清代漕粮海运是中国运输史和海运史上的大事，也是官运商力的进一步发展，但以往研究多从漕粮运输的角度论述，而很少从沙船字号的角度讨论。《沙船研究》从《江苏海运全案》和《浙江海运全案初编》等书中辑出有关材料，作成《道光六年海运郁同发船航运表》、《道光六年海运沙船运航表》、《道光六年海运郁其顺船运航表》和《道光六年海运上海籍沙船重复运航表》，而且通过沙船始发地、卸粮地和购货地的地方新闻报道，具体地描述了沙船装运漕粮和贩运豆粮的包括到港离港日期等详细情形，赋予了沙船在清廷漕粮海运中的应有地位。

如清代后期沙船运输的衰落，学界虽有较多研究，但限于材料，大多只是描摹了衰落大势，而有欠细致。《沙船研究》用三章的篇幅，专门加以考察。随着五口通商，随着外国商人航运势力加入沿海贸易（同治元年外国船只也可经营豆石运输），随着汽船运输业的发达，沙船航运业日益衰落。但在此衰落过程中，也有沙船被外商运输业雇用。《沙船研究》列出《清末英商佣船金万利沙船的航运活动》专章，考察清末英商雇船金万利沙船的航运活动，考察了日俄战争后被日本军舰扣压的金万利沙船的航运情形，探明了沙船航运业在形势严峻情形下金万利号自1899年到1905年间的航运活动，发现该船曾先后为陆吉号、益昌号、永记、裕兴号、顺永号、吉裕号、萃丰号、德大号、协泰号9家商号和英商丰茂洋行运输货物，更进一步认为金万利号并不属于特定的沙船航运业者，而是沙船船户自主经营的船，是一只可以租赁运输货物的营业性沙船，是典型的租赁经营型沙船。作者还系统搜集了金万利号活动地域的方志记载，以及日方的记载等，综合叙述，按时间列表示明金万利号的航运业状况。更如实地指出，以金万利沙船为代表的活动，"这应该看作沙船在航运业务锐减下求生存的一种手段"。《沙船研究》又辟《清代上海南市沙船航运业的变质》专章，以上海出版的《中外日报》等报道为主，在近代政治变迁下，解明上海沙船航运业的实态，列表《入港沙船数表》以揭示1899至1902年间每年抵达上海的沙船数；列表《1899年上海南市主要沙船商号的航运状况》以表明各号沙船只数、航海数、主要航运地；列表《镇康号沙船航运业1899年中航运状况》，以表示该号沙船经营状况；列表《1900年上海南市沙船商号所有船舶·航海地》；列表《1900年沙船航运地比率表》，以显示东北各口到达沙船的比例；列表《1900年沙船航运实绩表》，清楚地揭示了该年各商号各沙船航运到东北各口的具体次数等情形；列表《慎记沙船商号的钱增裕沙船的航海事例》，将该号自1898年至1902年间的航运情形展示出来，并进一步计算其所历天数，日行里程，探讨所费时间多少的原因。又根据档案作成《天津入港海运沙船数》；根据《时报》所载作成《光绪三十一年(1905)沪南油市进口油豆船》以及宣统年间进入上海的沙船轮船数量表等。更以光绪八年巨顺亨号，光绪二十四年巨丰顺、周裕丰，光绪三十一年陈丰记的倒闭为典型事例，论述沙船业的衰落。这样的研究，以具体的数据来说明近代上海沙船业的衰落及其程度，将结论建立在可靠的数据之上，具有极为充分的说明力。

《沙船研究》也有匡正之处。如加藤繁根据字号所发银饼，断定王永盛、郁森盛和经正记，无论哪个字号都是钱庄的牌号，而《沙船研究》明确指出实际上这几家都是沙船业巨商，而不是钱庄。

《沙船研究》的作者广泛搜集珍藏在中国、日本和韩国等地的资料，从中文、日文和英文等文献文书中贡献给学界大量而又系统的第一手资料，并对清代上海沙船航运业作了全方位多层次和新视角的考察，清晰地展示了清代沙船航运业的全貌和上海沙船字号主的实态，大大地推进了相关专题的研究，《沙船研究》从而堪为沙船航运业研究的集大成者。然而同任何研究一样，令人略感不足者，《沙船研究》也存在尚待斟酌和明显的缺憾之处。

有些问题似可进一步深入探讨。清廷道光年间海运漕粮，招徕沙船装运，既给水脚，又准议叙，但很多沙船并不愿意受雇，甚至已具承揽者也逗留不前，盖因民间贩运之利厚于官运所给水脚，官方发放运价又多克扣窒碍；后来由于油豆饼生意被夺于轮船，沙船运输整体衰落，随着外国轮船可以经营油豆饼运输，有税无厘，运入内地时又用半税单以免厘，沙船经营更雪上加霜,沙船多致失业,装漕粮则既有运费,又能搭载货物,回航时又可到关东买货回南销售,故沙船业又争先恐后,惟恐不能揽运到官方漕粮,然而官府克扣运费,或不能及时发放运价,沙船又畏缩不前,以致海运局封关,不准沙船驶出。有关沙船对装运漕粮态度的前后曲折变化,沙船运输与轮船、外国运输业的关系等,似可以进一步探讨。

有的问题还可作些深入考证。《沙船研究》在引用沈宝采的《忍默恕退之斋日记》提到咸丰五年上海有24家船商时,认为其中的陈有德、陈文献极有可能是陈增钧家,即陈丰记沙船号,但后文所引《中外日报》光绪二十七年的报道明确提到"商船董陈丰记主陈悟",显然此陈丰记号主不会是陈增钧,陈有德和陈文献更不可能是同一个号主陈增钧。

有些问题有无可能进一步论述?如豆货具体交易形态,书中未曾深论,从现有材料来看,是可以作些努力的。再如书中提到了各个时代的沙船号主,也制作了多份有关沙船字号主情形的表格,均极有价值,但对沙船号主数量之前后变化有无可能作出更具体的统计,或者作一个大概的估计?沙船航运业兴衰对于上海市面乃至江南经济都有重大影响,有无可能进一步分析,作出估价?这些问题,都是值得作者和我们共同考虑的。

个别地方明显有疏忽或误笔。原书第250页表4和253页表6,都是《道光六年海运郁其顺船运航表》,完全相同。原书第244页将道光六年实施海运的陶澍称为安徽巡抚,其时陶澍实际是江苏巡抚。作者从《时务日报》和《中外日报》中检出沙船名、商号名、列表示明;更从《时报》中列出宣统元年十二月至民国元年四月《沪南油市进口油豆船表》,宣统二年正月至辛亥年十二月《上海入港油豆船(沙船)连轮船数》;又从《沪报》、《字林沪报》、《同文沪报》、《时报》、天津《国闻报》和《大公报》、《盛京时报》、《申报》中抄录出有关航运的资料;从《时报》中检出沙船名号、来航地等;依据《江苏海运全案》编成道光六年实施海运船册、道光六年海运沙船名索引等,将这些从浩繁卷帙中查检出来的材料都作为附录,与人同享,大气大度,难能可贵,只是所附资料断句时有错失,令人不免有美中不足之感。书中印刷错误也有不少,与该书的学术价值不相适应。

综上所述,《沙船研究》是一部材料极为丰富新颖而论述略显不足,是一部既有开拓又有深化的有关沙船航运研究的集大成之作。

(原载《史林》2005 年第 3 期,第 111—115 页)

凤凰文库书目

一、马克思主义研究系列
《走进马克思》 孙伯鍨 张一兵 主编
《回到马克思:经济学语境中的哲学话语》 张一兵 著
《当代视野中的马克思》 任平 著
《回到列宁:关于"哲学笔记"的一种后文本学解读》 张一兵 著
《回到恩格斯:文本、理论和解读政治学》 胡大平 著
《国外毛泽东学研究》 尚庆飞 著
《重释历史唯物主义》 段忠桥 著
《资本主义理解史》(6卷) 张一兵 主编
《阶级、文化与民族传统:爱德华·P.汤普森的历史唯物主义思想研究》 张亮 著
《形而上学的批判与拯救》 谢永康 著
《21世纪的马克思主义哲学创新:马克思主义哲学中国化与中国化马克思主义哲学》
　　李景源 主编
《科学发展观与和谐社会建设》 李景源 吴元梁 主编
《科学发展观:现代性与哲学视域》 姜建成 著
《西方左翼论当代西方社会结构的演变》 周穗明 王玫 等著
《历史唯物主义的政治哲学向度》 张文喜 著
《信息时代的社会历史观》 孙伟平 著
《从斯密到马克思:经济哲学方法的历史性阐释》 唐正东 著
《构建和谐社会的政治哲学阐释》 欧阳英 著
《正义之后:马克思恩格斯正义观研究》 王广 著
《后马克思主义思想史》 [英]斯图亚特·西姆 著 吕增奎 陈红 译
《后马克思主义与文化研究:理论、政治与介入》 [英]保罗·鲍曼 著 黄晓武 译
《市民社会的乌托邦:马克思主义的社会历史哲学阐释》 王浩斌 著

二、政治学前沿系列
《公共性的再生产:多中心治理的合作机制建构》 孔繁斌 著
《合法性的争夺:政治记忆的多重刻写》 王海洲 著
《民主的不满:美国在寻求一种公共哲学》 [美]迈克尔·桑德尔 著 曾纪茂 译
《权力:一种激进的观点》 [英]斯蒂芬·卢克斯 著 彭斌 译
《正义与非正义战争:通过历史实例的道德论证》 [美]迈克尔·沃尔泽 著 任辉献 译
《自由主义与现代社会》 [英]理查德·贝拉米 著 毛兴贵 等译
《左与右:政治区分的意义》 [意]诺贝托·博比奥 著 陈高华 译
《自由主义中立性及其批评者》 [美]布鲁斯·阿克曼 等著 应奇 编
《公民身份与社会阶级》 [英]T. H. 马歇尔 等著 郭忠华 刘训练 编
《当代社会契约论》 [美]约翰·罗尔斯 等著 包利民 编
《马克思与诺齐克之间》 [英]G. A. 柯亨 等著 吕增奎 编
《美德伦理与道德要求》 [英]欧若拉·奥尼尔 等著 徐向东 编
《宪政与民主》 [英]约瑟夫·拉兹 等著 佟德志 编
《自由多元主义的实践》 [美]威廉·盖尔斯敦 著 佟德志 苏宝俊 译

《国家与市场:全球经济的兴起》　[美]赫尔曼·M.施瓦茨 著　徐佳 译
《税收政治学:一种比较的视角》　[美]盖伊·彼得斯 著　郭为桂 黄宁莺 译
《控制国家:从古雅典至今的宪政史》　[美]斯科特·戈登 著　应奇 陈丽微 孟军 李勇 译
《社会正义原则》　[英]戴维·米勒 著　应奇 译
《现代政治意识形态》　[澳]安德鲁·文森特 著　袁久红 译
《新社会主义》　[加拿大]艾伦·伍德 著　尚庆飞 译
《政治的回归》　[英]尚塔尔·墨菲 著　王恒 臧佩洪 译
《自由多元主义》　[美]威廉·盖尔斯敦 著　佟德志 庞金友 译
《政治哲学导论》　[英]亚当·斯威夫特 著　佘江涛 译
《重新思考自由主义》　[英]理查德·贝拉米 著　王萍 傅广生 周春鹏 译
《自由主义的两张面孔》　[英]约翰·格雷 著　顾爱彬 李瑞华 译
《自由主义与价值多元论》　[英]乔治·克劳德 著　应奇 译
《帝国:全球化的政治秩序》　[美]麦克尔·哈特 [意]安东尼奥·奈格里 著　杨建国 范一亭 译
《反对自由主义》　[美]约翰·凯克斯 著　应奇 译
《政治思想导读》　[英]彼得·斯特克 大卫·韦戈尔 著　舒小昀 李霞 赵勇 译
《现代欧洲的战争与社会变迁:大转型再探》　[英]桑德拉·哈尔珀琳 著　唐皇凤 武小凯 译
《道德原则与政治义务》　[美]约翰·西蒙斯 著　郭为桂 李艳丽 译
《政治经济学理论》　[美]詹姆斯·卡波拉索 戴维·莱文 著　刘骥 等译
《民主国家的自主性》　[英]埃里克·A.诺德林格 著　孙荣飞 等译
《强社会与弱国家:第三世界的国家社会关系及国家能力》　[英]乔·米格德尔 著　张长东 译
《驾驭经济:英国与法国国家干预的政治学》　[美]彼得·霍尔 著　刘骥 刘娟凤 叶静 译
《社会契约论》　[英]迈克尔·莱斯诺夫 著　刘训练 等译
《共和主义:一种关于自由与政府的理论》　[澳]菲利普·佩蒂特 著　刘训练 译
《至上的美德:平等的理论与实践》　[美]罗纳德·德沃金 著　冯克利 译
《原则问题》　[美]罗纳德·德沃金 著　张国清 译
《社会正义论》　[英]布莱恩·巴利 著　曹海军 译
《马克思与西方政治思想传统》　[美]汉娜·阿伦特 著　孙传钊 译
《作为公道的正义》　[英]布莱恩·巴利 著　曹海军 允春喜 译
《古今自由主义》　[美]列奥·施特劳斯 著　马志娟 译
《公平原则与政治义务》　[美]乔治·格劳斯科 著　毛兴贵 译
《谁统治:一个美国城市的民主和权力》　[美]罗伯特·A.达尔 著　范春辉 等译
《论伦理精神》　张康之 著
《人权与帝国:世界主义的政治哲学》　[英]科斯塔斯·杜兹纳 著　辛亨复 译
《阐释和社会批判》　[美]迈克尔·沃尔泽 著　任辉献 段鸣玉 译
《全球时代的民族国家:吉登斯讲演录》　[英]安东尼·吉登斯 著　郭忠华 编
《当代政治哲学名著导读》　应奇 主编
《拉克劳与墨菲:激进民主想象》　[美]安娜·M.史密斯 著　付琼 译
《英国新左派思想家》　张亮 编
《第一代英国新左派》　[英]迈克尔·肯尼 著　李永新 陈剑 译
《转向帝国:英法帝国自由主义的兴起》　[美]珍妮弗·皮茨 著　金毅 许鸿艳 译
《论战争》[美]迈克尔·沃尔泽 著　任辉献 段鸣玉 译
《现代性的谱系》张凤阳 著

三、纯粹哲学系列

《哲学作为创造性的智慧:叶秀山西方哲学论集(1998—2002)》 叶秀山 著
《真理与自由:康德哲学的存在论阐释》 黄裕生 著
《走向精神科学之路:狄尔泰哲学思想研究》 谢地坤 著
《从胡塞尔到德里达》 尚杰 著
《海德格尔与存在论历史的解构:〈现象学的基本问题〉引论》 宋继杰 著
《康德的信仰:康德的自由、自然和上帝理念批判》 赵广明 著
《宗教与哲学的相遇:奥古斯丁与托马斯·阿奎那的基督教哲学研究》 黄裕生 著
《理念与神:柏拉图的理念思想及其神学意义》 赵广明 著
《时间性:自身与他者——从胡塞尔、海德格尔到列维纳斯》 王恒 著
《意志及其解脱之路:叔本华哲学思想研究》 黄文前 著
《真理之光:费希特与海德格尔论 SEIN》 李文堂 著
《归隐之路:20 世纪法国哲学的踪迹》 尚杰 著
《胡塞尔直观概念的起源:以意向性为线索的早期文本研究》 陈志远 著
《幽灵之舞:德里达与现象学》 方向红 著
《形而上学与社会希望:罗蒂哲学研究》 陈亚军 著
《福柯的主体解构之旅:从知识考古学到"人之死"》 刘永谋 著
《中西智慧的贯通:叶秀山中国哲学文化论集》 叶秀山 著
《学与思的轮回:叶秀山 2003—2007 年最新论文集》 叶秀山 著
《返回爱与自由的生活世界:纯粹民间文学关键词的哲学阐释》 户晓辉 著
《心的秩序:一种现象学心学研究的可能性》 倪梁康 著
《生命与信仰:克尔凯郭尔假名写作时期基督教哲学思想研究》 王齐 著
《时间与永恒:论海德格尔哲学中的时间问题》 黄裕生 著
《道路之思:海德格尔的"存在论差异"思想》 张柯 著
《启蒙与自由:叶秀山论康德》 叶秀山 著
《自由、心灵与时间:奥古斯丁心灵转向问题的文本学研究》 张荣 著

四、宗教研究系列

《汉译佛教经典哲学研究》(上下卷) 杜继文 著
《中国佛教通史》(15 卷) 赖永海 主编
《中国禅宗通史》 杜继文 魏道儒 著
《佛教史》 杜继文 主编
《道教史》 卿希泰 唐大潮 著
《基督教史》 王美秀 段琦 等著
《伊斯兰教史》 金宜久 主编
《中国律宗通史》 王建光 著
《中国唯识宗通史》 杨维中 著
《中国净土宗通史》 陈扬炯 著
《中国天台宗通史》 潘桂明 吴忠伟 著
《中国三论宗通史》 董群 著
《中国华严宗通史》 魏道儒 著
《中国佛教思想史稿》(3 卷) 潘桂明 著
《禅与老庄》 徐小跃 著

《中国佛性论》 赖永海 著
《禅宗早期思想的形成与发展》 洪修平 著
《基督教思想史》 [美]胡斯都·L.冈察雷斯 著 陈泽民 孙汉书 司徒桐 莫如喜 陆俊杰 译
《圣经历史哲学》(上下卷) 赵敦华 著
《禅宗早期思想的形成与发展》 洪修平 著
《如来藏与中国佛教》 杨维中 著

五、人文与社会系列

《环境与历史:美国和南非驯化自然的比较》 [美]威廉·贝纳特 彼得·科茨 著 包茂红 译
《阿伦特为什么重要》 [美]伊丽莎白·扬-布鲁尔 著 刘北成 刘小鸥 译
《现代性的哲学话语》 [德]于尔根·哈贝马斯 著 曹卫东 等译
《追寻美德:伦理理论研究》 [美]A.麦金太尔 著 宋继杰 译
《现代社会中的法律》 [美]R.M.昂格尔 著 吴玉章 周汉华 译
《知识分子与大众:文学知识界的傲慢与偏见,1880—1939》 [英]约翰·凯里 著 吴庆宏 译
《自我的根源:现代认同的形成》 [加拿大]查尔斯·泰勒 著 韩震 等译
《社会行动的结构》 [美]塔尔科特·帕森斯 著 张明德 夏遇南 彭刚 译
《文化的解释》 [美]克利福德·格尔茨 著 韩莉 译
《以色列与启示:秩序与历史(卷1)》 [美]埃里克·沃格林 著 霍伟岸 叶颖 译
《城邦的世界:秩序与历史(卷2)》 [美]埃里克·沃格林 著 陈周旺 译
《战争与和平的权利:从格劳秀斯到康德的政治思想与国际秩序》 [美]理查德·塔克 著 罗炯 等译
《人类与自然世界:1500—1800年间英国观念的变化》 [英]基思·托马斯 著 宋丽丽 译
《男性气概》 [美]哈维·C.曼斯菲尔德 著 刘玮 译
《黑格尔》 [加拿大]查尔斯·泰勒 著 张国清 朱进东 译
《社会理论和社会结构》 [美]罗伯特·K.默顿 著 唐少杰 齐心 等译
《个体的社会》 [德]诺贝特·埃利亚斯 著 翟三江 陆兴华 译
《象征交换与死亡》 [法]让·波德里亚著 车槿山 译
《实践感》 [法]皮埃尔·布迪厄 著 蒋梓骅 译
《关于马基雅维里的思考》 [美]利奥·施特劳斯 著 申彤 译
《正义诸领域:为多元主义与平等一辩》 [美]迈克尔·沃尔泽 著 褚松燕 译
《传统的发明》 [英]E.霍布斯鲍姆 T.兰格 著 顾杭 庞冠群 译
《元史学:十九世纪欧洲的历史想象》 [美]海登·怀特 著 陈新 译
《卢梭问题》 [德]恩斯特·卡西勒 著 王春华 译
《自足语义学:为语义最简论和言语行为多元论辩护》 [挪威]赫尔曼·开普兰 [美]厄尼·利珀尔 著 周允程 译
《历史主义的兴起》 [德]弗里德里希·梅尼克 著 陆月宏 译
《权威的概念》 [法]亚历山大·科耶夫 著 姜志辉 译

六、海外中国研究系列

《帝国的隐喻:中国民间宗教》 [英]王斯福 著 赵旭东 译
《王弼〈老子注〉研究》 [德]瓦格纳 著 杨立华 译
《章学诚思想与生平研究》 [美]倪德卫 著 杨立华 译
《中国与达尔文》 [美]詹姆斯·里夫 著 钟永强 译

《千年末世之乱:1813年八卦教起义》 [美]韩书瑞 著 陈仲丹 译
《中华帝国后期的欲望与小说叙述》 黄卫总 著 张蕴爽 译
《私人领域的变形:唐宋诗词中的园林与玩好》 [美]王晓山 著 文韬 译
《六朝精神史研究》 [日]吉川忠夫 著 王启发 译
《中国社会史》 [法]谢和耐 著 黄建华 黄迅余 译
《大分流:欧洲、中国及现代世界经济的发展》 [美]彭慕兰 著 史建云 译
《近代中国的知识分子与文明》 [日]佐藤慎一 著 刘岳兵 译
《转变的中国:历史变迁与欧洲经验的局限》 [美]王国斌 著 李伯重 连玲玲 译
《中国近代思维的挫折》 [日]岛田虔次 著 甘万萍 译
《为权力祈祷》 [加拿大]卜正民 著 张华 译
《洪业:清朝开国史》 [美]魏斐德 著 陈苏镇 薄小莹 译
《儒教与道教》 [德]马克斯·韦伯 著 洪天富 译
《革命与历史:中国马克思主义历史学的起源,1919—1937》 [美]德里克 著 翁贺凯 译
《中华帝国的法律》 [美]D.布朗 等著 朱勇 译
《文化、权力与国家》 [美]杜赞奇 著 王福明 译
《中国的亚洲内陆边疆》 [美]拉铁摩尔 著 唐晓峰 译
《古代中国的思想世界》 [美]史华兹 著 程钢 译 刘东 校
《中国近代经济史研究:明末海关财政与通商口岸市场圈》 [日]滨下武志 著 高淑娟 孙彬 译
《中国美学问题》 [美]苏源熙 著 卞东坡 译 张强强 朱霞欢 校
《翻译的传说:构建中国新女性形象》 胡缨 著 龙瑜宬 彭珊珊 译
《〈诗经〉原意研究》 [日]家井真 著 陆越 译
《缠足:"金莲崇拜"盛极而衰的演变》 [美]高彦颐 著 苗延威 译
《从民族国家中拯救历史:民族主义话语与中国现代史研究》 [美]杜赞奇 著 王宪明 高继美 李海燕 李点 译
《传统中国日常生活中的协商:中古契约研究》 [美]韩森 著 鲁西奇 译
《欧几里得在中国:汉译〈几何原本〉的源流与影响》 [荷]安国风 著 纪志刚 郑诚 郑方磊 译
《毁灭的种子:二战及战后的国民党中国》 [美]易劳逸 著 王建朗 王贤知 贾维 译
《理解农民中国:社会科学哲学的案例研究》 [美]李丹 著 张天虹 张胜波 译
《18世纪的中国社会》 [美]韩书瑞 罗有枝 著 陈仲丹 译
《开放的帝国:1600年的中国历史》 [美]韩森 著 梁侃 邹劲风 译
《中国人的幸福观》 [德]鲍吾刚 著 严蓓雯 韩雪临 伍德祖 译
《明代乡村纠纷与秩序》 [日]中岛乐章 著 郭万平 高飞 译
《朱熹的思维世界》 [美]田浩 著
《礼物、关系学与国家:中国人际关系与主体建构》 杨美慧 著 赵旭东 孙珉 译 张跃宏 校
《美国的中国形象:1931—1949》 [美]克里斯托弗·杰斯普森 著 姜智芹 译
《清代内河水运史研究》 [日]松浦章 著 董科 译
《中国的经济革命:20世纪的乡村工业》 [日]顾琳 著 王玉茹 张玮 李进霞 译
《明清时代东亚海域的文化交流》 [日]松浦章 著 郑洁西 译
《皇帝和祖宗:华南的国家与宗族》 科大卫 著 卜永坚 译
《中国善书研究》 [日]酒井忠夫 著 刘岳兵 何莺莺 孙雪梅 译
《大萧条时期的中国:市场、国家与世界经济》 [日]城山智子 著 孟凡礼 尚国敏 译
《虎、米、丝、泥:晚期中华帝国南部的环境与经济》 [美]马立博 著 王玉茹 译
《矢志不渝:明清时期的贞女形象》 [美]卢苇菁 著 秦立彦 译

《山东叛乱:1774年的王伦起义》　[美]韩书瑞 著　刘平 唐雁超 译
《一江黑水:中国未来的环境挑战》　[美]易明 著　姜智芹 译
《施剑翘复仇案:民国时期公众同情的兴起与影响》　[美]林郁沁 著　陈湘静 译
《工程国家:民国时期(1927-1937)的淮河治理及国家建设》　[美]戴维·艾伦·佩兹 著　姜智芹 译
《西学东渐与中国事情》　[日]增田涉 著　周启乾 译
《铁泪图:19世纪中国对于饥馑的文化反应》　[美]艾志端 著　曹曦 译
《危险的边疆:游牧帝国与中国》　[美]巴菲尔德 著　袁剑 译
《华北的暴力与恐慌:义和团运动前夕基督教传播和社会冲突》　[德]狄德满 著　崔华杰 译
《历史宝筏:过去、西方与中国的妇女问题》　[美]季家珍 著　杨可 译
《姐妹们与陌生人:上海棉纱厂女工,1919—1949》　[美]艾米莉·洪尼格 著　韩慈 译
《银线:19世纪的世界与中国》　林满红 著　詹庆华 林满红 译
《寻求中国民主》　[澳]冯兆基 著　刘悦斌 徐硙 著

七、历史研究系列
《中国近代通史》(10卷)　张海鹏 主编
《极端的年代》　[英]艾瑞克·霍布斯鲍姆 著　马凡 等译
《漫长的20世纪》　[意]杰奥瓦尼·阿瑞基 著　姚乃强 译
《在传统与变革之间:英国文化模式溯源》　钱乘旦 陈晓律 著
《世界现代化历程》(10卷)　钱乘旦 主编